U0581461

全世界无产者，联合起来！

列宁全集

第二版增订版

第十二卷

1905年10月—1906年4月

中共中央 马克思 恩格斯 列宁 斯大林 著作编译局编译

人民出版社

《列宁全集》第二版是根据中国共产党中央委员会的决定，由中共中央马克思恩格斯列宁斯大林著作编译局编译的。

凡　　例

1. 正文和附录中的文献分别按写作或发表时间编排。在个别情况下，为了保持一部著作或一组文献的完整性和有机联系，编排顺序则作变通处理。

2. 每篇文献标题下括号内的写作或发表日期是编者加的。文献本身在开头已注明日期的，标题下不另列日期。

3. 1918 年 2 月 14 日以前俄国通用俄历，这以后改用公历。两种历法所标日期，在 1900 年 2 月以前相差 12 天（如俄历为 1 日，公历为 13 日），从 1900 年 3 月起相差 13 天。编者加的日期，公历和俄历并用时，俄历在前，公历在后。

4. 目录中凡标有星花＊的标题，都是编者加的。

5. 在引文中尖括号〈　〉内的文字和标点符号是列宁加的。

6. 未说明是编者加的脚注为列宁的原注。

7.《人名索引》、《文献索引》条目按汉语拼音字母顺序排列。在《人名索引》条头括号内用黑体字排的是真姓名；在《文献索引》中，带方括号[　]的作者名、篇名、日期、地点等等，是编者加的。

目　　录

前言 …………………………………………………………………… I—XII

1905 年

全俄政治罢工(10 月 13 日〔26 日〕) ……………………………… 1—4
势均力敌(10 月 17 日〔30 日〕)………………………………………… 5—6
对政治派别划分的初步总结(10 月 18 日〔31 日〕) ……………… 7—15
失败者的歇斯底里(10 月 18 日〔31 日〕) ………………………… 16—18
革命的里加的最后通牒(10 月 18 日〔31 日〕)…………………… 19—20
小丑大臣的计划(10 月 18 日〔31 日〕) …………………………… 21—22
俄国局势的尖锐化(10 月 18 日〔31 日〕) ………………………… 23—24
*《不列颠工人运动和工联代表大会》一文的两条注释
(10 月 18 日〔31 日〕) ……………………………………………… 25
革命第一个回合的胜利(10 月 19 日〔11 月 1 日〕)……………… 26—33
尼古拉·埃内斯托维奇·鲍曼(10 月 21 日〔11 月 3 日〕) …… 34—35
最新消息(10 月 22 日〔11 月 4 日〕) ……………………………… 36
小资产阶级社会主义和无产阶级社会主义
(10 月 25 日〔11 月 7 日〕) ………………………………………… 37—45
两次会战之间(11 月 2 日〔15 日〕) ……………………………… 46—54

我们的任务和工人代表苏维埃(给编辑部的信)
(11月2—4日〔15—17日〕) ………… 55—64
总解决的时刻临近了(11月3日〔16日〕) ………… 65—74
*对维·加里宁《农民代表大会》一文作的两处增补
(11月3日〔16日〕) ………… 75—76
论党的改组(11月10、15、16日〔23、28、29日〕) ………… 77—87
无产阶级和农民(11月12日〔25日〕) ………… 88—91
党的组织和党的出版物(11月13日〔26日〕) ………… 92—97
*彼得堡工人代表苏维埃执行委员会关于与同盟歇业作斗争的办法的决定(11月14日〔27日〕) ………… 98—99
没有得逞的挑衅(11月15日〔28日〕) ………… 100—101
军队和革命(11月15日〔28日〕) ………… 102—105
天平在摆动(11月18日〔12月1日〕) ………… 106—107
向敌人学习(11月18日〔12月1日〕) ………… 108—109
革命的官样文章和革命事业(11月20日〔12月3日〕) ………… 110—113
垂死的专制政府和新的人民政权机关
(11月23日〔12月6日〕) ………… 114—118
社会主义和无政府主义(11月24日〔12月7日〕) ………… 119—122
社会主义政党和非党的革命性
(11月26日和12月2日〔12月9日和15日〕) ………… 123—130
社会主义和宗教(12月3日〔16日〕) ………… 131—135
*塔墨尔福斯“多数派”代表会议关于土地问题的决议
(12月12—17日〔25—30日〕) ………… 136
工人政党及其在目前形势下的任务(12月底) ………… 137—140
*革命的阶段、方向和前途(1905年底或1906年初) ………… 141—142

1906年

要不要抵制国家杜马？“多数派”的行动纲领（1月） ………… 145—148
国家杜马和社会民主党的策略（1月） ………………………… 149—157
俄国的目前形势和工人政党的策略（2月7日〔20日〕） …… 158—164
*俄国社会民主工党彼得堡市代表会议文献
（2月11日〔24日〕）………………………………………… 165—171
*1 在讨论关于郊区组织和维堡区组织出席代表会议的
代表资格合法性问题时的发言 …………………………………… 165
*2 就彼得堡委员会的报告问题作的发言 ………………………… 169
*（1）关于反对马尔托夫所提的取消彼得堡委员会的
报告的提案的发言 ……………………………………………… 169
*（2）就彼得堡委员会的报告提出的建议 ……………………… 169
*（3）为建议辩护的发言 ………………………………………… 170
*3 对抵制策略决议案的意见 ……………………………………… 171
*俄国社会民主工党彼得堡市代表会议（第二次）文献
（2月底） …………………………………………………… 172—179
*1 为抵制策略的决议案辩护的发言 ……………………………… 172
*2 对决议草案第2条、第3条和第6条修正案的意见 ………… 174
*3 在讨论决议草案第7条和第8条时的发言 …………………… 176
*4 在表决决议草案第8条时的发言 ……………………………… 178
*5 给代表会议常务委员会的书面声明 …………………………… 179
告彼得堡市区和郊区全体男女工人书
（2月11日〔24日〕以后）…………………………………… 180—183
俄国社会民主工党彼得堡组织关于抵制策略的决议
（2月底） …………………………………………………… 184—187

俄国革命和无产阶级的任务(3月20日〔4月2日〕) ……… 188—199

提交俄国社会民主工党统一代表大会的策略纲领

提交俄国社会民主工党统一代表大会的决议草案(3月20日〔4月2日〕) ……… 200—214

民主革命的目前形势 ……… 201

武装起义 ……… 202

游击性战斗行动 ……… 204

临时革命政府和革命政权的地方机关 ……… 205

工人代表苏维埃 ……… 207

对资产阶级政党的态度 ……… 208

对各民族的社会民主党的态度 ……… 210

工会 ……… 211

对国家杜马的态度 ……… 212

党的组织原则 ……… 214

修改工人政党的土地纲领(3月下半月) ……… 215—241

一 俄国社会民主党对土地问题的观点的历史发展的简述 ……… 215

二 社会民主党内部在土地纲领问题上的四种派别 ……… 220

三 马斯洛夫同志的主要错误 ……… 230

四 我们的土地纲领的任务 ……… 236

五 土地纲领草案 ……… 240

立宪民主党人的胜利和工人政党的任务(3月24—28日〔4月6—10日〕) ……… 242—319

一 我们参加杜马选举有什么客观意义? ……… 242

二 初次选举的社会政治意义 ……… 252

三 什么是人民自由党 ……… 256

四 立宪民主党杜马的作用和意义 ……… 264

五 立宪民主党的自负的典型 …………………………………… 281
题外话 同立宪民主党的政论家和博学的教授们的
通俗谈话 ………………………………………………………… 285
六 结论 ………………………………………………………… 313
*为卡·考茨基《再没有社会民主运动!》小册子
俄文版写的序言(3月) …………………………………… 320—321
*俄国社会民主工党统一代表大会文献
(4月10—25日〔4月23日—5月8日〕) ………………… 322—357
*1 关于代表资格审查委员会向代表大会报告工作的决议案 ……… 322
*2 在第2次会议上就提交大会常务委员会的书面声明进行
记名投票一事所作的发言 ………………………………… 323
*3 在第3次会议上的发言 ……………………………………… 324
*4 关于议程草案第8条条文的建议 ………………………… 325
*5 关于土地问题的总结发言 ………………………………… 326
*6 关于记录须由代表大会批准的声明 ……………………… 336
*7 在第15次会议上的书面声明 …………………………… 337
*8 关于目前形势和无产阶级的阶级任务问题的总结发言 ………… 338
*9 关于国家杜马的决议草案 ………………………………… 341
*10 关于对国家杜马的态度问题的副报告 …………………… 343
*11 在第17次会议上的书面声明 …………………………… 348
*12 为维护穆拉托夫(莫罗佐夫)关于社会民主党议会党团
问题的修正案作的发言 ………………………………… 349
*13 关于俄国社会民主工党议会党团的组成问题的个人意见 ……… 350
*14 在第21次会议上的书面声明 …………………………… 352
*15 关于武装起义问题的发言 ………………………………… 353
*16 在第24次会议上的发言 ………………………………… 356
*17 在第26次会议上的书面声明 …………………………… 357

前“布尔什维克”派出席统一代表大会的代表告全党书
(4月25—26日〔5月8—9日〕) …… 358—363

附 录

*《全俄政治罢工》一文笔记(1905年10月13日〔26日〕) …… 365—367
*《革命第一个回合的胜利》一文笔记(10月17日和
19日〔10月30日和11月1日〕之间) …… 368—370
*《小资产阶级社会主义和无产阶级社会主义》一文提纲
(10月25日〔11月7日〕) …… 371—372

注释 …… 373—436
人名索引 …… 437—468
文献索引 …… 469—506
年表 …… 507—524

插 图

弗·伊·列宁(1900年) …… XII—1
1905年11月列宁《我们的任务和工人代表苏维埃》手稿第1页…… 56—57
1905年11月3日(16日)载有列宁所写社论《总解决的时刻临
近了》的布尔什维克报纸《无产者报》第25号第1版…… 67
1926年12月6日上海《中国青年》杂志第144期所载列宁《党
的组织和党的出版物》一文的中文节译(当时译《论党的出版
物与文学》) …… 96—97
1905年列宁《革命的阶段、方向和前途》手稿第1页 …… 143
1906年列宁《修改工人政党的土地纲领》小册子封面 …… 232—233

1930 年5 月 15 日上海《新思潮》杂志第 6 期所载列宁《修改工人政党的土地纲领》一文的中文节译（当时译《工人政党土地政纲的修正》）…… 232—233

前　　言

本卷收载列宁在1905年10月至1906年4月期间的著作。

1905年1月开始的俄国第一次资产阶级民主革命到秋天进入了高潮。9月19日从莫斯科开始的政治罢工，到10月便扩大到全国，成了全俄政治罢工，参加罢工的人数超过两百万。罢工使整个俄国的工业、商业和国家的活动陷入了瘫痪状态。与此同时，农民运动蓬勃发展起来，席卷了全国三分之一以上的县份。俄罗斯帝国各民族的民族解放运动达到了前所未有的规模。沙皇军队也发生动摇。到10月中旬，革命力量和反革命力量形成了势均力敌的局面。统治集团惊慌失措。沙皇慑于革命力量的增长，于10月17日签署了关于“赐予”政治自由和召开“有立法权的”杜马的诏书，企图通过立宪让步来分裂革命力量。大资本家和资产阶级化的地主组织了“十月十七日同盟”即十月党人的政党，支持沙皇政府反对革命。10月中旬又出现了资产阶级的第二大政党——立宪民主党，这个党动摇于革命民主派和反革命派之间，力求同沙皇政府妥协和勾结。彼得堡、莫斯科和其他工业中心的工人阶级在罢工过程中建立了工人苏维埃。这些苏维埃成了整个革命运动的群众性政治组织，起着革命政权的作用，它们用革命的办法实现了言论、集会和出版等民主自由，在企业中实行了八小时工作制，组织起工人自卫队，保护劳动人民的利益，维持社会秩序。十月政治罢工风潮预示着人民武装起义即将来临。

编入本卷前一部分的《全俄政治罢工》、《势均力敌》、《对政治派别划分的初步总结》、《革命第一个回合的胜利》、《小资产阶级社会主义和无产阶级社会主义》、《两次会战之间》、《总解决的时刻临近了》等文章，是列宁在国外得到俄国政治总罢工的消息以后写的。这些文章分析了十月全俄政治罢工以后的革命形势和各种社会力量的政治动向，提出了俄国无产阶级新的斗争任务。

列宁高度评价了十月全俄政治罢工，称它是“人类所经历过的一次最伟大的内战、一次争自由的战争”（见本卷第1页）。列宁指出，全俄政治罢工促使起义日益临近，加快了革命的胜利。同时列宁还指出，国内形成了革命力量和反革命力量势均力敌的局面：沙皇政府的力量在衰落，已经无力公开反对革命，革命力量在增长，但还无力给敌人以决定性的打击。沙皇10月17日宣言所作的让步，是革命第一个回合的极其伟大的胜利，但是沙皇还远远没有投降，专制制度仍然存在，它还在集结力量。列宁告诫人民不要相信沙皇在纸上的诺言，还要解决许多极其重大的战斗任务，才能使革命取得真正的完全的胜利。

沙皇十月宣言颁布以后，俄国政治力量的划分更加明朗。列宁认为这种划分最明显地表现在对杜马的看法上：专制政府为了镇压革命，维护杜马以保存专制制度；资产阶级自由派为了遏制革命，拥护杜马以限制专制制度；无产阶级为了把胜利的革命进行到底，反对杜马以消灭专制制度。列宁指出，在全俄政治罢工结束以后，俄国处于两次会战之间，双方都在积极准备进行下一次战役。沙皇政府还掌握着全部政权，等待向革命进攻的最有利的时机到来。自由派资产阶级领袖同沙皇政府进行谈判和勾结，打算埋葬俄国革命。革命无产阶级应当通过全民武装起义来粉碎沙皇政权的立宪骗局，粉碎资产阶级自由派的立宪幻想，争取推翻沙皇政权并代之以临时革命政府。

在农民运动高涨的情况下，如何评价和指导农民运动的问题具有重大的实际意义。社会革命党人歪曲民主革命中的农民运动的性质和意义，认为当前的农民运动是社会主义性质的。列宁揭露了这种错误观点，指出，在马克思主义者看来，农民运动恰恰不是社会主义运动，而是民主主义运动，因为农民运动的完全胜利只会加速和加强资本主义的发展，无产阶级和贫苦农民反对资本主义的斗争只有在民主革命胜利以后才能开展。列宁认为，必须把反对资本主义的纯粹无产阶级的斗争和反对农奴制的一般农民的斗争联结起来，但是不要把这两者混淆起来。

在革命形势迅速发展的情况下，列宁于 11 月 8 日从国外回到彼得堡，直接指导布尔什维克广泛而深入地发动群众，组织群众，不断提高以无产阶级和农民为主体的民主派的觉悟，从各方面为武装起义作好准备。

收入本卷的《我们的任务和工人代表苏维埃》一文是列宁 11 月初在回国途中写的。列宁在这篇文章中第一次提出苏维埃是起义的机关和新的革命政权的萌芽。他认为，工人代表苏维埃应当竭力吸收所有工人、职员、仆役、雇农等的代表参加，应当包括所有愿意而且能够为改善劳动人民生活而斗争的人。他写道："我们不怕成员广泛和成分复杂，而是希望这样，因为没有无产阶级和农民的联合，没有社会民主党人和革命民主派的战斗的合作，就不可能取得伟大的俄国革命的彻底胜利。"（见本卷第 60 页）列宁还阐明了无产阶级政党和苏维埃之间的正确关系。布尔什维克当时并不是革命运动的唯一领导者，工人代表苏维埃是革命的政治领导中心。列宁认为，党应当直接参加苏维埃并扩大自己的影响，不断宣传无产阶级世界观——马克思主义。他指出了变工人代表苏维埃为临时革命政府的必要性，认为这个政府的政治纲领应当规定真正彻底实现政治自由，应当提出召开真正的全民立宪会议，这个立宪会议要依靠自由的武装起来的人民，要掌握全部政权和全部力量，以便在俄国建立新制度。

本卷中的《论党的改组》、《无产阶级和农民》、《军队和革命》、《向敌人学习》、《党的组织和党的出版物》、《革命的官样文章和革命事业》、《社会主义和无政府主义》、《垂死的专制政府和新的人民政权机关》、《社会主义政党和非党的革命性》、《社会主义和宗教》，是列宁回国后在布尔什维克第一家合法机关报《新生活报》上发表的一系列文章。这些文章分析了各种政治力量的动向和无产阶级的斗争策略，指出了党的组织工作和宣传鼓动工作必须进行改组，以适应新形势的要求。

革命高潮为党的活动创造了新的条件。群众的革命斗争争得了集会、结社、出版的自由。在新的条件下，必须改变党的结构和党的组织工作。列宁在《论党的改组》一文中说明了进行这种改组的计划。他认为必须保存党的秘密机关，同时要尽量利用工人阶级争取到的合法机会，成立公开和半公开的党组织以及广泛的外围组织。应当吸收大批新党员，首先要从工人中吸收新党员。党的领导机关只要条件许可，都应当由选举产生；应该成立支部作为党的主要的基层组织，以代替过去处于地下状态的小组。

列宁分析了国内阶级力量的对比，提出了无产阶级的斗争策略。他指出：俄国革命的进程和结局取决于农民这个革命民主派的觉悟程度，必须澄清革命民主派对民主主义任务和社会主义任务的错误认识；俄国的陆海军士兵已经觉醒，应当让军队同武装人民汇合起来，只有全民武装才能彻底打倒反动势力；反动资产阶级同专制制度勾结，企图通过消耗无产阶级力量来击溃无产阶级；党要同一切革命的资产阶级民主派结成联盟来对抗专制制度和反动资产阶级的联盟。列宁认为，沙皇政府陷于崩溃时，工人代表苏维埃应当成为人民政权机关即临时革命政府，普遍实现人民提出的要求，并且立刻在各地用人民政权机关代替专制制度的旧的政权机关。

列宁反复强调，无产阶级在资产阶级民主革命中必须保持政治上的独立性，无产阶级政党必须坚持鲜明的党性。他指出，资产阶级为了掩饰本阶级的利益和目的，竭力把自己装扮成"全民的"政治代表，宣扬超阶级、超党派的"无党性"思想。这种"无党性"是俄国革命的资产阶级性质的产物，是资产阶级的口号。列宁强调指出，党性是社会主义思想，严格的党性原则是使阶级斗争成为自觉的、明确的、有原则的斗争的条件之一，因此保持无产阶级政党在思想上和政治上的独立性，是社会主义者的始终不渝和绝对必须履行的义务。列宁希望无产阶级和社会民主党人在参加任何联盟或苏维埃的活动时，都不要忘记他们的更伟大和更重要的目的，不要忘记争取社会主义的斗争。列宁还批判了无政府主义，号召抵制无政府主义者的世界观和他们的个人主义思想对俄国工人的侵蚀。

在《党的组织和党的出版物》一文中，列宁分析了当时党的报刊宣传状况，阐述了无产阶级政党领导报刊出版事业和文学艺术事业的基本原则，指出党组织和与党有联系的团体的出版物应当成为党的出版物，写作事业应当成为有组织的、有计划的、统一的党的工作的一个组成部分。列宁精辟地分析了写作活动的特点，指出："写作事业最不能作机械划一，强求一律，少数服从多数。""在这个事业中，绝对必须保证有个人创造性和个人爱好的广阔天地，有思想和幻想、形式和内容的广阔天地。""在这个领域里是最来不得公式主义的。"（见本卷第 94 页）同时，他又着重批评了那种打着"思想创作绝对自由"的旗号，企图摆脱党的领导和监督的资产阶级无政府主义和个人主义的倾向。列宁认为，写作事业不能同党的事业的其他部分刻板地等同起来，但无论如何必须成为同其他部分紧密联系的党的工作的一部分。党办的报纸、杂志以及其他出版物应当旗帜鲜明地宣传党的观点，为党的报刊撰稿的作者，特别是党员作者，应当同党的观点保持一致，绝不容许背离党的观点。为了保证上述原则的实施，列宁要求党员作者一定要参加党的一个组织，党组织对违反这个原则、宣传反党观点的党员应采取组织措施，直到清除出党，报纸、杂志、出版社等宣传机构都必须受党的监督并向党报告工作。

列宁在《社会主义和宗教》一文中阐明了宗教产生的根源，指出："宗教是一生为他人干活而又深受穷困和孤独之苦的人民群众所普遍遭受的种种精神压迫之一"，"宗教是人民的鸦片"，"宗教对人类的压迫只不过是社会内部经济压迫的产物和反映"（见本卷第 131、134 页）。列宁还论述了无产阶级政党对待宗教的态度。他认为："就国家而言，我们要求宗教是私人的事情"（见本卷第 132 页），国家不应当同宗教发生关系，宗教团体不应当同国家政权发生联系。任何人都有信仰宗教或者不承认宗教的充分自由，在公民中间不允许因宗教信仰而产生权利不一样的现象。但是，"对于社会主义无产阶级的政党，宗教并不是私人的事情。我们的党是争取工人阶级解放的觉悟的先进战士的联盟。这样的联盟不能够而且也不应当对信仰宗教这种不觉悟、无知和蒙昧的表现置之不理。”（见本卷第133页）我们的党纲是建立在科学的唯物主义的世界观上的，我们要坚持不懈地宣传科学的世界观。

1905年12月7日（20日）开始的莫斯科工人总罢工很快变成武装起义。莫斯科工人同沙皇政府军队展开了街垒战，进行了9天英勇斗争。国内其他许多城市和地区也发生了武装起义，波兰、波罗的海沿岸、外高加索、芬兰的武装斗争达到了很大的规模。但是，所有这些分散的斗争同莫斯科起义一样，都被沙皇政府残酷地镇压下去了。所谓“有立法权的国家杜马”问题，成了国内政治斗争的焦点。这个问题在社会民主工党内也引起了激烈的争论。

怎样对待新的杜马，这是当时采取什么斗争方式和如何选择革命发展道路的问题。本卷中的《要不要抵制国家杜马？》、《国家杜马和社会民主党的策略》、《俄国的目前形势和工人政党的策略》等文章，阐明了布尔什维克对待新的国家杜马的态度，批判了孟什维克的策略。列宁主张积极抵制杜马，争取进一步开展武装斗争，以便推翻或者至少从根本上削弱沙皇专制制度。他指出，孟什维克对杜马采取的半抵制的策略，只会在无产阶级队伍中造成混乱，助长立宪幻想，而孟什维克想要建立的“革命的自治机关”，在保留专制政权的情况下，不过是一种空想。列宁进一步指出，杜马策略问题决定于对总的革命形势的估计。对革命形势的不同的估计产生出两条不同的策略路线。普列汉诺夫和孟什维克认为，无产阶级没有足够的力量取得胜利，无产阶级本来就用不着拿起武器，应当把工作中心转移到工会运动上去，把起义问题从日程上勾销。

列宁和布尔什维克认为，无产阶级和农民的革命力量还远未耗尽，需要更坚决地拿起武器，单靠罢工和其他和平手段不能战胜沙皇制度，只有用武装斗争才能取得革命的胜利。

收入本卷的《立宪民主党人的胜利和工人政党的任务》这本小册子揭露了立宪民主党人的动摇性和两面性，总结了俄国无产阶级1905年10—12月的斗争经验，论证了布尔什维克的策略。列宁在这本小册子里对革命的意义作了马克思主义的解释，并对立宪民主党的政治面目进行了揭露。他指出，立宪民主党人反对武装起义，他们把杜马看做是制止革命的膏药，想把革命引上和平的立宪道路，因此，他们的策略必然是在专制制度和革命人民之间随风转舵的策略。他警告说，没有什么比立宪幻想更有害和更危险的了，这种幻想就是立宪民主党人报刊向人民头脑灌输的机会主义的和资产阶级的毒素。他认为，无产阶级政党的任务是同这种幻想进行斗争，不断地向工人和农民说明，广大人民群众的武装斗争是主要的斗争形式。他还批评了孟什维克实质上是放弃革命斗争的杜马策略。列宁在本小册子中总结了10—12月"革命旋风时期"的经验。他认为俄国无产阶级在1905年最后几个月的斗争是工人阶级具有世界历史意义的斗争中的重要的一步。这些斗争证明："无产阶级是现代社会中唯一彻底革命的阶级，因此它在一切革命中都是先进的阶级。"（见本卷第284页）在10—12月的战斗中，工人阶级运用了党的第三次代表大会决议中提出的策略方法，即群众性政治罢工同起义相结合。列宁高度评价了人民在革命中的创造作用：人民不依赖官方而夺取政治自由；人民建立不顾一切法律规定的、破坏沙皇法制的新的革命政权机关；人民用暴力对付压迫人民的暴力者。列宁进一步论述了苏维埃作为武装起义的机关和新政权的萌芽的历史作用。

随着革命的发展,召开俄国社会民主工党的统一代表大会的问题又十分迫切地提出来了。党员群众和先进工人要求把党统一起来。1905 年 12 月底布尔什维克和孟什维克成立了统一的党中央委员会,负责召开党的第四次代表大会。1906 年 4 月 10—25 日,俄国社会民主工党在斯德哥尔摩举行了第四次(统一)代表大会。这次代表大会建立了全国统一的俄国社会民主工党,实现了布尔什维克和孟什维克形式上的统一。第四次代表大会通过了党的组织章程,其中第 1 条采取了列宁的条文。党章中第一次列入了布尔什维克提出的关于民主集中制的条文。但在策略等问题上,布尔什维克和孟什维克之间还存在着很大的分歧。列宁有关这次统一代表大会的文献在本卷中占有很大的篇幅。

列宁认为,只有在马克思主义的思想和组织基础上才能实行真正的统一,统一时不能模糊革命问题的原则分歧,收进本卷的《俄国革命和无产阶级的任务》、《提交俄国社会民主工党统一代表大会的策略纲领》两文和《修改工人政党的土地纲领》小册子,就是列宁为召开统一代表大会而写的。

列宁的这些著作,特别是《提交俄国社会民主工党统一代表大会的策略纲领》一文(其中包括布尔什维克的决议草案),阐明了布尔什维克对俄国革命的一切基本问题如革命的前途、武装起义、临时革命政府、工人代表苏维埃、对待资产阶级政党和杜马的态度、工会、党组织的基础等的方针和立场,提出了无产阶级政党的当前任务。列宁把布尔什维克和孟什维克在策略问题上的分歧归结为:"或者我们应当承认民主革命已经完结,把起义问题从日程上勾销,走'立宪的'道路。或者我们承认民主革命还在继续进行,我们要把完成民主革命的任务提到首要地位，宣传并且在实际中运用起义的口号，公开宣布进行国内战争，并且无情地斥责一切立宪幻想。”（见本卷第198页）列宁明确指出，布尔什维克坚持后一种行动纲领。不过后来，列宁在分析革命经验的时候，承认在1906年抵制第一届国家杜马是错误的，因为实际生活表明，这时革命高潮的最大洪峰已经过去了。

在准备第四次代表大会期间，列宁特别注意土地问题，因为土地问题是俄国民主革命的基础。在《修改工人政党的土地纲领》小册子中，列宁简述了俄国社会民主党对土地问题的观点的历史发展，指出了布尔什维克的土地纲领的要点是：没收教会、寺院、皇族、国家、皇室和地主的全部土地；建立农民委员会，以便消除地主权力和地主特权的一切痕迹，实际处置所没收的土地；在革命取得彻底胜利和建立起民主共和制的条件下，实行全部土地国有化。这个纲领的目标是用革命的办法摧毁整个旧的土地所有制。列宁在向无产阶级和农民的建议中阐明了布尔什维克土地纲领的实质：全力以赴地去争取农民起义的彻底胜利；在夺得土地以后，只有争取政治制度彻底民主化，建立共和制度和真正保证人民专制，才能保住农民起义的胜利果实并采取更进一步的措施——城市和乡村的无产者和半无产者要各自组织起来，使革命继续向前发展，去实行彻底的社会主义革命。

列宁在俄国社会民主工党第四次代表大会上的报告、发言等文献，反映了布尔什维克和孟什维克在土地纲领、目前形势和无产阶级的阶级任务、对待国家杜马的态度、武装起义等问题上的激烈争论。

列宁在代表大会上作的关于土地问题的报告（至今没有找到）

和关于这个问题的总结发言，捍卫了没收地主的全部土地和在一定政治条件下实行全部土地国有化的要求。他认为土地革命和政治革命是不可分割的。他说道："我们应当直截了当地、明确地告诉农民：如果你们想把土地革命进行到底，你们就必须把政治革命也进行到底；没有彻底的政治革命，就根本不会有土地革命或者不会有比较巩固的土地革命。"（见本卷第329页）他指出，土地国有化像整个农民土地问题一样，只有在推翻沙皇专制制度、建立无产阶级和农民的革命民主专政的条件下才能实现。土地国有化不仅能够消灭农奴制残余，而且还会加剧农民内部的阶级斗争，促使贫农团结在无产阶级周围，加速把资产阶级民主革命转变为社会主义革命。列宁批判了孟什维克的土地地方公有纲领，揭露了它的错误和对革命运动的危害。

列宁在代表大会上作的关于目前形势和无产阶级的阶级任务问题的报告和关于对待国家杜马的态度问题的副报告以及就武装起义问题作的发言，都是和孟什维克的观点针锋相对的。列宁主张揭露资产阶级自由派，同民主力量结成联盟来反对沙皇制度及其支持者的政党。列宁批判了孟什维克对无产阶级领导权和武装起义的否定态度以及他们对国家杜马所采取的态度。列宁号召人们同资产阶级自由派散布的对杜马的立宪幻想作斗争，消除人们对沙皇政府的诺言的信任，揭露在杜马中占多数的立宪民主党人的两面派手法和动摇性。

俄国社会民主工党统一代表大会在孟什维克占多数的情况下，在最重要的问题上通过了孟什维克的决议。这次代表大会更加明显地暴露出布尔什维克和孟什维克之间在思想上和政治上的分歧。代表大会闭幕后，列宁立即写了《前"布尔什维克"派出席统一代表大会的代表告全党书》，其中指出，布尔什维克将在思想上反对他们认为是错误的决议，同时他们反对任何分裂行为，主张服从代表大会的决议。

在《列宁全集》第2版中，本卷文献比第1版相应时期的文献增加17篇。其中有《对维·加里宁〈农民代表大会〉一文作的两处增补》、列宁在俄国社会民主工党彼得堡市代表会议上的7次简短发言、在俄国社会民主工党统一代表大会上的6篇较短的文献。《附录》中收载的3篇都是新文献。

弗·伊·列宁

（1900年）

全俄政治罢工[1]

10 月 26 日(13 日)于日内瓦

晴雨计显示暴风雨即将来临！——今天的一些外国报纸在刊载有关**全俄政治罢工**迅猛发展情况的电讯时这样说。

不仅晴雨计显示暴风雨即将来临，而且无产阶级团结一致的猛攻像巨大的旋风一样已经把一切的一切都卷走了。革命以惊人的速度向前发展，各种事件频频发生，假使我们要向读者叙述最近三四天的详细情况，那就得写一整本书。详细的历史还是留待后人去写吧。我们面前是人类所经历过的一次最伟大的内战、一次争自由的战争的动人情景，应该赶快把自己的一切力量贡献给这场战争。

暴风雨来了，自由派和民主派关于杜马的议论、设想、推测和计划，现在显得多么渺小！我们关于杜马的一切争论在几天、几小时之内就已经完全过时了！我们中间有些人曾经怀疑革命无产阶级是否有力量使警察内阁的这出丑剧停演，有些人不敢大胆谈论抵制选举的问题。选举还没有在各地开始，只一挥手这个纸牌搭成的房子就晃动了。这一挥手，不仅迫使自由派和胆小的解放派，而且迫使维特先生这位新的、“自由派的”沙皇政府的首脑也谈论起(诚然，暂时还只是**谈论**)进行改良以消除整个布里根把戏中的一切阴谋诡计来了。

这只稍一挥动就使杜马问题发生转变的手，就是俄国无产阶级的手。有一首德国社会主义的歌中唱道:“一切轮子都要停止转动,只要你那强壮的手要它停止。”[2]现在这只强壮的手举起来了。我们曾经指出和预言过,群众性的政治罢工在武装起义事业中有伟大的意义,这一点已经被光辉地证实了。**全俄政治罢工**这一次真是席卷全国,它在最受压迫的和最先进的阶级的英勇奋斗中,把万恶的俄罗斯“帝国”的**各族人民**联合起来了。在这个充满压迫和暴力的帝国中,各族无产者正组织成为一支争取自由、争取社会主义的大军。莫斯科和彼得堡分享了革命的无产阶级首先发难的荣誉。两个首都都罢工了。芬兰也在罢工。由里加带头,波罗的海沿岸边疆区也参加了这一运动。英勇的波兰重新参加了罢工者的行列,这好像是对敌人的无可奈何的愤怒的一种嘲笑,因为敌人幻想用自己的打击粉碎它,结果只是使它的革命力量锻炼得更加坚强了。克里木(辛菲罗波尔)和南方起来了。叶卡捷琳诺斯拉夫在构筑街垒,进行流血斗争。伏尔加河流域(萨拉托夫、辛比尔斯克、下诺夫哥罗德)在罢工,中部农业省份(沃罗涅日)和工业中心(雅罗斯拉夫尔)也爆发了罢工。

站在这一多民族的千百万工人大军前列的,是铁路员工工会[3]的小小的代表团。自由派先生们在舞台上演出政治闹剧,对沙皇低声下气,花言巧语,对维特扭扭捏捏,装模作样,工人冲上了这个舞台,向新的、“自由派的”沙皇政府的新首脑维特先生提出了**最后通牒**。铁路工人代表团不愿等待召集“市民参议会”,不愿等待召集国家杜马。工人代表团甚至不愿花费宝贵的时间来“批评”这出装模作样的闹剧。工人代表团准备首先**用行动**——政治罢工——**来批评**,然后向小丑大臣说:只能有一个解决办法,就是在实行普遍和直接选举的基础上召集立宪会议。

小丑大臣说话了，正像铁路工人恰如其分地形容的那样，“他真是官气十足，总是支吾搪塞，不说一句肯定的话”。他答应下令实行出版自由，但是不同意实行普选；根据国外电讯的说法，他说过“现在不可能”召集立宪会议。

于是，工人代表团宣布了总罢工。工人代表团离开这位大臣来到那个有上万人在举行政治集会的大学。无产阶级成功地利用了革命大学生提供的讲台。在俄国所有的城市、学校、工厂和街头上的最初的、群众性的、有秩序的、自由的政治集会上，人们讨论着小丑大臣的回答，谈论进行坚决的武装斗争的任务是要使立宪会议的召集成为“可能的”和**必要的**。外国资产阶级报刊，甚至自由主义色彩最浓的报刊，都在惊恐地议论人民自由集会上的演说者所宣布的“恐怖的和暴乱的”口号，似乎起义的必要性和必然性不是沙皇政府自己的全部压迫政策引起的。

起义即将爆发，我们眼看着它从全俄政治罢工中成长起来。任命一个硬要工人相信“现在”不可能召集全民立宪会议的小丑大臣，这清楚地表明革命力量在增长，沙皇政府的力量在削弱。专制制度**已经**没有力量公开反对革命，革命也**还**没有力量给敌人以决定性的打击。这两种差不多势均力敌的力量的消长，必然使政府当局惊慌失措，不得不由镇压转向让步，颁布出版自由和集会自由的法令。

前进，向新的、更广泛、更顽强的斗争前进，不要让敌人清醒过来！无产阶级已经为革命的胜利做出了奇迹。全俄政治罢工大大加快了革命的胜利，使敌人感到末日的恐怖。但是我们还远远没有做到为了取得最后胜利而可以做到和应该做到的一切。斗争正在接近真正的结局，但是还没有达到这个结局。正是现在，工人阶级正以空前未有的规模行动起来，动员起来，武装起来。这样，最后，它一定会完全消灭可恨的专制制度，赶走所有的小丑大臣，成立**自己的**临时革命政府，并且向俄国各族人民表明，正是“现在”“可能”而且必须召集真正全民的和真正立宪的会议。

载于1905年10月18日(31日)
《无产者报》第23号

译自《列宁全集》俄文第5版
第12卷第1—4页

势 均 力 敌[4]

（1905 年 10 月 17 日〔30 日〕）

（1）到目前（10 月 30 日（17 日），星期一）为止的结果是势均力敌，这一点我们已经在《**无产者报**》[5]**第 23 号**上指出过。

（2）沙皇政府**已经没有**力量取胜，——革命**还没有**力量取胜。

（3）由此产生极大的动荡。革命事件风起云涌（罢工、群众大会、街垒、社会保安委员会、政府陷于完全瘫痪，等等）。

——另一方面，没有进行坚决的镇压。**军队发生了动摇**。

（4）宫廷犹豫不决（据《泰晤士报》[6]和《每日电讯》[7]报道）：是独裁还是立宪。

宫廷在犹豫并且**伺机而动**。从他们那方面来说，这是一种正确的策略：势均力敌迫使他们伺机而动，**因为政权在他们手中**。

革命已经发展到**不利于反革命进击和进攻**的时刻。

对于我们，对于无产阶级，对于彻底的革命民主派来说，**这还是不够的**。如果我们不再上升一步，如果我们不能担负起独立进攻的任务，如果我们不能粉碎沙皇政府的力量，不能摧毁它的实在的权力，那么革命就会半途而废，**资产阶级就会牵着工人的鼻子走**。

（5）传闻**立宪**已定。如果真是这样，那就是说，沙皇考虑到了 1848 年革命和其他革命的教训：**不要**立宪会议，**在**立宪会议**之前**，

不经过立宪会议而**恩赐**宪法。什么样的呢？最好(对沙皇来说)是立宪民主党人[8]的。

这件事情的意义：实现立宪民主党人的理想，越过革命。这是欺骗人民，因为**仍然不会有**完全的和实在的选举自由。

革命是不是应当越过这个**恩赐的**宪法呢？

载于1926年《列宁文集》俄文版第5卷

译自《列宁全集》俄文第5版第12卷第5—6页

对政治派别划分的初步总结

（1905年10月18日〔31日〕）

我们在上一号刊登的关于俄国各社会民主主义的政党和组织的代表会议[9]的报告，使我们有可能就目前的政治派别划分问题作出几点即使是初步的总结。各社会民主主义的政党和组织（俄国社会民主工党——中央委员会、崩得[10]、拉脱维亚社会民主工党[11]、波兰社会民主党[12]和乌克兰革命党[13]）的代表会议一致通过了积极抵制国家杜马的策略。可以毫不夸张地说，一切革命的社会民主派，不分民族差别，现在都认为必须真正加强反对国家杜马的鼓动，必须进行鼓动反对所有主张参加国家杜马的政党，最后，必须准备进行武装起义。俄国社会民主工党中央委员会所通过的、我们《无产者报》从第12号就开始为之辩护、而且辩护了两个半月之久的那个策略的各项原则，现在已经成了几乎所有俄国社会民主派的策略原则，只有一个可悲的例外。

读者知道，这个例外就是《火星报》[14]和从俄国社会民主工党分裂出去的“少数派”。“组织委员会”——少数派的实际上的中央——派代表出席了代表会议。这个委员会的代表投了什么票，我们不得而知，但是组织委员会拒绝在代表会议的决议上签字却是事实。在新火星派的南俄“成立”代表会议[15]通过了那个非常不恰当的、原则上是机会主义的关于国家杜马的决议（这个决议我们已经在《无产者报》第 21 号上作了详细的分析①)以后,这原是意料中的事情。

可见,政治派别的划分已经形成了。如何对待国家杜马的问题可以说还是第一次使得各个反对党和革命党、公开的和秘密的报刊来共同讨论政治策略。这和前一个时期的运动比较起来,是前进了一大步。以前反对派和革命派之间、公开活动和秘密活动之间有一道鸿沟。现在运动仅仅经过 10 个月的巨大发展,就把这条鸿沟的相当大的一部分填平了:革命斗争已经把"公开的"反对派的热情激发到顶点,几乎达到承认革命事实的地步。老实说,以前我们是不可能同公开的反对派的代表就策略和各政党的行动问题进行争论的,因为那时除了革命的、秘密的政党,就没有别的政党,撇开专制政府及其仆从的"活动",一切"政治活动"就都是"政治犯"的活动。现在国家杜马自然而然地和不可避免地成了全体人民群众、各种人物、各党各派的讨论对象。革命斗争已经为公开的报刊、地方自治会议、大学生集会和工人群众大会开展革命的讨论创造了条件。

关于如何对待国家杜马的问题的讨论,可以说是由那些同沙皇的施舍最有直接利害关系而且早在 8 月 6 日诏书[16]颁布以前就最了解这种施舍的地方自治人士和激进知识分子首先开始的。后来这个讨论才在俄国的一切政治报刊上展开,即在自由的(即秘密的)报刊和公开的报刊上展开。前者明白说出自己的全部理由和口号,后者则用伊索式的语言表示赞成抵制或自由地反对抵制。

① 见本版全集第 11 卷第 356—372 页。——编者注

政治派别划分是俄国各民族的政党和阶级的界限日趋分明的先兆，它正是在抵制问题上开始出现的。参加杜马，还是不参加杜马？取消杜马，还是接受杜马？是在杜马中、以杜马为基地进行斗争，还是在杜马外、不经过杜马来反对杜马，——问题就是这样不可避免地摆在一小撮享有特权的选举人和“无权的”人民群众的面前。至于这个问题如何解决，当然有许多不同的观点，不同的方案和种种“特殊意见”，但是从一切报刊的论调和一切政治组织、政治会议、集会等等的全部声明来看，现在可以在这个问题上作出舆论“调查”**总结**了。

总结如下：

对杜马的三种主要看法是很明显的，而且同当前革命中的三种基本的和主要的社会力量完全符合：**黑帮**（专制政府）的看法、**自由派**（资产阶级）的看法和**革命派**（无产阶级）的看法。黑帮抓住杜马不放，认为它是最好的、唯一可以利用的、甚至是唯一可以设想的维护专制制度的工具。自由派尖锐地批评了杜马，但是接受了杜马，他们被合法的道路和同沙皇的妥协强烈地吸引住了。以无产阶级为首的革命人民则鄙视杜马，宣布积极抵制杜马，并且已经用行动表明他们要把这种积极抵制变成武装起义。

这三种主要的看法值得比较详细地谈一谈。

谈到黑帮，那么可以预料，这些专制制度的拥护者将会像我国御用报刊常说的那样，直接或间接地赞同抵制或缺席主义（作这种预料的还有那些想要认真对待杜马的人，如果我们没有弄错的话，甚至还有火星派）。这些人是想说：就让他们抵制好啦，这样对我们会更好些，杜马中的黑帮成员会更一致，更纯洁。既然俄国有保守的机关报刊，它们能够攻击沙皇大臣的过分的自由主义，能够对

“过于软弱的”政府表示不满，那么这种看法就完全可能这样表现出来，甚至可能比立宪派的许多看法表现得还要明显。但是这里也表现出那些认真对待杜马并且开始谈论要以杜马为基地进行斗争、要在杜马中支援斗争等等的人们的错误。这里也立刻可以看出专制制度十分需要合法的杜马反对派，非常害怕抵制。为什么？很简单，因为如果不和哪怕是一部分资产阶级互相勾结，就根本不可能统治国家，这是毫无疑义的。不和资产阶级的右翼互相勾结，就不可能统治国家，不可能弄到金钱，不可能活下去。我国的专制制度虽然带有亚洲式的野蛮习气，带有多少世纪以来一直原封未动地保存下来的许多原始的野蛮习性，但是我国的专制政府毕竟是一个和欧洲、和国际市场、和国际资本有千丝万缕联系的资本主义国家的政府。俄国专制制度对整个俄国资产阶级的依赖是最有力的物质依赖，这种依赖可能为许许多多中世纪的附加物所掩盖，也可能为千百万次个人的或集团的宫廷贿买（官衔、职位、特权、赠与、纵容以及其他等等）所削弱，但是一旦到了国民生活的决定关头，这种依赖就一定会以决定性的力量表现出来。

我们现在看到，维特先生跑在自由派的前头，公开的报刊已经报道了他发表的自由主义的言论，他同立宪民主党领袖“盖森先生进行非正式的谈判”（《泰晤士报》驻彼得堡记者的电讯），外国报刊上充满了关于沙皇的自由主义计划的消息，等等，这一切并不是偶然的。当然，这里面包含着无数的谎言和阴谋，但是沙皇政府以及一切资产阶级政府要不撒谎，不搞阴谋，它们的政策就一步也推行不了。当然，由于法国和德国的银行家代表到彼得堡来就沙皇政府极其需要的5亿卢布的新贷款问题进行谈判，产生了许多极其卑鄙的欺骗行为。不过，政府那样依赖资产阶级，它们在互相勾结、狼狈为奸时必然会产生欺骗行为，因为这种依赖就是靠互相勾结、狼狈为奸来实现的。

专制政府必须同资产阶级“和解”，而且它不得不努力这样做，——自然，它还想①愚弄欧洲和俄国的舆论。而国家杜马正是达到这个目的的最好的手段。杜马中合法的资产阶级反对派正是资产阶级所承认的国家制度的外表，这种外表可能还会帮助专制政府摆脱窘境。

由此就可以理解为什么《莫斯科新闻》[17]这家保守的反对派的机关报不是幸灾乐祸地，也不是冷嘲热讽地，而是慷慨激昂地，怒不可遏地谈论着抵制杜马。由此就可以理解为什么黑帮的机关报《新时报》[18]要猛烈攻击“缺席主义者”，甚至企图把倍倍尔也拉来同抵制的思想作斗争(《无产者报》第20号)②。**黑帮害怕抵制**。现在只有瞎子或极力为自由派辩护的人才能否认下面这一点：如果地方自治和城市自治代表大会活动家赞成抵制的话，那么抵制的胜利就会得到绝对的保证。

但是问题在于，自由派资产阶级从它整个根本的阶级利益出发而向往君主制、两院制、秩序、适度，热衷于同“经常闹革命”的“恐怖现象”以及同法国式革命的“恐怖现象”等等作斗争。自由派资产阶级、解放派[19]和立宪民主党人从激烈谈论抵制转到坚决反对抵制，是整个俄国资产阶级采取的**第一个**巨大的政治步骤，这个步骤证明了它的背叛本性，证明了它“准备要犯”那种叫做背叛革命的“罪行”。这并不只是准备(也许解放派法学家当中某个爱说

① 手稿上在“想”字后面是：“只装装样子，好像它和解了，它想”。——俄文版编者注

② 见本版全集第11卷第298页。——编者注

俏皮话的人会反驳我们说，这是不受任何法律制裁的），而是犯罪未遂，甚至是已经完成了的犯罪。我们生活在一个迅速发展的时代。我们**需要**唤起整个资产阶级的政治觉悟的时代早已过去了（按照不适用于革命的普通年代表来算，那是才过去不久）。甚至我们**需要**帮助资产阶级组成政治上的反对派的时代也已经过去了。现在它们已经觉醒了，它们已经组织起来了，提到日程上来的完全是另外的伟大任务，这项任务之所以成为可能的和现实的，只是由于革命一日千里地发展。这就是同沙皇妥协的任务（资本的任务）和使背叛的资本中立化的任务（劳动的任务）。

领导着革命人民的革命无产阶级始终忠实于自己的义务，它已经担负起这项任务：唤起、推动和提高自己的那些反对中世纪制度和农奴制度的“伙伴”，从而使他们从不太革命的伙伴转变为比较革命的伙伴。社会民主党所领导的革命无产阶级“认真对待”的不是杜马，而是激进的资产阶级空谈家由于轻率、极端幼稚和一时的兴致而脱口说出的关于抵制杜马的言论、许诺和口号。无产阶级已经把抵制杜马的言词变为现实，即直接而公开地举起了武装起义的旗帜，不仅展开了极其广泛的鼓动工作，而且展开了直接的街头斗争（在莫斯科），同广大的、虽然阶级态度还不十分明确但是备受压迫和剥削的人民群众特别是农民群众的先进部队——激进的青年结成同盟。社会主义的无产阶级是在实际的战斗任务上同觉醒了的革命资产阶级民主派各阶层团结一致的，并没有签订任何协定或任何条约。在莫斯科事件的伟大日子里（这次事件之所以伟大，是由于它是一个先兆，而不是由于这一事件本身），无产阶级和革命民主派向专制政府进行斗争，而自由派、解放派和立宪民主党人却同专制政府进行谈判。

政治派别划分的情形是这样的：一派拥护杜马以保存专制制度，一派拥护杜马以限制专制制度，另一派反对杜马以消灭专制制度。换句话说，一派拥护杜马是为了镇压革命，一派拥护杜马是为了遏制革命，另一派反对杜马是为了把胜利的革命进行到底。

以新《火星报》为代表的社会民主党机会主义派是一个例外，一个破坏了清楚的阶级营垒划分完整性的可悲的、令人遗憾的例外（像其他一切例外一样，这一例外也证实了常规）。但是在这个例外中，在国外的秘密组织的狭小范围内，却表现出我们已经预言过的那个非常重要非常有教益的规律。我们在上面谈到的那个代表会议，团结了革命的社会民主派。《火星报》仍然**同《解放》杂志**[20]**联合**在一起，并不是由于条约的约束，而是由于局势的发展。革命的社会民主党人和革命资产阶级民主派的极左翼在秘密报刊上主张积极进行抵制。机会主义的社会民主党人和资产阶级民主派的极右翼则起来反对抵制。

这样，对新火星派的最重要的策略决议所作的分析（列宁的《两种策略》）①就得到了证实，即《火星报》降到自由派地主的水平，《无产者报》则把农民群众提高到自己的水平；《火星报》降到②自由派资产阶级的水平，《无产者报》则把革命的③小资产阶级提高了。

熟悉社会民主主义出版物的人都知道《火星报》老早就说过这样的话：布尔什维克和《无产者报》已经摇摆到社会革命党[21]方面去了，摇摆到极端资产阶级民主派方面去了。这句话和各种流行

① 见本版全集第11卷第28—29页。——编者注

② 手稿上“到”字后面是：“君主派的”。——俄文版编者注

③ 手稿上“革命的”一词后面是：“和共和派的”。——俄文版编者注

的话一样，有一部分真理。这句话所表露的并不是火星派的单纯的恼恨，而是反映了真实的现象，但它是像凹面镜反映物体那样反映的。这种真实的现象就是这样一件**事实**：孟什维克和布尔什维克代表了俄国社会民主党的机会主义派和革命派。因为火星派转向了机会主义，所以他们必然得出结论，说布尔什维克（用18世纪的政治划分的语言来说）是"雅各宾派"[22]。这些指责只能**证实**我们对目前社会民主党的左右两派的看法是正确的。对于机会主义者的这些指责我们**是引以为荣的，正像**1900年《工人思想报》[23]指责我们有"民意主义"[24]时我们引以为荣**一样**。现在全俄国的一切政治派别在最重大的策略问题上产生的真正政治派别划分，实际上证明了我们对于火星派从俄国社会民主工党第二次代表大会[25]以来所采取的整个立场的评价是正确的。

一切社会民主派的代表会议所完成的秘密政党的派别划分，自然也就补充了一切政党在杜马问题上的派别划分。要说火星派是个令人遗憾的例外，那么他们是例外这一事实却再一次使我们相信规则的力量，相信革命的社会民主派一定会胜利，相信俄国革命一定会实现它的一贯的口号。在意气消沉时期，自由派的庸俗行为和某些马克思主义者把马克思主义庸俗化的行为虽然像是一种预兆，表明我国的革命将要像1848年的德国革命一样，成为庸俗的、虎头蛇尾的、半途而废的革命，可是革命的社会民主派的各项原则的生命力赋予我们以振奋精神的信心，而英雄的工人阶级的发动则更加加强了这种信心。革命清楚地划分了各个政治派别的界限，很好地证明了那些错误意见是荒谬的。从目前的国内外形势看，希望俄国革命获得完全胜利是有充分根据的。专制政府已经心慌意乱，自由派已经茫然失措，而引导着农民的无产阶级则革命干劲十足，——在这种情况下可以相信："我国列车的行驶将超过德国的列车。"[26]

载于1905年10月18日(31日)
《无产者报》第23号

译自《列宁全集》俄文第5版
第12卷第7—15页

失败者的歇斯底里

（1905 年 10 月 18 日〔31 日〕）

在我们的《对政治派别划分的初步总结》一文写好以后，我们收到了《火星报》第 112 号，上面登着一篇神经质的、充满了愤怒、眼泪、大声喊叫和怪腔怪调的文章《小组习气的产物》。这篇文章只能叫做歇斯底里，不能叫做别的。要从歇斯底里的号叫中找出哪怕是一丝一毫的**论据**，那是绝对不可能的。亲爱的《火星报》同志们，既然**你们自己自愿出席**俄国各个社会民主主义政党和组织的代表会议，小组习气又从何谈起呢？如果你们还没有完全失掉思考的能力，那就请你们哪怕是稍微想一想吧，哪怕是在你们的歇斯底里发作过后想一想吧！既然你们同意出席代表会议，既然你们的代表参加了代表会议，那就意味着，你们自己承认这个会议是一件严肃的、党的、无产阶级所必需的事情。既然你们自己自愿参加这个会议，这一行动就表明你们承认召开这个会议是严肃的和必要的事情。可是你们在会上遭到失败**以后**，却开始骂起人来，你们这样做只能让稍有头脑的工人都瞧不起你们！

你们之所以不满，是不是因为，你们认为，会议对你们的策略的责备太尖锐了，竟把参加杜马叫做背叛自由事业？但是，可爱的《火星报》同志们，你们是同俄国社会民主工党中央委员会一道参加代表会议的，而这个中央委员会的机关报《无产者报》老早就在小册子和文章中指出你们已经变成君主主义自由派政党的走狗，这一点你们难道不知道吗？亲爱的《火星报》同志们，这一点你们是很清楚的，如果你们现在气得发昏，老实说，我们实在爱莫能助。要知道，在俄国各民族一切秘密的政党、组织、派别和机关报之中，只有你们还和《解放》杂志搞在一起，这是事实，是无法抹杀和无可争辩的事实。这个**事实**就是对你们的最尖锐的、历史上空前尖锐的谴责，而你们却以为尖锐的根源是"背叛自由事业"这个**字眼**！

你们是这样惊慌失措，在会议上遭到失败以后竟大叫大嚷，说崩得和其他民族的社会民主主义团体所维护的组织上的联邦制是有害的。亲爱的《火星报》同志们，你们这样做很不明智，这只是**更加突出地表明**你们失败的惨重罢了。亲爱的《火星报》同志们，你们好好想一想：事实上是谁两年来维护了而且现在还在维护组织上的涣散和模糊，维护协议和分权制的原则呢？正是你们新火星派。正是崩得、拉脱维亚和波兰社会民主工党中的联邦主义者曾经在报刊上响应你们所有的破坏组织的言论来反对所谓集中制的极端表现等等。上述各个党中的**一切**联邦主义者都曾经写过和发表过与少数派观点相同的文章，这也是事实，是无法抹杀和无可争辩的事实。亲爱的《火星报》同志们，你们看，你们重新提起联邦制是多么不合时宜：你们这样做，只是更加突出地表明，社会民主主义的崩得、拉脱维亚党和波兰党内昨天同情你们的人忍受不了你们的杜马策略的庸俗，不得不抛弃你们了！不，亲爱的《火星报》同志们，如果你们平心静气地稍微想一想，那你们自己也会看到大家都看到的事情：不是"多数派"接受了联邦制，而是崩得、拉脱维亚和波兰的社会民主党人①在革命事变的客观逻辑的影响下转向了“多数派”一贯坚持的观点。

亲爱的《火星报》同志们，你们的失败当然是惨重的。但是失败的根源不是“多数派”或者波兰社会民主党人等等的奸诈，而是在孟什维克全国代表会议[27]的策略决议中就已经表现出来的那种极其严重的思想混乱。只要你们坚持这些决议，你们必然会**同《解放》杂志结成“一对相依为命的朋友”**来反对一切社会民主党人乃至一切革命民主主义者。

载于1905年10月18日(31日)
《无产者报》第23号

译自《列宁全集》俄文第5版
第12卷第16—18页

① 手稿上是：“……由于确信多数派的策略**原则**正确而转向了多数派”。——俄文版编者注

革命的里加的最后通牒

(1905 年 10 月 18 日〔31 日〕)

一向很注意波罗的海沿岸边疆区事态的德国报纸报道了下面这件值得注意的事实。里加综合技术学校的情况和其他一些高等学校的情况一样:学生的集会变成了政治性的群众大会。大学生组成了战斗的革命力量。自由派的要人们皱起眉头在嘟嘟囔囔地埋怨政府软弱。但是在里夫兰,地主老爷的处境是那么困难,以致他们毅然决然地着手组织保卫他们的庄园的武装卫队,不再依靠那个对农民、工人和大学生都束手无策的政府。波罗的海东部沿岸地区的贵族在认真地组织内战:他们公开雇用大批队伍,用精良的连发枪武装他们,并且把他们布置在自己的广阔的庄园里。原来,波罗的海沿岸边疆区的一部分德国大学学生会会员加入了这些队伍!当然,拉脱维亚和俄罗斯的大学生不但对这些穿着大学生制服的黑帮分子宣布了抵制,而且任命了一个特别委员会来调查关于大学生参加地主黑帮的问题。这个委员会派出两名委员到农村去向农民了解情况。政府逮捕了这两名代表,并且把他们送进里加监狱。

于是拉脱维亚和俄罗斯的大学生行动起来了。他们召开大会。通过了一个最坚决的决议。要求应邀参加大会的综合技术学校的校长立即采取措施释放被捕者。决议最后直截了当地提出了最后通牒:如三天之内被捕者还没有按时释放,大学生将在里加工人的支援下不惜采取一切手段来使他们获得释放。

当时省长不在里加,他到彼得堡谋取总督的职位去了。代理省长害怕起来,要了一个手腕就"溜之大吉"。他把校长和两个被捕者叫去(公历 10 月 20 日的《福斯报》[28]是这样说的),问两个被捕者是否知道他们的行为是违法的。他们当然回答说,他们不认为自己的行为有任何违法的地方。于是代理省长,照一家好像是里加的报纸的说法,就竭力告诫他们不要再做这种严重违法的事,然后把两个人都释放了。

钟情于波罗的海东部沿岸地区的贵族的记者忧心忡忡地补充说:"在大学生看来,以及在支持大学生的群众看来,政府在最后通牒的面前屈服了。就是旁观者也不能不得到同样的印象。"

载于 1905 年 10 月 18 日(31 日)
《无产者报》第 23 号

译自《列宁全集》俄文第 5 版
第 12 卷第 19—20 页

小丑大臣的计划

（1905年10月18日〔31日〕）

为了更好地了解今天的政策，有时不妨回顾一下昨天的政策。请看通常消息灵通的伦敦《泰晤士报》记者10月10日（23日）的彼得堡电讯：

“我从可靠方面获悉，政府业已决定赐予改革家所要求的四项自由，但是这是有限制的自由。政府希望这一让步能够把温和派拉过去。维特伯爵昨天就这个问题和沙皇作了长时间的商谈。哥列梅金先生正在起草关于把国有土地分给农民的法案。这个法案将在杜马召开时提出讨论。希望用这个办法争取农民的选票。

政府的运动计划简单说来就是这样。这个计划显然排除了在杜马召开以前自愿地赐予宪法的可能性，尽管立宪民主党人对此抱有一些希望。立宪民主党人代表大会在星期三所要讨论的主要问题之一，就是在杜马开会时或杜马开会以前赐予宪法的情况下立宪民主党怎样行动的问题：在这种情况下党应当同意在杜马中工作呢，还是应当坚持通过全民投票来召开立宪会议。

专制制度的拥护者希望，政府的让步终将在不扩大选举权和不赐予杜马以立法权的情况下终止宪法运动，但是一切迹象表明，情况和这个希望恰恰相反。”

是的，政府的“运动计划”是清楚的。同样，对一切眼睛不瞎的人来说，与政府**讨价还价的**立宪民主党人先生们的“运动”也是清楚的。糟糕的只是，工人阶级正在行动起来，无论维特先生或者立宪民主党人先生们的狡猾计划都是免不了要落空的。

载于1905年10月18日(31日)
《无产者报》第23号

译自《列宁全集》俄文第5版
第12卷第21—22页

俄国局势的尖锐化

(1905年10月18日〔31日〕)

柏林的自由派报纸《福斯报》用这个标题刊登了下面这个不无意义的消息：

“沙皇帝国内的事件正以不可遏止的势头发展着。任何公正的观察家都看得很清楚，无论是政府，无论是哪个反对派或革命党，都不是局势的主宰。逝世过早的特鲁别茨科伊公爵和其他一些高等学府的教授曾徒劳无益地企图劝说俄国的大学生离开那条危险的道路，也就是大学生所走的那条决心要把大学变为人民举行政治集会的场所的道路。大学生情绪激昂地追悼了特鲁别茨科伊，成群结队地把他的遗体送到墓地，使出殡变成了声势浩大的政治性游行示威，然而，他们并不听从死者关于不准闲人进入大学的劝告。在彼得堡大学，在矿业学院，在综合技术学校，都举行了大规模的人民集会。在这些集会上大学生往往只占少数。大会常常从清晨一直开到深夜。人们发表热烈的、煽动性的演说，高唱革命歌曲。此外，还在那里痛骂自由派，特别是痛骂他们的‘不彻底性’，说这种‘不彻底性’并不是俄国的自由主义所偶然具有的，而是由什么永恒的历史规律决定的。

这些责难包含了某种深刻的悲剧意味。尽管这些责难有历史上的论据，但是它们实际上是完全违背历史事实的，因为俄国的自由派甚至没有机会表现出一点点多少会损害对所有政党都十分重要的解放事业的不彻底性。阻碍自由派的生存道路的，不是他们的事业，而是他们的苦难。政府在这些事件面前**一筹莫展**〈黑体是原有的〉，正如它在工人风潮面前和通常在骚动面前一筹莫展一样。当然，它可能又在策划一次残酷的大屠杀，只是等候运动成熟到可以派哥萨克去袭击的时刻而已。但是，即使如此，掌权者也还是谁都不能断定，这个措施会不会导致不满情绪的更激烈的爆发。就连特列波夫将军也对自己失去信心了。他在自己的朋友面前并不讳言：他认为自己已经走上死路，他并不期望自己的控制会有什么好结果。他说：‘我只是履行自己的

职责，并且履行到底而已。’

既然警察头子得出这样的结论，可见沙皇的事业一定是不大妙了。事实上也不能不承认，尽管特列波夫竭尽一切努力，尽管数不清的委员会和会议在进行狂热的活动，去年以来的紧张局势不但没有缓和，反而更加紧张了。不管你往哪里看，局势到处都变得更恶化、更危险了，情况到处都显得更尖锐了。”

这个估计有许多正确的地方，但是也有许多是自由派的愚蠢无知。“自由派不可能表现对事业有害的不彻底性。”是这样的吗？这些可怜的自由派究竟有什么理由**可以**比别的一些党派更公开、更自由地表现自己呢？没有！大学生竭力同立宪民主党人划清界限并且使这些立宪民主党人在人民心目中威信扫地，这是因为指导着大学生的是他们由于同无产阶级交往而保持着的健康的革命本能。明天将给我们带来伟大的、具有世界历史意义的争自由的战斗。争自由的战斗也许还要遭受不止一次的失败，但是失败只会更深刻地激励工人和农民，只会更进一步加剧危机，只会更猛烈地促成自由事业最后必然获得胜利。我们将尽一切努力，不让君主派地主自由主义的资产阶级水蛭吸附在这个胜利上，不让这个胜利主要为大资产者老爷们所利用，像在欧洲不止一次地发生过的那样。我们将尽一切努力，使工人和农民的这个胜利贯彻到底，彻底粉碎一切令人深恶痛绝的专制机关、君主政体、官僚制度、黩武主义和农奴制度。只有这样的胜利才会把真正的武器交到无产阶级手中，——那时候我们就可以点燃整个欧洲，使俄国的民主革命成为欧洲社会主义革命的序幕。

载于 1905 年 10 月 18 日(31 日)
《无产者报》第 23 号

译自《列宁全集》俄文第 5 版
第 12 卷第 23—25 页

《不列颠工人运动和工联代表大会》一文的两条注释[29]

（1905年10月18日〔31日〕）

1

这件事情的经过是这样的。塔夫河谷铁路公司管理处因罢工给铁路公司造成损失而控告铁路工会。资产阶级法官不顾工人的激烈反对，作出了赔偿资本家损失的判决！判决工会赔偿资本家老爷们因罢工所受到的损失，实际上等于取消罢工的自由。对资产阶级奴颜婢膝的法官，在事情涉及劳资斗争的时候，甚至能把宪法保证的自由变为一纸空文。

2

令人遗憾的是，英国工人运动在相当长的时间里仍然是个可悲的例子，它说明工人运动脱离了社会主义就必然会堕落并带有资产阶级性质。

载于1905年10月18日（31日）
《无产者报》第23号

译自《列宁全集》俄文第5版
第12卷第26页

革命第一个回合的胜利

11月1日(10月19日)于日内瓦

星期一夜晚,一则电讯给欧洲带来了颁布10月17日沙皇宣言[30]的消息。《泰晤士报》的记者报道说:"人民胜利了。沙皇投降了。专制制度已不复存在。"俄国革命的远方朋友则是另外一种说法,他们从巴尔的摩(北美)给《无产者报》发来的电报说:"祝贺俄国革命的第一个伟大胜利。"

后面这个评价无疑要正确得多。我们完全有权利来庆祝这一胜利。沙皇的让步确实是革命的极其伟大的胜利,但是这一胜利还远远不能决定整个自由事业的命运。沙皇还远远没有投降。专制制度根本没有不复存在。它只不过是把战场留给敌人,从战场上退却了,在一场异常激烈的战斗中退却了,但是它还远远没有被击溃,它还在集结自己的力量,革命的人民还要解决许多极其重大的战斗任务,才能使革命取得真正的完全的胜利。

10月17日这一天,在历史上将是俄国革命的一个伟大的日子。世界上从未有过的全民罢工发展到了高峰。在俄国各地的团结一致英勇斗争的热潮中站立起来的无产阶级用自己强有力的手,使整个工业、商业和国家的活动陷入停顿。全国都在暴风雨前愣住了。时而从这个大城市,时而从那个大城市传来一个比一个更使人惊慌的消息。军队在动摇。政府停止进行迫害,革命者没有开始公开的猛烈的进攻,但是起义已在各地自发地爆发起来。

沙皇政府在最后的时刻让步了，因为它已经意识到爆发是不可避免的，意识到它在任何情况下也绝对不能取得完全的胜利，而遭到彻底的失败倒是非常可能的。据说特列波夫说过："先流血，然后才是宪法。"制定宪法的必要性，即使在当前的起义遭到镇压的情况下也是毫无疑问的了。而且政府也认为最好不要冒挑起重大的普遍的流血事件的危险，因为人民一旦取得胜利，沙皇政权就会被彻底铲除。

政府在10月17日星期一所掌握的、迫使它避开殊死战斗而作出让步的材料，我们所知甚少。地方和中央的政府当局都想方设法封锁或删节关于起义在猛烈发展的消息。但是，即使是欧洲报刊上零星刊载的并且经过删节的一点点材料也毋庸置疑地证明，这是使沙皇和沙皇政府的大臣们感到极端恐惧的真正的起义。

一个星期以前，我们根据第一批关于全俄政治罢工的消息曾经说过，沙皇政府和革命力量势均力敌。沙皇政府已经没有力量镇压革命。革命也还没有力量击溃沙皇政府。[①] 但是，在这种势均力敌的情况下，任何的迟延对于沙皇政府来说都是极大的危险，因为迟延必定会使军队发生动摇。

起义扩大了。流血事件已遍及俄国各地。从雷瓦尔到敖德萨，从波兰到西伯利亚，人民都在进行街垒战。军队在一些小冲突中取得了胜利，但是同时却传来消息，说出现了一个从未有过的新情况，它清楚证明专制制度**在军事上**是软弱无力的，这就是关于沙皇军队和起义的人民**举行谈判**（在哈尔科夫）的消息，关于军队**撤出**城市（哈尔科夫和雷瓦尔）——这是恢复平静的**唯一**手段——的

---

① 见本卷第3页。——编者注

消息。同起义的人民举行谈判，撤走军队，这是结局的开始。这种情况比任何议论都更能证明军事当局已感觉到自己的地位摇摇欲坠。这表明军队中的不满情绪已达到真正可怕的程度。国外的报刊上也刊载了某些消息和传闻。在基辅逮捕了拒绝开枪的士兵。波兰也发生了同样的事情。在敖德萨，把步兵关在兵营里，不敢让他们上街。在彼得堡，海军开始了明显的骚动，而且据报道，近卫军[31]极不可靠。关于黑海舰队，到目前为止还不可能打听到真实的情况。10 月 17 日的电讯就已经说，关于这支舰队发生新的骚动的传闻持续不断，一切电报都被当局截住，当局采用一切手段不让有关事态的消息流传开来。

综合所有这些片断的报道，不能不得出这样的结论：即使从纯军事观点来看，专制政府的状况也是十分不妙的。虽然专制政府镇压了一些局部的暴乱，它的军队有时在这儿，有时在那儿攻下了一些街垒，但是，这些局部的冲突只是激发了人们的热情，只是加剧了人们的愤怒情绪，只是使更猛烈的全民爆发来得更快，而这一点正是已经不信赖军队的政府所害怕的。

敌人没有采取重大的战斗行动。敌人退却了，把战场留给革命的人民，敌人退到了他认为比较巩固的新阵地，企图在这个阵地上聚集比较可靠的力量，团结他们，激励他们，选择有利时机发动进攻。

欧洲资产阶级报刊的许多比较“公正的”评论可以证实对伟大的 10 月 17 日的上述评价是对的。

一方面，欧洲的资产阶级感到放心了。沙皇的宣言答应真正的立宪：杜马具有立法权，任何法律未经人民代表同意都不能生效，赋予大臣以实权，赋予公民以自由，即人身不可侵犯和信仰、言论、集会、结社的自由。于是交易所急忙表示提高对俄国财政的信任。最近几天下跌的俄国证券行市又开始回升。从革命的彼得堡逃走的外国银行家答应两星期后回来。在欧洲资产阶级看来,宪法是“和平的”、小小的让步的保证,这种让步使有产阶级感到十分满意,同时又不让革命的无产阶级得到“太多的”自由。

但是,另一方面,就是自由派资产者也不能不看到,沙皇的宣言只是一些空话,一些诺言。现在谁还只是相信诺言呢?当监狱里仍然关满所谓政治犯,书报检查制度还在继续执行的时候,这些关于人身不可侵犯和言论自由的空话难道不是笑话吗?将由什么人去履行沙皇的诺言呢?是那个听说库兹明-卡拉瓦耶夫、科西奇、科尼等人也参加的维特内阁吗?这样的内阁连自由派资产阶级的内阁也称不上,它只不过仍是一个多次被宫廷反动集团战胜了的自由派**官僚**的内阁。难道人民在争取自由的斗争中流血牺牲,是为了让自由派官僚用空话和诺言来敷衍搪塞吗?!

不,沙皇政府还远远没有投降。专制制度还远远没有崩溃。革命无产阶级还要进行一系列重大的战斗,而第一个胜利将帮助它团结自己的力量,同时在斗争中赢得新的同盟者。

《泰晤士报》记者在宣言颁布的当天写道:“自由事业胜利的本身只能促使反动分子采取新的行动,而且,只要军队仍然处在旧的长官的控制下,俄国就不可能保证不发生**军事政变**。”“还有一个问题,政府在革命高潮的时候被迫实行的让步,会不会成为革命力量增强的信号?”资产阶级乐观派说道:“不知道官僚制度是被赶出了自己的城堡,还是仅仅撤离了自己的前沿阵地”,——尽管事实清楚地表明,专制制度的“城堡”依然屹立着。

让步具有被迫的性质,这最使温和派资产者感到不安。法国当权的富翁的机关报《时报》[32]当初对“无政府状态”深表愤慨，辱骂和诽谤全俄政治罢工的组织者和参加者。现在这家报纸（它本身对沙皇的立宪诺言是满意的）不安地指出：“沙皇不是主动行事，只是签署了自由主义反对派的‘委托书’。这是一种不明智的做法，它使随后的一系列改良具有被迫的性质，具有某种不连贯的、突然出现的东西的性质。这种做法使政府处于自相矛盾的地位，而对暴力则是一种奖励。遗憾的是，情况已经很明显：事情确实太糟糕了，政府没有别的办法来摆脱它被逼入的绝境。这不但是对立宪派、对温和派的投降（当然首先应该听他们的），而且是对罢工的投降，对革命的投降，我们快些忘记这种投降的性质吧。”

不，资产者先生们，工人永远不会忘记沙皇是被迫投降的！工人永远不会忘记，他们只是靠力量，靠自己组织的力量、自己齐心协力的力量、自己的群众的英雄主义的力量才赢得沙皇政府在书面宣言上承认的自由，只有靠这种力量才能在将来赢得事实上的自由。

我们在上面说过，敌人把战场留给革命的无产阶级之后退却了。现在我们要加一句：正在退却的敌人继续被紧紧追击着。10月17日，星期一，颁布了沙皇宣言。根据沃尔弗通讯社[33]的报道，18日，星期二，俄国社会民主工党的宣言[34]就在彼得堡大量印发了。宣言声明，无产阶级的斗争丝毫没有因为沙皇宣言的颁布而停止。无产阶级的策略应该是：利用沙皇政府在无产阶级打击的压力下所赐予的权利，组织工人大会解决继续罢工的问题，成立民兵保护革命的①权利，提出大赦的要求。社会民主党人在人民集

① 手稿上此处用的不是“革命的”，而是“赢得的”。——俄文版编者注

会上发表演说，坚持要求召集立宪会议。据电讯，罢工委员会[35]要求实行大赦和立即在实行普遍和直接选举的基础上召开立宪会议。

革命的本能立刻使彼得堡的工人提出了正确的口号：坚持不懈地继续斗争，利用新夺取到的阵地继续猛攻，真正消灭专制制度。因而斗争还在继续，集会次数越来越多，而且规模越来越大。由于取得第一个回合的胜利而产生的欢乐和理所当然的自豪感并没有妨碍进一步组织力量把革命进行到底。革命的成功取决于把人民中更广阔的阶层吸引到自由事业方面来，取决于教育他们，组织他们。工人阶级通过全俄政治罢工证明了自己的力量是巨大的，但是在城市无产阶级的落后阶层中，我们还有不少的工作要做。我们正在建立工人民兵（这是革命的唯一可靠的支柱），准备迎接新的更坚决的斗争，坚持我们原来提出的口号，但是同时还应该特别注意军队。沙皇被迫让步必定会在军队中引起极大的波动，因此，现在我们必须吸引士兵参加工人集会，加强兵营中的鼓动工作，扩大同军官的联系，从而在建立工人的革命军队的同时，也在军队中建立有觉悟的革命者的基干队伍，这些军队在昨天还只是沙皇的军队，而现在已经处于向人民军队转变的前夕了。

革命的无产阶级在总罢工的伟大日子里使军队陷于瘫痪，争取到军队保持中立。现在应该力争军队完全转到人民方面来。

革命的无产阶级引导城市的革命取得了第一个回合的伟大胜利，现在应该扩大和加深革命的基础，把革命扩展到农村去。唤起农民自觉地保卫自由的事业，要求采取有利于农民的重大措施，准备开展农村运动（农村运动如果同先进的城市无产阶级结合起来就一定能粉碎专制制度，争得完全的和真正的自由），——这就是俄国社会民主党目前的迫切任务。

革命的成败取决于奋起保卫革命和争取完成革命的无产阶级群众和农民群众的人数。革命战争和其他战争的区别，就在于它的主要的后备力量是从敌人昨天的同盟者即沙皇制度昨天的拥护者的阵营中，或者从那些曾经盲目跟随沙皇制度的人的阵营中得来的。而全俄政治罢工的胜利比任何宣言和法令中的含混不清的言词更能打动农民的心，更能启发他们的觉悟。

一年前，政治舞台的整个前台都被自由派资产者占据着，俄国的革命才刚刚开始发展。

1 月 9 日[36]城市工人阶级起来行动的时候，革命已经站稳了脚跟。

在俄国，各民族的无产阶级团结得像一个人一样地站了起来，并且动摇了使各民族尤其是各民族的劳动阶级吃尽苦头的沙皇宝座的时候，革命赢得了第一回合的胜利。

当工人再一次奋起并且引导农民前进的时候，革命就会粉碎敌人，把暴君沙皇的宝座彻底摧毁。

而往后，往后俄国革命还有后备军。各族人民和各国家能够互相隔绝地生活的时代已经一去不复返了。请看：欧洲已经不平静了。欧洲的资产阶级焦虑不安，准备拿出亿万的金钱，只要能够扑灭俄国的火焰。欧洲军事强国的执政者打算给沙皇以军事援助。威廉已经派来几艘巡洋舰和两个雷击舰总队来建立德国丘八和彼得戈夫的直接联系。欧洲的反革命向俄国的反革命伸出了援助之手。

霍亨索伦先生，来较量较量吧！我们俄国革命在欧洲也有后备军。这个后备军就是国际社会主义无产阶级，即国际革命社会民主党。全世界的工人都带着激动的欢乐的心情庆祝俄国工人的胜利，同时，他们认识到国际社会主义大军的各支队伍必须紧密配合，所以自己也准备投身于伟大的决战中。

全俄国的工人和农民们，你们不是孤立的！如果你们能够推翻、击溃和消灭农奴主的、警察的、地主的和沙皇俄国的暴君们，你们的胜利就将是全世界反对资本暴政的信号，是劳动人民争取政治上和经济上的完全解放的信号，是人类争取摆脱贫困和实现社会主义的信号。

载于 1905 年 10 月 25 日(11 月 7 日)
《无产者报》第 24 号

译自《列宁全集》俄文第 5 版
第 12 卷第 27—35 页

尼古拉·埃内斯托维奇·鲍曼

(1905年10月21日〔11月3日〕)

今天,公历11月3日,电报传来了俄国社会民主工党党员、兽医尼·埃·鲍曼在莫斯科被沙皇军队杀害的消息。在他的墓前举行了示威活动,他的妻子(也是我们党的党员)对送葬群众讲了话,号召他们举行武装起义。我们现在没有可能给死难的同志写详细的传记,目前只能谈一下他的主要的活动。90年代,他开始在彼得堡的社会民主主义组织中进行工作。后来被捕,在彼得保罗要塞坐了22个月的牢,又被流放到维亚特卡省。他从流放地逃往国外并于1900年一开始就参加了创办《火星报》[37]的活动,成为主要的实际领导人之一。他多次秘密回国。1902年2月在沃罗涅日因参加《火星报》的联络工作一案被捕(被一个医生出卖),投入基辅监狱。1902年8月,他和其他10个社会民主党同志一起越狱。他曾经以俄国社会民主工党莫斯科委员会代表的资格参加党的第二次代表大会(化名索罗金)。他也参加过同盟第二次代表大会[38](化名萨拉夫斯基)。以后他担任党的莫斯科委员会委员。1904年6月19日又遭逮捕并被关进塔甘卡监狱。他获释出狱大概才只有几天。

俄国社会民主主义无产阶级队伍中的战士永垂不朽!在胜利的革命的头几天中牺牲的革命者永垂不朽!愿起义人民在他的灵

前表达的敬意成为起义彻底胜利和该死的沙皇制度彻底灭亡的保证!

尼·埃·鲍曼的被害清楚地表明,彼得堡的社会民主党的演讲人把10月17日的宣言称做圈套、把政府在宣言发表以后的行动称做挑衅是多么正确。当政权和武装力量还掌握在政府手中的时候,所有这些口头上许诺的自由又有什么价值呢?从监狱里释放出来的人被哥萨克枪杀在大街上,这种"大赦"实际上不正是一种圈套吗?

载于1905年10月25日(11月7日)
《无产者报》第24号

译自《列宁全集》俄文第5版
第12卷第36—37页

最新消息

11月4日(10月22日)于日内瓦

在血腥的尼古拉的“立宪”宣言发表以后,紧接着就发生了特列波夫及其手下那帮匪徒所策划的无数次新的谋杀事件。哥萨克肆无忌惮,犹太人惨遭蹂躏,刚刚“被大赦出狱的”政治犯就在街上被枪杀,黑帮在警察的怂恿下到处抢劫,——为了镇压革命斗争,一切手段都使出来了。

沙皇帮了革命者一个大忙,他证实了革命者关于“自由主义的”宣言是假让步,是一出丑恶的闹剧的评价。沙皇自己想要挑起又一次的决战。这样更好!社会民主党的全部工作、无产阶级的全部力量现在都准备用来投入下一次的进攻,消灭沙皇制度这个妖魔;沙皇制度在垂死的时候企图最后一次煽起愚昧的大众的愚昧本能。现在特列波夫愈是疯狂地挣扎,整个特列波夫匪帮和整个罗曼诺夫家族就愈是不可避免地要遭到彻底的覆灭。

载于1925年联共(布)中央党史委员会出版社出版的《〈前进报〉和〈无产者报〉》第6分册《附录》

译自《列宁全集》俄文第5版第12卷第38页

小资产阶级社会主义和无产阶级社会主义[39]

(1905 年 10 月 25 日〔11 月 7 日〕)

在欧洲,在各种社会主义学说中间,马克思主义现在已经取得了完全的统治,而争取实现社会主义制度的斗争,几乎完全是各国社会民主党领导的工人阶级的斗争。但是以马克思主义学说为基础的无产阶级社会主义的这个完全的统治,并不是一下子就巩固起来的,而只是在同各种落后的学说如小资产阶级社会主义、无政府主义等等作了长期斗争以后,才巩固起来的。大约 30 年以前,马克思主义就是在德国也还没有取得统治地位,当时在德国占优势的,老实说,是介于小资产阶级社会主义和无产阶级社会主义之间的过渡的、混合的、折中的见解。而在罗曼语国家,如法国、西班牙、比利时,在先进工人中最流行的学说是蒲鲁东主义[40]、布朗基主义[41]、无政府主义,这些学说所反映的显然是小资产者的观点而不是无产者的观点。

究竟是什么原因使马克思主义恰恰在最近几十年获得了这个迅速的和完全的胜利呢?现代社会在经济方面和政治方面的全部发展,革命运动和被压迫阶级的斗争的全部经验,都日益证实马克思主义观点的正确性。小资产阶级的衰落,必定要使一切小资产阶级的偏见迟早归于灭亡,而资本主义的发展和资本主义社会内部阶级斗争的尖锐化，则替无产阶级社会主义的思想作了最好的宣传。

在俄国，各种落后的社会主义学说之所以根深蒂固，自然是由于俄国落后的缘故。最近25年来的全部俄国革命思想史，就是马克思主义同小资产阶级民粹派社会主义作斗争的历史。如果说，俄国工人运动的迅速发展和惊人成就已经使马克思主义在俄国也得到了胜利，那么，另一方面，无可怀疑的革命的农民运动的发展——特别是1902年著名的小俄罗斯农民起义[42]以后——则使衰落了的民粹主义又稍微活跃起来。用欧洲时髦的机会主义（修正主义、伯恩施坦主义[43]、对马克思的批判）粉刷一新的陈旧的民粹主义，就是所谓社会革命党人的全部固有的思想行装。所以在马克思主义者同纯粹的民粹派以及同社会革命党人的争论中，农民问题都占中心地位。

民粹主义在一定程度上曾是一种完整的系统的学说。它否认资本主义在俄国的统治；否认工厂工人作为整个无产阶级的先进战士的作用；否认政治革命和资产阶级的政治自由的意义；鼓吹立刻从小农经济的农民村社[44]出发来实行社会主义革命。这种完整的学说现在只剩下一些残枝败叶了，但是为了自觉地弄清楚现在的争论，为了不使这些争论成为互相谩骂，我们必须时刻注意我国的社会革命党人之所以迷误的一个总的和根本的民粹主义的**根源**。

民粹派认为，俄国将来的主人是农夫。这种看法是由迷信村社的社会主义性和不相信资本主义的命运所必然产生的。马克思主义者认为，俄国将来的主人是工人，而俄国农业和工业中资本主义的发展，愈来愈证实了他们看法的正确性。在俄国，工人运动已经成为不可否认的事实了，而关于农民运动，民粹主义和马克思主义之间的全部分歧，直到现在为止都表现在他们对这个运动的不同的**看法**上。在民粹派看来，农民运动正好驳倒了马克思主义；它正好意味着是一种直接的社会主义革命的运动；它恰恰不承认任何资产阶级的政治自由；它恰恰不是以大经济，而是以小经济为出发点的。总而言之，在民粹派看来，农民运动就是真正的和直接的社会主义运动。民粹派对农民村社的迷信以及民粹派的无政府主义，完全说明了他们得出这些结论的必然性。

在马克思主义者看来，农民运动恰恰不是社会主义运动，而是民主主义运动。农民运动在俄国也像过去在其他国家一样，是民主革命的必然伴侣，而民主革命就其社会经济内容来说是资产阶级革命。农民运动绝不反对资产阶级制度的基础，不反对商品经济，不反对资本。正好相反，它反对农村中的各种旧的、农奴制的、前资本主义的关系，反对农奴制一切残余的主要支柱——地主土地所有制。因此，这种农民运动的完全胜利不会铲除资本主义，恰恰相反，它将给资本主义的发展造成更广泛的基础，加速和加强纯粹资本主义的发展。农民起义的完全胜利，只能造成资产阶级民主共和国的支柱，在这个共和国内，无产阶级将第一次开展纯粹反对资产阶级的斗争。

所以，这里就有两种正好相反的看法，凡是想要弄清社会革命党人同社会民主党人之间的原则分歧的人都应当清楚地了解这两种看法。一种看法认为农民运动是社会主义运动，另一种看法认为农民运动是资产阶级民主主义运动。从这里可以看出，我们的社会革命党人千百遍地反复说（例如参看《革命俄国报》[45]第75号）什么正统的马克思主义者曾经“忽视”（根本不理会）农民问题，这表明他们是多么无知。要反对这种十分无知的说法，只有一个方法：反复讲述一些最浅显的道理，把民粹派旧有的一贯看法说清楚，一百遍一千遍地指出真正的分歧既不在于愿意或者不愿意顾及农民问题，也不在于承认或者忽视农民问题，而是在于对俄国当前的农民运动和当前的农民问题有**不同的估计**。说马克思主义者"忽视"俄国的农民问题的人，首先就是十分无知的，因为俄国马克思主义者一切主要的著作，从普列汉诺夫的《我们的意见分歧》（这本书在20多年以前就出版了）起，主要就是说明民粹派对俄国农民问题的看法是错误的。第二，谁说马克思主义者"忽视"农民问题，这就证明他企图逃避充分估计真正的原则性的意见分歧：当前的农民运动是不是资产阶级民主主义运动？这种运动按其客观意义来说是不是反对农奴制的残余？

社会革命党人从来没有、而且永远也不可能对这个问题作出明确的回答，因为他们糊涂透顶，分不清旧民粹派对俄国农民问题的看法和现代马克思主义者对俄国农民问题的看法。马克思主义者所以把社会革命党人叫做抱有小资产阶级观点的人（小资产阶级思想家），也正是因为他们对农民运动的估计不能摆脱民粹派的小资产阶级幻想和空想。

因此，我们不得不再来重复最浅显的道理。当前俄国的农民运动所追求的是什么呢？土地和自由。这个运动的完全的胜利将有什么意义呢？如果它获得了自由，就会推翻地主和官吏在管理国家方面的统治。如果它获得了土地，就会把地主的土地转交给农民。最充分的自由和最彻底的对地主的剥夺（夺去地主的土地）是否会消灭商品经济呢？不，不会消灭。最充分的自由和最彻底的对地主的剥夺，是否会消灭农户在村社土地上或在"社会化的"

土地上的个体经营呢？不，不会消灭。最充分的自由和最彻底的对地主的剥夺，是否会消除拥有许多牛马的富裕农民和雇农、日工之间，即农民资产阶级和农村无产阶级之间的鸿沟呢？不，不会消除。恰恰相反，上层**等级**（地主）被粉碎和消灭得愈彻底，资产阶级和无产阶级之间的**阶级**对峙也就愈深刻。农民起义的完全胜利将有怎样的客观意义呢？这个胜利将会彻底消灭农奴制的一切残余，但是决不会消灭资产阶级的经营方式，不会消灭资本主义，不会消灭社会划分为阶级、划分为富人和穷人、划分为资产阶级和无产阶级的现象。为什么当前的农民运动是资产阶级民主主义的运动呢？因为它消灭官吏和地主的政权，建立民主的社会制度，并不改变这个民主社会的资产阶级基础，并不消灭资本的统治。觉悟的工人、社会主义者对于当前的农民运动应当抱什么样的态度呢？他们应当支持这个运动，最积极地彻底地帮助农民把官吏和地主的政权完全推翻。但是他们同时应当[①]向农民解释，单是推翻官吏和地主的政权还不够。在推翻这个政权的同时，还应当为消灭资本的权力，消灭资产阶级的权力作准备，而要做到这一点，必须立即宣传完全社会主义的即马克思主义的学说，并且联合、团结和组织农村无产者去同农民资产阶级以及整个俄国资产阶级作斗争。觉悟的工人能不能因为社会主义的斗争而忘掉民主主义的斗争，或者因为民主主义的斗争而忘掉社会主义的斗争呢？不能，觉悟的工人之所以把自己称做社会民主主义者，正是因为他们懂得这两种斗争的相互关系。他们知道，除了经过民主主义，经过政治自由以外，没有其他通向社会主义的道路。因此，他们为了要达到

① 手稿上在“应当”之后还有“不倦地”一词。——俄文版编者注

最终的目的社会主义，就力求完全而彻底地实现民主主义。为什么民主主义斗争的条件和社会主义斗争的条件是不一样的呢？因为在这两种斗争中，工人的同盟者必定是不同的。民主主义斗争是工人同一部分资产阶级，特别是同小资产阶级一起进行的；而社会主义斗争则是工人反对整个资产阶级的斗争。反对官吏和地主的斗争，可以而且应当同全体农民，甚至同富裕农民、中等农民一起进行。而反对资产阶级的斗争，同样也是反对富裕农民的斗争，却只能同农村无产阶级一起才能可靠地进行。

如果我们回想一下马克思主义这些起码的真理（这些真理是社会革命党人始终不愿去研究的），我们就很容易评价社会革命党人对马克思主义的下列“最新的”反驳意见了。

《革命俄国报》（第 75 号）喊道：“为什么非得先支持全体农民去反对地主，然后（也就是同时）支持无产阶级去反对全体农民，而不是立即支持无产阶级去反对地主，这与马克思主义有什么相干，只有天晓得。”

这是最原始、最幼稚的无政府主义的观点。许多世纪以来，甚至几千年以来，人类就有过“立即”消灭所有一切剥削的愿望。但是，在全世界千百万被剥削者联合起来进行彻底的、坚决的、全面的斗争，以争取按照资本主义社会自身的发展方向来改变这个社会以前，这样的愿望只是愿望而已。只是当马克思的科学社会主义把改变现状的渴望同一定阶级的斗争联系起来的时候，社会主义的愿望才变成了千百万人争取社会主义的斗争。离开阶级斗争，社会主义就是空话或者幼稚的幻想。而在我们俄国，眼前摆着两种不同的社会力量的两种不同的斗争。无产阶级在一切存在着资本主义生产关系的地方（告诉我们的社会革命党人，甚至在农民村社内，即他们认为是完全"社会化的"土地上，这种生产关系也是存在的）进行反对资产阶级的斗争。作为小土地占有者阶层，即小资产者阶层的农民进行反对一切农奴制残余、反对官吏和地主的斗争。只有完全不懂政治经济学和世界革命史的人，才会看不见这两种性质不同的社会战争。用"立即"这种字眼蒙住眼睛不看这两种战争的区别，就等于把脑袋藏在翅膀底下，不肯对现实作任何分析。

社会革命党人已经失去了旧民粹主义观点的完整性，他们甚至连民粹派本身的学说中的许多东西都忘记了。在同一号的《革命俄国报》上还写道："列宁先生在帮助农民剥夺地主的同时，不自觉地对小资产阶级经济在多少已经有所发展的资本主义农业形态的废墟上的建立起了促进作用。从正统马克思主义的观点来看，这岂不是后退一步吗？"

先生们，你们该知道点羞耻吧！你们竟然把你们的瓦·沃·先生忘了！查看一下他的《资本主义的命运》、尼古拉·—逊先生的《概况》以及你们的哲人们的其他著作吧。那时你们就会记起俄国的地主经济包含有资本主义的和农奴制的特点。那时你们便会知道还有工役制这种徭役制的直接残余的存在。假使你们再去看看像马克思的《资本论》第3卷这种正统的马克思主义著作，那你们就会明白，除非经过小资产阶级的农民经济，徭役制经济无论在什么地方都没有而且也不能发展和变为资本主义经济。为了诋毁马克思主义，你们使用的是极其平常的、早已被人揭穿了的方法：你们硬把大资本主义经济可以直接代替大的徭役制经济这种滑稽的简单化的看法强加给马克思主义！你们说，地主的收成比农民的高，所以剥夺地主是后退一步。这种议论只应当出自中学四年级学生之口。先生们！请想一想吧，在农奴制度崩溃的时候，把收成低的农民土地从收成高的地主土地中分开来，岂不是“后退一步”吗？

现代的俄国地主经济包含有资本主义的和农奴制的特点。现在农民同地主的斗争，按其客观意义来说，就是农民同农奴制残余的斗争。但是如果企图把一切单个的情况都列举出来，把每一单个的情况都加以衡量，用药房的天平毫厘不差地确定哪里是农奴制的终点，哪里是纯粹的资本主义的起点，这就是把你们自己固有的学究气硬加在马克思主义者身上。我们不可能计算出，从小商人那里买来的用品的价格中，哪一部分是劳动价值构成的，哪一部分是欺诈等等构成的。先生们，这是不是可以说，劳动价值论应当被抛弃呢？

现代的地主经济包含有资本主义的和农奴制的特点。只有学究先生才能从这里作出结论说，我们的义务就是把每一单个的情况下的每一个细小的特点都按它的某种社会性质加以衡量、计算并一一记录下来。只有空想家才能从这里作出结论说，我们“用不着”区别两种性质不同的社会战争。实际上，从这里只能作出唯一的一个结论：我们在自己的纲领中和自己的策略中，应当把反对资本主义的纯粹无产阶级的斗争和反对农奴制的一般民主主义的（和一般农民的）斗争联结起来。

在现代的半农奴制地主经济中，资本主义的特点发展得愈明显，立即独立组织农村无产阶级的必要性也就愈加迫切，因为在上述情况下，不管实行什么样的没收，纯粹资本主义的或纯粹无产阶级的对抗性都会愈加迅速地暴露出来。在地主经济中资本主义的特点愈突出，民主主义的没收就愈能迅速地推动真正的争取社会主义的斗争的发展，也就是说，借助于“社会化”这种字眼把民主革命虚假地理想化就愈加危险。这就是从地主经济中的资本主义和农奴制混在一起的事实中得出的结论。

所以，要把纯粹无产阶级的斗争同一般农民的斗争联结起来，但是不要把这两种斗争混淆起来。要支持一般民主主义的和一般农民的斗争，但是绝不同这种非阶级的斗争合流，绝不用社会化这类虚假的字眼把它理想化，一分钟也不忘记把城市**和农村**的无产阶级组织成为完全独立的、阶级的社会民主党。这个党彻底支持最坚决的民主主义，但是它决不受那种想在商品经济下造成“平均制”的反动幻想和尝试所迷惑，从而离开革命的道路。农民同地主的斗争现在是革命的，没收地主的土地在目前经济和政治的演进时期从各方面来说都是革命的，我们支持这种革命的民主主义的措施。不过，把这种措施称为“社会化”，欺骗自己欺骗人民，说什么在商品经济下有“平均”使用土地的可能，那可是一种反动的小资产阶级空想，这个美名只好让反动的社会主义者去独享了。

载于1905年10月25日(11月7日)
《无产者报》第24号

译自《列宁全集》俄文第5版
第12卷第39—48页

两次会战之间

公历 11 月 15 日于日内瓦

无产阶级同沙皇制度的一次大的战役结束了。全俄政治罢工看来几乎在各地都停止了。敌人在一个侧翼(芬兰)作了最大的退却,但是在另一个侧翼却得到了加强(在波兰实行戒严)。在中部敌人稍稍退却了一些,但是占据了强大的新阵地,并且准备进行流血更多的更有决定性的战斗。军事冲突在整条战线上不断地发生。双方都在加紧弥补损失,整顿队伍,尽可能好地组织自己和武装自己,以便进行下一次战役。

争自由战场上的目前态势大致就是这样。国内战争自然和其他战争不同,它的作战形式更加多种多样,双方战斗人员的数目和成分最不容易统计,最容易发生变动,打算缔结和约还是仅仅暂时停火,并不取决于战斗人员,而且这种努力同军事行动交织在一起,错综复杂,扑朔迷离。

军事行动的暂时停止使“调停者”大受鼓舞。维特竭尽全力或直接或通过奴仆报刊,把自己装扮成这种“调停者”,同时极力掩饰他所扮演的沙皇制度的外交奴仆的角色。政府公报承认——这使幼稚的自由派感到高兴——警察参与了黑帮的暴行。讨好政府的报刊(例如《新时报》)装模作样地谴责反动分子的过火行为,当然也谴责革命者的“过火行为”。极端反动分子(波别多诺斯采夫、弗拉基米尔、特列波夫)因不满意小打小闹而退场。部分地是他们由于太愚蠢而不懂得演这种把戏对于保持沙皇政府的最大权力是多么有利；部分地是他们盘算着——盘算得对——对他们更方便的是完全放开手脚参加这场演出，但是扮演另一种角色：为君主强盛而战的"独立"战士，替"俄罗斯人民的被侮辱的（被革命者所侮辱的）民族感情"报仇的"自由的"复仇者，——简单地说，就是扮演黑帮首领的角色。

维特看到自己的惊人狡猾演出获得"巨大的"成功，不禁满意地搓搓手。他保持着自由派的清白，极力表示要给立宪民主党的首领们（据《时报》记者的电讯，其中甚至包括米留可夫）几个大臣职位，还亲自写信邀请司徒卢威先生回国，竭力把自己装扮成对"赤色分子"和"黑色分子"都同样疏远的"白色分子"。他在保持清白的同时获得了一笔小小的资本，因为他仍旧是沙皇政府的首脑，这个政府牢牢掌握着全部政权，只等最有利的时机一到，便转而向革命发动坚决进攻。

我们在《无产者报》上给维特作的鉴定[①]现在完全证实了。就其手段、"才干"和使命而言，这是一个小丑大臣。就他迄今所拥有的实际势力而言，这是一个自由派官僚的大臣，因为他还没有同自由派资产阶级讲好价钱。不错，这笔买卖毕竟是在慢慢地进行着。买卖双方正喊出自己的最后的价钱，彼此约定，把这笔交易留待日内就要召开的地方自治人士代表大会去作决定。维特竭力收买资产阶级知识分子，扩大杜马选举的选举权，提出按教育程度的选举资格，甚至还扔给工人一小块骨头（工人们应当满足于在实行间接选举制的条件下占有"代表工人的"21 个席位!!），发誓说，只要召

① 见本卷第 21—22 页。——编者注

开了杜马，只要杜马、甚至杜马中的少数主张实行普选，那么他维特保证全力支持这个要求。

但是买卖至今还没有做成。买卖双方背着那些真正进行战斗的人而进行自己的谈判，这就不能不抵消我们的“诚实的经纪人”所作的努力。自由派资产阶级本身是乐于接受国家杜马的，——要知道，它甚至接受了“咨议性的”杜马，还在9月它已经不积极抵制了。但是问题的实质就在于，从那时以来的这两个月中，革命已经向前迈进了一大步，无产阶级发动了一次重大的战役，并且一下子就取得了第一次巨大的胜利。国家杜马这出人民代表机关的卑劣闹剧已经被埋葬了：强大的无产阶级进攻的第一次打击就粉碎了它。革命在几个星期中揭露出那些打算参加布里根杜马或者打算支持他人参加杜马的人是目光短浅的。积极抵制的策略得到了极其光辉的证实，一切政党的策略只有在战斗时刻才能得到如此光辉的证实，这就是：被事实所证实，受到事变进程的检验，昨天在目光短浅的人和怯懦的贪图小利的人看来是过分冒失地“跳入未知世界”的事情，已被认为是毫无疑问的和无可争辩的事实了。

工人阶级把“杜马”这出闹剧的演员吓破了胆，吓得他们不敢踏上这座摇摇欲坠、破破烂烂的小桥，甚至不敢去检验一下由国家“工匠”急忙进行的“最新”修理是否牢固。角色发生了小小的变动。昨天是帕尔乌斯、切列万宁和马尔托夫同志想要向那些走这座小桥的人索取革命的诺言，即在杜马里面要求召开立宪会议的诺言。今天，内阁首相谢尔盖·尤利耶维奇·维特伯爵代替了这些社会民主党人，他已经许下了“革命的”诺言：哪怕只有一个杜马代表要求召开立宪会议，他也要支持这个代表。

但是自由派资产者，立宪民主党人，头一回丢尽了脸，已经不愿再重复可悲的经验了。他们，即我们的《解放》杂志和《俄罗斯新闻》[46]的善良的议会主义者，已经安排好“选举运动”；他们已经选出了一个中央委员会来领导这个运动；他们甚至设立了法律咨询处来向居民解答，地方官是否有权直接驱散农民复选人，还是应当事先请示省长。总而言之，他们本来就要躺到赏赐给全俄国的奥勃洛摩夫们[47]的安乐椅上去睡大觉，冷不防……无产阶级毫不客气地抖动了一下肩膀就把杜马和整个“杜马”运动推翻了。无怪乎自由派资产者现在不大愿意相信这位温文尔雅的伯爵的“革命的诺言”了。无怪乎他们现在不大愿意去握这位伯爵向他们伸出的手而更频繁地向左边看，尽管他们在看到那个用新糖花装饰起来的华美的杜马大蛋糕时还是禁不住要垂涎三尺。

维特同自由派资产阶级领袖们的谈判无疑是具有极其重大的政治意义的，但是这仅仅在于：这种谈判再一次证实了自由主义化的官僚同资本利益的维护者之间有着内在的血缘关系，再一次表明了究竟怎样**埋葬**和究竟是谁打算**埋葬**俄国革命。可是这种谈判和勾结是不会成功的，因为革命还活着。革命不仅活着，——它比任何时候都更加强大，它还远远没有显示出自己的全部威力，而只是开始把无产阶级和革命农民的力量充分发动起来。正因为如此，小丑大臣同资产阶级的谈判和勾结才这样毫无生气：在炽烈斗争的时期，当敌对的力量在两次决定性战役之间彼此虎视眈眈地对峙着的时候，这种谈判和勾结是不会获得重大意义的。

在这种时期，革命无产阶级既然意识到自己的具有全世界历史意义的目标，既然不仅力求从政治上而且也从经济上解放劳动者，既然一分钟也没有忘记自己的社会主义任务，它的政策就应当特别坚定、清楚和明确。对于小丑大臣的卑劣的谎言、对于自由派和资产阶级民主派的愚蠢的立宪幻想，革命无产阶级应当比任何时候都更加坚决地提出自己的通过全民武装起义来推翻沙皇政权的口号与之相对立。革命无产阶级鄙弃任何伪善行为，对一切掩盖事情真相的企图作无情的斗争。而现在关于俄国立宪制度的各种言论，不是空话便是伪善，不是清谈便是老一套的官场谎言，目的在于挽救俄国专制农奴制的种种残余。

有人高谈阔论，大讲其自由、人民代表机关和立宪会议，然而总是忘记，每时每刻地忘记，所有这些美好的东西都是没有切实保证的空话。而能够成为切实的保证的**只有**胜利的人民起义，**只有**武装的无产阶级和农民对沙皇政权的一切代表人物的完全统治，后者虽然在人民面前后退了一步，但还远远没有服从人民，还远远没有被人民所贬黜。只要**这个**目的没有达到，就**不可能有**真正的自由、真正的人民代表机关、有力量在俄国建立新秩序的真正的**立宪**会议。

什么是宪法？宪法就是一张写着人民权利的纸。真正承认这些权利的保证在哪里呢？在于人民中那些意识到并且善于争取这些权利的各阶级的**力量**。我们不会受空话的迷惑——只有资产阶级民主派的饶舌家们才会这样——我们一分钟也不会忘记，**力量只能**以斗争的胜利来证明，而我们还远远没有取得完全的胜利。我们不会相信动听的词句：我们正处于这样一个时期，一方面，公开的斗争正在进行，一切词句和一切诺言都立刻受到事实的检验；另一方面，有人正在用立宪的词句、宣言、许诺来**愚弄**人民，竭力削弱人民的力量，瓦解人民的队伍，促使人民解除武装。再没有什么比这一类诺言和词句更虚伪的了，而我们可以自豪地说，俄国无产阶级已经成熟了，它不仅能够同野蛮的暴力作斗争，而且能够同自由立宪的伪善作斗争。证据就是国外报纸不久以前报道过的那份铁路员工的传单(可惜我们没有原件)。这份传单说,同志们,收集武器,组织起来,以十倍的毅力不懈地斗争吧。只有武装起来和团结自己的队伍,我们才能保卫住我们所取得的成果,才能完全实现我们的要求。在时机到来的时候,我们大家又会像一个人一样起来为完全的自由去进行新的更加顽强的斗争。

这才是我们的唯一的保证!这才是唯一的并非幻影的自由俄国的**宪法**!的确,大家看一下10月17日的宣言和俄国的实际情况吧:看看**沙皇**怎样一方面在纸上**承认**宪法,另一方面又怎样实行"宪法",怎样实际运用**沙皇政权**,难道还有比这更有教益的吗?沙皇的宣言包含有无条件地实行立宪的诺言。大家可以看一下这些诺言的价值。宣布了人身不可侵犯。但是那些不合专制制度心意的人仍然在坐牢,仍然在流放,仍然流亡在国外。宣布了集会自由。但是在俄国那些开创真正集会自由的大学却遭到封闭,大学的校门由军警把守着。宣布了出版自由。结果,代表工人利益的机关报《新生活报》[48]因刊登社会民主党纲领而被没收。宣布法制的大臣取代了黑帮大臣的职位。但是黑帮分子在军警的纵容下在大街上"干"得更加起劲了,他们正在自由地和不受惩罚地枪杀、毒打和残害为沙皇政府所不喜欢的自由俄国的公民。

面对现实生活中这些最有教益的教训,现在,除非是瞎子或者被阶级私利蒙住了眼睛的人,才会认为维特是否答应实行普选权,沙皇是否签署关于召开"立宪"会议的宣言,是至关紧要的大事。即使这些"法令"颁布了,也还是不能决定斗争的结局,不能使选举鼓动有真正的自由,不能保证召开有真正立宪性质的全民代表会议。立宪会议应当从法律方面巩固、从议会方面固定新俄国的生活制度，但是在巩固新对旧的胜利以前，为了固定这一胜利，必须真正取得胜利，必须摧毁旧的机构的力量，消灭这些机构，摧毁旧的建筑物，消除警察及其同伙进行任何比较严重的反抗的可能性。

只有起义完全胜利，只有推翻沙皇政权并代之以临时革命政府，才能保证选举的完全自由、立宪会议的充分权力。我们的一切努力都应当是为了这一目的，应该无条件地把组织和准备起义摆在第一位。只有在起义取得胜利和起义的胜利是敌人完全被消灭的情况下，人民代表会议才不会仅仅在纸上是全民的和仅仅在口头上是立宪的。

打倒任何伪善、任何伪装和任何吞吞吐吐！战争已经爆发，战争日益激烈，我们正处在两次战役之间的一个小小的间歇时期。中间道路是不可能有的。“白色分子”的党只是一个骗局。谁不拥护革命，谁就是黑帮分子。这不是我们才这样说。这不是我们凭空想出来的说法。这是莫斯科和敖德萨、喀琅施塔得和高加索、波兰和托木斯克的大街上沾满鲜血的石板向一切人述说的。

谁不拥护革命，谁就是黑帮分子。谁不愿忍受俄国的自由成为警察的横行、收买、以酒肉诱惑、袭击手无寸铁的人的自由，谁就应当自己武装起来和立刻准备战斗。我们要争取的不是关于自由的许诺，不是关于自由的一纸空文，而是真正的自由。我们的目标不是使沙皇政权丢脸，不是要它承认人民的权利，而是消灭这个政权，因为沙皇政权是黑帮统治俄国的政权。而这一点也绝不是我们的结论。这是现实生活的结论。这是事变的教训。这是这样一些人的呼声，他们到现在为止同任何革命学说都不相干，他们在大街上、在集会上、在自己家里不敢有一点自由的举动，讲一句自由的话，因而也没有被**沙皇的**这帮追随者踩碎、撕烂、扯破这种最直接的最可怕的危险。

最后,革命使**这个**"人民的力量"、沙皇追随者的力量暴露无遗。它使所有的人一目了然,沙皇政权真正依靠的是谁,是谁真正支持这个政权。就是他们,就是这一群野兽般的警察、丧失理智的军人、变野了的神父、野蛮的小店主、资本主义社会中被灌醉了的走卒。正是他们在我们的十分之九的政府机关的直接的和间接的协助下**主宰着**俄国。这就是它——俄国的旺代[49],它之像法国的旺代,就如同"合法的"君主尼古拉·罗曼诺夫像大骗子拿破仑一样。而我国的旺代也还没有显示出自己的全部威力,——公民们,在这一点上不要想错了。它也只是开始充分地扩展开来。它也是还拥有几世纪的黑暗、无权、农奴制度、警察专权所积累起来的"燃料储存"。它把亚洲式的野蛮同用来对那些最受城市资本主义文明的压抑和折磨、那些被弄得境况连牲畜都不如的人进行剥削和愚弄的巧妙手法中一切极端恶劣的方面结合在一起。这个旺代是不会因沙皇的任何宣言、正教院的任何文告、高级和低级官僚机关中的任何变动而归于消灭的。只有有组织的和觉悟的无产阶级的力量才能把它摧毁,因为只有本身受到剥削的无产阶级,才能唤起一切比自己更卑微的人,使他们感到自己是人和公民,向他们指出摆脱一切剥削的道路。只有无产阶级才能够造就一支强大的革命大军的核心,这支军队之所以强大,是因为它有自己的理想、自己的纪律、自己的组织、自己在斗争中的英雄气概,这一切是任何旺代都抵挡不住的。

社会民主党领导下的无产阶级已经开始在各地建立这种革命大军。任何一个不愿意留在黑帮队伍的人都应当参加到这支大军的行列中来。在国内战争中不能有中立者。谁要是置身于这场战争之外，谁就是以自己的消极态度支持趾高气扬的黑帮分子。军队也在分裂为红色的军队和黑色的军队。两个星期以前我们曾经指出，军队是多么迅速地被吸引到争取自由的斗争中来。① 喀琅施塔得事件[50]就是一个明显的例证。尽管维特这个恶棍的政府把喀琅施塔得的暴动镇压下去了，尽管它现在枪杀了几百个再一次举起红旗的水兵，这面旗帜还是会愈飘愈高，因为这是全世界一切劳动者和被剥削者的旗帜。尽管《新时报》之类的奴仆报刊叫嚣军队保持中立，这种可鄙的伪善的谎言还是在黑帮分子的每一件新的丰功伟绩面前像烟云一样地消散了。军队不可能是，从来不是而且永远不会是中立的。就是在目前，它在极其迅速地分裂为自由的军队和黑帮的军队。我们要加速这种分裂。我们鄙视一切不坚定分子和动摇分子，鄙视一切对于立刻建立民兵的思想感到害怕的人（根据外国报纸的最新消息，莫斯科杜马否决了建立民兵的草案）。我们要十倍地加强我们在群众中的鼓动工作，十倍地加强我们在成立革命部队方面的组织活动。觉悟的无产阶级的大军将和俄国军队中的红色队伍汇合起来，到那时我们倒要看一看，警察黑帮能不能打败整个新的、年轻的、自由的俄国！

载于 1905 年 11 月 12 日（25 日）
《无产者报》第 26 号

译自《列宁全集》俄文第 5 版
第 12 卷第 49—58 页

① 见本卷第 27—28 页。——编者注

我们的任务和工人代表苏维埃

（给编辑部的信）[51]

（1905 年 11 月 2—4 日〔15—17 日〕）

同志们！关于工人代表苏维埃的意义和作用的问题，现在已经提到彼得堡社会民主党和首都全体无产阶级的日程上来了。我要写一封信说明我对这个迫切的问题的一些看法，但是在写这封信以前，我认为十分有必要作一个极其重要的声明。我是作为**局外人**来发表意见的。我仍然不得不从那该死的远方，从那令人厌烦的侨居的“异邦”写这封信。由于我不在彼得堡，一次也没有看到过工人代表苏维埃，又没有在工作中跟同志们交换过意见，就几乎没有任何可能对这个具体的实际问题提出正确的见解。因此，一个不大了解情况的人写的这封信是不是应该发表，我请编辑部负责决定。我保留在我最终能不仅“从书面材料上”了解问题时修改意见的权利。

现在转入本题吧。我觉得拉金同志是不正确的，他在《新生活报》第 5 号（我一共只看到 5 号事实上是我们俄国社会民主工党的中央机关报）上提出一个问题：是要工人代表苏维埃，还是要党？我觉得不能这样提出问题。这个问题的答案**无疑**应该是：**既要**工人代表苏维埃，**又要**党。问题（而且是最重要的问题）仅仅在于，如何划分苏维埃的任务和俄国社会民主工党的任务，以及如何把二者结合起来。

我觉得，要苏维埃完全归附某一个政党是不妥当的。这个意见也许使读者感到惊奇，因而我要（再特别提醒一下，这是局外人的意见）直截了当地说明一下自己的观点。

工人代表苏维埃是从总罢工中产生的，是由于罢工、是为了罢工的目的而产生的。是谁进行了而且胜利地进行了罢工呢？是**整个**无产阶级，在无产阶级中也有（幸而是少数）非社会民主党人。罢工的目的是什么呢？既有经济目的，又有政治目的。经济目的关系到**整个**无产阶级、全体工人、部分地甚至关系到全体劳动者，而不仅仅是雇佣工人。政治目的关系到全体人民，确切些说，是关系到俄国各族人民。政治目的在于把俄国各族人民从专制制度、农奴制度、无权状态和警察专横的枷锁下面解放出来。

其次，无产阶级是不是需要继续进行经济斗争呢？当然是需要的，关于这个问题，在社会民主党人中没有而且也不可能有两种意见。是不是应当只由社会民主党人或者只是在社会民主主义的旗帜下进行这一斗争呢？我认为不是的。我仍然坚持我在《怎么办？》中说过（诚然，那是在完全不同的、已经过时的条件下）的意见：只限于社会民主党人成为工会成员，从而成为参加工会斗争即经济斗争的成员，是不妥当的。[①] 我认为，作为工会组织的工人代表苏维埃应当**竭力**把**所有的**工人、职员、仆役、雇农等等的代表，把**一切**愿意而且能够为改善全体劳动人民的生活而共同斗争的人的代表，把**一切**只要起码在政治上是正直的人的代表，把一切人（只

① 见本版全集第6卷第106—121页。——编者注

1905年11月列宁《我们的任务和工人代表苏维埃》手稿第1页
（按原稿缩小）

要不是黑帮分子)的代表,都包括进来。我们社会民主党人也要竭力做到:第一,使我们各个党组织的所有(尽可能)成员都参加到一切工会中去;第二,利用和无产者同志们(不论他们的观点如何)的共同斗争,不断地始终不渝地宣传**唯一**彻底的、唯一的真正无产阶级的世界观——**马克思主义**。为了进行这种宣传,为了进行这种宣传鼓动工作,我们一定要保持、巩固和发展我们的完全独立的、坚持原则的、觉悟的无产阶级的阶级政党,即俄国社会民主工党。无产阶级斗争的每一个步骤,都同我们社会民主党的有计划、有组织的活动有密切的联系,它会使俄国工人阶级**群众**同社会民主党越来越接近。

但是,经济斗争是问题的一半,这一半问题还是比较简单的,甚至未必会引起特别的意见分歧。关于政治领导,关于政治斗争,即问题的另一半,则是另外一回事。尽管会使读者更感到惊奇,我也必须立即说明,我认为在这个问题上要求工人代表苏维埃接受社会民主党的纲领并加入俄国社会民主工党,也是不妥当的。我觉得,在目前,为了领导政治斗争无疑**既**需要苏维埃(**改变了**方向的苏维埃,关于这个方向立刻就要谈到),**又**需要党。

可能是我错了。但是我(根据我手头上不充分的、仅仅是"书面的"材料)觉得,在政治上必须把工人代表苏维埃看做**临时革命政府**的萌芽。我觉得,苏维埃应当尽快地宣布自己是全俄国的临时革命政府,或者(完全是一码事,只不过是形式不同而已)必须**建立**一个临时革命政府。

现在政治斗争恰好已发展到这样的阶段:革命的力量和反革命的力量趋于平衡,沙皇政府**已经**没有力量镇压革命,而革命**也还**没有强大到足以彻底消灭整个黑帮政府。沙皇政府已经腐朽透顶。但是，它还在苟延残喘，用它的尸毒来毒害俄国。针对沙皇反革命势力的日益瓦解，目前必须毫不迟延地**把**革命力量**组织起来**。近来这项工作进展得非常迅速。这有以下事实为证：革命军队（纠察队等）组建起来了，广大无产阶级的群众性社会民主党组织迅速发展，革命农民成立了农民委员会，我们的身着海陆军服装的无产者弟兄第一次自由集会，他们正在为自己开辟走向自由和社会主义的艰巨而又正确的光明道路。

现在所缺乏的正是一切真正革命的力量、一切已经进行革命活动的力量的联合。缺乏一个全俄的政治中心，一个朝气蓬勃充满活力的、深深扎根于民众之中的、群众绝对信任的、革命毅力无比充沛的、同有组织的革命政党和社会主义政党有密切联系的全俄政治中心。这样的中心只能由革命的无产阶级来建立，因为革命无产阶级出色地领导了政治罢工，现在正在组织全民武装起义，它已经为俄国赢得了一半自由，而且必将赢得全部自由。

试问，为什么工人代表苏维埃不能是这个中心的萌芽呢？是由于参加苏维埃的不只是社会民主党人吗？这并不是缺点，而是优点。我们经常说，社会民主党人和革命的资产阶级民主派必须实行战斗联合。我们说过这一点，而工人们则做到了这一点，而且做得很出色。我在《新生活报》上看到加入社会革命党的**工人同志们**的一封信，信中抗议把苏维埃包括在某一个政党内，我不能不认为这些工人同志在许多方面实际上是正确的。自然，我们同他们在观点上并不一致，自然，根本谈不到社会民主党和社会革命党的合并，这一点是无需多谈的。我们深信，既同意社会革命党的观点而又在无产阶级队伍中从事斗争的工人是不彻底的，因为他们干的是真正的无产阶级的事业，而又保持着非无产阶级的观点。我们必须从思想上同这种不彻底性进行最坚决的斗争，但是，不能因此而使极其迫切的、轰轰烈烈的、生气勃勃的、大家承认的、团结了所有正直的人的革命事业蒙受损失。我们仍然认为社会革命党人的观点不是社会主义观点，而是革命民主主义观点。但是，为了战斗的目的，我们必须在保持政党完全独立的条件下一同前进，而苏维埃正是而且也应当是这样的战斗组织。当我们正在进行民主革命的时候，排斥忠诚、正直的革命民主主义者，是荒谬的和愚蠢的。我们不难纠正他们的不彻底性，因为历史本身和实际生活的每一个步骤都在证实我们的观点正确。如果我们所写的小册子没有使他们懂得社会民主主义，那么我们的革命会使他们懂得社会民主主义的。当然，那些仍然信奉上帝的基督教徒工人以及那些成为神秘论的拥护者（呸！呸！）的知识分子，也是不彻底的，但是我们不仅不把他们赶出苏维埃，甚至也不把他们赶出党。因为我们坚信，实际的斗争，在战斗行列中进行的工作，会使一切有生命力的人都相信马克思主义的真理，抛弃所有无生命力的东西。我们丝毫不怀疑自己的力量，即俄国社会民主工党中占优势的马克思主义者的力量。

在我看来，工人代表苏维埃作为革命的政治领导中心，不是一个太广泛的组织，倒是一个太狭隘的组织。苏维埃应当宣布自己是临时革命政府，或者组成这样一个政府，它应当不只是从工人中吸收新的代表，而应当首先从各地起来争自由的水兵和士兵中，其次从革命的农民中，再其次从革命的资产阶级知识分子中吸收新的代表。苏维埃必须选出临时革命政府的坚强核心，吸收一切革命政党的和一切革命的（当然只是革命的，而不是自由主义的）民主派的代表人物来充实这个核心。我们不怕成员广泛和成分复杂，而是希望这样，因为没有无产阶级和农民的联合，没有社会民主党人和革命民主派的战斗的合作，就不可能取得伟大的俄国革命的彻底胜利。这是为了完成明确规定的当前实际任务而结成的临时联盟，而捍卫社会主义无产阶级的更重要的根本利益，捍卫它的最终目标，则是独立的、坚持原则的俄国社会民主工党的坚定立场。

或许有人要问我：在成员广泛和成分复杂的情况下，能不能建立一个十分团结一致的实际领导中心呢？那我也可以反问一句：十月革命[52]的教训是什么呢？难道罢工委员会**实际上**不就是公认的中心、真正的政府吗？难道这个委员会不是很想把各个“协会”和“协会联合会”[53]中真正革命的、真正支持为自由而进行无情斗争的无产阶级的那一部分代表人物吸收到自己的行列里来吗？但是必须使临时革命政府中有一个坚强的纯粹无产阶级的基本核心。譬如说有革命知识分子协会的几十个代表，就必须相应地有工人、水兵、士兵和农民的几百个代表。我认为，无产者很快就能够在实际上确定正确的比例。

或许有人要问：能不能为这个政府提出这样一个纲领，它非常全面，足以保证革命胜利，又非常广泛，足以提供建立毫不隐讳、毫不含糊、毫不缄默、毫不虚伪的战斗联盟的可能性？我的回答是：这个纲领已经被实际生活全部提出来了。这个纲领已经被所有一切阶级和居民阶层中的、乃至正教司祭中的一切觉悟分子在原则上承认了。在这个纲领中占首要地位的应当是真正地彻底实现沙皇虚伪地许诺过的政治自由。必须立即切实地、有保证地真正废除一切限制言论、信仰、集会、出版、结社、罢工的自由的法律，取消一切限制这种自由的机构。在这个纲领中必须提出召开真正的全民立宪会议,这个立宪会议要依靠自由的和武装起来的人民,要掌握全部政权和全部力量,以便在俄国建立新制度。在这个纲领中必须提出武装人民。大家都已经认识到武装人民的必要了。要把各地已经开始的事业进行到底,联合起来。其次,在临时革命政府的纲领中必须提出,立刻给予受凶残的沙皇压迫的各民族以真正的、充分的自由。自由的俄国诞生了。无产阶级站在自己的岗位上。它不容许英雄的波兰再一次遭到镇压。它不只是用和平的罢工投入战斗,而且拿起武器为俄国的和波兰的自由而斗争。在这个纲领中必须坚持工人已经"夺取到的"八小时工作制以及其他约束资本家剥削的紧急措施。最后,在这个纲领中必须包括以下几点:把全部土地转交给农民,支持农民为夺取全部土地而采取的一切革命措施(当然,不是支持小农"平均"使用土地的幻想),在各地建立已经开始自发地组成的革命农民委员会。

现在,除了黑帮分子和黑帮政府以外,谁不承认这个纲领是刻不容缓的、实际上迫切需要的呢?甚至资产阶级自由派也打算在口头上承认的呀!我们应当用革命人民的力量真正实现这个纲领,因此我们必须尽可能快地由无产阶级宣布成立临时革命政府,以便把这些力量联合起来。当然,这个政府的实际支柱只能是武装起义。其实,以上所设想的政府就是这种不断增长和日益成熟的起义的**机关**。在起义还没有发展到使大家都很清楚,或者说大家都能感觉到的时候,就实际着手建立革命政府,那是不可能的。而现在却需要在政治上联合这个起义,组织这个起义,使它具有明确的纲领,把所有的人数众多而且人数在迅速增加的革命军队变成真正自由的和真正是人民的新政府的支柱和工具。斗争是不可避免的,起义是必然的,决定性的战斗迫在眉睫。是发出直接号召的时候了,是用无产阶级的有组织的政权来对抗腐朽的沙皇制度的时候了,是以先进工人成立的临时革命政府的名义向全体人民发表宣言的时候了。

现在我们已经清楚地看到,从革命人民的内部可以发现能够完成这个伟大事业的人,对革命无限忠诚的人,而且主要是满腔热忱和百折不挠的人。现在我们已经清楚地看到,支持这个事业的革命大军的成分已经具备了,当新政府向垂死的农奴制和警察制的俄国宣布决战的时候,各阶级中的一切正直的、一切有生命力的、一切有觉悟的人都会同沙皇制度彻底决裂。

公民们!——在这个宣战书中,在革命政府的这个宣言中必须这样提——公民们,请选择吧!那边是整个旧俄国,盘踞着剥削、压迫、凌辱人的一切黑暗势力。这边是在一切国家大事上有平等权利的自由公民的联盟。那边是剥削者、富豪和警察的联盟。这边是全体劳动者、人民中一切新生力量和一切正直的知识分子的联盟。那边是黑帮分子,这边是组织起来的为自由、文明、社会主义而斗争的工人。

公民们,请选择吧!这就是我们早已向全体人民提出来的纲领。这就是我们据以向黑帮政府宣战的目的。我们不会把我们臆想的任何新东西强加给人民,我们只是负责倡议把大家公认的、俄国继续生存所不可缺少的东西付诸实现。我们没有脱离革命的人民,我们的每一个步骤、每一项决定都交给他们去审定,我们完全和绝对依靠来自劳动人民群众的自由的倡议。我们联合所有的革命政党,号召一切愿意为自由、为我们提出的保证人民起码权利和要求的纲领而斗争的居民团体的代表参加我们的行列。我们特别要向身穿军装的工人同志和农民弟兄伸出我们的手，为彻底反对地主和官僚的奴役，为争取土地和自由而共同奋斗。

公民们！准备进行决定性的斗争吧。我们决不容许黑帮政府再凌辱俄国。当大批黑帮警察还掌握着杀害、掠夺、欺压人民的大权时，我们决不会由于撤换几名官吏、辞退一些警察而受骗。让自由派资产者卑躬屈膝地向这个黑帮政府恳求去吧。当黑帮分子受到原班沙皇官吏把持的原来那个沙皇法庭的威吓时，他们付之一笑。我们要命令我们的军队逮捕那些以酒肉诱惑和收买愚民的黑帮英雄，我们要把所有像喀琅施塔得警察局长那样的坏蛋，交付公开的、全民的、革命法庭去审判。

公民们！除了黑帮分子以外，所有的人都不理睬沙皇政府了。你们要团结在革命政府的周围，停止交纳一切捐税，竭尽全力组织和武装自由的民兵。只有当革命的人民战胜黑帮政府的势力时，才能保证俄国有真正的自由。在国内战争中没有而且不可能有中立的人。白色分子的党是一个胆怯的虚伪组织。谁回避斗争，谁就是支持黑帮分子专权。谁不赞成革命，谁就是反对革命。谁不是革命者，谁就是黑帮分子。

我们担负着联合和准备人民起义的力量的责任。希望在纪念俄国伟大的 1 月 9 日一周年的时候，沙皇政权的机构都能被消灭干净。希望在国际无产阶级的春天的节日到来的时候，自由的俄国可以自由地召开全民立宪会议！

———

这就是我对工人代表苏维埃发展成临时革命政府的看法。这就是我想首先向我们各级党组织，向所有的觉悟的工人，向苏维埃本身，向即将在莫斯科召开的工人代表大会以及向农民协会[54]代表大会提出来的任务。

尼·列宁

载于1940年11月5日《真理报》
第308号

译自《列宁全集》俄文第5版
第12卷第59—70页

总解决的时刻临近了

（1905 年 11 月 3 日〔16 日〕）

势均力敌，——两星期以前，当全俄政治罢工的头一批消息传来，开始显出政府不敢立刻动用军事力量的时候，我们这样写过①。

势均力敌，——一星期以前，当时“最新的”政治新闻即 10 月 17 日宣言向全国人民和全世界表明沙皇政府不敢轻举妄动并实行退却的时候，我们又这样说过②。

但是势均力敌丝毫也不排除斗争，反而使斗争特别尖锐。政府的退却，正如我们已经说过的那样，只是表明政府选择了新的自认为更加合适的战斗阵地罢了。以所谓 10 月 17 日宣言这种一纸空文来宣布“自由”，只是企图准备精神条件来同革命作斗争，——与此同时，特列波夫带领全俄黑帮分子在为这个斗争准备物质条件。

总解决的时刻临近了。新的政治形势正以革命时代所特有的惊人速度显示出来。政府口头上作了让步，而实际上立刻开始准备进攻。在颁布宪法的许诺以后随之而来的是最野蛮最丑恶的暴行，好像故意要人民更清楚地看到专制政府的实在权力的全部实

① 见本卷第 3 页。——编者注

② 见本卷第 27 页。——编者注

在意义。许诺、空话、一纸空文同实际情形之间的矛盾已经一目了然了。事态开始雄辩地证明我们早已反复说过而且今后还要向读者反复说的那个真理：当沙皇政府的实际权力没有被推翻的时候，它的一切让步，就连“立宪”会议，都不过是一种幻象、泡影、转移视线罢了。

彼得堡的革命工人在一期每日公报[55]上非常明确地表述了这一点，这种公报我们还没有收到，但是那些被无产阶级的威力所震惊的外国报纸愈来愈经常地报道这些公报的消息了。罢工委员会写道（我们是从英译文转译成俄文的，因此不可避免地会有一些不确切的地方）：“已经给了我们集会自由，但是我们的集会仍然被军队包围着。已经给了我们出版自由，但是书报检查制度继续存在着。已经允许有学术自由，但是大学被军队占据着。已经给了人身不可侵犯的权利，但是监狱里关满了囚犯。已经给了维特，但是特列波夫继续存在。已经给了宪法，但是专制制度继续存在。给了我们一切，但是我们一无所有。”[56]

停止执行《宣言》的是特列波夫。阻挠立宪的是特列波夫。解释自由的真正意义的仍是特列波夫。使大赦不能正常实施的还是特列波夫。

这个特列波夫究竟是个什么人物呢？是一个举足轻重的非凡人物吗？根本不是。他是一个指挥军警去执行专制政府的极平常的工作的最平常的警官。

究竟为什么这个极平常的警官及其极平常的“工作”忽然获得这样无限巨大的意义呢？这是因为革命已经向前迈进了无限巨大的一步，接近了真正总解决的时刻。无产阶级所领导的人民在政治上不是逐日而是逐时地成熟起来，也可以说，不是逐年而是逐周地

LE PROLÉTAIRE

Prix 20 cts

ЖЕНЕВА, 16 (3) ноября 1905 г.

№ 25

Пролетарій

Пролетаріи всѣхъ странъ соединяйтесь!

Центральный Органъ Россійской Соціальдемократической Рабочей Партіи.

Приближеніе развязки.

[illegible]

Парламентъ и его значеніе

[illegible]

1905年11月3日(16日)载有列宁所写社论《总解决的时刻临近了》的布尔什维克报纸《无产者报》第25号第1版

(按原版缩小)

成熟起来。在政治上还没有觉醒的人民看来，特列波夫是一个极平常的警官；在已经意识到自己是一种政治力量的人民看来，特列波夫已成为体现沙皇制度的野蛮、罪恶和荒唐的坏家伙了。

革命教导着人们。它给俄国各阶级人民和各民族上了一堂最好的**关于宪法实质**的实物课。革命是这样教导人们的：它最鲜明最具体地提出各项应当解决的当前的政治任务，使人民群众深刻地感觉到这些任务，感到不解决这些任务人民就无法生存下去，用事实揭穿一切掩饰、遁词、诺言、承认都是一钱不值的东西。“给了我们一切，但是我们一无所有。”因为“给予”我们的只是诺言，因为我们没有真正的权力。我们已经接近自由了，我们已经迫使所有的人，甚至迫使沙皇都承认自由是必要的了。但是我们需要的不是承认自由，而是实际获得自由。我们需要的不是答应给人民代表以立法权的一纸空文。我们需要的是真正的人民专制。我们愈是接近人民专制，就愈加感到不实行人民专制是不行的。沙皇的宣言愈是美妙动听，沙皇的政权就愈加不能容忍。

斗争接近总解决的时刻了，接近解决是否让实权仍然留在沙皇政府手中这个问题的时候了。至于说到承认革命，那么现在所有的人都承认它了。司徒卢威先生和解放派很早以前就已经承认了，现在维特先生也承认了，尼古拉·罗曼诺夫也承认了。沙皇说，你们要求什么，我都答应你们，不过请你们保留我的权力，让我自己来履行我的诺言吧。沙皇的宣言归根到底就是这个意思，因而这个宣言显然不能不导致你死我活的斗争。沙皇说：除了政权，一切我都给予。革命的人民回答说：除了政权，一切都是幻影。

俄国事态所进入的这种似乎是无意思的局面，其真正意义在于沙皇政府力图用勾结资产阶级的办法来进行欺骗，来避免革命。

沙皇许给资产阶级的东西愈来愈多，用以试探各有产阶级到底是不是会普遍转过来支持“秩序”。可是当这个“秩序”体现为特列波夫及其黑帮分子的横暴的时候，沙皇的号召就有成为旷野里的呼声的危险。无论维特还是特列波夫，对沙皇来说都是同样需要的：需要维特是为了引诱一部分人；需要特列波夫是为了抑制另一部分人；需要维特是为了口头许诺，需要特列波夫是为了实际行动；需要维特是为了对付资产阶级，需要特列波夫是为了对付无产阶级。于是在我们面前又展现了——只是在高得无比的发展阶段上——我们在莫斯科罢工开始时见过的情景：自由派进行谈判，工人进行斗争。

特列波夫非常了解自己扮演的角色和自己的真正意义。也许，他只是太操之过急了——在圆滑的维特看来——不过，他是看到革命在迅速前进，而生怕自己来不及。特列波夫甚至是不得不仓猝从事的，因为他感到他所拥有的力量正在减少。

就在专制政府颁布立宪宣言的同时，专制政府防止立宪的活动也开始了。黑帮分子干起了在俄国从未见过的勾当。关于殴打、蹂躏、闻所未闻的兽行的消息，如雪片一般从俄国各地飞来。到处是白色恐怖。在任何地方，只要有可能，警察就煽动和组织资本主义社会中的坏蛋去行凶抢劫，以酒肉诱惑市民中的败类，屠杀犹太人，唆使人去殴打“大学生”和所谓暴徒，帮助“教训”地方自治人士。反革命势力异常猖獗。特列波夫“不负众望”。他们用“米特拉约兹”炮轰击人民（敖德萨），挖眼睛（基辅），把人从五层楼上扔到街心，将人突然抓住，就投入急流，强占大批民房，穷凶极恶地掠夺，放火烧房子又不许人救火，枪杀胆敢反抗黑帮分子的人。从波兰到西伯利亚，从芬兰湾沿岸到黑海，到处都是这样。

但是，就在黑帮如此狂暴，专制政权如此猖獗，万恶的沙皇制度如此垂死挣扎的时候，无产阶级不断的新的进攻也正在明显地加强，无产阶级也和以往那样，在每次运动高潮以后，只是在表面上沉静下来，实际上是在聚集力量，准备进行决定性的攻击。警察的专横暴戾，目前在俄国所具有的性质已经和过去完全不同了，——原因我们在上面已经说过。在哥萨克的复仇行动和特列波夫的"报复行动"大为猖獗的同时，沙皇政权的解体日益加剧。这无论在外省、在芬兰、在彼得堡都可以看得出来，无论在那些人民最闭塞、政治发展最薄弱的地方，在那些居住着异族人的边疆地区，还是在将要爆发最伟大的革命事变的首都，都表现得非常明显。

请大家对照着读一读我们从手边的一份维也纳资产阶级自由派报纸[57]上引来的两则电讯吧："**特维尔电**：暴徒当着省长斯列普佐夫的面袭击地方自治机关的房屋。被暴徒包围的房屋后来竟被放火焚毁。消防队拒绝救火。军队虽然近在咫尺却没有采取任何措施制止这些暴徒的胡作非为。"(我们当然不能担保这个消息是完全确实可靠的，可是与此类似的和比这更坏百倍的事件到处都在发生，这却是不容争辩的事实。)"**喀山电**：人民解除了警察的武装，缴来的武器分给了居民。组织了民兵。秩序井然。"

把这两种情景对照一下不是颇有教益吗？一个是：报复，暴行，蹂躏。另一个是：推翻沙皇政权和组织胜利的起义。

在芬兰也发生了同样的现象，规模更大得无可比拟。沙皇派去的总督被驱逐了。奴仆式的参议员被人民罢免了。俄国的宪兵被赶跑了。他们试图报复(公历 11 月 4 日哈帕兰达电)，破坏了铁路交通线。为了逮捕胡作非为的宪兵当即派去了武装的民兵。在托尔尼奥的公民大会上决定输入武器和出版秘密的书报。在城市和乡村中有成千上万的人报名参加芬兰民兵。据说，驻守坚固要塞(斯维亚堡)的俄国卫戍部队同情起义的人民并把要塞交给了民兵。芬兰一片欢腾。沙皇实行让步，准备召集芬兰议会，废除1899 年 2 月 15 日的非法诏书[58]，批准那些被人民驱逐的参议员"辞职"。与此同时，《新时报》却建议封锁芬兰的一切海港并用武力镇压起义。据外国报纸电讯，在赫尔辛福斯驻扎了很多俄国军队(不知道这支军队对于镇压起义能有多大作用)。俄国军舰似乎已开进了赫尔辛福斯内港。

在彼得堡，特列波夫因为革命人民欢欣鼓舞(庆祝迫使沙皇让步的胜利)而实行报复。哥萨克横行霸道。行凶打人的事件变本加厉。警察公开组织黑帮。工人们原来决定要在 11 月 5 日(10月 23 日)星期日组织大规模的游行示威。他们想为那些在争取自由的斗争中英勇牺牲的同志举行全民悼念活动。政府方面则准备制造一次大规模的流血事件。它打算把在莫斯科制造的较小规模的流血惨案(屠杀给工人领袖鲍曼送殡的群众)在彼得堡重演。特列波夫想利用还没有把一部分军队派往芬兰因而自己的兵力还没有分散的时机——想利用工人们是准备示威，而不是准备打仗的时机。

彼得堡的工人识破了敌人的阴谋，取消了游行示威的计划。工人委员会决定不在特列波夫所选的时机来作最后的决战。工人委员会正确地估计到，有许多原因(芬兰的起义就是其中之一)使斗争延期，这不利于特列波夫，而有利于我们。目前正在加紧准备武装。在军队中的宣传取得了非常显著的成绩。有消息说，第 14和第 18 海军支队有 150 名水兵被捕；在最近 10 天里有 92 名军官被控告同情革命者。号召军队转到人民方面来的传单甚至散发到“保卫”彼得堡的巡逻队里去了。革命无产阶级用自己的强有力的手使特列波夫所许可的出版自由的范围有所扩大。据外国报纸报道,10 月 22 日(11 月 4 日)星期六,在彼得堡只有那些赞成工人的要求不让书报检查机关检查的报纸出版。彼得堡的两种愿意保持“忠诚”(逢迎旨意)的德文报纸没有能够出版。那些“合法的”报纸,从合法的界限不是由特列波夫决定,而是由彼得堡罢工工人联盟决定的时候起,就非常大胆地说话了。《新自由报》10 月 23 日(11 月 5 日)的电讯说:“停止罢工只是暂时的,据称,当给旧制度以最后打击的时机到来时,就会重新举行罢工。对无产阶级来说让步已经不能发生任何影响了。时局非常危急。革命思想日益深入人心。工人阶级觉得自己是时局的主宰。那些被即将来临的大祸所吓倒的人已经开始离开此地(彼得堡)。”

总解决的时刻临近了。人民起义的胜利已经为期不远了。革命的社会民主党的口号实现得意外迅速。让特列波夫在革命的芬兰和革命的彼得堡之间,在革命的边疆地区和革命的外省之间疲于奔命吧。让他去试试给自己选择哪怕是一个可以用来自由施展军事行动的可靠的小据点吧,让沙皇的诏书更广泛地散播吧,让那些关于各个革命中心的事变的消息更多地传布吧,——这会使我们得到新的拥护者,这会使正在缩小的沙皇拥护者的队伍发生新的动摇和瓦解。

全俄政治罢工卓越地完成了自己的使命,它推进了起义,使沙皇制度受到了最严重的创伤,使卑鄙的国家杜马的卑鄙的闹剧不能开演。彩排已经结束。我们显然正处于大戏开演的前夜。维特不停地高谈阔论。特列波夫不停地制造流血事件。沙皇还能许下的诺言已经太少了。特列波夫还能够用来进行最后战斗的黑帮军队也太少了。而革命军的队伍却日益壮大，革命力量在各次战斗中经受着锻炼，红旗在新俄国的上空高高飘扬。

载于1905年11月3日(16日)
《无产者报》第25号

译自《列宁全集》俄文第5版
第12卷第73—80页

对维·加里宁《农民代表大会》一文作的两处增补[59]

(1905 年 11 月 3 日〔16 日〕)

1

因此,我们认为,觉悟的社会主义者应该无条件地支持一切农民甚至富裕农民反对官僚和地主的革命斗争,但是觉悟的社会主义者应该直率和明确地指出:农民所希望的“土地平分”[60]还远远不是社会主义。社会主义要求消灭货币的权力、资本的权力,消灭一切生产资料私有制,消灭商品经济。社会主义要求把土地和工厂交给按照总计划组织大生产(而不是分散的小生产)的全体劳动者。

农民争取土地和自由的斗争是向社会主义迈进了一大步,但是还远远不是社会主义。

2

……代表大会所通过的关于策略问题的决议,其内容之琐碎简直令人吃惊。我们觉得，似乎这里又是农民问题的关心者（自由派）当中的某个人作了点什么“解释”。

请看决议：

“农民协会可根据当地条件，或进行公开活动，或进行秘密（地下）活动。协会的全体成员都必须宣传自己的观点，千方百计地实现自己的要求，不要因为地方官、警察局或其他官员的反对而缩手缩脚。特别提倡利用自己的权利在村会、乡会和非正式集会上提出关于改善国家和增进人民福利的公众决议。”

这样的决议极难令人满意。它不是发出关于起义的革命号召，而只是提出自由主义的一般性建议。它不是去组织一个革命政党，而只是组织一个自由主义政党的附属机构。运动本身的进程不可避免地必然会使自由派地主同革命农民分道扬镳，而我们社会民主党人则将致力于加速这种分裂。

载于1905年11月3日（16日）
《无产者报》第25号

译自《列宁全集》俄文第5版
第12卷第81—82页

论党的改组[61]

（1905年11月10、15、16日〔23、28、29日〕）

一

我们党的活动的条件发生了根本的变化。集会、结社、出版的自由已经争取到了。当然，这些权利是极不稳固的，如果指靠现有的自由，即使不是犯罪，也是愚蠢的。决定性的斗争还在后面，因此，必须把这个斗争的准备工作提到首要地位。党的秘密机关必须保存。同时绝对必须最广泛地利用现有的比较广泛的自由。除了秘密机关以外，绝对必须建立大批新的、公开的和半公开的、党的（以及接近党的）组织。不进行上述工作，要使我们的活动适应新的条件以及胜任地解决新的任务，那是不可想象的……

要把组织工作放到新的基础上，就必须召开新的党代表大会。按照党章规定，代表大会每年召开一次，即应在1906年5月召开，但是现在必须提前召开。如果我们不抓紧时机，就要失掉时机，就是说，工人们迫切要求建立组织的心情，将会采取不正常的、危险的形式表现出来，将会使那些"独立党人"[62]等等得到加强。必须加紧按照新方式建立组织，必须让大家讨论新的办法，必须大胆而果断地确定"新方针"。

我深信，今天报上发表的、由我党中央委员会署名的告全党书[63]所确定的新方针，是完全正确的。我们，革命的社会民主党的代表、“多数派”的拥护者，不止一次地说过，在秘密工作的条件下，彻底实行党内民主化是不可能的，在这种条件下，“选举原则”不过是一句空话而已。实际生活也证实了我们的话。在一些出版物中（见阿克雪里罗得为之作序的署名一工人的小册子，以及一封在《火星报》上发表并收入《工人论党内分裂》小册子中的署名“许多工人中的一工人”的信）从前的一些少数派拥护者也不止一次地指出，事实上过去从未实行过任何认真的民主化和真正的选举。但是，我们布尔什维克一向承认，在新的条件下，在向政治自由过渡的情况下，必须转而采用选举原则。如果需要证明的话，那么俄国社会民主工党第三次代表大会的记录就特别令人信服地证明了这一点。[64]

总之，任务很明确：暂时保存秘密机关，同时发展新的、公开的机关。如果运用到代表大会问题上，这个任务（具体实现这个任务，当然要善于实际运用和熟悉一切地点和时间的条件）就应该是这样：根据党章召开第四次代表大会，同时立即开始运用选举原则。中央委员会解决了这个任务，即委员会的委员——形式上他们是享有全权的组织的代表，实际上是党的继承性的代表——作为有表决权的当然代表出席代表大会。**全体**党员选出的、因而也是正在加入党的工人群众选出的代表，中央委员会根据自己的权利**邀请**他们作为有发言权的代表出席代表大会。其次，中央委员会声明，它将立刻向代表大会建议，把这种发言权改成表决权。各委员会的全权代表是不是同意这个建议呢？

中央委员会声明，它认为，他们无疑是会同意的。我个人也深信这一点。不可能不同意这种做法。决不能设想，社会民主主义无产阶级的大多数领导者不赞成这个提议。我们相信，《新生活报》详细登记的党的工作人员的投票，很快就会证明我们的看法是正确的，如果还需要为这一步骤（为把发言权改成表决权）进行斗争，那么结果无疑也是这样的。

从另一个角度，即不是从形式上而是从实质上看一看这个问题。实现我们所提议的计划对于社会民主党有没有什么危险呢？

可能有的危险是，非社会民主主义者的群众一下子涌进党内来。那时党就会淹没在群众之中，党就不成其为阶级的有觉悟的先进部队，而将沦为群众的尾巴。这无疑是一个可悲的时期。**如果**我们党有蛊惑人心的倾向，如果党性基础（纲领、策略规定、组织经验）十分缺乏或者薄弱、动摇，那么毫无疑问，这个危险**可能是很严重的**。但是全部问题在于，这个“如果”恰恰是不存在的。在我们布尔什维克中间不仅没有过蛊惑人心的倾向，相反，我们一直在坚决、公开和直接地同那些稍微企图蛊惑人心的现象作斗争，要求那些加入党的人提高觉悟，坚持继承性在党的发展事业中的重大意义，宣传教育**全体**党员都要在各自所在的党组织中遵守纪律和接受教育。我们有坚定不移的纲领，这个纲领是全体社会民主党人正式承认的，它的根本原理并没有引起任何实质上的批评（对个别条文和措辞的批评，这在任何有生命力的党内都是理所当然的和必要的）。我们有若干关于策略问题的决议，这些决议是在第二次和第三次代表大会上以及在社会民主党报刊的多年工作中不断地和系统地制定出来的。我们也有一些组织经验和实际组织，这种组织起了教育作用而且无疑已经收到效果，虽然这些效果不能一下子很明显地看出来，但是只有瞎子或者两眼昏花的人才会加以否认。

不，同志们，我们不要夸大这种危险性。社会民主党已经树立了声望，确立了方向，造就了一批工人社会民主党员干部。现在，英勇的无产阶级以事实证明了自己的斗争决心，证明了他们善于为明确的目标而团结一致地、坚韧不拔地进行斗争，善于本着纯粹社会民主主义精神进行斗争，如果这时候还有人不相信正在加入我们党或者将在明天响应中央委员会的号召而加入我们党的工人中百分之九十九会成为社会民主主义者，那么，这种怀疑就太可笑了。工人阶级本能地、自发地倾向社会民主主义，而社会民主党十多年来做了不少工作把这种自发性变为自觉性。同志们，不要凭空给自己制造恐惧吧！不应当忘记，在任何有生命力的和蓬勃发展的政党内都永远会有一些不坚定的动摇分子。但是这些分子正在受到或者将会受到社会民主党人的坚定而团结的核心的影响。

过去，我们党处于地下状态而停滞不前。第三次代表大会的一个代表说得很对，他说，我们党近几年来处在地下状态憋得喘不过气来。如今，地下状态正在被突破。勇敢地前进吧，拿起新的武器，把它分发给新的人，扩大我们的根据地，号召所有的工人社会民主主义者到我们方面来，把他们成百成千地吸收到党组织中来。让他们的代表给我们各个中心的队伍增添新的活力，让他们把年轻的革命的俄国的新气息灌输进来吧。直到现在，革命已经一再证明了马克思主义的一切基本理论原理和社会民主党的一切重要口号是正确的。而且革命也证明了**我们的**社会民主党的工作是正确的，证明了我们对无产阶级的真正革命性的期望和信赖是正确的。在进行党的必要的改革时，我们要把任何细枝末节抛到一边，我们要立即走上新的道路。这并不是要取消我们原来的秘密机关(社会民主党的工人党员无疑已经承认和肯定了秘密机关,因为实际生活和革命进程比决议和决定更百倍有力地证明了这一点)。这会使我们从唯一真正革命和彻底革命的阶级的核心中得到新生力量,这个阶级已经给俄国赢得了一半自由,它将要给俄国赢得全部自由,并将引导俄国经过自由而走向社会主义!

二

《新生活报》第9号发表的我党中央委员会关于召开俄国社会民主工党第四次代表大会的决定,是在党组织内充分实现民主原则的一项决定性步骤。代表大会代表(他们最初只有发言权,但是以后无疑会得到表决权)的选举,必须在一个月内进行完毕。因此,各级党组织应该尽快地讨论关于候选人和代表大会的任务问题。必须估计到,垂死的专制制度可能再一次企图取消所许诺的自由,迫害革命工人,特别是迫害工人领袖。因此,公布代表的真实姓名未必妥当(除特殊情况以外)。在黑帮分子还当权的时候,我们仍然要沿用在政治奴隶时代学会的使用假名的办法。但是这并不妨碍代表候选人的选举,——仍然按照老办法,"以防破坏"。我们不必详细论述这些秘密的预防办法,因为熟悉地方工作条件的同志不难克服在这方面可能发生的一切困难。在专制制度条件下积累了丰富革命工作经验的同志,应当帮助那些在新的"自由的"(暂时还是带引号的自由)条件下开始社会民主党的工作的同志,给他们出主意。不言而喻,我们党委会的委员在这方面要很机智：以前的那些形式上的特权现在必然失掉意义，因而常常必须再“从头”开始，向党内广大的新同志**证明**坚定的社会民主党纲领、策略和组织是十分重要的。不要忘记，在此以前，我们经常只是同那些从一定社会阶层分化出来的革命者打交道，现在我们将要同典型的群众代表打交道了；这一变化要求我们不仅要改变宣传鼓动方法（必须更通俗化，善于处理问题，善于用最简明的和真正有说服力的方式解释社会主义的基本真理），而且要改变组织方法。

在这篇文章中我想谈一谈新的组织任务的一个方面。中央委员会决定邀请**一切**党组织派代表出席代表大会，并且号召**一切**工人社会民主主义者参加这些组织。为了真正实现这个良好的愿望，只是简单地“邀请”工人是不够的，只是简单地增加以前那种组织的数量也是不够的。不，要做到这一点，需要全体同志共同独立地、创造性地制定**新的**组织形式。这里不能预先提出任何现成的标准，因为这完全是一项新的工作；这里应当依靠对地方条件的熟悉，更主要的是依靠**全体**党员的首创精神。新的组织形式，或者确切些说，工人政党的新的基层组织形式，无条件地必须比旧的小组更广泛些。此外，新的支部大概应当是手续不太严格的、比较“自由的”、“松散的”组织。在完全有结社自由和完全保障居民的公民权利的条件下，我们当然应该在各地建立社会民主党的（不仅是工会的，而且是政治的、党的）团体。在目前条件下，必须用我们所拥有的一切方法和手段努力奔向这个目的。

必须立刻发挥全党的工作人员、一切同情社会民主党的工人的首创精神。必须马上在各地组织演讲会、座谈会、群众大会、群众集会，传达关于召开俄国社会民主工党第四次代表大会的消息，用最通俗易懂的方式说明这次代表大会的任务，指出代表大会的新的组织形式，号召全体社会民主党人根据新原则共同锤炼真正的无产阶级的社会民主党。这项工作会提供大量有指导意义的经验，会在两三个星期内（如果积极进行工作的话）从工人队伍中涌现出社会民主党的新生力量，会使更广泛的阶层对我们现在决定同全体工人同志一起重新改建的社会民主党发生兴趣。这样在一切会议上就会立刻提出建立党的团体、组织、小组的问题。每个团体、组织、小组都会立刻选出自己的常务委员会、理事会或管理委员会，总之，就是选出常设领导机构，进行组织工作，同党的地方机构取得联系，领取和散发党的出版物，征收党的工作所需的经费，组织集会、报告会、演讲会，以及筹备党代表大会代表的选举。党的委员会当然必须注意帮助每个这样的组织，提供材料使它了解俄国社会民主工党、党的历史以及党在目前的伟大任务。

其次，现在还必须关心建立社会民主党人组织的工人的所谓地方经济据点，即由党员开设的饭馆、茶馆、酒馆、图书馆、阅览室、蒂尔①等等。不要忘记，除了“专制的”警察以外，还有“专制的”老板也会迫害工人社会民主党人，解雇参加宣传鼓动的工人，所以，建立一种尽可能不受工厂主任意摆布的据点，是非常重要的事情。

---

① 这是一种备有各式枪支的打靶场，凡是想打靶的人花少量的钱就可以用手枪和步枪在这里打靶，我不知道适当的俄文词，因此称为“蒂尔”（这里列宁借用法文 tir 一词的音译。——编者注）。俄国已经宣布了集会和结社的自由。公民们有权聚在一起学习射击，这对任何人都不会有什么危险。在欧洲的任何一个大城市中，你们都可以看到在地下室和往往在城郊等地设立的公共的蒂尔。而工人学习射击，学习使用枪支，绝不是多余的事情。自然，只有当结社自由得到保障，能够把那些敢于查封这类机构的警察坏蛋交付法庭惩办的时候，我们才能认真地和广泛地进行这项工作。

一般说来，我们社会民主党人必须想方设法利用现在已经扩大的活动自由，这种自由愈有保障，我们就愈要有力地提出“到民间去！”的口号，现在，工人将要发挥出的巨大首创精神，是我们昨天的地下工作者和“小组活动家”所不敢设想的。现在，社会主义思想正通过或者将要通过往往是我们无法探索到的道路来影响无产阶级群众。根据这些条件，必须注意更适当地配置社会民主党的知识分子党员①，不要使他们在运动已经开展起来而且用自身的力量就能应付（如果可以这样说的话）的地方虚度光阴；要使他们深入“下层”，到工作更艰巨、条件更困难、迫切需要有经验和学识的人、思想闭塞、政治生活不活跃的地方去。现在，为了配合连最偏僻角落里的全体居民都参加的选举，同时也为了适应公开的斗争（这点尤为重要），我们必须“到民间去”，以便打掉各个地方的旺代的反动气焰，保证把那些从各大中心城市发出的口号散布到全国，散布到全体无产阶级群众中去。

当然，走任何极端都是有害的；为了尽可能牢靠地和“模范地”安排工作，现在我们常常需要把优秀的力量集中到某一个重要的领导岗位。经验会证明，在这方面应当保持怎样的比例。现在我们的任务是，与其空想根据新原则建立组织的标准，还不如展开最广泛的和最大胆的工作，以便在第四次代表大会上总结和概括党的现有经验。

---

① 在党的第三次代表大会上，我曾经表示希望在党委会中工人和知识分子大约是八比二（见本版全集第10卷第157页。——编者注）。现在这个想法已经过时了！

现在应当希望在新的社会民主党组织中，有一个知识分子党员，就必须有几百个工人党员。

三

我们在前两节已经谈到党内选举原则的一般意义，以及新的基层组织和新的组织形式的必要性。现在我们还要探讨一个极迫切的问题，就是关于党的统一问题。

谁都知道，社会民主党的工人党员绝大多数都极不满意党内分裂而要求统一。谁都知道，党内分裂使得社会民主党的工人党员（或准备加入社会民主党的工人）对社会民主党的态度有些冷淡。

工人们对于党的“上层”能不能自行统一这一点几乎不抱什么希望了。俄国社会民主工党第三次代表大会以及今年5月间孟什维克的代表会议，都正式承认了统一的必要性。从那时起已经过了半年，可是统一问题几乎没有进展。难怪工人开始不耐烦了。难怪那位在《火星报》上并在“多数派”出版的小册子（1905年中央委员会在日内瓦出版的《工人论党内分裂》）上谈统一问题的作者即“许多工人中的一个”，竟用“下面来的拳头”来威胁社会民主党的知识分子党员。当时，一部分社会民主党人（孟什维克）对这种威胁很不高兴，而另一部分社会民主党人（布尔什维克）却认为这种威胁是合乎情理的，并且基本上是完全公正的。

我觉得，现在已经到了**觉悟的**工人社会民主党人能够而且必须实现自己的意向（我不说“威胁”，因为这个字眼带有责难和蛊惑群众的意思，我们应当竭力避免这两种情况）的时候了。的确，不是口头上而是真正能够在党组织中实行选举原则（这不是好听的空话，而是真正改善、扩大和巩固党内联系的真正的新原则）的时候，现在已经来到了，或者至少是即将来到。“多数派”以中央委员会为代表已经直接号召立即运用和实行选举原则。少数派也走着同样的道路。而工人社会民主党人在一切社会民主党的组织、机构、会议和群众大会上等等，都是占压倒优势的多数。

这就是说，现在已经有可能不是仅仅**劝说**统一，不是仅仅争取**许诺**统一，而是用两个派别组织中大多数有组织的工人的简单决议真正地**统一起来**。这里没有任何“强迫”的意思，因为大家在原则上都承认统一是必要的，而工人需要做的只是实际解决这个在原则上已经解决了的问题。

在社会民主主义工人运动中，知识分子的作用和无产阶级（工人）的作用的关系，大概可以用下面的一般公式很确切地加以说明：知识分子善于“在原则上”解决问题，善于绘制蓝图，善于议论必须做……而工人则实地做，把灰色理论变成活生生的现实。

如果现在我说，我们在代表大会以及在代表会议上建立了关于党的统一的“灰色理论”，我这样说，丝毫不是蛊惑群众，绝对不是贬低觉悟性在工人运动中的伟大作用，绝对不是削弱马克思主义理论和马克思主义原则的巨大意义。工人同志们！请帮助我们把这个灰色理论变成活生生的现实吧！你们要大批地加入党组织。你们要把我们的第四次代表大会和孟什维克的第二次代表会议变成庄严的、盛大的工人社会民主党人代表大会。请同我们一起来解决合并这个实际问题，让这个问题作为一个例外（这是个证实违反常规的例外！）是一分理论九分实践吧。的确，这个愿望是合理的，从历史的角度说是必然的，从心理上来说是可以理解的。在侨民习气的气氛中，我们花了非常多的时间“空谈理论”（往往是徒劳无益的，这也用不着掩饰），现在，真不妨碍现在略微地、稍稍地“走到另一个极端”，稍稍把实践更向前推进一步。由于造成分裂的种种原因，我们曾在统一问题上耗费大量的纸墨，现在对这个问题采取这种措施无疑是适当的。特别是我们侨居国外的人，都渴望做点实际工作。而且我们已经写成一个很好的、全面的关于整个民主革命的纲领。让我们为了这个革命事业而统一起来吧！

载于1905年11月10、15、16日
《新生活报》第9、13、14号

译自《列宁全集》俄文第5版
第12卷第83—93页

无产阶级和农民[65]

(1905年11月12日〔25日〕)

目前正在莫斯科举行的农民协会代表大会[66]又把社会民主党对待农民运动的态度这个迫切问题提到日程上来了。对于俄国马克思主义者来说,这个问题一向是他们在确定自己的纲领和策略时所考虑的一个迫切问题。1884年“劳动解放社”[67]在国外刊印的俄国社会民主党人的第一个纲领草案,就十分重视农民问题了。

从那以后,马克思主义者的所有阐述一般问题的巨著,社会民主党的所有机关报,都反复说明和发挥了马克思主义的观点和口号,并在各种具体场合加以运用。

现在,农民运动问题不仅在理论上,而且在最直接的实践上都是一个迫切的问题。现在必须把我们的一般口号变为革命无产阶级对革命农民的直接号召。现在已经是农民以俄国新生活方式的有觉悟的创造者的姿态出现的时刻了。俄国大革命的进程和结局在很大程度上取决于农民觉悟的提高。

农民向革命要求什么呢?革命能够给农民什么呢?这是每一个政治活动家,特别是每一个觉悟工人(他是最好意义上,即没有被资产阶级政客庸俗化的意义上的政治活动家)必须解决的两个问题。

农民要求土地和自由。对于这一点是不可能有两种意见的。

所有的觉悟工人都在全力地支持革命农民。所有的觉悟工人都希望并且竭力使农民取得全部土地和充分自由。全部土地，这就是说不满足于任何局部的让步和小恩小惠，这就是说不是打算使农民同地主妥协，而是打算消灭地主土地所有制。正是觉悟的无产阶级的政党即社会民主党，对这一点最坚决地表明了自己的态度：俄国社会民主党在今年5月举行的第三次代表大会上通过了一个决议，直接表明支持农民的革命要求，**直到没收一切**私有土地。[68]这个决议清楚地表明，觉悟工人的政党支持农民希望得到全部土地的要求。我们党的另一半成员的代表会议所通过的决议，其内容在**这一点**上同俄国社会民主工党第三次代表大会的决议完全一致。

"充分自由"，这就是说管理社会和国家大事的官吏和公职人员要由选举产生。"充分自由"，这就是说彻底消灭那种不是完全和绝对依靠人民的、不是由人民选举产生的、不是向人民汇报工作的、不能由人民撤换的国家政权。"充分自由"，这就是说不是人民应当服从官吏，而是官吏必须服从人民。

当然，不是所有为土地和自由而斗争的农民都能充分理解这个斗争，以至提出共和制的要求。但是，农民的要求带有民主趋向是无可怀疑的。所以农民的这些要求一定会得到无产阶级的支持。农民应当知道，在城市中竖起的红旗不仅是为工业工人和农业工人的当前的、迫切的要求而斗争的旗帜，而且是为千千万万小农的要求而斗争的旗帜。

农奴制遗留下来的各式各样的残余，至今还在残酷地压迫着所有的农民群众，而在红旗下面的无产者已经向这种压迫宣战了。

但是红旗不只是意味着无产阶级支持农民的要求，而且还意味着无产阶级有自己的独立的要求。它不仅意味着争取土地和自由的斗争，而且还意味着反对一切人剥削人的现象的斗争，反对人民群众的贫困的斗争，反对资本统治的斗争。于是在我们面前又出现了第二个问题：革命能够给农民什么呢？农民的许多知心朋友（例如，包括社会革命党人在内）都不重视这个问题，看不到这个问题的重要性。他们认为，只要提出和解决农民要求什么这个问题就够了，只要得出农民要求土地和自由这个答案就够了。这是一个很大的错误。充分自由，一切官吏直到国家元首完全由选举产生，这并不会消灭资本的统治，并不会消灭少数人富有和大众贫困的现象。彻底消灭土地私有制，同样不会消灭资本的统治和大众的贫困。就是在为全民所有的土地上，也只有拥有资本的人，拥有农具、牲畜、机器、种子储备以及资金等等的人才能够独立经营。那些除了能劳动的双手以外一无所有的人，甚至在民主共和制度下，在土地为全民所有的条件下，仍然不免是资本的奴隶。关于无须资本社会化而实行土地"社会化"的思想，关于在资本和商品经济存在的情况下可能平均使用土地的思想，是一种错误的思想。几乎在欧洲所有的国家中，社会主义都经历过这样一个时期，即大多数人都持有这种或者类似的错误思想。各国工人阶级斗争的经验已经在事实上证明了这种错误的全部危害性，欧美的社会主义无产者现在已经完全摆脱了这种错误。

因此，觉悟工人的红旗首先意味着我们以全力支持农民争取充分自由和全部土地的斗争，其次它意味着我们并不停留在这一点上，还要继续前进。除了争取自由和土地的斗争以外，我们还进行争取社会主义的斗争。争取社会主义的斗争就是反对资本统治的斗争。进行这个斗争的首先是直接和完全依附于资本的雇佣工人。而小业主本身部分地拥有资本，往往剥削工人。所以，不是所有的小农，只有那些坚决和自觉地站到工人方面来反对资本，站到公有制方面来反对私有制的人，才会加入为社会主义而斗争的战士的行列。

正因为如此，社会民主党人说，他们同全体农民一起为反对地主和官僚而斗争，除此而外，他们（城市无产者）还同农村无产者一起为反对资本而斗争。争取土地和自由的斗争是民主主义斗争。消灭资本统治的斗争是社会主义斗争。

让我们向同心协力和坚韧不拔地、全心全意和毫不动摇地为充分自由和全部土地而斗争的农民协会致以热烈的敬礼。这些农民是真正的民主派。我们必须耐心地、坚持不懈地向这些由于伟大的共同斗争而同我们联合在一起的同盟者说明他们在理解民主主义任务和社会主义任务方面的错误。这些农民是真正的革命民主派，我们应当而且一定要同他们一起为目前革命的彻底胜利而斗争。我们对于总罢工计划，对于城市工人和全体贫苦农民在下一次同心协力地一起行动的决议，表示十分赞同。所有的觉悟工人要竭尽全力帮助实现这个计划。但是任何联盟，甚至同最正直、最坚决的革命民主派的联盟，也不会迫使无产者忘记他们的更伟大和更重要的目的，忘记争取社会主义、争取彻底消灭资本统治、争取使全体劳动者摆脱任何剥削的斗争。工人和农民们，前进吧，为争取土地和自由而共同斗争！由国际社会民主党联合起来的无产者们，前进吧，为争取社会主义而斗争！

载于 1905 年 11 月 12 日《新生活报》
第 11 号

译自《列宁全集》俄文第 5 版
第 12 卷第 94—98 页

党的组织和党的出版物

(1905 年 11 月 13 日〔26 日〕)

十月革命以后在俄国造成的社会民主党工作的新条件,使党的出版物问题提到日程上来了。非法报刊和合法报刊的区别,这个农奴制专制俄国时代的可悲的遗迹,正在开始消失。它还没有灭绝。还远远没有灭绝。我们首席大臣的伪善的政府还在胡作非为,以致《工人代表苏维埃消息报》还在“非法地”出版,但是,政府愚蠢地企图“禁止”它所无法阻止的事情,除了给政府带来耻辱、带来道义上新的打击以外,是不会有什么结果的。

当存在着非法报刊和合法报刊的区别的时候,党的报刊和非党报刊的问题解决得非常简单而又非常虚假,很不正常。一切非法的报刊都是党的报刊,它们由各个组织出版,由那些同党的实际工作者团体有某种联系的团体主办。一切合法的报刊都是非党的报刊(因为党派属性是不准许有的),但又都“倾向”于这个或那个政党。畸形的联合、不正常的“同居”和虚假的掩饰是不可避免的;有些人没有成熟到具有党的观点,实际上还不是党的人,他们认识肤浅或者思想畏缩,另一些人想表达党的观点,出于无奈而吞吞吐吐,这两种情况混杂在一起了。

伊索式的笔调,写作上的屈从,奴隶的语言,思想上的农奴制——这个该诅咒的时代!无产阶级结束了这种使俄国一切有生气的和新鲜的事物都感到窒息的丑恶现象。但是无产阶级暂时为俄国只争得了一半的自由。

革命还没有完成。沙皇制度**已经没有**力量战胜革命，而革命**也还没有**力量战胜沙皇制度。我们生活在这样的时候，到处都看得到公开的、诚实的、直率的、彻底的党性和秘密的、隐蔽的、“外交式的”、支吾搪塞的“合法性”之间的这种反常的结合。这种反常的结合也反映在我们的报纸上：不管古契柯夫先生如何嘲讽社会民主党的专横，说它禁止刊印自由派资产阶级的温和报纸，但事实终究是事实，俄国社会民主工党中央机关报《无产者报》，仍然被摈斥在警察横行的**专制**俄国的大门之外。

不管怎样，已经完成了一半的革命，迫使我们大家立即着手新的工作安排。出版物现在有十分之九可以成为，甚至可以“合法地”成为党的出版物。出版物应当成为党的出版物。与资产阶级的习气相反，与资产阶级企业主的即商人的报刊相反，与资产阶级写作上的名位主义和个人主义、“老爷式的无政府主义”和唯利是图相反，社会主义无产阶级应当提出**党的出版物**的原则，发展这个原则，并且尽可能以完备和完整的形式实现这个原则。

党的出版物的这个原则是什么呢？这不只是说，对于社会主义无产阶级，写作事业不能是个人或集团的赚钱工具，而且根本不能是与无产阶级总的事业无关的个人事业。无党性的写作者滚开！超人的写作者滚开！写作事业应当成为整个无产阶级事业的**一部分**，成为由整个工人阶级的整个觉悟的先锋队所开动的一部巨大的社会民主主义机器的“齿轮和螺丝钉”。写作事业应当成为社会民主党有组织的、有计划的、统一的党的工作的一个组成部分。

德国俗语说：“任何比喻都是有缺陷的。”我把写作事业比做螺丝钉，把生气勃勃的运动比做机器也是有缺陷的。也许，甚至会有一些歇斯底里的知识分子对这种比喻大叫大嚷，说这样就把自由的思想斗争、批评的自由、创作的自由等等贬低了、僵化了、“官僚主义化了”。实质上，这种叫嚷只能是资产阶级知识分子个人主义的表现。无可争论，写作事业最不能作机械划一，强求一律，少数服从多数。无可争论，在这个事业中，绝对必须保证有个人创造性和个人爱好的广阔天地，有思想和幻想、形式和内容的广阔天地。这一切都是无可争论的，可是这一切只证明，无产阶级的党的事业中写作事业这一部分，不能同无产阶级的党的事业的其他部分刻板地等同起来。这一切决没有推翻那个在资产阶级和资产阶级民主派看来是格格不入的和奇怪的原理，即写作事业无论如何必须成为同其他部分紧密联系着的社会民主党工作的一部分。报纸应当成为各个党组织的机关报。写作者一定要参加到各个党组织中去。出版社和发行所、书店和阅览室、图书馆和各种书报营业所，都应当成为党的机构，向党报告工作情况。有组织的社会主义无产阶级，应当注视这一切工作，监督这一切工作，把生气勃勃的无产阶级事业的生气勃勃的精神，带到这一切工作中去，无一例外，从而使“作家管写，读者管读”这个俄国古老的、半奥勃洛摩夫式的、半商业性的原则完全没有立足之地。

自然，我们不是说，被亚洲式的书报检查制度和欧洲的资产阶级所玷污了的写作事业的这种改造，一下子就能完成。我们决不是宣传某种划一的体制或者宣传用几个决定来完成任务。不，在这个领域里是最来不得公式主义的。问题在于使我们全党，使俄国整个觉悟的社会民主主义无产阶级，都认识到这个新任务，明确地提出这个新任务，到处着手完成这个新任务。摆脱了农奴制的书报检查制度的束缚以后，我们不愿意而且也不会去当写作上的资产阶级买卖关系的俘虏。我们要创办自由的报刊而且我们一定会创办起来，所谓自由的报刊是指它不仅摆脱了警察的压迫，而且摆脱了资本，摆脱了名位主义，甚至也摆脱了资产阶级无政府主义的个人主义。

最后这一句话似乎是奇谈怪论或是对读者的嘲弄。怎么！也许某个热烈拥护自由的知识分子会叫喊起来。怎么！你们想使创作这样精致的个人事业服从于集体！你们想使工人们用多数票来解决科学、哲学、美学的问题！你们否认绝对个人的思想创作的绝对自由！

安静些，先生们！第一，这里说的是党的出版物和它应受党的监督。每个人都有自由写他所愿意写的一切，说他所愿意说的一切，不受任何限制。但是每个自由的团体（包括党在内），同样也有自由赶走利用党的招牌来鼓吹反党观点的人。言论和出版应当有充分的自由。但是结社也应当有充分的自由。为了言论自由，我应该给你完全的权利让你随心所欲地叫喊、扯谎和写作。但是，为了结社的自由，你必须给我权利同那些说这说那的人结成联盟或者分手。党是自愿的联盟，假如它不清洗那些宣传反党观点的党员，它就不可避免地会瓦解，首先在思想上瓦解，然后在物质上瓦解。确定党的观点和反党观点的界限的，是党纲，是党的策略决议和党章，最后是国际社会民主党，各国的无产阶级自愿联盟的全部经验，无产阶级经常把某些不十分彻底的、不完全是纯粹马克思主义的、不十分正确的分子或流派吸收到自己党内来，但也经常地定期“清洗”自己的党。拥护资产阶级“批评自由”的先生们，**在**我们**党内**，也要这样做，因为现在我们的党立即会成为群众性的党，现在我们处在急剧向公开组织转变的时刻，现在必然有许多不彻底的人（从马克思主义观点看来），也许甚至有某些基督教徒，也许甚至有某些神秘主义者会参加我们的党。我们有结实的胃，我们是坚如磐石的马克思主义者。我们将消化这些不彻底的人。党内的思想自由和批评自由永远不会使我们忘记人们有结合成叫做党的自由团体的自由。

第二，资产阶级个人主义者先生们，我们应当告诉你们，你们那些关于绝对自由的言论不过是一种伪善而已。在以金钱势力为基础的社会中，在广大劳动者一贫如洗而一小撮富人过着寄生生活的社会中，不可能有实际的和真正的"自由"。作家先生，你能离开你的资产阶级出版家而自由吗？你能离开那些要求你作诲淫的小说[①]和图画、用卖淫来"补充""神圣"舞台艺术的资产阶级公众而自由吗？要知道这种绝对自由是资产阶级的或者说是无政府主义的空话（因为无政府主义作为世界观是改头换面的资产阶级思想）。生活在社会中却要离开社会而自由，这是不可能的。资产阶级的作家、画家和女演员的自由，不过是他们依赖钱袋、依赖收买和依赖豢养的一种假面具（或一种伪装）罢了。

我们社会主义者揭露这种伪善行为，摘掉这种假招牌，不是为了要有非阶级的文学和艺术（这只有在社会主义的没有阶级的社会中才有可能），而是为了要用真正自由的、**公开**同无产阶级相联系的写作，去对抗伪装自由的、事实上同资产阶级相联系的写作。

这将是自由的写作，因为把一批又一批新生力量吸引到写作队伍中来的，不是私利贪欲，也不是名誉地位，而是社会主义思想

① 《新生活报》上显然误印为"в рамках"，按意思应为"в романах"。——俄文版编者注

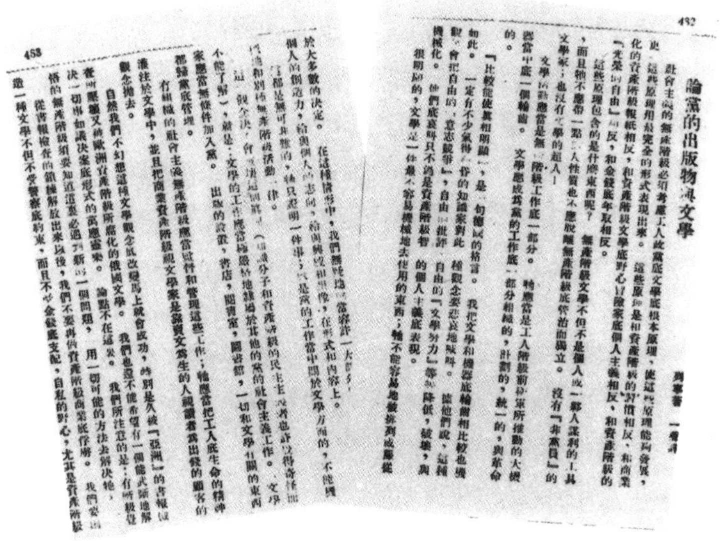

1926 年 12 月 6 日上海《中国青年》杂志第 144 期所载
列宁《党的组织和党的出版物》一文的中文节译
（当时译《论党的出版物与文学》）

和对劳动人民的同情。这将是自由的写作，因为它不是为饱食终日的贵妇人服务，不是为百无聊赖、胖得发愁的“一万个上层分子”服务，而是为千千万万劳动人民，为这些国家的精华、国家的力量、国家的未来服务。这将是自由的写作，它要用社会主义无产阶级的经验和生气勃勃的工作去丰富人类革命思想的最新成就，它要使过去的经验（从原始空想的社会主义发展而成的科学社会主义）和现在的经验（工人同志们当前的斗争）之间经常发生相互作用。

动手干吧，同志们！我们面前摆着一个困难的然而是伟大的和容易收到成效的新任务：组织同社会民主主义工人运动紧密而不可分割地联系着的、广大的、多方面的、多种多样的写作事业。全部社会民主主义出版物都应当成为党的出版物。一切报纸、杂志、出版社等等都应当立即着手改组工作，以便造成这样的局面，使它们都能以这种或那种方式完全参加到这些或那些党组织中去。只有这样，“社会民主主义的”出版物才会名副其实。只有这样，它才能尽到自己的职责。只有这样，它即使在资产阶级社会范围内也能摆脱资产阶级的奴役，同真正先进的、彻底革命的阶级的运动汇合起来。

载于1905年11月13日《新生活报》第12号

译自《列宁全集》俄文第5版第12卷第99—105页

彼得堡工人代表苏维埃执行委员会关于与同盟歇业作斗争的办法的决定[69]

（1905年11月14日〔27日〕）

公民们！彼得堡和其他城市有十多万工人流落在街头。

专制政府向革命无产阶级宣战了。反动的资产阶级同专制政府勾结起来，企图用饥饿迫使工人屈服，从而破坏争取自由的斗争。

工人代表苏维埃声明，这种空前的大批解雇工人的行为是政府的挑衅。政府企图诱使彼得堡的无产阶级单独发动；政府企图趁其他城市的工人还没有同彼得堡的工人紧密团结起来的时候，实行各个击破。

工人代表苏维埃声明，自由事业处于危险之中。但是工人不会理睬政府的挑衅；工人不会在政府企图强使他们战斗的不利的条件下应战。我们应该而且一定会尽一切努力把已经英勇奋起为自由而战的俄国全体无产阶级、革命农民、陆军和海军联合起来进行斗争。

有鉴于此，工人代表苏维埃决定：

(1)一切关闭的工厂应当立即开工，所有被解雇的同志要回到原来的岗位。一切不是在口头上而是真正珍视自由的各阶层人民都应当支持这个要求。

(2)为了支持这个要求，工人代表苏维埃认为必须号召俄国全体无产阶级团结一致，如果当局拒绝实现这个要求，就号召他们进行政治总罢工和其他形式的坚决斗争。

(3)为了准备这场发动，工人代表苏维埃责成执行委员会立即派遣代表或采取其他办法，同其他城市的工人，同铁路工会、邮电工会、农民协会和其他协会以及同陆海军取得联系。

(4)在这一准备工作完成以后，执行委员会就立即召集工人代表苏维埃特别会议，以便对罢工作出最后的决定。

(5)彼得堡的无产阶级吁请全体工人、各界社会人士和各阶层人民，利用一切物质的、精神的和政治的手段来援助被解雇的工人。

载于 1905 年 11 月 15 日《新生活报》第 13 号

译自《列宁全集》俄文第 5 版第 12 卷第 106—107 页

没有得逞的挑衅

（1905年11月15日〔28日〕）

本报今天发表的工人代表苏维埃的决定[①]，标志着革命发展中的一个非常重要的阶段。

政府和资产阶级的联盟企图用消耗无产阶级力量的办法击溃无产阶级。资产阶级用“同盟歇业”来对付宣布用革命办法在彼得堡各工厂实行八小时工作制的措施。

阴谋已策划出来。他们决定用大批解雇工人的办法来对付罢工。官办工厂跟许多私营工厂一同歇业，让成千上万的工人流落街头。他们想挑动刚刚经历了一场斗争而筋疲力尽的彼得堡无产阶级在极其不利的条件下进行新的战斗。

工人代表苏维埃遵循社会民主党代表的指示，决定向工人揭穿反革命的阴谋，并且告诫彼得堡的无产阶级切勿上当。针对他们各个击破的企图，工人代表苏维埃号召把全俄各地的斗争联合起来，采取紧急措施巩固革命工人同革命农民、同在俄国各地开始起义的那些陆海军部队的联盟。

在这种时候最重要的就是：用全力来联合全俄国的革命大军，保存力量，利用已经争得的自由百倍地扩大宣传和组织工作，准备进行新的决战。让专制政府和反动的资产阶级去互相勾结吧！让

① 见本卷第98—99页。——编者注

自由派资产阶级(以在莫斯科举行的地方自治和城市自治活动家代表大会[70]为代表的)向这个假惺惺地谈论自由,可是对要求保障最起码自由的波兰进行武力镇压的政府投信任票去吧!

我们必须以社会民主党同一切革命的资产阶级民主派的联盟来对抗专制政府同资产阶级的联盟。社会主义无产阶级向争取自由的农民伸出自己的手,号召他们参加举国一致的总攻击。

工人代表苏维埃的决定的重大意义就在于此。我们社会民主党人必须设法使全党支援工人代表苏维埃。我们不只是争取民主主义的变革。我们要为社会主义而斗争,即为使劳动人民从一切压迫,即不仅从政治压迫,而且从经济压迫下的彻底解放而斗争。我们只把那些承认这个伟大目标而且时刻不忘记为达到这个目标而准备力量的人联合到党内来。

但是,我们社会主义者正是为了达到我们的社会主义目标,力求坚决地进行民主革命,为了顺利地进行争取社会主义的斗争而力求取得充分的自由。革命民主派不是想同政府搞交易,而是要同它斗争,不是想使革命半途而废,而是要把革命进行到底;因此,我们必须同这些人携手前进,尽管不同他们合并。社会主义无产阶级和一切革命人民的联盟万岁!一切反动势力、一切反革命阴谋一定会在他们的总攻击面前全部垮台。

载于1905年11月15日《新生活报》第13号

译自《列宁全集》俄文第5版第12卷第108—110页

军队和革命

（1905 年 11 月 15 日〔28 日〕）

塞瓦斯托波尔的起义[71]日益扩大。事情已临近总的解决了。为自由而斗争的海陆军士兵甩开了长官。秩序井然。政府重演喀琅施塔得事件的卑鄙的阴谋[72]未能得逞，未能挑起任何残杀暴行。舰队拒绝开往海面，并且威胁着城市，如果当局企图镇压起义者的话。曾因“大胆”扬言要用武器保卫 10 月 17 日宣言所许诺的自由而被撤职的海军中尉施米特，接受了“奥恰科夫”号舰的指挥职务。据《俄罗斯报》[73]报道，今天（15 日）是规定海军士兵缴械的期限的最后一天了。

因此，我们正处在决定性关头的前夕。最近几天（也许几小时）就能看出，是起义者获得全胜，还是他们被镇压下去，或者签订某种协定。无论如何，塞瓦斯托波尔事件标志着军队中旧的奴隶制度（即把士兵变成武装机器，把他们变成镇压任何自由意愿的工具的制度）已经完全破产了。

俄国军队（像在 1849 年那样）到国外去镇压革命[74]的那种时代，已经一去不复返了。现在军队已经坚决摒弃了专制制度。军队还并不都是革命的。陆海军士兵的政治觉悟还很低。但重要的是他们已经觉醒了，在士兵当中开始了**自己的**运动，自由精神已经渗入了各地的营房。俄国营房往往比任何监狱还恶劣；任何地方也不会像营房这样压制和压迫个性；任何地方也不会有这种触目皆是的折磨人、毒打人和凌辱人的现象。现在这种营房也变成了革命的策源地。

塞瓦斯托波尔事件不是孤立的，也不是偶然的。我们不谈海陆军中以往的那些直接起义的企图。我们只拿彼得堡的火星同塞瓦斯托波尔的大火比较一下。我们回想一下现在彼得堡各部队士兵提出的要求(这些要求本报昨天已经登载了)。这一张要求的清单是一个多么出色的文件啊！它是多么清楚地表明，奴隶般的军队在变成革命的军队。现在有什么力量能够阻挡这类要求在一切海陆军中扩散呢？

彼得堡的士兵想要改善衣、食、住的条件，增加饷银，缩短服役期限和每日操练时间。但是，在他们的要求中还有大部分是只有作为公民的士兵才能提出的。有权穿着军装“同所有公民一样”参加一切会议；有权在营房中阅读和保存**一切**报纸；信仰自由；各民族一律平等；完全取消一切在营房以外对上级的敬礼；取消勤务兵；取消军事法庭并且把一切军事法庭的案件交给一般民事法庭；有权提出集体控告；有权在长官稍有打人的意图时就实行自卫。以上就是彼得堡士兵的最主要的要求。

这些要求表明，绝大部分军队同争取自由的塞瓦斯托波尔起义者是一致的。

这些要求表明，专制制度的奴仆们的所谓军队中立，所谓必须使军队不问政治等论调都是虚伪的，是不能指望得到士兵的丝毫同情的。

军队不可能而且也不应当保持中立。使军队不问政治，这是资产阶级和沙皇政府的伪善的奴仆们的口号，实际上他们一向都把军队拖入反动的政治中，把俄国士兵变成黑帮的奴仆和警察的帮凶。不能置身于争取自由的全民斗争之外。谁对这个斗争漠不关心，谁就是支持警察政府胡作非为，这个政府许诺自由不过是在嘲弄自由罢了。

作为公民的士兵提出的要求，就是社会民主党的要求，是一切革命政党的要求，是觉悟工人的要求。加入自由的支持者的行列，转到人民方面来，这是自由事业获得胜利和士兵要求得以实现的保证。

但是，为了真正彻底地和可靠地实现这些要求，必须再前进一小步。应当把那些饱受万恶的营房苦役折磨的士兵的一切个别愿望集中起来，形成一个完整的要求。把这些要求集中起来就是：取消常备军，代之以全民武装。

在各个地方以及一切国家里，常备军与其说是用来对付外部敌人，不如说是用来对付内部敌人的。常备军到处都成了反动势力的工具，成了资本用来反对劳动的奴仆，成了扼杀人民自由的刽子手。在我国伟大的解放革命中，我们不要停留在一些局部要求上。我们要铲除祸根。要根本取消常备军。让军队同武装的人民相结合，让士兵把自己的军事知识带给人民，取消营房而代之以自由的军事学校。如果武装的人民消灭了军阀，把所有的士兵变成公民，把一切能够拿起武器的公民变成士兵，如果俄国自由的砥柱是这样的武装的人民，那么世界上就没有任何力量敢来侵犯自由的俄国。

西欧的经验已经证明常备军是十分反动的。军事科学已经证明民兵制是完全可以实现的，民兵无论在防御战或者进攻战中都能够胜任地完成军事任务。让假仁假义的或者多情善感的资产阶级去幻想废除武装吧。当世界上还存在着被压迫者和被剥削者的时候，我们必须争取的不是废除武装，而是全民武装。只有全民武装才能充分保障自由。只有全民武装才能彻底打倒反动势力。只有在实现这种改革的条件下，千百万劳动者才能真正享有自由，而不是一小撮剥削者独自享受自由。

载于1905年11月16日《新生活报》第14号

译自《列宁全集》俄文第5版第12卷第111—114页

天平在摆动

(1905 年 11 月 18 日〔12 月 1 日〕)

人们常用无政府状态这个词来形容俄国目前的状况。这个不准确的、虚假的说法实际上表明,国内没有任何确定的秩序。自由的新俄国对专制的农奴制的旧俄国的战争,正在全面进行着。专制制度已经无力战胜革命,而革命也还无力战胜沙皇制度。旧秩序已经被打碎,但是还没有被消灭,而自由的新制度也还没有被承认,还处在经常被专制制度的走狗跟踪追击的半隐蔽状态。

这种状态可能还要拖延不少时日。在此期间,社会生活和政治生活的各个领域中必然会有不稳定和动摇现象;那些仇视自由和为了军事阴谋而冒充自由的朋友的人,必然要浑水摸鱼。但是,这种过渡状态持续的时间愈久,就愈能更可靠地引导革命无产阶级和农民取得彻底的和决定性的胜利。这个被大家谴责的并且也清楚自己受到谴责的专制制度有着漫长的腐朽过程,再没有什么比这更能使城乡中最愚昧无知的群众得到这么深刻的启发,再没有什么更能使那些最冷漠最消沉的人受到这么深刻的触动的了。

最近的一些政治事件——邮电职员又一次举行大罢工[75],在军队中甚至警察中骚动不断发生和革命组织日益发展,没有觉悟的并且被纪律约束的军队战胜塞瓦斯托波尔的自由军,国家证券的行情空前下跌,这一切都说明什么呢?这些事件说明,专制制度在作最后的挣扎，在消耗它仅有的后备力量。甚至连那个效忠君主的、像资产阶级那样胆怯的和像资产阶级那样渴望结束革命的交易所，都不相信塞瓦斯托波尔城下的“胜利者”了。这些事件说明，革命人民在不断地扩大自己的成果，唤起新的战士，锻炼自己的力量，改进组织，向胜利前进，像狂涛巨浪那样不可阻挡地前进。

政治罢工这种武器在日益完善；现在学习掌握这种武器的是新的劳动者队伍，没有这些新的劳动者队伍，现代的文明社会一天也不能存在。在军队和警察中有愈来愈多的人认识到自由的必要性，这就为新的起义基地、新的喀琅施塔得事件以及新的塞瓦斯托波尔事件作准备。

塞瓦斯托波尔城下的胜利者恐怕没有理由欢欣鼓舞。克里木的起义失败了，而俄国的起义是不可战胜的。

让工人社会民主党人准备迎接他们负有巨大责任的更伟大的事件吧！

让人们不要忘记，只有紧密团结的社会民主党才能引导俄国无产阶级和全世界社会民主主义无产阶级并肩携手走向胜利！

载于 1905 年 11 月 18 日《新生活报》第 16 号

译自《列宁全集》俄文第 5 版第 12 卷第 115—116 页

向敌人学习

(1905年11月18日〔12月1日〕)

《我们的生活报》[76]的资产阶级民主派向"马克思主义和野蛮主义的混合物"展开了进攻。我们特别奉劝一切觉悟的工人仔细看一看激进民主派的见解。

没有什么能像一些现象的敌人(当然,如果这些敌人不是无可救药的笨蛋)所作的评价那样清楚地说明这一些现象的政治实质。

《我们的生活报》不喜欢"俄国社会民主工党的一部分人同彼得堡工人代表苏维埃的斗争",或者更确切些,用该报自己的话来说,不喜欢社会民主党人反对"非党的"阶级组织的斗争。我们的激进分子说,无产者应该联合起来。就是说……就是说那些苏维埃活动家"力求把**全体**无产阶级不分政治信仰地联合起来"的做法是正确的。因此激进分子扬扬得意地说我们违背了自己的"**阶级斗争**"原则。

那些对建立非党工人组织表示同情或者哪怕对这种愿望漠不关心的工人同志,应当向敌人学习!请回想一下马克思和恩格斯的《共产党宣言》,宣言中说,无产阶级**变成阶级**,不仅是由于他们的团结日益加强,也是由于他们的**觉悟**日益提高①。请回想一下像英国这样的国家,英国的无产阶级同资产阶级随时随地在进行

---

① 参看《马克思恩格斯文集》第2卷第44页。——编者注

阶级斗争，然而无产阶级仍然处于分散状态，他们选出的代表被资产阶级收买了，他们的意识被资本的思想家腐蚀了，他们的力量由于工人贵族阶层脱离工人群众而涣散了。工人同志们，你们回想一下这一切，你们就会坚信，只有社会民主主义无产阶级是已经意识到自己的**阶级**任务的无产阶级。打倒非党性！非党性无论何时何地都是资产阶级的工具和口号。在一定的条件下，我们可以而且必须同没有觉悟的无产者，同赞成非无产阶级的学说（“社会革命党人”的纲领）的无产者走在一起，但是，无论何时何地，我们也不应当削弱我们的严格的党性，无论何时何地也不应当忘记而且不容许忘记，无产阶级中的对社会民主党的敌对情绪是无产阶级中的资产阶级观点的残余。

载于 1905 年 11 月 18 日《新生活报》
第 16 号

译自《列宁全集》俄文第 5 版
第 12 卷第 117—118 页

革命的官样文章和革命事业

（1905年11月20日〔12月3日〕）

在我国革命运动中自然地和不可避免地要提出立宪会议的问题。为了彻底消灭专制俄国的旧的农奴制机构的残余，为了确定自由的新俄国的制度，除了召开全民立宪会议以外，不可能设想有另外一条完整的和彻底的道路。诚然，实际生活很少能够充分实现完整的和彻底的口号，实际生活往往提出许多使结局错综复杂的、使新旧事物交融的出乎意料的东西。但是，谁诚心诚意地想要推翻旧的东西而且善于为这个目的奋斗，谁就应当明确地估计立宪会议的意义，并且竭尽全力为它的真正彻底实现而奋斗。

觉悟的无产阶级的政党——社会民主党，在1903年第二次代表大会上通过的纲领中已经提出了立宪会议的要求。我们纲领的最后一节写道："俄国社会民主工党坚信，只有推翻专制制度并召开由全民自由选举的立宪会议，才能完全、彻底、可靠地实现上述各种政治改革和经济改革"（建立民主的国家制度，实行劳动保护等等）。

这段话清楚地表明，我们党不仅注意到召开立宪会议的形式的条件，而且注意到物质的条件，就是说，有了这些条件才能真正使会议成为全民的立宪会议。然而，把会议叫做"立宪"会议是不够的，把人民的代表（虽然这些代表是按普遍、平等、直接和无记名投票的原则,是在真正保证选举自由的条件下选出来的)召集在一起也是不够的。除了这些条件以外,还必须使立宪会议有权力和力量建立新制度。在革命历史上有过这样的先例,会议虽然叫做立宪会议,其实,真正的力量和权力并不操在它的手中,而是操在旧专制政权的手中。1848 年德国革命的时候就是如此,因此当时的"立宪"会议即臭名远扬的法兰克福议会[77],就有令人蔑视的"清谈馆"的可耻名声,因为这个议会空谈自由,颁布有关自由的法令,可是不采取实际措施撤销那些践踏自由的权力机关。十分自然,可怜的自由派资产阶级空谈家的这个可悲的议会就这样不光彩地退出了舞台。

当前,在俄国召开立宪会议的问题在当前一系列政治问题中占首要的地位。现在,正是这个问题的实践方面具有最迫切的意义。重要的不在于是不是召开立宪会议(这一点甚至连大臣兼经纪人维特伯爵也会同意,也许明天就同意召开),而在于这个会议是不是真正全民的和真正立宪的会议。

实际上,我国革命的经验(虽然革命不过是刚刚开始)已经清楚地表明,利用辞藻和诺言,尤其是利用立宪会议这个口号,可以干些什么样的勾当。请回想一下不久以前在莫斯科举行的地方自治人士和城市自治人士的即"立宪民主党人"的代表大会。请回想一下他们那个有名的公式:有立宪职能的国家杜马起草由君主批准的宪法…… 连资产阶级民主派的报刊也指出这个公式的内在矛盾和荒谬绝伦。"建立"新的国家制度要由旧政府的元首"批准",要知道,这意味着使两个政权、两个平等的(在纸面上)最高政权(起义人民的政权和旧专制制度的政权)合法化。显然,这二者之间的平等纯粹是表面的,这二者之间的"妥协"实际上取决于其中一方的**实力**优势。总之，自由派资产者在其由旧俄国向新俄国过渡的"理想的"计划中，把两个互相斗争的势均力敌的敌对力量的并存合法化，即把永无休止的斗争合法化了。

从普通的形式逻辑的观点来看是无法解释这个矛盾的。但是，资产阶级的阶级利益的逻辑却完全可以说明这个矛盾。资产阶级害怕充分自由和充分民主，因为它知道，觉悟的即社会主义的无产阶级会利用自由来反对资本的统治。因此，资产阶级实际上不是想要充分的自由，充分的人民专制，而是想同反动派勾结起来，同专制政府勾结起来。资产阶级想要议会制度而不要官僚制度，为的是保证资本的统治，同时却想要君主政体，常备军，并保留官僚制度的某些特权，这样可以使革命不能进行到底，使无产阶级不能武装起来，——所谓武装既是指用武器直接武装，又是指用充分自由武装。资产阶级介于专制制度和无产阶级之间的矛盾的阶级地位，必然产生（甚至不以某些个别人物的意志和意识为转移）荒谬绝伦的"妥协"公式。立宪会议的口号变成了空话，为争取自由而起义的无产阶级的伟大要求被贬为可笑的行为，资产阶级就是这样亵渎了世界上的一切，用做生意的手法代替斗争。

《我们的生活报》的激进派资产者不懂得自由派必然用虚伪的、哗众取宠的手法提出问题，他们煞有介事地描述法尔博尔克先生和查尔诺卢斯基先生以及协会联合会中央常务局所制定的召开立宪会议的"草案"。先生们，写出这种"草案"是令人可笑的！你们走的是叛卖革命的"立宪民主党人"的路。你们忘记了，写在纸上的草案，像一切立宪幻想一样，会腐蚀人民的革命意识和削弱他们的战斗力，因为问题的重心被模糊了，问题的全部提法被歪曲了。不过，你们不是在宣传起码的政治知识，你们是在**实际地**提出问题，你们发起的“各极端派和温和派的代表”对草案进行讨论的实质，已经表明了这一点。可敬的资产阶级民主派，你们一方面承认立宪会议拥有“全部”政权这样一种意愿，另一方面又企图使极端派和“温和派”，也就是使希望拥有这种全部政权的派别和不希望拥有这种全部政权的派别联合起来，这是马尼洛夫精神[78]。

让华丽的外衣见鬼去吧！我们已经听够了虚伪的自由派的空话！是划清界限的时候了。右边是专制制度和自由派资产阶级，他们不想把统一的、完全的、不可分割的全部政权转交给立宪会议，这一点实际上使他们团结起来了。左边是社会主义无产阶级和革命农民，或者更广泛些说，整个革命的资产阶级民主派。他们想使全部政权归立宪会议。为了这个目的，他们能够而且必须结成战斗的联盟，当然不是合并。他们需要的不是写在纸上的草案，而是战斗措施，不是作官样文章，而是组织胜利的争取自由的斗争。

载于1905年11月20日《新生活报》第18号

译自《列宁全集》俄文第5版第12卷第119—122页

垂死的专制政府和新的人民政权机关[79]

(1905年11月23日〔12月6日〕)

起义日益发展。专制的维特政府日益软弱无力、惊慌失措和分崩离析。人民中各集团、阶层和阶级的组织，革命势力和反革命势力的组织，在向广度和深度发展。

这就是目前的形势。这一形势可以用如下几个字来表示：革命的组织和动员。在塞瓦斯托波尔的海战发生以后，紧接着又发生了沃龙涅日和基辅的陆战。在基辅发生的武装起义显然更前进了一步，即革命军队同革命的无产阶级和大学生汇合起来了。至少，《俄罗斯报》的报道可以证明这一点。该报声称，基辅工学院在工兵营起义士兵的保护下召开了16 000人的群众大会。

十分自然，在这种情况下，甚至连一心想同专制政府勾结的自由派资产阶级也有点沉不住气了，他们对“伟大的”杂技演员维特丧失了信心，就向左边张望，想找寻能够把势必发生的变革付诸实现的力量。

在这个问题上，《俄罗斯报》的立场是很有启发的。该报清楚地看到，“像在10月17日以前一样，事件开始以排山倒海之势涌来”。因此，一方面，该报向那些同专制政府一样张皇失措、软弱无力和束手无策的地方自治人士发出号召，号召他们“立即”参加“即将来临的事变”,“使这些事变的结局具有不使国家蒙受重大损失、对国家更为有利的温和的形式”。另一方面,这家《俄罗斯报》又和《言论报》[80]争论说,“谁也不相信,现今的政府在目前情况下能够召集国家杜马”。《俄罗斯报》说:“现在,应当考虑成立能够召集杜马的政府。”

于是,自由派资产阶级在革命无产阶级的压力下,又向左边迈了一步。昨天,自由派资产阶级曾表示打算同维特做交易,并且对他投了有条件的信任票(在地方自治人士代表大会上)。今天,对维特的信任正在消失,资本家要求成立新政府。《俄罗斯报》向所有要求解放的政党建议成立一个特殊的全民代表会,“在政府表现出还〈!!!〉有能力工作的时候”,这个代表会应成为“对政府施加压力的强大的工具,而一旦政府显得完全无力和陷于垮台的时候,就成为暂时负起政府责任的现成的人民政权机关”。

由于政府垮台而临时负起政府责任的人民政权机关,用简单明确的俄国话来说,就是临时革命政府。这个政府应该是临时的,因为它的权限到召开全民立宪会议时就告终结。这个政府应该是革命的,因为它是依靠革命来取代那个垮台的政府的。这种取代只能通过革命办法来实现。这个政府应该成为“人民政权机关”,普遍实现人民所提出的要求,并且立刻在各地用人民政权机关(就是说,或者是临时革命政府委任的,或者是在有可能按照普遍、平等、直接和无记名投票的原则进行选举的场合下选举出来的政权机关)代替专制政府的和黑帮分子的旧的“政权机关”。

我们非常高兴,自由主义君主派资产阶级已经有成立临时革命政府的思想。我们对此表示高兴,并不是因为我们认为自由派已经转到革命方面来,不是因为我们突然相信了他们的真诚、坚定和彻底。不是的，我们对此表示高兴，是因为这显然是并且无疑是革命力量强大的标志。既然自由主义君主派资产阶级现在已经意识到临时革命政府的出现是必然的，那就是说，革命已经成为一种力量了。

当然，我们不会忘记，与其说自由派并不希望成立这样的政府，不如说他们是想借此威胁专制政府，就像买主为了威胁卖主就扬言要到别的店铺去一样。维特先生，向我们让步吧，不然我们就要参加临时革命政府（说得“温和些”就叫做“全国代表会”或者“全民代表会”）啦！只有这种一再想做交易的愿望才能说明下面这个仿佛是完全荒谬和毫无意思的说法，即《俄罗斯报》一方面说维特政府不能够召集人民代表，同时马上又认定这个政府可能“表现出自己**还有**能力工作”。

不，自由派先生们，现在不是狡猾手腕能够得逞、两面手法可能不被揭穿的时候了！人民正在同专制政府进行斗争，它在10月17日许诺过自由却又嘲弄和践踏自由。临时革命政府就是为自由而斗争的人民的机关。争取自由、反对政府践踏自由的斗争（在这个斗争发展到一定的阶段上）就是当前在俄国全面进行的武装起义。临时革命政府是起义的机关，它联合一切起义者，并且在政治上领导起义。因此，一方面谈论临时革命政府的可能性和必要性，同时又容许勾结应该被取代的旧政府，这种做法不是混淆视听，就是叛卖行为。请《俄罗斯报》评论家先生们认真想一想：难道在拥护革命的人中间真有这样的傻瓜，他们会乐意把那些既承认旧政府有“能力工作”又继续偷偷摸摸地同它做交易的人或者政党的代表吸收到临时革命政府里面吗？请你们想一想：如果俄国军队把满洲的爱国青年吸收到自己队伍中来，那么它会取得胜利，还是遭到失败呢？想必是要遭到失败的，因为满洲的爱国者会把俄罗斯人出卖给日本人。因此，如果"爱国者"，有君主制思想的富人爱国者(即自由派资产者)，把俄国的革命人民出卖给维特专制政府，那么俄国的革命人民一定会遭到失败。

对自由派资产阶级来说，临时革命政府只不过是对专制政府的一种威胁。对社会主义无产阶级，对革命农民以及所有在争取自由的斗争中坚定不移地站到他们方面来的人来说，这却是一个伟大的严重的任务，这个任务愈来愈显得刻不容缓。十月革命以及接连发生的军事起义大大地削弱了专制政府，使新的人民政权机关能在经政治罢工耕耘、自由战士鲜血灌溉的土壤上茁壮地成长起来。这些机关就是革命政党和战斗组织，工人、农民以及其他实际进行革命斗争的人民群众的战斗组织。这些机关真正实行社会主义无产阶级同革命小资产阶级的联盟。现在我们必须扩大和巩固、加强和团结这个战斗联盟，使新的政权机关准备对付即将重演的10月17日事件，使有组织的，坚定的，目标明确的，同一切叛徒、一切动摇分子、一切空谈家划清界限的全俄国争取自由的战士，在那时按照立刻实行政治变革的总纲领行动起来。对我们社会主义无产阶级的代表来说，即将来临的民主主义变革只不过是走向社会主义变革的伟大目标的第一步。只要牢牢记住这一点，我们就永远不会同那些小资产阶级政党和集团合并，无论他们如何真诚，如何革命和强大。我们确切地知道，在走向社会主义的道路上，工人和业主势必不止一次地分手。但是，正是为了社会主义的利益，我们现在竭尽全力使民主主义变革更迅速、更充分和更坚决地实现。为此，我们将要而且正在同一切革命民主派缔结临时的战斗联盟，以便达到我们共同的最近的政治目标。为此，我们在严格保持自己的党性特点和独立性的情况下参加了工人代表苏维埃和其他的革命联盟。新的人民政权机关万岁！团结一致的、至高无上的和必胜的人民政权机关万岁！

我们要向激进派资产者告别了。先生们，你们在空谈什么人民的政权机关。只有力量才能够成为政权。在现代的社会中，只有武装的人民及其领导者武装的无产阶级才能够成为一种力量。如果空话也可以成为同情自由的证明，那么，连10月17日宣言的作者大概也可以算做自由的拥护者了。如果是用实际行动来证明，那么现在唯一的实际行动就是协助工人武装起来，协助建立和加强真正的革命军队。先生们，请选择吧：是到维特先生的客厅中乞求一点自由，拿自由做交易呢，还是参加“人民的政权机关”或者参加临时革命政府，全心全意地为争取充分自由而斗争。请选择吧！

载于1905年11月23日《新生活报》第19号

译自《列宁全集》俄文第5版第12卷第123—128页

社会主义和无政府主义

(1905 年 11 月 24 日〔12 月 7 日〕)

昨天,11 月 23 日,工人代表苏维埃执行委员会决定拒绝无政府主义者提出的关于准许他们的代表参加执行委员会和工人代表苏维埃的请求。执行委员会是这样表述它作出这个决定的理由的:“(1)在全部国际的实践中,各次代表大会和社会党代表会议都没有无政府主义者的代表参加,因为无政府主义者不承认政治斗争是达到自己理想的手段;(2)只有政党才有选派代表的权利,而无政府主义者不是政党。”

我们认为,执行委员会的决定是一个具有重大原则意义和实际政治意义的十分正确的步骤。当然,如果把工人代表苏维埃看做工人的议会或者无产阶级的自治机关,那么拒绝无政府主义者参加就不对了。尽管无政府主义者在我国工人中的影响非常微小(这是值得庆幸的),总还有一些工人无疑是倾向于他们的。无政府主义者是不是组成政党、组织、集团或者志同道合者的自由联盟,这是没有重大原则意义的形式问题。最后,既然无政府主义者否认政治斗争,同时又请求参加进行政治斗争的机构,那么这种惊人的不彻底性当然又再一次充分证明了无政府主义者的世界观和策略的动摇性。但是,由于动摇性而被排除在“议会”或者“自治机关”之外,当然是不行的。

我们觉得，执行委员会的决定是完全正确的，同这个机构的任务、性质和成分丝毫不矛盾。工人代表苏维埃不是工人的议会，也不是无产阶级的自治机关，根本不是一个自治机关，而是有一定目的的战斗组织。

根据临时的、没有正式缔结的战斗协定，加入这个战斗组织的有俄国社会民主工党（无产阶级社会主义政党）的代表，"社会革命"党的代表（小资产阶级社会主义的代表，或革命的资产阶级民主派的极左翼），最后，还有许多"非党"的工人。然而他们不是一般的非党工人，而是非党的革命者，因为他们完全赞同革命，他们以忘我的热忱、毅力和牺牲精神为革命的胜利而奋斗。因此，在执行委员会中也将有革命农民的代表是完全自然的事情。

实质上，工人代表苏维埃是社会主义者和革命民主派的没有正式缔结的广泛的战斗联盟，因而，"非党的革命性"自然就掩盖了社会主义者和革命民主派之间的一系列的过渡阶段。为了进行政治罢工，也为了利用其他更积极的斗争形式来争取为大多数居民所公认和赞同的迫切的民主要求，显然有必要缔结这样的联盟。无政府主义者参加这种联盟非但无益，而且有害；他们只能起瓦解作用，他们会削弱总的进攻的力量，他们还"可能否认"政治改革的迫切性和重要性。从我国民主革命的观点和利益出发，把无政府主义者排除在从事我国民主革命的战斗联盟之外，可以说是完全必要的。只有为这个战斗联盟的目的而斗争的人，才能参加这个联盟。例如，即使"立宪民主党人"或"法制党"[81]把几百名工人拉到它们的彼得堡组织中来，工人代表苏维埃执行委员会也未必会敞开大门接纳这类组织的代表。

执行委员会援引历届国际社会党代表大会的实例来说明自己的决议。我们热烈欢迎这个声明，这表明彼得堡工人代表苏维埃执行机关承认国际社会民主党的思想领导。俄国革命已经具有国际意义了。俄国革命的敌人正在同威廉二世，同欧洲一切黑暗势力、暴徒、兵痞以及剥削者一起策划阴谋来反对自由的俄国。我们也不会忘记，我国革命的彻底胜利要求俄国革命无产阶级同全世界社会主义工人联合起来。

国际社会党代表大会曾经通过拒绝接纳无政府主义者的决议，这不是没有道理的。在社会主义和无政府主义中间横着一条鸿沟，而暗探局的进行煽动的奸细和反动政府的报界奴仆却枉费心机地硬说这条鸿沟并不存在。无政府主义者的世界观是改头换面的资产阶级世界观。他们的个人主义理论，他们的个人主义理想是与社会主义背道而驰的。他们的观点不是反映那不可遏止地走向劳动社会化的资产阶级制度的未来，而是反映这个制度的现在，甚至是反映它的过去，即盲目性对分散的个体小生产者的统治的时代。他们那种否认政治斗争的策略，会分裂无产者，实际上把无产者变成消极参加某种资产阶级政治的人，因为对工人来说，完全回避政治是不可能的，也是做不到的。

在当前的俄国革命中，团结无产阶级力量、组织无产阶级以及对工人阶级进行政治教育和训练的任务急切地被提出来了。黑帮政府愈是横行霸道，政府的进行挑拨的奸细愈是费尽心机地煽动起无知群众的不良的狂热，苟延残喘的专制制度的保护者愈是拼命地企图用抢劫、蹂躏、暗杀以及用酒肉收买贫民等手段来破坏革命威信，那么，首先落在社会主义无产阶级政党肩上的组织任务就愈加重要了。因此，我们要采用一切思想斗争方法，使无政府主义者对俄国工人的影响像以前那样微不足道。

载于 1905 年 11 月 25 日《新生活报》第 21 号

译自《列宁全集》俄文第 5 版第 12 卷第 129—132 页

社会主义政党和非党的革命性

（1905年11月26日和12月2日〔12月9日和15日〕）

一

俄国的革命运动迅速地波及愈来愈广泛的居民阶层，因而许多非党组织相继建立。对人们要求联合的呼声的镇压和迫害愈长久，这种要求也就愈强烈。各式各样往往没有固定形式的组织经常产生，它们的性质也是非常独特的，这里的组织不像欧洲的组织那样有明显的范围。工会带有政治性质。政治斗争同经济斗争结合在一起（例如罢工），形成了种种临时性的或者比较固定的组织的联合形式。

这种现象有什么意义呢？社会民主党对待这种现象应当采取什么态度呢？

严格的党性是阶级斗争高度发展的伴随现象和产物。反过来说，为了进行公开而广泛的阶级斗争，必须发展严格的党性。因此，觉悟的无产阶级的政党——社会民主党，完全应该随时同非党性作斗争，坚持不懈地为建立一个原则坚定的、紧密团结的社会主义工人政党而努力。资本主义的发展愈是使全体人民日益深刻地划分成各个阶级，使各阶级之间的矛盾尖锐化，这项工作在群众中的成效也就愈大。

俄国目前的革命产生了而且正在产生许多非党组织，这是完全可以理解的。这个革命就其社会经济内容来说是民主革命，即资产阶级革命。这个革命是要推翻专制农奴制度，把资产阶级制度从这种制度下解放出来，从而实现资产阶级社会中的一切阶级的要求，从这个意义上来说，这个革命是全民革命。当然，这并不是说，我国革命不是阶级的革命；当然不是这么说。但是，这个革命的矛头是指向从资产阶级社会的观点来看已经过时和就要过时的那些阶级和等级的，因为它们同资产阶级社会格格不入，阻碍这个社会的发展。既然国家的全部经济生活在它的一切基本特征上已是资产阶级式的，既然绝大多数居民实际上都已经在资产阶级的条件下生活，那么反革命分子自然是区区少数，同"人民"比较起来确实是"一小撮"。因此，资产阶级革命的阶级性质必然表现为资产阶级社会中一切阶级同专制制度和农奴制度作斗争的"全民的"、初看起来是非阶级的性质。

俄国的资产阶级革命时代的特点，像其他国家的一样，是资本主义社会的阶级矛盾比较不发展。诚然，现在俄国资本主义的发展程度远远超过了1848年的德国，更不要说1789年的法国了。但是毫无疑问，在我国，"文明"和野蛮、欧洲方式和鞑靼方式、资本主义和农奴制的矛盾在很大程度上掩盖了纯粹资本主义的矛盾，就是说，首先应该实现的要求是促进资本主义的发展，替资本主义清除封建残余，既改善无产阶级的、也改善资产阶级的生活和斗争的条件。

其实，如果仔细看一看现在俄国每个工厂、每个办公室、每个团队、每个巡逻队、每个教区、每个学校等等提出的无数要求、委托和申诉，我们就会很容易地看出，其中绝大多数纯粹是“文明的”（如果可以这样说的话）要求。我想指出，这本来不是特殊的阶级要求，而是起码的法律上的要求，这些要求并不破坏资本主义，反而会使资本主义走上欧洲方式的道路，会使资本主义摆脱粗暴、野蛮、贿赂以及其他“俄国”农奴制的残余。实质上，无产阶级的要求在大多数场合下也仅限于这样一些在资本主义范围内完全可以实现的改革。俄国无产阶级目前的迫切要求不是破坏资本主义，而是为它扫清道路，促进和加强它的发展。

不言而喻，无产阶级在资本主义社会中的特殊地位，使得工人的社会主义倾向、他们同社会主义政党的联合，在运动的最初阶段就自发地表现出来了，但是真正的社会主义要求还没有提出来，提到日程上的只是工人在政治上的民主要求以及在经济上属于资本主义范围内的经济要求。甚至可以说，无产阶级是在最低纲领范围内，而不是在最高纲领范围内进行革命的。至于农民这个在数量上占压倒优势的广大居民，就更不用说了。他们的“最高纲领”、他们的最终目的并没有超出资本主义的范围，在全部土地转交给全体农民和全体人民的情况下，资本主义会更广泛地更蓬勃地发展起来。今天的农民革命就是资产阶级革命，——不管这个说法在我们那些小市民社会主义的温情的骑士的温情的耳朵听来是多么“逆耳”。

当前的革命的上述性质使一些非党组织相继产生，这是十分自然的。在这种情况下，整个运动必然具有表面上非党性的迹象，即非党性的外表，当然只是外表而已。对“人道的”文明生活的要求、对联合的要求、对保护自己的尊严以及人权和公民权的要求，笼罩了一切，联合了一切阶级，大大地超过了任何党性，激励着还远远不能提到党性高度的人们。由于对当前的、必需的起码的权利和改良的迫切需要，对以后的一切事情的想法和考虑都推迟了。对当前的斗争的热衷（这是必要的和合理的，否则就不可能取得斗争的胜利），使人们把这些当前的起码的目的理想化，把它们描绘得十全十美，甚至有时给它们披上幻想的外衣；普通的民主主义，即普通的资产阶级民主主义被当做社会主义，被列入社会主义"范畴"。一切的一切都似乎是"非党的"；一切的一切都似乎构成一个"解放的"（实际上，是解放整个资产阶级社会的）运动；一切的一切，特别是由于社会主义无产阶级在民主主义斗争中的先进作用，都带有轻微的"社会主义"的味道。

在这种条件下，非党性的思想不能不暂时取得某些胜利。非党性不能不成为一个时髦的口号，因为时髦就是毫无办法地跟在实际生活后面做尾巴，而最"一般的"政治上的表面现象就是非党的组织，非党的民主主义，非党的罢工主义，非党的革命性。

现在试问，各阶级的拥护者、代表人物**应当**如何对待非党性这一事实，如何对待非党性这种思想呢？应当不是指主观上，而是指客观上，即不是指必须如何对待这个问题，而是指由于不同的阶级利益和阶级观点，必然形成对待这个事实的某种态度。

二

正像我们已经指出的，非党性是我国革命的资产阶级性质的产物（或者也可以说是表现）。资产阶级不能不倾向于非党性，因为在为资产阶级社会的自由而进行斗争的人们当中，没有政党就意味着没有反对这个资产阶级社会本身的新的斗争。谁进行"非党性的"争取自由的斗争，谁就或者是不了解自由的资产阶级性质，或者是把这个资产阶级制度神圣化，或者是把反对资产阶级制度的斗争，把"改善"这个制度的工作推迟到希腊的卡连德日[82]。反过来说，谁自觉地或不自觉地站在资产阶级制度方面，谁就不能不倾向于非党性的思想。

在以阶级划分为基础的社会中，敌对阶级之间的斗争在一定的发展阶段上势必变成政治斗争。各阶级政治斗争的最严整、最完全和最明显的表现就是各政党的斗争。非党性就是对各政党的斗争漠不关心。但是，这种漠不关心并不等于保持中立，也不等于拒绝斗争，因为在阶级斗争中不可能有中立者，在资本主义社会中不可能"拒绝"参加产品或劳动力的交换。而交换必然产生经济斗争，随之而来的就是政治斗争。因此，对斗争漠不关心，实际上决不是回避斗争，拒绝斗争或者保持中立。漠不关心是默默地支持强者，支持统治者。在十月革命时期，在俄国的专制政府垮台以前，谁对专制政府漠不关心，谁就是默默地支持专制政府。在现代的欧洲，谁对资产阶级的统治漠不关心，谁就是默默地支持资产阶级。谁对争取自由的斗争具有资产阶级性质这一观点漠不关心，谁就是默默地支持资产阶级在这个斗争中的统治地位，支持资产阶级在正在诞生的自由俄国中的统治地位。政治上的冷淡态度就是政治上的满足。饱食者对一小块面包是"冷淡"和"漠不关心"的，饥饿者在一小块面包问题上永远是"有党性的"。对一小块面包"冷淡和漠不关心"，并不是说这个人不需要面包，而是说这个人从来不愁面包，从未缺少面包，是说他牢牢地依附于饱食者的"政党"。在资产阶级社会中，非党性无非是对饱食者政党、统治者政党、剥削者政党采取的态度的一种虚伪、隐蔽和消极的表现。

非党性是资产阶级思想。党性是社会主义思想。这个原理总的来说适用于整个资产阶级社会。当然，必须善于把这个普遍真理运用于个别的具体问题和具体场合。但是，在整个资产阶级社会都起来反对农奴制和专制制度的时候，忘记这个真理就等于实际上根本拒绝对资产阶级社会进行社会主义的批判。

俄国革命虽然还处在发展的开始阶段，但是已经提供了不少的材料证明上述的一般看法的正确性。只有社会民主党，觉悟的无产阶级的政党，才是一贯坚持严格的党性的。我们的自由派，资产阶级观点的代表，不能够容忍社会主义的党性，不想听到阶级斗争，这只要回想一下不久以前罗季切夫先生的演说就够了，这个人已经上百次地重复国外《解放》杂志和俄国自由派的无数附属机关报所再三重复的东西。最后，俄国各色各样的“激进分子”——从《我们的生活报》、“激进民主派”[83]到“社会革命党人”为止——的观点鲜明地表现了中间阶级即小资产阶级的思想意识。在土地问题上，就是说，在“社会化”(无须资本社会化的土地社会化)的口号中最明显地表现出，社会革命党人把社会主义和民主主义混为一谈了。大家还知道，他们对资产阶级的激进主义能够容忍，而对社会民主主义的党性思想却不能容忍。

在我们的文章中没有分析俄国各种自由派和激进派的纲领和策略是怎样反映出各阶级的利益的。这里我们只是顺便提一提这个值得注意的问题，现在我们应当谈一谈关于我党对待非党组织的态度的实际政治结论。

社会主义者可不可以参加非党组织呢？如果可以，那么在什么条件下可以参加呢？在这种组织中应当采取怎样的策略呢？

对于第一个问题不能绝对地和原则地回答说:不可以。如果说,无论在什么情况下社会主义者都不能参加非党的(即或多或少自觉的或不自觉的资产阶级的)组织,那是不正确的。在民主革命时代,拒绝参加非党组织,在一定的场合下就等于拒绝参加民主革命。但是毫无疑问,社会主义者必须把这些"一定的场合"限制在狭小的范围内,他们只有在严格规定的、严格限制的条件下才能够参加。这是因为,如果非党组织的成立,正像我们所说的,是由于阶级斗争不太发展,那么,从另一方面来说,严格的党性则是使阶级斗争成为自觉的、明确的、有原则的斗争的条件之一。

保持无产阶级政党在思想上和政治上的独立性,是社会主义者的始终不渝和绝对必须履行的义务。谁不履行这个义务,谁就**实际上**不再是社会主义者,不管他的"社会主义"(口头上的社会主义)信仰是多么真诚。对社会主义者来说,参加非党组织仅仅作为一种例外才是允许的。而参加非党组织的目的、性质、条件等等都应当完全服从于一个基本任务:准备和组织社会主义无产阶级自觉地领导社会主义革命。

形势可能迫使我们参加非党组织,特别是在民主革命时代,尤其是在无产阶级起杰出作用的这样的民主革命时代。例如,为了向没有明确的民主主义思想的听众宣传社会主义,或者为了社会主义者和革命民主派对反革命势力进行共同的斗争,参加非党组织可能是必要的。在第一种情况下,参加非党组织是贯彻自己的观点的一种手段;在第二种情况下,是为了达到一定的革命目的而缔结的战斗协定。在这两种情况下,参加都只能是暂时的。在这两种情况下,只有在充分保证工人政党的独立性的条件下,以及在被派到非党的联合会或委员会中"当代表"的党员和党组接受全党的绝对监督和领导的条件下，才能够参加。

当我们党的活动处于秘密状态的时候，实行这种监督和领导是有巨大的、往往几乎是不可克服的困难的。现在，当党愈来愈公开进行活动的时候，可能而且应该最广泛地实行这种监督和领导，不仅受党的“上层”的监督和领导，而且要受党的“下层”，受全体加入党的有组织的工人的监督和领导。就社会民主党人在非党的联合会或委员会中的活动提出报告，就这一活动的条件和任务提出报告，一切党组织就这一活动作出决议，这些都应当作为工人政党的日常活动。只有全党**实际**参加来**指导**这一活动，才能够切实地使真正社会主义的活动同一般的民主主义的活动明显地区别开来。

我们在非党的联合会中应当采取怎样的策略呢？第一，利用一切可能性进行独立的联系，宣传我们的全部社会主义纲领。第二，从最坚决彻底实现民主革命的观点出发，确定目前的最近的政治任务，提出民主革命中的政治口号，提出进行斗争的革命民主派（不同于做交易的自由主义民主派）所应当实现的改革的“纲领”。

只有在这种情况下，才可以让我们的党员参加今天由工人建立、明天由农民建立、后天由士兵等等建立的非党的革命组织，并在其中起到良好的作用。只有在这种情况下，我们才能够完成工人政党在资产阶级革命中的双重任务：把民主革命进行到底，扩充和加强社会主义无产阶级的骨干力量，社会主义无产阶级需要获得自由，以便进行推翻资本统治的无情斗争。

载于1905年11月26日和12月2日
《新生活报》第22号和第27号

译自《列宁全集》俄文第5版
第12卷第133—141页

社会主义和宗教

(1905 年 12 月 3 日〔16 日〕)

现代社会完全建筑在地主资本家阶级极少数人对工人阶级广大群众的剥削上面。这种社会是奴隶占有者的社会,因为一生为资本做工的"自由"工人"有权"支配的仅仅是生产利润的奴隶赖以活命、从而使资本主义奴役制得以存在和延续的那一点生活资料。

对工人的经济压迫,必然会引起和产生对群众的各种政治压迫和社会屈辱,使他们在精神生活方面变得粗俗和愚昧。工人固然可以多少争得一点政治自由来为自身的经济解放而斗争,但是,在资本的政权未被推翻以前,任何自由都不会使他们摆脱贫困、失业和压迫。宗教是一生为他人干活而又深受穷困和孤独之苦的人民群众所普遍遭受的种种精神压迫之一。被剥削阶级由于没有力量同剥削者进行斗争,必然会产生对死后的幸福生活的憧憬,正如野蛮人由于没有力量同大自然搏斗而产生对上帝、魔鬼、奇迹等的信仰一样。对于辛劳一生贫困一生的人,宗教教导他们在人间要顺从和忍耐,劝他们把希望寄托在天国的恩赐上。对于依靠他人劳动而过活的人,宗教教导他们要在人间行善,廉价地为他们的整个剥削生活辩护,向他们廉价出售进入天国享福的门票。宗教是人民的鸦片。宗教是一种精神上的劣质酒,资本的奴隶饮了这种酒就毁坏了自己做人的形象,不再要求多少过一点人样的生活。

但是，奴隶一旦意识到自己的奴役地位，并且站起来为自身的解放而斗争，他就有一半已经不再是奴隶了。现代的觉悟工人，受到了大工厂工业的教育和城市生活的启发，轻蔑地抛弃了宗教偏见，把天堂生活让给僧侣和资产阶级伪善者去享受，为自己去争取人间的美好生活。现代无产阶级正在站到社会主义方面来。社会主义吸引科学来驱散宗教的迷雾，把工人团结起来为美好的人间生活作真正的斗争，从而使他们摆脱对死后生活的迷信。

应当宣布宗教是私人的事情。这句话通常是用来表示社会主义者对待宗教的态度的。但是，这句话的意义必须正确地说明，以免引起任何误解。就国家而言，我们要求宗教是私人的事情，但是就我们自己的党而言，我们无论如何也不能认为宗教是私人的事情。国家不应当同宗教发生关系，宗教团体不应当同国家政权发生联系。任何人都有充分自由信仰任何宗教，或者不承认任何宗教，就是说，像通常任何一个社会主义者那样做一个无神论者。在公民中间，完全不允许因为宗教信仰而产生权利不一样的现象。在正式文件里应当根本取消关于公民某种信仰的任何记载。决不应当把国家的钱补贴给国家教会，决不应当把国家的钱补贴给教会团体和宗教团体，这些团体应当是完全自由的、与政权无关的志同道合的公民联合会。只有彻底实现这些要求，才能结束以往那种可耻的、可诅咒的现象：教会农奴般地依赖于国家，而俄国公民又农奴般地依赖于国家教会；中世纪的宗教裁判所的法律（这种法律至今还列在我国的刑法和刑事法规中）仍然存在，并且仍然有效，这种法律追究人是否有信仰，摧残人的良心，把官位和俸禄同布施某种国家教会劣质酒联系起来。教会与国家完全分离，这就是社会主义无产阶级向现代国家和现代教会提出的要求。

俄国革命应当实现这个要求，这是政治自由的必要的组成部分。俄国革命在这方面有着特别有利的条件，因为警察农奴制的专制制度的令人作呕的官僚习气，甚至在僧侣中间也引起了不满、骚动和愤慨。不论俄国的正教僧侣多么闭塞无知，现在，俄国中世纪旧制度崩溃时的巨响也把他们惊醒了。连他们也要求自由，反对官僚习气和官僚专横，反对警察对"上帝的仆人"进行强制的搜查。我们社会主义者应当支持这种运动，使僧侣阶层中那些正直和诚实的人士的要求彻底实现，抓住他们关于自由的言论，要求他们坚决割断宗教和警察之间的任何联系。如果你们是诚意的，那你们就应当主张教会与国家、学校与教会完全分离，彻底地无条件地宣布宗教是私人的事情。如果你们不接受这些彻底的自由要求，那就说明你们仍旧是宗教裁判传统的俘虏，仍旧依赖于官位和俸禄，说明你们不相信你们的武器的精神力量，你们继续接受国家政权的贿赂。这样，全俄国的觉悟工人就要毫不留情地向你们宣战。

对于社会主义无产阶级的政党，宗教并不是私人的事情。我们的党是争取工人阶级解放的觉悟的先进战士的联盟。这样的联盟不能够而且也不应当对信仰宗教这种不觉悟、无知和蒙昧的表现置之不理。我们要求教会与国家完全分离，以便用纯粹的思想武器，而且仅仅是思想武器，用我们的书刊、我们的言论来跟宗教迷雾进行斗争。我们建立自己的组织即俄国社会民主工党的目的之一，也正是为了要同一切利用宗教愚弄工人的行为进行这样的斗争。对我们来说，思想斗争不是私人的事情，而是全党的、全体无产阶级的事情。

既然如此，我们为什么不在自己的党纲中宣布我们是无神论者呢？我们为什么不禁止基督教徒和信奉上帝的人加入我们的党呢？

要答复这个问题，就应当说明资产阶级民主政党和社会民主党在宗教问题的提法上存在非常重要的差别。

我们的党纲完全是建立在科学的而且是唯物主义的世界观上的。因此，要说明我们的党纲，就必须同时说明产生宗教迷雾的真正的历史根源和经济根源。我们的宣传也必须包括对无神论的宣传；出版有关的科学书刊（直到现在，这些书刊还遭到农奴制的专制政权的查禁）现在应当成为我们党的工作之一。我们现在必须遵从恩格斯有一次向德国社会主义者提出的建议：翻译和大量发行18世纪的法国启蒙著作和无神论著作①。

可是，我们无论如何也不应当因此而“从理性出发”，离开阶级斗争去抽象地、唯心地来提宗教问题，——资产阶级的激进民主派常常是这样提出问题的。如果认为，在一个以无休止的压迫和折磨劳动群众为基础的社会里，可以用纯粹说教的方法消除宗教偏见，那是愚蠢可笑的。如果忘记，宗教对人类的压迫只不过是社会内部经济压迫的产物和反映，那就是受了资产阶级观点的束缚。如果无产阶级本身的反对资本主义黑暗势力的斗争没有启发无产阶级，那么任何书本、任何说教都是无济于事的。在我们看来，被压迫阶级为创立人间的天堂而进行的这种真正革命斗争的一致，要比无产者对虚幻的天堂的看法上的一致更为重要。

因此，我们在我们的党纲中没有宣布而且也不应当宣布我们的无神论。因此，我们没有禁止而且也不应当禁止那些还保存着

① 参看《马克思恩格斯文集》第3卷第361页。——编者注

某些旧偏见残余的无产者靠近我们党。我们永远要宣传科学的世界观,我们必须跟某些"基督教徒"的不彻底性进行斗争。但是这决不是说,应当把宗教问题提到它所不应有的首要地位,决不是说,为了反对那些很快就会失去任何政治意义、很快就会被经济发展进程本身抛到垃圾箱里去的次要的意见或呓语,而分散真正革命斗争的、经济斗争的和政治斗争的力量。

各地的反动资产阶级早就打算,而我国资产阶级现在也开始打算煽起宗教仇视,把群众的注意力吸引到这方面来,使他们不去关心真正重要的和根本的经济问题和政治问题,这些问题是在革命斗争中联合起来的全俄无产阶级目前正在实际解决的问题。这种企图分散无产阶级力量的反动政策,今天主要表现为黑帮对犹太人的屠杀,明天也许有人会想出某些更巧妙的新花样。我们无论如何要沉着地、持久地、耐心地宣传无产阶级的团结和科学的世界观,以此来抗击这种反动的政策,决不要挑起无关紧要的意见分歧。

就国家而言,革命的无产阶级力求使宗教成为真正的私人事情。在将来已经肃清中世纪霉菌的政治制度中,无产阶级必将为消灭经济奴役,即消灭宗教对人类愚弄的真正根源而进行广泛的、公开的斗争。

载于 1905 年 12 月 3 日《新生活报》第 28 号

译自《列宁全集》俄文第 5 版第 12 卷第 142—147 页

塔墨尔福斯“多数派”代表会议关于土地问题的决议[84]

(1905年12月12—17日〔25—30日〕)

1.代表会议认为:农民运动的发展,完全证实了革命的马克思主义对这个运动(它破坏农奴制的残余并且在农村建立自由的资产阶级关系)的革命性质和真正社会经济实质的基本的原则性的观点是正确的;代表会议认为我党的土地纲领需要作如下修改:取消关于割地的条文,增加这样一段话:党支持农民的各项革命措施,直到没收全部国家的、教会的、寺院的、皇族的、皇室的和私有的土地,党认为自己的主要的和经常的任务是,建立农村无产阶级的独立的组织,向他们说明他们的利益和农村资产阶级的利益是势不两立的,指出社会主义的最终目的,即只有社会主义能够消灭社会划分为阶级和一切人剥削人的现象。

2.代表会议希望,从土地纲领中删掉归还赎金和用所归还的赎金建立特别基金的要求。把没收国家、寺院等土地的要求另列一项。

1905年12月同代表会议的其他决议一起用胶版印成单页

译自《列宁全集》俄文第5版第12卷第148—149页

工人政党及其在目前形势下的任务[85]

（1905 年 12 月底）

大学生在俄国解放运动中的一般任务，已经在社会民主党的报刊上屡次说明过，因此我们在这篇文章里就不准备谈了。对于社会民主党学生党员，既没有必要证明工人运动的主要作用和农民运动的巨大意义，也没有必要证明知识分子帮助这两种运动的重要性，因为他们是仔细考虑过马克思主义世界观以后才站到无产阶级方面来的，并且准备把自己锻炼成工人政党的名副其实的党员。

我们打算扼要地谈一谈目前另一个具有很大实践意义的问题。

伟大的俄国革命目前形势的特点是什么呢？

那就是事态的发展彻底揭穿了 10 月 17 日宣言的全部虚幻性。立宪幻想已成泡影。反动势力大肆猖獗。专制制度非但全面恢复，甚至还由于从杜巴索夫起到基层警察为止的这批地方官僚的专横跋扈而“变本加厉”了。

国内战争在激烈进行。政治罢工，作为一种过时的运动形式，开始失去作用，它已经陈旧了。例如，彼得堡的筋疲力尽的工人，不能再进行十二月罢工。另一方面，整个运动目前虽然遭到反动势力的镇压，但是无疑已经发展到更高的阶段。

英勇的莫斯科无产阶级表明了进行积极斗争的可能性，并且吸引了那些至今被认为即使不是反动的也是对政治漠不关心的城市居民阶层的群众参加斗争。莫斯科事件[86]只不过是俄国各地已经决口的“洪流”中一个最突出的表现而已。新的发动形式所面临的是非常艰巨的、显然不是一下子就能解决的任务。但是全体人民现在已经十分清楚而明确地了解这些任务；运动日益高涨、坚强、经受了锻炼。这一成果是任何力量也不能从革命手中夺去的。

杜巴索夫的大炮使更多的人民群众以空前的规模投入了革命。改头换面、丑态百出的杜马，比旧的布里根杜马更早地遭到了先进战士的极大仇视和资产阶级的无比怀疑。

目前究竟怎样呢？

我们还是正视现实吧。现在摆在面前的新工作，就是掌握和领会新的斗争形式的经验，在运动的主要中心地区准备和组织力量。

要是能像先前那样把无产者分散的发动各个击破，那对政府是最为有利了。因此政府打算立即诱使工人在彼得堡、在对工人最不利的条件下起来战斗。但是，工人并没有上当，他们善于坚持自己的道路，独自准备进行全俄国的新的发动。

进行这样的发动是有力量的：力量的增长比以往任何时候都快。只有一小部分力量卷入了十二月事件的洪流。运动的发展在深度和广度上还是远远不够的。

请读一读资产阶级温和派和黑帮派的报刊。任何人，甚至连《新时报》都不相信政府所吹嘘的把一切尚在萌芽状态的新的积极发动都立刻镇压下去了。任何人也不怀疑，农民这个蕴藏着巨大能量的易燃物，要到春天才会真正爆发起来。任何人都不相信政府真心想召开杜马；而且也不相信它能够在高压手段、因循习气、官样文章、无法无天和黑暗的旧制度之下召开杜马。

不是革命者的狂热（在坚决发动这个问题上狂热是百倍危险的），而是连反对革命的人都承认的那些明显的事实，证明政府在莫斯科取得的“胜利”使它的处境比10月以前更危急了。

农民起义在蓬勃发展。财政即将破产。金本位制就要崩溃。即使欧洲的反动资产阶级愿意帮助专制制度，5亿卢布的赤字也无法弥补。凡是能够用来对付革命的军队统统出动了，然而高加索和西伯利亚的局势依然迟迟不能“平定”。10月17日以后在陆海军中爆发的十分明显的骚乱，当然不会因为在全俄国对争取自由的战士使用暴力而平息下去。遣返俘虏和运回满洲军，意味着这种骚乱更加剧烈。动员新的军队来反对国内敌人，会给专制制度带来新的危险。莫斯科的“胜利”非但没有解决危机，反而扩大和加剧了危机。

摆在工人政党面前的任务是十分明确的。打倒立宪幻想！应当把一切新的、靠近无产阶级的力量聚集起来。应当把11月和12月这两个伟大革命月份的“经验总结起来”。应当针对已经恢复的专制制度重新采取相应的对策，应当善于在必要的地区重新转入地下状态。应当更明确更切实地提出新的积极发动的巨大任务；要更坚定、更有步骤、更顽强地准备发动；要尽可能地保存被罢工斗争弄得疲惫不堪的无产阶级力量。

一个浪潮接着一个浪潮。外省跟着首都。俄国中心地区跟着边区。城市小资产阶级跟着无产阶级。乡村跟着城市。反动政府想要完成它那野心勃勃的任务是注定要失败的。伟大的俄国革命第一阶段的结局，在很大的程度上将取决于我们能否在1906年春季到来以前准备就绪。

载于1906年1月4日《青年俄罗斯报》第1号

译自《列宁全集》俄文第5版第12卷第150—153页

革命的阶段、方向和前途

(1905 年底或 1906 年初)

(1)工人运动推动无产阶级立即处于俄国社会民主工党的领导之下,**唤醒了**自由派资产阶级,这是 1895 年至 1901 年和 1902 年的事情。

(2)工人运动过渡到公开的政治斗争,并且把政治上觉醒的自由派资产阶级、激进派资产阶级以及小资产阶级的各个阶层**联合起来**,这是 1901 年和 1902 年至 1905 年的事情。

(3)工人运动发展成直接的**革命**,而自由派资产阶级已经结成立宪民主党,想采取同沙皇政府妥协的办法来阻止革命,但是资产阶级和小资产阶级的**激进**分子则倾向于同无产阶级联合起来**继续进行革命**,这是 1905 年(特别是年底)的事情。

(4)工人运动在自由派消极观望而**农民**积极支持的情况下,在**民主**革命中正在取得胜利。加上激进派的、共和派的知识分子和城市小资产阶级中相应的阶层。农民起义正在取得胜利,地主的政权被摧毁。

(“无产阶级和农民的革命民主专政”。)

(5)在第三个时期观望、在第四个时期消极的自由派资产阶级直接变成反革命势力,并且组织起来想要夺取无产阶级的革命成果。在农民中,整个富裕农民阶层和很大一部分中等农民也“聪明起来”，安静下来，转到反革命方面去，以便从无产阶级和同情无产阶级的贫苦农民手中夺走政权。

(6)在第五个时期所形成的关系的基础上，新的危机和新的斗争发展和加剧起来，这时无产阶级已在进行为实行社会主义革命而维护民主主义成果的斗争。**如果**没有**欧洲的社会主义无产阶级**对俄国无产阶级的支援，那么，这个斗争对于孤军作战的俄国无产阶级，几乎是毫无希望的，而且必然要遭到失败，正像1849—1850年的德国革命党或者1871年的法国无产阶级遭到失败一样。

因此，在这个阶段里，自由派资产阶级和富裕农民(加上一部分中等农民)组织反革命。俄国无产阶级**加上**欧洲无产阶级则组织革命。

在这种条件下，俄国无产阶级能够取得第二次胜利。事业已经不是没有希望。第二次胜利将是**欧洲的社会主义革命**。

欧洲的工人会告诉我们“怎样干”，那时我们就与他们一起进行社会主义革命。

载于1926年《列宁文集》俄文版第5卷

译自《列宁全集》俄文第5版第12卷第154—157页

1) Раб. движение поднимает прол. сразу под руков. Р.С.Д.Р.П. и будит либер. буржуазию: 1895–1901/2.

2) Раб. движ. перех. в открытую полит. борьбу и присоединяет политически проснувшиеся слои либ. и рад. буржуазии и м. буржуазии: 1901/2–1905.

3) Раб. движ. разгорается в прямую революцию, причем либ. буржуазия уже сплотилась в к.-д. партию и думает (об остановке революции путем) соглашения с царизмом, но радик. элементы буржуазии и м. буржуазии склоняются к союзу с пролетариатом для продолжения революции

1905 (особ. конец)

1905 年列宁《革命的阶段、方向和前途》手稿第 1 页

（按原稿缩小）

要不要抵制国家杜马?

“多数派”的行动纲领

(1906年1月)

工人阶级的政党俄国社会民主工党正在统一起来。党的两个部分正在进行合并,并且正在筹备已经宣布召开的党的统一代表大会。

然而党的这两个部分在国家杜马问题上还存在着意见分歧。全体党员对这个问题都应该有明确的了解,这样才能自觉地选举统一代表大会的代表,才能按照全体党员的意愿而不是仅仅按照目前的党的中央机关和地方机关的意愿来谋求争论的解决。

布尔什维克和孟什维克都一致认为现在的杜马是人民代表机关的一个可怜的冒牌货,应该反对这种骗局,应该为准备武装起义来召开由全体人民自由选出的立宪会议。

争论的焦点是对待杜马的策略问题。孟什维克说:我们党应该参加初选人和复选人的选举。布尔什维克说:应该积极抵制杜马。我们在这份传单中所要阐述的是布尔什维克的观点,布尔什维克在最近召开的俄国社会民主工党26个组织的代表会议上通过了一个反对参加选举的决议①。

积极抵制杜马是什么意思呢?所谓抵制就是拒绝参加选举。

① 见本卷第149—150页。——编者注

无论杜马代表的选举,还是复选人或初选人的选举,我们都不参加。所谓积极抵制并不是简单地置身选举之外,而是广泛地利用选举集会来进行社会民主党的鼓动工作和组织工作。所谓利用这些集会,就是既通过合法的手段(进行选民登记)也通过非法的手段参加这些集会,在会上阐述社会主义者的全部纲领和观点,揭露杜马的全部虚假性,号召为召开立宪会议而斗争。

我们为什么拒绝参加选举呢?

这是因为,如果参加选举,我们就会无意中增强人民对杜马的信任,从而削弱我们反对冒牌人民代表机关的斗争力量。杜马不是议会,而是专制政府的一个诡计,我们应该揭穿这个诡计,拒绝参加任何选举。

这是因为,如果我们认为可以参加选举,我们就应该参加到底,一直到选举杜马代表为止。资产阶级民主派,例如《国民经济》[87]的霍茨基,都劝我们为了这个目的而同立宪民主党人达成竞选协议。但是现在所有的社会民主党人,无论布尔什维克还是孟什维克,都拒绝同他们达成协议,都了解到杜马不是议会,而是警察当局的新骗局。

这是因为,我们现在不能由于参加选举而给党带来好处。没有鼓动的自由。工人阶级的政党受到歧视。它的代表被非法逮捕,它的报纸被查封,它的集会被禁止。党在选举中不能合法地打出自己的旗帜,不能公开提出自己的候选人,因为不想把他们交给警察局。在这种形势下,革命地利用不进行选举的集会,要比参加进行合法的选举的集会更能够达到我们进行宣传鼓动和组织工作的目的。

孟什维克拒绝参加杜马代表的选举,可是愿意参加初选人和复选人的选举。这是为什么呢?是为了可以由这些人建立一个人民的杜马,或者建立一个类似全俄工人(和农民)代表苏维埃那样的自由的不合法的代表机关吗?

我们对此有不同的看法,既然需要的是自由选出的代表,那么为什么在选举这些代表的时候还要考虑到什么杜马呢?为什么要让警察局弄到我们的初选人的名单呢?既然原来的工人代表苏维埃还存在(例如在彼得堡),那为什么还要按新的方式来建立新的工人代表苏维埃呢?这样做是无益的,甚至是有害的,因为这样做会使人们产生不正确的幻想,似乎这些正在衰落和瓦解的苏维埃通过新的选举,而不必通过重新准备起义和扩大起义就可以活跃起来。为了达到起义的目的而规定在合法日期进行合法的选举,这简直太可笑了。

孟什维克把各国社会民主党人都参加议会、甚至参加最坏的议会当做借口。用这个作借口是不对的。要是议会,那我们也同样参加到底。但孟什维克自己也明知杜马不是议会,他们自己也拒绝参加杜马。有人说,工人群众已经厌倦了,希望趁合法选举的机会喘一口气。然而党不能够也不应该根据某些中心地区工人的暂时的厌倦情绪来确定自己的策略。这样做就是毁灭党,因为厌倦的工人只会使一些损害党的威信的没有党性的人当选。应该顽强地、耐心地进行自己的工作,珍惜无产阶级的力量,同时也不要丧失信心,要相信情绪低落是暂时的,工人一定会比在莫斯科更加坚强、更加勇敢地行动起来,一定会把沙皇杜马扫除掉。让那些思想不开展的和愚昧无知的人去参加杜马吧,党决不会把自己的命运同这一帮人联系在一起。党要对他们说:你们亲身的生活经验会证实我们的政治预言是正确的。你们会通过亲身的经验看到这种杜马是怎样的骗局，在你们认清了党的忠告是正确的以后，你们就会回到党这一边来的。

孟什维克的策略是自相矛盾和前后不一致的（参加选举，但是不参加杜马的选举）。这种策略对于一个群众性的党是不合适的，因为它不是给人们一个简单明了的答案，而是给人们一个含混不清、模棱两可的答案。这种策略是不切实际的，因为如果初选人名单落到警察局手里，党就会遭到严重的损失。最后，这种策略事实上是行不通的，因为如果孟什维克在集会上提出我们的纲领，结果势必变为非法地利用不进行选举的集会，而不是参加合法的选举。由于存在警察的迫害，必然会迫使参加集会的孟什维克从孟什维克的参加选举的策略转向布尔什维克的革命地利用集会的策略。

打倒杜马！打倒警察当局的新骗局！公民们！用重新准备武装起义来纪念莫斯科殉难的英雄们！自由选举出来的全民立宪会议万岁！

这就是我们的战斗口号。也只有积极抵制的策略才是符合这些口号的。

1906 年 1 月作为俄国社会民主工党中央委员会和统一的中央委员会的传单刊印

译自《列宁全集》俄文第 5 版第 12 卷第 158—161 页

国家杜马和社会民主党的策略

（1906年1月）

12月11日法令[88]又把我们对待杜马的策略问题提到日程上来了。参加杜马选举还是不参加杜马选举呢？我国资产阶级民主派的报刊在热烈地谈论这个问题。不久前举行的俄国社会民主工党"多数派"组织的代表会议也对这个问题发表了意见。这次代表会议是代替中央委员会已经确定和宣布召开的第四次党代表大会的，参加这次代表会议的有26个组织的代表，其中有14名工人代表是由4 000多名有组织的党员选出来的。由于铁路罢工、莫斯科起义和全国各地所发生的一系列的事变，代表大会没有开成。到会的代表举行了"多数派"代表会议，代表会议也讨论了杜马的选举问题，对它采取了否定的态度，也就是决定不参加选举。下面是代表会议所通过的决议中有关这个问题的部分：

"专制政府自10月17日以来，一直践踏无产阶级争得的公民的各种基本自由。政府用大炮和机枪屠杀争取自由的工人、农民、士兵和水兵，把全国淹没在血泊中！政府不顾全国人民提出的召开立宪会议的要求，企图用12月11日的法令再一次欺骗无产阶级和农民，以延缓自己的最后灭亡。

12月11日的法令实际上是排斥无产阶级和农民群众，使他们不能参加国家杜马，企图事先用各种欺骗手段并在警察控制下来保证剥削阶级中的黑帮分子在杜马中取得优势。

代表会议相信俄国整个觉悟的无产阶级一定会进行坚决的斗争，反对这一次以及其他任何伪造人民代表机关的勾当，来回答新的沙皇法律。

代表会议认为，社会民主党应该努力搞垮这种由警察控制的杜马，拒绝以任何方式参加杜马。”①

接着决议建议所有的党组织广泛地利用选举集会，但是这样做并不是为了听从警方摆布，无论什么样的选举都参加，而是为了扩大无产阶级的革命组织，鼓动各阶层人民同专制制度进行坚决的斗争，因为只有彻底战胜专制制度以后，才能召开真正自由地选举出来的人民代表的会议。

这个决定是否正确？要回答这个问题，首先要研究可能提出的各种反对意见。赞成参加杜马的人可能把下述情况当做理由：现在工人已经获得参加杜马选举的某些权利，宣传鼓动的自由比8月6日的法令所允诺的“第一届”布里根杜马时代有所扩大。此外，还考虑到莫斯科和其他地方的起义被镇压下去后，需要有一个重新积聚力量准备力量的暂时的沉寂时期，这样，上述考虑自然使得俄国社会民主工党中的“少数派”一直倾向于参加选举，至少参加初选人和复选人的选举。这部分社会民主党人认为不应该参加国家杜马，应该到选举复选人为止，但是必须利用提供的在工人选民团中选举的机会对无产阶级进行宣传鼓动工作、组织工作和政治教育工作。

关于这些论点我们首先要指出，从社会民主主义世界观和社会民主党策略的一般基本原则得出这些论点是十分自然的。我们“多数派”的代表，应该承认这一点，以免陷入派别争论的极端，从而危害党所绝对需要的统一大业。我们必须重新实事求是地讨论策略问题。尽管事态的发展已经证明我们对待8月6日的杜马的

① 参看《苏联共产党代表大会、代表会议和中央全会决议汇编》1964年人民出版社版第1分册第120—121页。——编者注

策略是正确的，那一届杜马真的被无产阶级搞垮、抵制并且清除掉了，那也不能因此而贸然得出结论说，可以用同样的方法搞垮新的一届杜马。现在的形势同那时不一样，应该仔细权衡赞成参加杜马和反对参加杜马的理由。

我们已经简单扼要地叙述了赞成参加杜马的一些在我们看来是主要的理由。现在我们来谈一谈反对参加杜马的理由。

新的一届杜马无疑是对人民代表机关的讽刺。我们如果参加选举，就会使人民群众误解我们对杜马的估价。

现在没有宣传鼓动的自由，集会被驱散，代表被逮捕。

如果我们上了杜巴索夫“立宪制度”的圈套，就不可能在群众中树起党的旗帜，就会为了一点小利而削弱党的力量，因为我们的候选人进行“合法”活动就等于向警察局提供现成的逮捕名单。

俄国大部分地区正激烈地进行着国内战争。沉寂时期只能是暂时的。必须一再地重新进行准备。把这种情况同按照 12 月 11 日的法令参加选举调和起来，这对我们党是不妥当的，实际上也是行不通的。即使我们愿意“按照法令”参加选举，我们也做不到，因为斗争的形势不允许这样做。个别的例外当然是可能的，然而为了这些例外而引起全俄无产阶级策略上的紊乱和不统一，那是不明智的。

在杜巴索夫和杜尔诺沃的操纵下按照 12 月 11 日的法令选举杜马代表，纯粹是一种议会游戏。无产阶级参加这种游戏是不体面的。

无产阶级的群众性政党的策略应该是简单明了和直截了当的。参加初选人和复选人的选举而不参加杜马代表的选举，这种策略会使问题的答案变得模糊不清和模棱两可。一方面承认按照法令进行选举的合法形式，另一方面又使这个法令“不能生效”，因为选举的目的不在于实施这一法令，不在于选派杜马代表。一方面开始选举运动，另一方面又在确定杜马直接成员这个最紧要的（就整个选举过程来说）关头中断选举运动。一方面，工人使自己的选举（初选人和复选人的选举）受到荒谬的和反动的 12 月 11 日法令的限制，另一方面，工人参加这次选举显然不能充分地和正确地反映无产阶级的先进意图，而又指望工人参加这一选举能担负起不通过杜马（而是采取某种不合法的代表机关，或者不合法的杜马，或者人民杜马等等的形式）来实现这些先进意图的任务。结果会是毫无意义，因为这是根据实际上并不存在的选举权来选举实际上并不存在的议会。彼得堡和莫斯科的工人代表苏维埃是工人自己选举出来的，他们没有按照警方的“合法形式”进行选举。这些苏维埃的代表被逮捕的事实给工人上了十分重要的一课。这些逮捕向他们指明：轻信伪立宪制度是多么危险，没有革命力量的胜利，“革命自治”是多么脆弱，临时的非党组织是多么单薄，这种组织有时可以补充巩固的、持久的战斗的党组织，但是无论如何不能取而代之。两个首都的工人代表苏维埃所以会垮掉，就是因为它们缺少无产阶级的战斗组织这样坚强的支柱。如果我们用复选人或初选人会议来代替这些苏维埃，那就是用口头上的支柱来代替战斗的支柱，用影子议会的支柱来代替革命的支柱。这等于画饼充饥。

其次，我们参加选举就会使无产阶级用错误的态度对待资产阶级民主派。资产阶级民主派还会再分化。温和的自由派（立宪民主党）竭力主张参加选举。激进派倾向于抵制。这种分化的阶级背景是很清楚的：资产阶级右翼想通过杜马同反动派妥协，资产阶级左翼想同革命结成联盟，或者至少支持革命（请回忆一下协会联合会附和彼得堡工人代表苏维埃执行委员会关于政府财政危机的宣言一事[89])。抵制的策略将确立无产阶级对待革命的资产阶级和机会主义的资产阶级的鲜明正确的态度。参加选举的策略会造成极大混乱,使无产阶级分不清谁是自己最亲密的同盟者,谁是自己的敌人。

最后,通过抵制至少也可以实现参加选举所要达到的实际目的。衡量无产阶级的力量、进行宣传鼓动和组织工作、保证社会民主党人在工人选民团中的优势,所有这一切通过革命地利用选举集会也完全可以办到,无需参加选举,既不需要选举“初选人”,也不需要选举“复选人”。集中力量去参加滑稽可笑的合法选举,反而不大可能办到这一切,因为连我们自己也不承认选举的目的,而让警察局得知底细对我们是十分不利的。实际结果可能几乎总是革命地利用选举集会,而不是参加选举,因为工人不接受警方的限制,不排斥“外人”(应读做社会民主党人),不遵守选举条例。客观形势即革命形势必然会导致这样的结果:在“选举”集会上不是进行选举,而是进行选举以外的、同选举相对立的党的宣传鼓动,也就是进行所谓“积极的抵制”。不管我们对事情怎样看待,不管我们怎样说明我们的观点,不管我们提出怎样的保留条件,只要参加选举就势必会产生用杜马代替立宪会议、通过杜马召开立宪会议等等的思想。一方面指出杜马这个代表机关的欺骗性和虚伪性,要求用革命的方法召开立宪会议,同时又参加杜马,这样的策略在革命时期只会使无产阶级迷失方向,只会给最不觉悟的工人群众和这些工人群众的领袖中的最没有良心、最没有原则的分子撑腰。我们可以声明我们社会民主党候选人具有彻底的和最彻底的独立性,可以声明我们参加杜马带有纯洁的和最纯洁的党性,但是政治形势比一切声明都更有力。实际情况不会也不可能同我们的声明一致。在现在条件下参加现在的杜马，结果一定同我们的愿望相反，实际执行的必然不是社会民主主义的也不是党的工人的政策。

“多数派”代表会议提出的策略是唯一正确的策略。

“立宪民主党人”所持的立场就是这个结论的有趣的证明(间接的)。《人民自由报》在“临终前的”一号(12 月 20 日)上，对这个又被提出的是不是参加杜马的问题发表了以下的意见。[90]最近的任务就是召开全民的立宪会议。该报认为这是已经得到证实的论点。由谁召开和怎样召开这个立宪会议呢?《人民自由报》认为对这个问题可能有三种答案:(1)合法政府(或者事实上的专制政府);(2)临时革命政府;(3)国家杜马这样一个“同政权竞争的政权”。不言而喻，“立宪民主党人”是同意第三种“解决办法”的，因此他们才坚持必须参加杜马。由于对政府不再抱任何希望，他们否定了第一种解决办法。在谈到第二种解决办法时，他们向我们提出了下面这些非常具有代表性的论点:

“现在正当起义遭到疯狂的血腥镇压的时候，能不能指望各革命政党至今仍梦寐以求的临时政府**真正**实现呢?坦率地说，绝对不能。这并不是因为不可能进行武装起义，莫斯科就提供了相反的证明;甚至也不是因为起义必定会被军队镇压下去，谁能预知未来的事情呢?

不能指望临时政府，是因为**在任何情况下**，甚至在起义取得胜利的情况下，临时政府也不会十分巩固，也不会有足够的威望把俄国大地的这座‘拆散了的大厦搭起来’。它一定会被来自社会内部的反革命浪潮冲垮。

俄国革命已经拖延了不是几个月，而是几年，经过这一段时期，革命已经明确地给自己选择了道路;应该坦率地说，这条道路不是走向武装起义，也不是走向临时政府。我们不要闭着眼睛不看现实。无论自由派知识分子还是农民或者无产阶级，都是革命的，但是这三种成分**不可能**在武装起义的旗帜下实行革命的合作。我们不去分析谁是谁非的问题，事实总是事实。在这种情况下，一些革命政党的所谓临时政府可能从哪些成分中产生呢?它会是什么样的呢？无产阶级专政吗？然而在今天的俄国谈无产阶级专政是没有必要的……”

我们特意把这些话完整地抄录下来，是因为这些话绝妙地、十分透彻地（这在“立宪民主党人”是少有的）道出了自由派资产阶级观点的实质。这些话的错误是非常明显的，只要点一下就行了。既然证实现在举行武装起义是可能的，又不能事先证实起义没有成功的希望，那么“被反革命冲垮”这种反对意见的根据是什么呢？这是一个无法自圆其说的可笑的借口。不遇到反革命的革命是没有的，也不可能有。现在连10月17日宣言也被反革命浪潮冲掉了，难道这就能证明立宪的要求没有生命力吗？问题不在于会不会有反革命，而在于经过长期的、必然有曲折起伏的战斗以后，谁会成为最后的胜利者。

《人民自由报》懂得，要估计各种社会力量才能回答这个问题。于是它作了估计，它承认无产阶级、农民和自由派知识分子都是革命的。但是该报“断然宣布”：他们“不可能在武装起义的旗帜下进行合作”。为什么呢？这正是问题的关键，在这个问题上不能用一些毫无根据的空话来支吾搪塞。这个事实总还是事实：无产阶级起来了，农民也起来了，至少有一部分资产阶级知识分子参加了他们的行列。该报既然承认武装起义是可能的（这一事实现在不需要任何人的承认），既然承认不能预言今后的所有爆发一定都会失败，那么该报的论断也就失去了任何根据。该报只好用歪曲事实的手法来替自己解围：它否认有实行无产阶级专政即社会主义专政的可能性，而我们说的却是无产阶级和农民的民主专政。一般说来，一定会有一部分小资产阶级，特别是资产阶级知识分子同情和帮助这些阶级；还有就是关于组织水平和战斗力的问题，这当然是一个十分严肃的重大问题，只有那些显然不愿意回答这个问题的人才会随随便便否定地回答这个问题。

自由派地主的立场是很清楚的。他们之所以愿意参加杜马，正是因为他们不愿意参加革命斗争。他们之所以希望召开杜马，正是因为他们不希望用革命的手段召开立宪会议。他们之所以喜欢杜马，正是因为他们喜欢妥协。可见，自由派和社会民主党人对待杜马的不同态度，十分清楚地反映了资产阶级和无产阶级的不同的阶级立场。顺便提一下，"立宪民主党的"报纸被查封，自由派的全部合法报刊也是奄奄一息，这清楚地说明，在国内战争激烈进行的时期，迷恋妥协和杜马是没有希望的。这些报刊每天都列举一大堆事实，证明杜马这个代表机关完全是个骗局，证明根本不可能进行比较自由的宣传鼓动，根本不可能进行比较正常的选举。革命和反革命的形势比任何论据都更有力地驳斥了出于斗争的目的而参加杜马的幻想，比任何论据都更有力地证实了积极抵制策略的正确性。

最后还要谈一谈，当前，在两个派别正在合并，俄国社会民主工党正走向完全统一的时候，我们应该怎样安排在党内开展积极抵制杜马的宣传工作。

合并是必要的。应该促进合并。要达到合并的目的，就必须以同志式的态度同孟什维克进行策略上的斗争，尽力说服全体党员，在论战中要实事求是地说明赞成和反对的理由，说明无产阶级的立场和它的阶级任务。合并并不是要我们把策略上的分歧掩盖起来，也不是要我们不彻底、不清楚地阐明我们的策略。决不是这样。必须为我们认为正确的策略进行公开的、直接的、坚决的、彻底的(也就是一直进行到党的统一代表大会)思想斗争。在统一的党内，决定党的直接行动的策略应该只有一个。这个统一的策略应该是大多数党员的策略：当多数已经完全形成的时候，少数在自己的政治行动上必须服从多数，同时可以保留在新的一届代表大会上进行批评和为解决问题而进行鼓动的权利。

根据我党目前的形势，两派都同意召开统一代表大会，两派都同意服从代表大会的决定。统一代表大会即将制定党的统一策略。我们的任务就是通过各种手段加速召开这次代表大会，尽最大的努力使全体党员对于在参加杜马问题上的策略分歧有一个明确的了解，使全体党员充分知道情况，充分考虑双方的理由，再自觉地而不是任意地选出参加统一全党和统一我们的策略的共同代表大会的代表。

载于1906年2月无产阶级事业出版社出版的《国家杜马和社会民主党》一书

译自《列宁全集》俄文第5版第12卷第163—174页

俄国的目前形势和工人政党的策略[91]

(1906年2月7日〔20日〕)

俄国社会民主党现在正处在一个非常困难的时期。戒严,枪杀、死刑,关满了人的监狱,受饥饿折磨的无产阶级,由于许多秘密据点遭到破坏以及缺乏合法据点而加重了的组织上的紊乱,最后,同恢复党的统一这一艰巨工作同时进行的关于策略问题的争论,——所有这一切必然会造成党的力量在一定程度上的涣散。

召开党的统一代表大会是克服这种涣散状态的正式手段,我们深信党的全体工作人员一定会尽一切努力使这次代表大会早日召开。但是在进行召开代表大会的筹备工作的时候,必须把造成涣散的更深刻的原因是什么这个最重要的问题提出来,让全体党的工作人员进行十分认真的讨论。关于抵制国家杜马的问题,实质上只不过是重新审查党的整个策略这个重大问题中的一小部分。而重新审查党的策略问题也只是俄国目前形势和俄国革命目前历史阶段的意义这个重大问题中的一小部分。

由于对目前时局有两种不同的估计,才出现两条不同的策略路线。一部分人(例如,见列宁发表在《青年俄罗斯报》[92]上的文章①)认为莫斯科和其他地方的起义被镇压下去,只不过为新的更坚决的武装斗争打下基础和准备条件。认为这一时期的意义在于

① 见本卷第137—140页。——编者注

打破立宪幻想。认为革命的这两个伟大月份(11 月和 12 月)是和平总罢工发展为全民武装起义的时期。全民武装起义的可能性已经得到了证实,运动已经发展到更高的阶段,广大群众已经积累了争取今后起义胜利所必需的实践经验,和平罢工已经过时了。应该更仔细地收集这方面的经验,让无产阶级聚集一切力量,坚决丢掉任何立宪幻想和放弃参加杜马的任何主张,更顽强、更耐心地准备新的起义,巩固同农民组织的联系,因为他们在春季来到时一定会掀起更加强大的运动。

另一部分人对于时局有不同的估计。普列汉诺夫同志在他的《日志》[93]第 3 期、特别是第 4 期上,极其系统地论述了对时局的另一种估计,可惜他没有在所有问题上都把自己的看法完全说出来。

普列汉诺夫同志说:"不合时宜地发动的政治罢工已经引起了莫斯科、罗斯托夫等地的武装起义。看来,无产阶级没有足够的力量取得胜利。这种情况是不难预料的。所以说,本来就用不着拿起武器。"工人运动中的觉悟分子的实际任务是"向无产阶级指出他们的错误,向他们说明这种被称做武装起义的游戏的全部冒险性"。普列汉诺夫并不否认他想阻止这一运动。他提醒人们记住马克思在巴黎公社成立的半年前曾经警告过巴黎的无产阶级不要轻率从事①。普列汉诺夫说:"实际的生活已经表明我党最近几个月所奉行的策略是没有根据的。现在我们正处在新失败的威胁下面,我们必须掌握新的策略手段。……""主要的是我们应该立刻加强对工会运动的注意。"——"我们很大一部分同志过分迷恋于武装起义的主张,因而没有能够比较认真地支持工会运动。……"

① 参看《马克思恩格斯文集》第 3 卷第 120—130 页。——编者注

“我们应该珍视非无产阶级反对党的支持，而不应该对反对党采取鲁莽举动，致使它们疏远我们。”普列汉诺夫也表示反对抵制杜马(然而他没有说明他是赞成参加杜马，还是赞成由复选人组成“孟什维克”所欣赏的“革命自治机关”)，这是很自然的事情。“在农村中进行选举的鼓动会把土地问题直截了当地提出来。”党内的两派都主张夺取土地，他们的决议“现在已经到了贯彻的时候了”。

这就是普列汉诺夫的观点，我们几乎完全是用《日志》编者本人的原话来叙述的。

我们希望读者看了这一番叙述能够确信，关于杜马策略的问题只不过是整个策略问题的一部分，而整个策略问题又从属于对目前总的革命形势的估计。策略分歧的根源可以归结为以下几点。有一些人认为本来是不需要拿起武器的，他们号召大家弄清楚起义的冒险性，要求把工作重心转移到工会运动上去。他们认为第二次和第三次罢工以及起义是错误的。另一些人认为应该拿起武器，否则运动就不可能提到高级阶段，就不可能创造起义所必要的实际经验，就不可能摆脱单纯依靠和平罢工这种已经过时的斗争手段的局限性。因此，在前一种人看来，起义的问题实际上从日程上勾销了，至少在迫使我们对策略重新审查的新形势到来之前是这样。由此必然会得出要适应“立宪”(参加杜马和加强合法的工会运动中的工作)的结论。相反地，在后一种人看来，根据已经获得的实际经验，现在正是把起义问题提到日程上来的时候，因为实际经验既证明军队是可以有办法对付的，又提出了更顽强地、更耐心地准备下次发动的直接任务。因此他们的口号是：打倒立宪幻想！把合法的工会运动放在一般地位上，无论如何不能把它放在“主要”地位上。

显然，我们不应该从想采取哪一条行动路线的愿望出发，而应该从当前的客观条件和对社会力量的估计出发来探讨这个有争论的问题。我们认为普列汉诺夫的观点是错误的。说莫斯科起义“本来就用不着拿起武器”，这样的估计是非常片面的。把起义问题从日程上勾销，实质上就是承认革命的时期已经结束，民主主义变革的“宪政”时期已经开始，打个比方说，也就是等于把俄国十二月起义的被镇压和德国 1849 年起义的被镇压相提并论。当然这不是说我国革命不可能有这样的结局，从目前反动派气焰十分嚣张的情况看来，甚至可以说这样的结局现在已经来临。如果客观的条件不允许举行起义，那么坚决放弃起义的念头要比浪费力量去作新的毫无结果的尝试更合理些，这也是无可怀疑的。

但是这样做就是过早地给目前既成形势下结论，并把这一形势视为整个时期的规律。难道我们没有看见革命每前进一大步，反动派就更加疯狂吗？尽管这样，难道革命运动不是经过一定的暂息时间就又更加猛烈地高涨起来吗？专制制度并没有向整个社会发展的不可避免的要求让步，相反地，它在开倒车，从而引起了那些曾经庆贺起义被镇压下去的资产阶级的抗议。革命的阶级即无产阶级和农民的力量远没有耗尽。经济危机和财政混乱与其说在趋于缓和，不如说正在扩大和加深。甚至极端敌视起义的资产阶级“法制派”机关报也承认，现在对第一次起义的镇压还没有结束，新的爆发的可能性就已经存在了。① 杜马这出闹剧的真面目

① 例如保守的资产阶级《言论报》(1 月 25 日第 364 号)写道:“时常听到坚决拥护中派的人说，当然还是羞羞答答地和不大肯定地说，没有革命政党所准备的新的爆发，就不可能实行必要的完整无缺的改革……　指望由上面用和平方法实行改革的念头现在几乎已经打消了。”

现在愈来愈清楚了，我党参加选举的企图是枉费心机的，这一点也愈来愈无可怀疑了。

在目前这种情况下如果我们把起义的问题从日程上勾销，那就是鼠目寸光，就是随波逐流的奴才习气。你们看看普列汉诺夫是多么自相矛盾，他一方面热情地建议贯彻鼓动农民夺取土地的决议，同时他又抱定宗旨避免对反对党采取鲁莽举动而使他们离开我们，幻想在农村的选举鼓动中“直截了当地”提出土地问题。可以肯定地说，自由派地主会原谅你们的千百万次的“鲁莽举动”，但是决不会原谅夺取土地的号召。难怪连立宪民主党人也说他们赞成用军队镇压农民起义，不过军队要由他们而不是由官僚机构来掌握（见多尔戈鲁科夫公爵在《法学》[94]上的文章）。土地问题过去、现在、将来都不是通过杜马，也不是通过警察参与下进行的选举而提出来的，可以肯定地说，在选举鼓动中也同样永远不会“直截了当地”提出土地问题。

我们完全拥护夺取土地的口号。但是，如果夺取土地不是意味着武装起义的胜利，那么它就不过是一句空话而已，因为现在反对农民的不仅有军队，而且还有地主雇用的志愿兵。我们鼓动农民夺取土地，也就是号召他们起义。然而，如果我们不把希望寄托在城市工人的起义上，寄托在工人对农民的支援上，难道我们有权这样做吗？除非我们只说革命的空话。如果农民行动起来了，开始夺取土地了，而工人却由于没有战斗组织只能靠受警察保护的工会来给予协助，那真是莫大的讽刺。

不，我们没有理由把起义的问题从日程上勾销。我们不应该从目前反动时期的情况出发重新调整党的策略。工人、农民、士兵这三股分散的起义洪流最后一定会汇集成胜利的起义，对此，我们不能够也不应该失去信心。我们应该为此进行准备，当然我们也不拒绝利用一切“合法”手段来开展宣传、鼓动和组织的工作，但是我们决不对这些手段抱有幻想，夸大它们的效力和作用。我们应当搜集莫斯科、顿涅茨、罗斯托夫以及其他各地起义的经验，推广这种经验，顽强地耐心地准备新的战斗力量，并使这些力量在一系列的游击性战斗行动中受到训练和锻炼。新的爆发也许在春天还不会到来，但它一定要来的，大概为期不会太远了。我们应当武装起来，按军事方式组织起来，使自己有能力采取坚决进攻的行动，迎接新的爆发。

我们在这里稍微离开本题来谈一谈战斗队的游击行动问题。我们认为，把游击行动同过去的恐怖手段相提并论是错误的。恐怖手段是向个人报复。恐怖手段是知识分子集团的密谋活动。恐怖手段同群众的情绪没有任何联系。恐怖手段根本不能培养出群众的战斗指挥员。恐怖手段是不相信起义和缺乏起义条件的产物，也可以说是这两种情况的症状和同伴。

游击行动不是报复，而是一种军事行动。游击行动并不是什么冒险，正如侦察队在主要战场沉寂时期骚扰敌军后方不是决斗和谋杀一样。至于社会民主党的两派早就在运动的一些主要中心组成的、以工人为主要成员的战斗队的游击活动，无疑同群众的情绪有最明显的和最直接的联系。战斗队的游击活动直接培养着群众的战斗指挥员。战斗队的游击活动现在不仅不是不相信起义和没有可能起义的结果，正相反，它是正在进行的起义的一个必要组成部分。当然，在任何事情上随时都可能发生一些错误，可能试图在不恰当的时候进行不恰当的发动，也可能由于头脑发热而走向极端；这无疑总是有害的，会使正确的策略本身受到损害。但是事实上我们至今在俄国本土上的大多数运动中心的缺点是走上了另一个极端,是我们战斗队的主动性不够,战斗经验不足,它们的发动不够果断。在这一方面高加索、波兰和波罗的海沿岸边疆区已经走在我们前面了,也就是说这些运动中心的运动对旧的恐怖手段摆脱得最彻底,起义准备得最充分,无产阶级斗争的群众性表现得最明显和最突出。

我们应该赶上这些运动中心。如果我们不只是在口头上表示愿意准备起义,并且承认无产阶级要认真准备起义,那么我们就不应该阻止而应该鼓励战斗队的游击行动。

俄国革命是从请求沙皇恩赐自由开始的。枪杀、反动和特列波夫阴谋并没有能够扼杀运动,反而促使运动蓬勃发展。革命已经完成了第二个步骤。革命以力量迫使沙皇承认了自由。革命以手中的武器来捍卫这种自由。但是还不能一下子捍卫住这一胜利果实。枪杀、反动和杜巴索夫阴谋不会扼杀运动而会促使运动蓬勃发展。我们现在已经可以清楚地看到决定革命结局的第三个步骤:革命的人民要为获得真正能够实现自由的政权而斗争。在这一斗争中我们不应该指望反对派的民主主义政党的支持,而应该指望革命的民主主义政党的支持。民主-革命的农民将同社会主义的无产阶级并肩作战。这是一场伟大的斗争,艰巨的斗争,争取民主革命进行到底的斗争,争取民主革命完全胜利的斗争。现在一切迹象表明,事态的发展使这场斗争临近了。让我们同心协力,务必使俄国无产阶级在新的浪潮到来时已经作好新的战斗准备。

载于 1906 年 2 月 7 日《党内消息报》第 1 号

译自《列宁全集》俄文第 5 版第 12 卷第 175—182 页

俄国社会民主工党
彼得堡市代表会议文献[95]

（1906 年 2 月 11 日〔24 日〕）

1

在讨论关于郊区组织和维堡区组织
出席代表会议的代表资格
合法性问题时的发言

（1）

已经通过的关于郊区组织的决定，把代表会议最初通过的关于普遍审查各代表资格的决定正式推翻了。郊区组织有 56 张选票值得怀疑，成问题的也只是这一点。委员会和区代表会议检查过选举情况；如果不相信彼得堡委员会关于郊区组织的决定，那么应该坚持同样原则，审查所有各区。

（2）

唐恩同志不懂得议会的策略。在西欧各国，常务委员会委员不会被剥夺提出议案的权利。

(3)

马尔托夫同志提出的问题涉及形式方面;如果由于有人提出反对意见,你们就决定在这里审查一个区,那么对于有人提出反对意见的其他各区也应该作出同样的决定。阿基姆同志认为,维堡区的做法是不正确的,代表会议既然通过了关于郊区组织的决定,那么也应该把这个决定应用到维堡区。

(4)

关于程序问题。既然彼得堡委员会已经认为郊区组织是完全合法的,那么马尔托夫同志建议撤销这个组织参加代表会议的资格,就使我感到惊讶了。

(5)

现在有两个提案:一是解决 56 张选票的问题,一是撤销整个郊区组织参加代表会议的资格。我要求进行表决。

(6)

我要求对下面这个问题进行表决:能否在这里剥夺部分彼得堡组织的代表权?

(7)

马尔托夫同志的提案不能付诸表决，他所提的问题只能由彼得堡委员会决定。

(8)

同志们，请想一想有人向你们提出的怪事。在讨论应当由整个彼得堡组织参加决定的重要问题时，竟有人突然向你们提议把构成很大一部分的郊区割掉。请想一想这件事。我认为这种表决是根本不能容许的。我要求表决：大会是否愿意表决马尔托夫同志的提案？

(9)

我要求先表决我的提案：大会是否同意表决马尔托夫同志的提案。

(10)

处理问题要冷静。问题在于，我们能不能剥夺郊区组织在代表会议上的表决权；既然这个组织的代表资格是合法的，那么不参加现在的表决就是极不合法的；你们承认这个组织的代表资格是合法的，当审查这个组织的代表资格是不是合法时，它却没有参加表决;这个组织应该参加以后的一切问题的表决。

(11)

尼古拉同志提出了一个提案,他十分正确地称之为激进的提案;[96]如果提出了一个可以排除其他一切提案的提案,那么这个提案就应首先付诸表决。

(12)

会议认为马尔托夫同志所提的问题不应予以讨论,也无须进行表决。

2
就彼得堡委员会的报告问题作的发言

(1)
关于反对马尔托夫所提的取消彼得堡委员会的报告的提案的发言

马尔托夫同志是错误的；他说不许提“又出来讲话”之类的意见，这是不对的。无论在什么会议上，可以提任何意见。至于报告，必须听完。报告总共只占15—20分钟的时间，否则有人会对我们说，在代表会议上，除了道义上的错误以外，还有法律上的错误（除了道义上的过失以外，还有法律上的过失）。报告一定要听完。如果你们认为有必要批准它，那就予以批准，如果你们认为没有必要，那就不予批准。

(2)
就彼得堡委员会的报告提出的建议

我想提出一个建议。阿基姆同志提到的关于批准报告的问题，可以不列入议程；我建议通过如下决议：“大会听取了彼得堡委员会的报告，认为代表会议的代表资格是合法的，认为代表会议是符合规定的，认为代表会议的决议是社会民主党彼得堡组织必须执行的。”

(3)
为建议辩护的发言

我同意，必须正式进行表决，但是我认为我的建议是最激进的，其他建议都是调和的。如果你们否决激进的建议，那就要表决调和的建议了。

3

对抵制策略决议案的意见

如果由于决议案过长而使大会感到疲倦，那我是很抱歉的，但是既然我们想认真地辩论，就必须明确知道我们所批评的是什么。我所提出的决议案综合了早先在辩论时谈过的、而这里没有时间谈的一切问题，大会不能再延长了。如果没有时间讨论决议案，那么可以选出一个专门委员会来处理。

载于1930年《无产阶级革命》杂志第12期

译自《列宁全集》俄文第5版第12卷第183—190页

俄国社会民主工党彼得堡市代表会议(第二次)文献

(1906年2月底)

1

为抵制策略的决议案辩护的发言

(1)

决议案长了点——唐恩同志称之为“连祷文”——这是事实,但是这个缺陷可以由一个优点来弥补,即决议案分析了一切理由,否则就不能全面、正确地说明策略。为群众着想,决议要力求简短,但是这个决议案是对组织而不是对群众提出的。不是所有的条文都经过辩论,但是一切条文都曾经提到过。在政治鼓动中所运用的一切观点都必须加以发挥。根本谈不上什么多数压制少数,虽然失败者的处境确实是不妙的。可以提出以下的分工作为出路:你们去批评杜马,而我们去发展策略。没有任何人想强迫唐恩同志捍卫他所不赞成的条文。至于说这里有派性和论战的成分,这种指摘是毫无根据的。

(2)

在短决议案(马尔托夫提的)中是有论战成分的,但是你们为什么建议我们通过它,想使我们受人讥笑呢? 在长决议的草案中似乎有一些理由没有经过无产阶级讨论。但是拉斯捷里亚耶夫工厂的工人用稻草人嘲笑了派代表参加杜马的想法[97],大概他们同时也是考虑到农民的。

2
对决议草案第2条、第3条和第6条修正案的意见

(1)

政府已经在作保证,但是革命会破坏这个保证。它在作保证,但没有保证得了。

(2)

你们使决议软弱无力,政府不仅在阻挠选举,而且在安插地方官当代表。

(3)

唐恩同志的修正意见是不确切的。"十月十七日同盟"[98]是一个反对党,可是没有遭到迫害。如果立宪民主党人遭到迫害,即使是无缘无故地遭到迫害,我们也应当保护他们。

(4)

"祖巴托夫政策"[99]——不仅是警察网罗不可靠分子的形式，它注意工人运动，它也是工人阶级的组织。"祖巴托夫政策"——这是真正俄国的发明。这个发明现在还在使用。杜马——这是警察玩的把戏，杜马中一点立宪的影子也没有。在这里，"祖巴托夫政策"这个词是个一般的比喻，因此这个词作为定义是不完整的。最后，我们说，这是**全俄的、国家的**"祖巴托夫政策"的"新"形式。我们在这个问题上的策略同我们对待"祖巴托夫政策"的一贯策略是一致的。尽管参加祖巴托夫的会议，但我们从来不是它们的成员。

3

在讨论决议草案第7条和第8条时的发言

(1)

唐恩同志关于更正事实的声明,对我来说简直是一大新闻。直到现在无论在什么场合都没有正式声明过"参加杜马"是可以允许的。[100]直到现在,甚至连帕尔乌斯和普列汉诺夫都没有说过这样的话。再说,如果不考虑无产阶级的觉悟部分对这个问题抱有这种看法,而不是别的看法,那对我们来说太狭隘了,对此我们是考虑到了,这个事实不是偶然的。我打算提出一个修正意见:把"所有"改为"绝大多数"。

(2)

我认为唐恩同志的正式声明特别有价值,这样的声明我还是第一次听到。唯一的希望就是把它登在报刊上,因为直到现在报刊上还没有过这样的东西。如果有人把这样的意见强加在孟什维克身上,他们总是要提出抗议的。统一的中央委员会的传单肯定地说,党内两部分人一致认为不能参加杜马。[101]这是一个文件,我们决议案的这一条丝毫没有与文件相抵触的地方。唐恩对普列汉诺夫的意见是不正确的。他只是说“我反对抵制”，但是在最紧要的地方就止住不谈了。我们对情况是十分熟悉的，援引波尔塔瓦的例子也不能动摇我们关于无产阶级多数人对参加杜马问题的看法的意见。必须强调团结。

(3)

唐恩认为，既然要召开杜马，那就是1849年的重演。不对的。杜马是1847年的联合议会，我们是不参加1847年的联合议会[102]的。我认为必须注意卢那察尔斯基的意见。我认为必须回答三个问题：(1)多数派正确，这是不是事实？——是的；没有人能够反驳我们，人们说的一切是毫无根据的，更不能成为删掉根据事实提出的意见的充分理由；(2)对这个事实应不应该注意？——是应该注意的；(3)中央机关报编辑部如何看待这条理由所涉及的问题？——我可以肯定地说，编辑部认为参加杜马**是不可能的**。我不认为这会触犯孟什维克同志们，直到现在，无论何时何地都没有人说过与唐恩同志相同的话。唐恩同志摇摆不定，我很不喜欢他这种态度。

(4)

有人说，以下各条文都充满了论战成分。不对，我们是不会追求这样的目的的。为什么不能参加杜马呢？因为，不管孟什维克同志对人民是怎么想的，人民会以为选举是值得的。我们不是谩骂，我们是分析原因。我们认为只选派稻草人是必要的。

4

在表决决议草案第8条时的发言

关于对这项表决的原则性看法，我提出如下决议案。（列宁宣读决议案）

代表会议认为必须详尽地说明彼得堡社会民主党组织关于不宜参加选举的决定的理由，这决不是为了同曾经是孟什维克的同志进行论战，也不是要败坏他们这些社会民主党人的名誉，而是为了确切地、正式地阐明这个组织的多数人关于完全抵制的性质和意义的看法。

5

给代表会议常务委员会的书面声明

关于事实的声明。我声明，唐恩同志的说法是不正确的，我曾多次声明，报刊上没有与唐恩同志的声明相类似的论点，对这些声明他一个也驳不倒。

载于1931年《无产阶级革命》杂志第1期

译自《列宁全集》俄文第5版第12卷第191—199页

告彼得堡市区和郊区全体男女工人书[103]

（1906 年 2 月 11 日〔24 日〕以后）

工人同志们！俄国社会民主工党整个彼得堡市区和郊区组织的社会民主党工人党员，就国家杜马选举问题通过了党的委员会和各级地方组织都必须执行的最后的决定。尽管警察百般阻挠和施展阴谋诡计，工人们仍然召开了**120 个小组会**，详细地讨论了这个问题，参加讨论的有在我们党内形成的两种策略的代表。我们党的**2 000 多名工人党员**和知识分子党员参加了这个问题的表决，并以 1 168 票对 926 票（参加表决的总人数是 2 094 名）的多数不仅**赞成完全抵制**杜马，而且赞成完全抵制杜马的**一切选举**。由各区选派代表（按参加表决的党员人数，每 30 名给 1 个代表名额）组成的代表会议，再一次讨论了这个问题，并以 36 票对 29 票（有表决权的代表共 65 名）通过了拥护**积极抵制**策略的**最后的**决定。

可见，彼得堡的社会民主主义无产阶级表明了自己的态度。现在，党组织的一切力量，同情社会民主党并且愿意接受党的决定的先进工人的一切努力，都应当用于向工人阶级和全体居民的最广大群众介绍社会民主党的决定，使群众普遍地正确了解觉悟的无产阶级给自己规定的目标，以及为了达到自己的目标而选择的手段。

为什么彼得堡的社会民主党人宣布完全抵制杜马、完全拒绝参加一切选举呢？

因为国家杜马是假杜马，是冒牌的人民代表机关。它不是人民的杜马，而是警察和地主的杜马。选举的规定不是一律平等，而是为了使地主和大资本家对工人和农民占有绝对优势。整个工人阶级中四分之三的工人完全被剥夺了选举权，其余的四分之一要经过三道筛选才能选出代表，首先选出初选人，初选人再选出复选人，而复选人（总共24名）必须与地主和资本家（100多名）一起选出杜马代表。

政府对农民的嘲弄更厉害。农民的代表要经过四道筛选：首先，各乡每10户选出1名代表（贫苦农民没有房屋和土地，因而被排除在这些选举之外）；然后由这些代表选出初选人；初选人选出复选人；复选人再选出杜马代表，而农民在省内的复选人总数中多半是占少数。

为什么要经过三四道筛选呢？为的是使工人农民不能把自己真正的代表选入杜马，为的是使支持工人农民的人不能进入杜马，为的是使一小撮依靠警察来掠夺全体劳动人民的黑帮地主和资本家能够冒充人民代表。

工人和农民们！不要相信警察和地主的杜马。那里集会的不是人民的代表，而是人民的敌人，他们集会是为了更好地勾结起来反对工人和农民。请看一看周围的情况：难道工人和农民能够自由地把自己的真正代表选入杜马吗？难道警察政府不是未经法庭和审讯就随便逮捕优秀的工人和优秀的农民吗？全俄各地都在枪杀和处决为人民事业而斗争的农民。整个俄国遭到一伙身穿军装的没落贵族的穷凶极恶的掠夺。政府向我们许下的一切自由的诺言都遭到暴徒的践踏。所有牢狱都关满了争取人民自由的战士。

政府想用召开假杜马来欺骗人民。政府想通过地主的杜马再借一笔款来压迫人民，进行反对本国人民、反对农民和工人的战争。政府想使我们落入警察的圈套，要我们同意参加所谓杜马选举的骗局。

觉悟的工人是不会落入警察的圈套的。我们不参加一切选举，我们必须直截了当地对政府和全体人民说，我们不参加演出这出闹剧。我们不容许制造骗局。我们要向所有的人揭穿警察的谎言。我们告诫那些尚未识破骗局而指望杜马能给人民好处的工人和农民，如果他们仍然要参加选举，他们将会看到，能进入杜马的不是工人和农民的代表，而是符合警察需要的资本家和地主。我们号召全体工人和全体农民，号召一切正直的人士起来反对警察的骗局。

我们一如既往，还要为真正的人民代表会议而斗争。这种会议的选举，必须是自由的，一律平等的，不给地主和富人任何特权，不受官员和警察的任何干扰。只有自由选举的全民立宪会议，才能成为真正的杜马而不是假杜马。只有这种会议，才能在俄国建立良好的秩序，才能改善工人的生活，给农民以土地，给全体人民以自由。

10月17日，工人通过自己的斗争迫使政府许下给以自由的诺言。政府背弃了自己的全部诺言。现在工人将要更一致、更顽强地为人民的自由而斗争。工人不会因暂时的失败而灰心失望。工人知道，争取自由的斗争是艰巨的，但是自由的事业是全体人民的事业。自由的事业一定要胜利，斗争一定要更广泛地开展。工人会从所遭受的失败中恢复过来。他们会更一致更紧密地团结起来反对政府。他们会积聚起新的力量。他们会向更广大的农民群众说明政府的一切欺骗行为以及同政府斗争的必要性。工人会跟农民一道起来推翻愚弄人民的警察暴徒的政府。

打倒警察和地主的假杜马!

自由选举的全民立宪会议万岁!

1906年2月印成俄国社会民主工党统一的彼得堡委员会的单页

译自《列宁全集》俄文第5版第12卷第200—203页

俄国社会民主工党彼得堡组织关于抵制策略的决议[104]

（1906年2月底）

鉴于：

（1）根据8月6日—12月11日的法令召开的国家杜马，是人民代表机关的最拙劣的冒牌货，由于没有普选权，由于工人和农民的复选人要经过三四道筛选，大多数无产阶级和农民实际上是被排斥在杜马以外了；

（2）政府运用了巧妙的挑选复选人的方法，为富有的地主和大资本家规定了一系列的特权，力图保证不仅是剥削阶级的代表而且正是这些阶级中的黑帮分子在杜马中占绝对优势；

（3）政府用恬不知耻的手段甚至在这种狭隘的有等级限制的选举中弄虚作假，不允许有任何宣传鼓动的自由，到处实行戒严和采用警察蛮横手段，而且违反一切法律，不经过任何法庭，不仅迫害革命政党和社会主义政党的代表，甚至迫害君主主义自由派资产阶级的代表（立宪民主党人等）；

（4）政府现在甚至废除了自己颁布的选举在同一时间进行的法令，以便随意在各地选择对自己最有利的时机并且迅速地结束选举，使当选的代表与选民之间不可能有任何联系；

（5）专制政府指望通过召开杜马来影响俄国舆论，特别是国外舆论，以便拖延自身不可避免的灭亡，重新得到千百万贷款来镇压革命和进一步压迫人民；

(6)[105]2月20日颁布的把国务会议变成参议院的法令[106]，竭力使杜马最终变成依附专制官僚制度的软弱无力的咨议性机构，因而使杜马的地位更加恶化了；

(7)[107]在这种政治情况下参加这类杜马，国内各社会民主政党和各民族组织的绝大多数都会认为是不可能的；

(8)社会民主党人不论参加哪一个阶段的国家杜马的选举，都会助长人民的不正确的观念：似乎捍卫广大人民群众利益的政党多少还能进行一点合理的选举；

(9)参加选举会转移无产阶级注意的重心，使他们忽视杜马以外的工人、农民、士兵等的革命运动，而重视假合法的即伪宪制的选举运动，使工人阶级暂时低落的情绪更加低落，从而造成一种印象，似乎革命斗争时期已经结束，起义问题已经从日程上勾销，党走上了立宪的道路；

(10)国家杜马选举的前提条件是要党保持合法性和安分守己，因此，要是我们参加这种选举，对于正是要利用选举和召开杜马的时机积极展开反政府活动这一迫切的革命任务就会产生有害的影响；

(11)为了实际教育那些觉悟很低的群众，社会民主党不能同他们一起参加选举，因为这部分觉悟不高的群众希望到杜马去，愿意走合法道路，而党却不屈从于法令，这就自然会引起这部分群众的不信任，也妨碍他们真诚地彻底地从杜马运动中接受教训；

(12)工人中的初选人和复选人，由于他们的选民是用警察手段人为地挑选出来的，由于他们的任期短和职权小，由于上述的选举情况，所以，不可能对工人阶级中广大阶层的真正革命组织有任何帮助；

(13)社会民主党用部分复选人退出省的选举会议的办法，最多只能把这一部分人吸引到自己这方面来，却不能搞垮杜马；

(14)俄国最受压迫的各民族的觉悟的无产阶级代表(波兰社会民主党、犹太社会民主党、拉脱维亚社会民主党和立陶宛社会民主党)坚决反对参加这种选举闹剧，并且全力反对选举的策划人；

(15)资产阶级民主派和农民的所有战斗组织(农民协会、教师联合会[108]、协会联合会、社会革命党、波兰社会党[109]、波兰进步党等)的舆论既反对杜马也反对杜马选举；

考虑到这一切情况，我们这些出席俄国社会民主工党彼得堡工人党员代表会议的人认为必须：

(1)无条件地拒绝参加国家杜马；

(2)无条件地拒绝参加任何阶段的国家杜马的选举；

(3)在人民中开展尽可能广泛的鼓动，阐明杜马的真实本质，揭穿欺骗俄国和欧洲舆论的这一骗局，指出那些指望杜马能办好事的农民的幻想必然要破灭；

(4)千方百计地、合法地和非法地利用一切与选举有关的会议，说明社会民主党人的观点，其中包括对杜马的批判，特别是号召为争取用革命手段召开全民立宪会议而斗争；

(5)在把通过革命手段争取自由的斗争和通过杜马进行的斗争进行对比宣传时，要着重向工人和全体人民介绍十二月起义的经验，这次起义标志着争取人民真正自由的革命斗争的高级阶段的开始；

(6)在进行有关杜马的鼓动时，要特别突出以下事实：财政经济危机日益加深；反动的资本家对工人的剥削日益加剧；城市的失业现象和农村的饥荒日益尖锐化；春季的农民运动日益逼近；军队中的骚乱不断发生。这些情况很可能在不久的将来重新引起人民的爆发，这种爆发在人民对国家杜马的希望彻底破灭时，一定会在国家杜马召开以前或者召开之后把国家杜马一扫而光；

(7)利用这种宣传鼓动，痛斥自由主义君主派资产阶级的代表(如立宪民主党人之流)的怯懦，因为他们腐蚀居民的公民意识，在国内战争尖锐的时候鼓吹立宪幻想，宣扬杜马并且参加杜马，他们在一群以政府自命的武装匪徒只是依靠暴力才得以维持其统治的时候，竟拒绝采用暴力来维护绝大多数人民的自由和权利。

1906年3月印成俄国社会民主工党统一的彼得堡委员会的单页

译自《列宁全集》俄文第5版第12卷第204—208页

俄国革命和无产阶级的任务

（1906 年 3 月 20 日〔4 月 2 日〕）

一

目前俄国民主革命的形势究竟怎样：革命是失败了呢，还是我们现在只是处于暂时的沉寂时期？十二月起义是革命的顶点，我们现在正急转直下地滑向"希波夫立宪"制度[110]呢，还是整个地说来革命运动并不是趋向衰退，而是在继续高涨，它正在准备新的爆发，在沉寂中聚集新的力量，要在第一次起义失败之后进行胜利的可能性大得多的第二次起义呢？

这些就是目前摆在俄国社会民主党人面前的根本问题。我们始终忠于马克思主义，我们不能够而且不应当用空泛的词句来回避对客观情况的分析，只有对客观情况的估计最终才能彻底地解决这些问题。而社会民主党的全部策略又取决于对这些问题的解决；至于我们在例如抵制杜马问题上的争论（这种争论已经接近尾声，因为俄国社会民主工党的大多数组织都赞成抵制），不过是这些重大问题中的小而又小的局部问题。

我们刚才说，对马克思主义者来说，用空泛的词句来回避这些问题是不体面的。即使借口说我们从来没有把革命单单理解为

“长矛和钢叉”,说我们在没有直接号召起义的时候是革命者,在议会时期来临的时候仍旧是革命者等等,那也还是这样一些空泛的词句。这些论调是可耻的遁词,是用一些什么也没有说明、只能掩饰自己的贫乏和政治上的惊慌失措的抽象的议论来偷换具体的历史问题。为了证实我们的看法,我们要拿马克思对1848年德国革命的态度作例子。这样的引证可能会有更大的好处,因为现在在我国也有种种迹象表明,俄国的资产阶级正在划分为反动的和革命的两部分,而且划分得更鲜明,这样的划分,比方说,在法国大革命的时候就没有过。老实说,我们上面提出的关于俄国革命形势的根本问题,如果同德国比较起来(当然,这只是指在一定的条件下,在许可作一般的历史类比的限度内),可以用这样一句话来表述:是1847年呢还是1849年?我们现在是处于(像召开德国国家杜马即所谓联合议会的1847年的德国那样)革命高潮的末期呢,还是处于(像1849年的德国那样)革命完全筋疲力尽的末期和实施残缺不全的宪法的阴暗日子的开始呢?

马克思正是在1850年提出了这个问题而且解答了这个问题,最终不是用遁词而是用从分析客观情况得出的直截了当的答案解答了这个问题。在1849年,革命被镇压下去了,一系列的起义都以失败而告终,人民实际上争得的自由又被夺走了,反动派穷凶极恶地对付“革命者”。“共产主义者同盟”**111**(实际上是由马克思领导的当时的社会民主党组织)已经不可能进行公开的政治活动。1850年6月同盟中央委员会的告盟员书说:“德国全国各地都要求建立强大的**秘密的**〈黑体都是我们用的〉革命政党组织。”中央委员会从国外派一个代表到德国去,他把“所有可以利用的力量已经都掌握在同盟的手里”。马克思写到(在1850年3月的《告同盟书》中）新的高涨和新的革命的可能性时，他建议工人独立地组织起来，他特别坚定地认为整个无产阶级应该武装起来，组成无产阶级近卫军，在必要的时候"对任何解除工人武装的企图都应予以武装回击"。马克思要求组织"革命工人政府"，并且谈到无产阶级在"即将爆发的起义中和起义后"的行动。马克思拿1793年的雅各宾法国作为德国民主运动的范例（见《揭露科隆共产党人案件》俄译文第115页及其他各页）①。

过了半年，预期的高涨没有来到。同盟的努力未能奏效。1885年恩格斯写道："而这一点在1850年期间越来越不大可能，甚至完全不可能了。"②1847年的工业危机已经过去。工业繁荣时期已经到来。因此，马克思在研究了客观情况以后，就尖锐而明确地提出了问题。1850年秋天，马克思断然地说：现在，在资产阶级社会生产力欣欣向荣的时期，**"也就谈不到什么真正的革命"**③。

正如读者看到的，马克思没有回避困难问题。他没有玩弄革命这个字眼，也没有用空洞的抽象概念来偷换当前的政治问题。他没有忘记，革命不论在什么情况下总是在前进的，因为资产阶级社会在不断发展，而他直截了当地说不可能有民主革命，是就这个词的直接的狭隘的意义上说的。马克思在解决困难问题时，没有（像那些往往陷入尾巴主义的社会民主党人那样）以无产阶级中某些阶层的颓丧和厌倦"情绪"作根据。他没有那样做，在他除了看到情绪低落（1850年3月）这一事实，没有掌握别的材料的时候，

① 见《马克思恩格斯全集》第1版第7卷第359—366页；《马克思恩格斯文集》第2卷第188—199页。——编者注

② 见《马克思恩格斯文集》第4卷第243页。——编者注

③ 见《马克思恩格斯文集》第2卷第176页。——编者注

他就继续号召武装起来，准备起义，没有用怀疑态度和惊慌失措来使工人泄气。直到马克思证明了“真正的革命”“筋疲力尽”是不可避免的时候，他才改变看法。看法一改变，马克思就直截了当而且公开地要求根本改变策略，完全停止起义的准备工作，因为这样的准备工作在当时只能是一种儿戏。起义的口号直接从日程上勾销了。直截了当地、明确地承认了“运动的形式已经改变”。

在目前的困难关头，我们应当时时刻刻记住马克思的这个例子。我们应当十分严肃地对待关于不久将来的“真正的革命”的可能性、关于基本的“运动形式”、关于起义以及起义的准备工作的问题，但是一个进行斗争的政党必须直截了当地、明确地解答这个问题，不能支吾搪塞，不能含糊其词。一个不能明确地回答这个问题的政党，就不配称为政党。

二

那么我们到底有哪些解答这个问题的客观材料呢？有一种意见认为直接革命的“运动形式”已经完全筋疲力尽，不可能举行新的起义，俄国进入了残缺不全的资产阶级的冒牌立宪时期，可以用来替这种意见辩护的有许多所谓明摆着的、有目共睹的事实。毫无疑问，资产阶级内部发生了转变。地主离开了立宪民主党，加入了十月十七日同盟。政府已经恩赐了两院制的“宪法”。依靠戒严令、屠杀和逮捕，制造了召开骗人的杜马的可能性。城市起义被镇压下去了，农民的春季运动可能是孤单无力的。地主在抛售土地，因而资产阶级化的“安分的”农民阶层在日益加强。起义遭到镇压后，的确出现了情绪低落的现象。最后，也不能忘记这一点：预见革命失败总比预见革命高涨要容易和省力，因为政权至今还在反动派手中，而且迄今为止，“大部分”革命都是以……未成功的革命告终的。

有哪些材料是替相反的意见辩护的呢？我们请卡·考茨基就这个问题发表点意见。他头脑清醒，并且能够十分冷静、认真和细心地研究当前非常尖锐的政治问题，这是一切马克思主义者所公认的。考茨基在莫斯科起义被镇压后不久，就在《俄国革命的前途》一文中发表了自己的看法。[112]这篇文章有俄译本，——当然，不免要受到书报检查机关的篡改（像考茨基的另一篇杰出的著作《俄国土地问题》俄译本受到的篡改一样）。

考茨基没有回避困难问题。他没有试图用革命不可战胜以及无产者阶级永远有和经常有革命性等等空泛的词句来支吾搪塞。他没有这样做，他直截了当地提出关于俄国当前民主革命的可能性的具体历史问题。他在文章的开头就开门见山地说，从1906年年初开始，从俄国传来的几乎都是一些不幸的消息，这些消息“**可能引起这样的看法，认为这次革命已经完全被镇压下去，现在革命正处于奄奄一息的状态**”。考茨基说，目前不仅反动分子，就连俄国的自由派分子也在对这一点感到欢欣鼓舞，他说到后一种“库庞式的”[113]英雄们时给了他们理应受到的轻蔑（可见考茨基还没有信奉普列汉诺夫的所谓俄国社会民主党人应当“珍视非无产阶级**反对**党的支持”的理论）。

于是考茨基对那种自然会引起的看法进行详细的分析。从表面上看来，莫斯科工人12月的失败同巴黎工人（1848年）6月的失败无疑是相似的。无论那里或者这里的工人武装起义，都是在工人阶级还没有充分组织好的时候就在政府的“挑唆下”发生的。无论在莫斯科或者巴黎,尽管工人进行了英勇的抵抗,反动势力还是胜利了。考茨基从这里得出什么结论呢?他是不是以普列汉诺夫的学究式的清规戒律为榜样,得出本来就用不着拿起武器的结论呢?不是,考茨基没有急急忙忙地发表一篇目光短浅的、没有什么价值的、表现事后聪明的说教。他**在研究**能够解答下面这个问题的客观材料:俄国革命是不是完全被镇压下去了。

考茨基认为1848年巴黎无产阶级的失败同1905年莫斯科无产阶级的失败有四个根本不同点。第一,巴黎的失败是整个法国的失败。对于莫斯科的失败就决不能这样说。彼得堡、基辅、敖得萨、华沙和罗兹的工人并没有被打垮。极其艰苦的、拖了整整一年的斗争固然使他们疲惫不堪,但是他们的斗志并没有被摧毁。他们正在聚集力量,以便重新开始争取自由的斗争。

第二,更重要的不同之处在于,1848年法国的农民是站在反动派那一边的,而1905年俄国的农民是站在革命这一边的。农民起义风起云涌,大批军队忙于镇压农民起义。这些军队给俄国造成的破坏,只有三十年战争[114]给德国带来的破坏可以与之相比拟。军事屠杀暂时吓住了农民,但是这只能加深农民的贫困,使他们走投无路的处境越发严重。军事屠杀必然像三十年战争的破坏一样,逼得愈来愈多的人民群众向现行制度宣战,他们不会让国家得到安宁,一有起义,他们就响应。

第三,特别重要的不同之处是下面这一点。1848年的革命,是1847年的危机和饥荒酿成的,而反动派却从危机的结束和工业的繁荣中得救了。“俄国现行的恐怖制度却相反,必然会使多年来笼罩着全国的经济危机更加尖锐。”1905年的饥荒所引起的全部后果在今后的几个月里还会暴露出来。镇压革命，这是最大的国内战争，是反对全体人民的战争。这种战争的消耗不亚于对外战争，而且它破坏的不是别人的国家而是自己的国家。财政崩溃日益迫近。此外，新的通商条约会使俄国发生特别巨大的震动，甚至可能引起世界性的经济危机。因此，反动的恐怖制度维持得愈长久，国内的经济状况就愈恶化，人民对万恶制度的愤怒就愈强烈。考茨基说："这种局势使得一切反对沙皇制度的强大运动都成为不可遏止的。而且这样的运动会有很多。已经为自己的英雄气概和自我牺牲精神提供了极其有力的证明的俄国无产阶级，一定会关心这种运动。"

考茨基指出的第四个不同点对俄国马克思主义者具有特殊的意义。遗憾的是现在在我们俄国很流行那种对"勃朗宁手枪"和"战斗队"的无关痛痒的、实质上纯系立宪民主党人式的嗤笑。说起义是不可能了，用不着再准备起义了，谁也没有马克思表现出的那种勇敢和坦率的精神。但是我们非常喜欢讥笑革命者的军事行动。我们称自己是马克思主义者，但是不是去分析起义的**军事**方面(马克思和恩格斯一向认为军事方面具有重大意义[①])，而宁可把无比宏伟的理论搬出来，声称"本来用不着拿起武器……"　考茨基却不是这样做。尽管他对起义的材料掌握得很少，他还是竭力考虑到问题的军事方面。他竭力赞扬作为群众创造出来的一种新的斗争形式的运动，而不是像我们的革命的库罗帕特金之流那样估计战争，说什么要给就拿，要打就跑，打不过人家本来就不该拿起武器来！

---

① 参看《马克思恩格斯全集》第1版第8卷第81—83、102—103页；《马克思恩格斯文集》第4卷第543—550页。——编者注

考茨基说:“巴黎的6月战斗和莫斯科的12月战斗,都是街垒战。但是前者是大灾难,是旧街垒战术的告终。后者是新街垒战术的开端。因此,我们应当修正恩格斯为马克思的《阶级斗争》一书所作的序言中所陈述的观点,也就是街垒战的时代已经完全过去了的观点。事实上过去了的只是**旧的**街垒战术的时代。莫斯科战斗就证明了这一点,在这一战斗中,一小群起义者居然能同拥有新式大炮等各种武器装备的优势兵力对抗两星期之久。”

考茨基是这样说的。他没有根据第一次尝试的失败就对起义唱挽歌。他没有抱怨失败,而是**研究**新的更高的斗争形式的产生和发展,分析军队中的组织涣散和不满情绪、城市居民给工人的援助、群众性罢工同起义互相结合等方面的意义。他在研究无产阶级怎样**学习**起义。他修改过时的军事理论,这样来要求全党研究和接受莫斯科的经验。他把整个运动看做是从罢工到起义的转变,并且力求弄明白,为了取得胜利工人应当采取什么样的方式把这两者结合起来。

考茨基在结束他的文章时写道:“这就是莫斯科的教训。这些教训对未来斗争的形式会有多大的影响,现在在这里〈在德国〉还不可能预见到。事实上直到现在我们看到的俄国革命的过去的一切表现,都是无组织的群众的自发性的爆发,没有哪一次是事先有计划、有准备的。恐怕今后在相当长的时期内还是如此。

既然在目前还不能明确地预见到未来的斗争形式,那么一切迹象所表明的都是:我们必须等待未来的战斗,目前阴沉的平静只是暴风雨前的沉寂。十月运动向城乡的群众表明,他们能够发挥出多么巨大的力量。接着,一月反动又把他们推进十分痛苦的深渊。这个深渊中的一切都在促使他们觉醒,激起他们的愤怒,为了摆脱这个深渊,无论付出多大的代价他们都在所不惜。群众很快就会重新站起来,他们很快就会更有力地行动起来!让反革命在争取自由的英雄们的尸体上庆祝他们的胜利吧。这种胜利就要完结。朝霞正在上升，**无产阶级革命**就要到来了。”

三

我们以上扼要叙述的问题，是整个社会民主党策略中的根本问题。即将召开的党代表大会首先应当毫不含糊地、十分明确地解决这个问题，全体党员和一切觉悟的工人应当立刻集中所有的力量来收集解决这个问题的全面的材料，讨论这个问题，并且选派对自己所担负的重大任务有充分准备的代表来参加代表大会。

代表大会的选举应当在完全弄清楚策略纲领的基础上进行。其实，对提出的问题作出某种彻底的和完整的答案，也就预先解决了社会民主党策略纲领的各个部分。

或者是这样，或者是那样。

或者我们承认目前“还谈不到什么真正的革命”。那么我们就索性公开宣布这一点，免得使我们自己、使无产阶级或者人民误入歧途。我们就应当干脆否认把民主革命进行到底是无产阶级的**直接**任务。我们就必须把起义问题从日程上完全勾销，停止一切武装和组织战斗队的工作，因为拿起义当儿戏是与工人政党的名称不相称的。我们就应当承认革命民主派的力量已经耗尽，并且确定自己的直接任务是支持自由主义民主派的某些阶层，把它们当做立宪制度下的真正的反对派力量。我们就应当把国家杜马当做议会，即使是最坏的议会，我们不仅要参加杜马的选举，而且要参加杜马本身。我们就应当把党的合法化提到首要地位，相应地修改党纲，使全部工作合乎“法律的”要求，或者至少要把非法工作限制在最小的范围内并且使它处于从属地位。我们就可以把组织工会的任务像前一个历史时期的武装起义一样当做党的头等重要任务。我们就应当把农民运动的革命口号（如没收地主土地）也从日程上勾销，因为这种口号实际上就是起义的口号，一方面号召起义，同时又不从军事上认真作好起义的准备，不相信起义，那就是随便玩弄起义。我们不仅应当从此闭口不谈临时革命政府，而且应当不再发表所谓“革命自治”的议论，因为经验已经证明，这种机构（且不管这里的术语用得是不是正确）实际上势必要变成起义的机关，变成革命政府的萌芽。

或者我们承认，关于真正的革命，现在可以谈而且应当谈。我们承认，新的更高的直接革命的斗争形式是不可避免的，或者至少是很有可能的。那么无产阶级的主要政治任务，无产阶级一切工作的纲，无产阶级的整个有组织的**阶级**活动的灵魂，就应当是**把民主革命进行到底**。回避这一任务的任何遁词，都不过是要把阶级斗争这一概念贬低到布伦坦诺主义[115]关于阶级斗争的空谈；都不过是要把无产阶级变成自由主义君主派资产阶级的尾巴。党的最迫切的和中心的政治任务就是准备力量和组织无产阶级进行武装起义，即采取运动所达到的最高的斗争形式。就必须为了最直接的实践目的而批判地研究十二月起义的全部经验。就应当拿出十倍的干劲来组织战斗队，武装战斗队。也应当通过游击性战斗行动来准备起义，因为只靠报名和登记来进行“准备”是可笑的。就应当承认国内战争已经宣告开始而且正在继续进行，因而党的**全部**工作都应当服从这一原则：“既然是战争，就要有作战姿态。”训练无产阶级的干部学会**进攻的**战斗行动就是绝对必要的。把革命的口号灌输到农民群众中去就是合乎逻辑的、前后一贯的。同革命的而且仅仅同革命的民主派达成战斗协议的任务，就要提到首要地位，因为起义问题正是划分资产阶级民主派的主要根据。什么人拥护起义，无产阶级就同什么人“合击”，即使“分进”也行；什么人反对起义，我们就同什么人进行无情的斗争，或者把他们当做卑鄙的伪君子和伪善者（立宪民主党人）一脚踢开。在整个鼓动工作中，我们就要把根据公开的国内战争观点来批判和揭露立宪幻想放在首要地位，就要指出不断地酝酿着自发的革命爆发的情况和局势。我们就要承认杜马不是议会，而是警察局的办公室，我们就要拒绝以任何形式参加这种腐蚀和瓦解无产阶级的虚伪选举。那么我们就要提出（如马克思在 1849 年那样）把“强有力的秘密组织”作为工人阶级政党的组织基础，这个秘密组织应当有进行“公开活动”的特殊机关，应当把特殊的触角伸进从工会组织到合法报刊的一切合法团体和机构中去。

简单地说：或者我们应当承认民主革命已经完结，把起义问题从日程上勾销，走“立宪的”道路。或者我们承认民主革命还在继续进行，我们要把完成民主革命的任务提到首要地位，宣传并且在实际中运用起义的口号，公开宣布进行国内战争，并且无情地斥责一切立宪幻想。

我们似乎没有必要再向读者声明，我们是坚决拥护对我们党所面临的问题的**后一种**解答的。这个策略纲领只是把我们将要在代表大会上和在进行代表大会各项筹备工作期间所遵循的观点扼要地、系统地阐明一下。不要把这个纲领当做完善的东西，它只是阐明策略问题的提纲，是我们将要在党的代表大会上坚持的各项决议和决定的初稿。这个纲领曾经在原“布尔什维克”中的志同道合的人们(其中包括《无产者报》的编辑和撰稿人)参加的非正式会议上讨论过,它是集体劳动的成果。

载于 1906 年 3 月 20 日《党内消息报》
第 2 号

译自《列宁全集》俄文第 5 版
第 12 卷第 209—220 页

提交俄国社会民主工党统一代表大会的策略纲领

提交俄国社会民主工党
统一代表大会的决议草案[116]

(1906 年 3 月 20 日〔4 月 2 日〕)

介绍给读者的 11 份决议案，是由原《无产者报》的编辑和撰稿人中一部分志同道合的人和一些实际工作者起草的。这不是一份完善的草案，而是初稿，它应该尽可能把党内一部分同志的全部策略观点完整地表达出来，以便于现在我党各小组和各组织根据统一的中央委员会的邀请而展开的讨论能够有系统地进行。

这些策略决议案是按照统一的中央委员会的一份传单[117]中提出的代表大会议程制定的。然而，党员决不应该受到这个议程的限制。为了充分说明全部策略观点，我们认为完全有必要补充两个没有列入统一的中央委员会议程的问题，即"民主革命的目前形势"和"无产阶级在民主革命目前时期的阶级任务"。不弄清这两个问题，就不能讨论有关策略的更具体的问题。因此，我们建议代表大会把"民主革命的目前形势和无产阶级的阶级任务"这个总问题列入议程。

至于土地纲领和对待农民运动的态度问题，必须专门写一个小册子。[①] 此外，统一的中央委员会已责成专门委员会就这一问题给代表大会起草一个报告。[118]

我们公布这些决议的初稿，邀请全体党员参加讨论、修改和补充。如果有书面报告和方案，可以通过我们党的组织送交俄国社会民主工党圣彼得堡委员会，以便转给决议草案起草小组。

民主革命的目前形势

鉴于：

(1)由于生产力遭受的巨大破坏以及人民的空前贫困，俄国目前的经济危机和财政危机不但没有减弱，反而日益扩大和尖锐化，城市失业严重，农村在闹饥荒；

(2)尽管大资本家和地主阶级认为人民的革命首创精神威胁着他们的特权和掠夺利益，他们对此感到惶惶不安，于是从反政府立场急遽转向同专制制度妥协，以镇压革命，但是要求真正实现政治自由和社会经济改革的呼声却在小资产阶级和农民的新的阶层中日益普遍和强烈；

(3)现在的反动政府事实上竭力维护旧的专制制度，践踏它所宣布的一切自由，只给有产阶级的上层分子发言权，粗暴地伪造人民代表机关，在全国实行军事迫害、野蛮屠杀和大批处决，警察和当局的专横变本加厉，因而在资产阶级广大阶层中引起了愤怒和不满，在无产阶级和农民群众中引起了怨恨和骚乱，这就为新的更

① 见本卷第215—241页。——编者注

广泛和更尖锐的政治危机准备了温床；

(4)1905 年年底的事件进程——城市的群众性罢工，农村的骚动，为捍卫曾被人民争得、后来又被政府夺走的自由而举行的十二月武装起义，以及解放运动遭到的残酷的军事镇压——都表明了立宪幻想的破灭，使广大人民群众清楚看到，当争取自由的斗争达到势必爆发公开的国内战争的时候，立宪幻想是十分有害的；

我们承认并且建议代表大会承认：

(1)俄国民主革命不仅没有走向低潮，反而正在走向新的高潮，目前的相对平静时期不应该看成是革命力量的失败，而应该看成是聚集革命力量，吸取前几个阶段的政治经验，争取人民中新的阶层参加运动，从而准备新的更强大的革命进攻的时期；

(2)目前解放运动的主要形式不是在伪宪法的基础上进行合法斗争，而是发动广大人民群众掀起直接的革命运动，去摧毁警察农奴制的法律，创造革命的权利，用暴力摧毁压迫人民的机关；

(3)现代社会的先进阶级即无产阶级的利益要求同立宪幻想进行无情的斗争，自由主义君主派资产阶级(其中包括立宪民主党)散布这种幻想，是为了掩盖他们的狭隘的阶级利益，这种幻想在国内战争时期对人民的政治觉悟起着极大的毒害作用。

武 装 起 义

鉴于：

(1)俄国当前民主革命的全部历史向我们表明，总的来看，不断高涨的运动日益采取席卷全国的、向专制制度实行坚决进攻的、群众性的斗争形式；

(2)十月政治罢工摒弃了布里根杜马，迫使专制政府宣布政治自由原则，从而证明，尽管阶级组织还有很多缺点，但是无产阶级的力量是巨大的，举行全俄的一致行动是可能的；

(3)在运动进一步发展的形势下，和平的总罢工已经显得不够了，举行局部的罢工非但不会达到目的，反而会分散无产阶级的力量；

(4)整个革命运动以不可抗拒的力量发展成十二月武装起义，不仅无产阶级，而且城市贫民和农民中的新生力量都拿起武器，捍卫人民赢得的自由不受反动政府的侵犯；

(5)十二月起义提出了新的街垒战术，从总的方面证明了人民甚至可以同现代的军队进行公开的武装斗争；

(6)由于政府悍然违背立宪诺言而实行军事警察专政，人民群众已经觉悟到必须为取得实在的权力而斗争，只有同专制势力进行公开的斗争，革命的人民才能够掌握这种权力；

(7)专制政府由于用自己的军队武力镇压居民(军队就是居民的一部分)，不实行军队中一切正直人士普遍要求的、极为迫切的军事改革，不采取措施改善后备队的困难状况，只用加强警察-营房式的严厉高压手段对付陆海军士兵的要求，这就削弱了自己的军队的力量，涣散了军心；

我们承认并且建议代表大会承认：

(1)武装起义目前不仅是争取自由的必要手段，而且是运动已经实际上达到的阶段，由于新的政治危机日益增长和尖锐化，从武装斗争的防御形式正在向进攻形式过渡；

(2)在目前运动中，不应该把政治总罢工看做独立的斗争手段，而应该看做起义的辅助手段，因此，选择罢工时机，选择罢工地区和应当包括的劳动部门，最好要服从武装起义这一主要斗争形式的时机和条件；

(3)在党的宣传和鼓动工作中，应该重视研究十二月起义的实际经验，着重从军事角度对它进行分析批判，从中吸取直接的教训，供今后参考；

(4)应该大力扩充战斗队，改善其组织并提供各种武器。同时经验证明，不但应当组织党的战斗队，而且应当组织靠近党的和完全非党的战斗队；

(5)必须加强军队工作，就是说，为了使运动取得胜利，只靠军队的哗变是不够的，必须同军队中已经组织起来的革命民主分子直接达成协议，以便对政府采取最坚决的进攻行动；

(6)日益高涨的农民运动在最近的将来可能爆发为全面的起义，因此，最好是努力把工人和农民的行动统一起来，以便尽可能采取协同一致的战斗行动。

游击性战斗行动

鉴于：

(1)十二月起义以后，俄国几乎没有一个地方完全停止了战斗，现在这种战斗表现为革命人民对敌人实行分散的游击进攻；

(2)在同时有两个敌对武装力量以及暂时占上风的军事镇压更加疯狂的条件下势必发生的游击行动，既可以瓦解敌人，又为今后公开的群众性的武装行动准备条件；

(3)这种游击行动也是我们战斗队进行军事教育和战斗训练的必要方式,在十二月起义的时候,很多地区的战斗队实际上没有准备好就迎接了对它们来说是新的任务;

我们承认并且建议代表大会承认:

(1)党应该承认,目前党的或靠近党的战斗队的游击性战斗行动原则上是容许的并且是适宜的;

(2)按其性质来说,游击性战斗行动应该是同培养起义时期工人群众的领导干部、取得实行进攻和采取突然军事行动的经验的任务相适合的;

(3)这种行动的直接的主要任务,应该是破坏政府机构、警察机构和军事机构,同那些用暴力镇压人民和恫吓人民的极端反动的黑帮组织进行无情的斗争;

(4)为了夺取敌人(即专制政府)的金钱作为起义之用而采取袭击行动也是可以允许的,然而必须特别注意,要尽量不侵犯群众的利益;

(5)游击性战斗行动应该置于党的监督之下,以免白白消耗无产阶级的力量,同时要考虑到当地工人运动的条件和广大群众的情绪。

临时革命政府和革命政权的地方机关

鉴于:

(1)反对专制政府的革命运动在转变为武装斗争的过程中,直到现在采取的都是分散的地方起义的形式;

(2)在这场公开的斗争中，坚决反对旧政权的地方积极分子(几乎完全是无产阶级和小资产阶级的先进阶层)认为必须建立实际上已经是新的革命政权萌芽的组织：彼得堡、莫斯科和其他城市的工人代表苏维埃，符拉迪沃斯托克、克拉斯诺亚尔斯克等地的士兵代表苏维埃，西伯利亚和南方的铁路工人委员会，萨拉托夫省的农民委员会，新罗西斯克和其他城市的城市革命委员会以及高加索和波罗的海沿岸边疆区的经过选举成立的农村机关；

(3)由于起义带有原始的萌芽形式，这些起义机关也是分散的、偶然的，行动不坚决，缺乏有组织的革命武装力量作为后盾，因此势必经不起反革命军队的进攻，一打就垮；

(4)只有作为胜利起义的机关的临时革命政府才能摧毁反动势力的任何反抗，保证有进行竞选鼓动的充分自由，保证在普遍、平等、直接和无记名投票的基础上召开真正能够实行人民专制和实现无产阶级的最低的社会经济要求的立宪会议；

我们承认并且建议代表大会承认：

(1)为了把革命进行到底，无产阶级现在面临的迫切任务就是，同革命民主派一起，促使起义联合进行，并且建立统一的起义领导机构——临时革命政府；

(2)顺利完成革命政府任务的一个条件，就是通过普遍、平等、直接和无记名投票在参加起义的各城市和各村社建立地方革命自治机关；

(3)根据力量对比，我党的全权代表可以同革命的资产阶级民主派一起参加临时革命政府，但是参加的一个先决条件是全权代表应该受党的正式监督，应该在实质上捍卫工人阶级的独立的利益，坚定不移地保证社会民主党的独立性，致力于实行彻底的社会主义变革，对一切资产阶级政党采取毫不调和的敌视态度；

(4)不管社会民主党能不能参加临时革命政府，都必须在无产阶级的广大阶层中宣传这样一种思想：武装起来的在社会民主党领导下的无产阶级为了保持、巩固和扩大革命成果，必须经常对临时政府施加压力。

工人代表苏维埃

鉴于：

(1)工人代表苏维埃是在群众性的政治罢工的基础上自发地产生的广大工人群众的非党组织；

(2)这些工人代表苏维埃在斗争进程中必然要发生变化，就其成分来说，将有小资产阶级最革命的分子参加，就其活动内容来说，将由纯粹的罢工组织变成整个革命斗争的机关；

(3)这些苏维埃是革命政权的萌芽，所以它们的力量和影响完全取决于起义的力量和成就；

我们承认并且建议代表大会承认：

(1)俄国社会民主工党应该参加非党的工人代表苏维埃，在每个苏维埃内部必须建立尽可能强有力的党组，使这些党组的活动与党的整个活动保持紧密的联系；

(2)为了扩大和加深社会民主党对无产阶级的影响和无产阶级对民主革命的进程和结局的影响而建立这样的组织，在一定条件下，可能是我们党的各地方组织的任务；

(3)应该吸收尽可能广泛的工人阶层和革命民主派的代表,特别是农民、士兵和水兵的代表参加非党的工人代表苏维埃;

(4)在工人代表苏维埃的活动和影响范围扩大的情况下,必须指出,这些机关如果不依靠革命军队,如果不推翻现政权(即不把它变成临时革命政府),必定会遭受失败;因此,武装人民和巩固无产阶级的军事组织,应该看成这些机关在任何革命阶段中的主要任务之一。

对资产阶级政党的态度

鉴于:

(1)社会民主党一向认为,必须支持一切旨在反对俄国现存的社会政治制度的反政府运动和革命运动;

(2)现在,当革命引起各阶级公开活动,并且在这个基础上开始形成各政党的时期,社会民主党当前的迫切任务是确定这些政党的阶级内容,考虑各阶级在当前的相互关系,从而确定对待各政党的态度;

(3)工人阶级在目前民主革命时期的主要任务是将革命进行到底,因此,社会民主党在确定它对待其他政党的态度时,应该特别注意这个或那个政党在实现这一目的方面能起多少积极促进作用;

(4)从这个角度来看,俄国所有非社会民主主义政党(反动的政党不包括在内)基本上可以分为两类:自由主义君主派和革命民主派政党;

我们承认并且建议代表大会承认：

(1)自由主义君主派的右翼(十月十七日同盟、法制党、工商党[119]等等)是地主和大工商业资产阶级的明显的反革命阶级组织，但是还没有同专制官僚机构最后达成瓜分政权的协议。无产阶级政党一方面要利用它们之间的这一尚未结束的矛盾以达到自己的目的，同时应该同这些政党进行最无情的斗争；

(2)自由主义君主派的左翼(民主改革党[120]、立宪民主党等)是一些态度暧昧、经常在小资产阶级民主派和大资产阶级反革命派之间摇摆不定的阶级组织，它们一方面想依靠人民，另一方面又害怕人民的革命的自主活动，因此他们所追求的只限于建立一个走上正轨的、并受到君主制和两院制保护而免遭无产阶级侵犯的资产阶级社会；社会民主党应该利用这些政党的活动对人民进行政治教育，拿它们的虚假的民主谎言同无产阶级的彻底的民主主义相比较，无情地揭穿它们所散布的立宪幻想；

(3)革命民主派的政党和组织(社会革命党、农民协会、一部分半工会和半政治性的协会等)比较最能反映农民和小资产阶级广大群众的利益和观点，坚决反对地主土地占有制和农奴制国家，力求彻底实行民主，使自己的实质上是资产阶级民主主义的任务具有朦胧的社会主义思想的外衣；社会民主党认为有可能而且有必要同这些政党达成战斗协议，同时坚定不移地揭穿它们的假社会主义的性质，同它们那种企图掩盖无产阶级和小业主之间的阶级对立的倾向作斗争；

(4)社会民主党同革命民主派达成的这种临时的战斗协议的最近的政治目的是，用革命手段通过普遍、直接、平等和无记名投票召开拥有全部权力的全民立宪会议；

(5)在目前,只同那些承认武装起义是斗争手段并且积极协助起义的分子达成临时的战斗协议,是可能的和适宜的。

对各民族的社会民主党的态度

鉴于:

(1)俄国各民族的无产阶级在革命进程中通过共同的斗争日益团结起来;

(2)这一共同的斗争使俄国各民族的社会民主党更加接近了;

(3)很多城市已经成立了当地各民族的社会民主党组织的混合委员会,来代替过去的联邦委员会;

(4)各民族的社会民主党中的大多数,现在已经不坚持被俄国社会民主工党第二次代表大会曾经公正地否决了的联邦制原则了;

我们承认并且建议代表大会承认:

(1)必须采取最有力的措施尽早实现所有俄国各民族的社会民主党的合并,组成统一的俄国社会民主工党;

(2)各地的社会民主党组织的完全合并应当是统一的基础;

(3)党应该切实保证满足党的全部利益和各该民族的社会民主主义的无产阶级的需要,同时要照顾到各该民族在文化上和生活上的特点;要保证做到这一点,应该召开各该民族的社会民主党人的专门代表会议,在党的地方的、省的和中央的机关中应该有少数民族代表,成立文艺、出版和鼓动等专门小组。

附注:党中央委员会中少数民族代表可以这样产生:全党代表大会从全国那些目前有独立的社会民主党组织存在的地区的省代表大会所指定的候选人中选出一定数量的人作为中央委员会的委员。

工　会

鉴于:

(1)社会民主党一向认为经济斗争是无产阶级阶级斗争的一个组成部分;

(2)各资本主义国家的经验证明,广泛的工会是工人阶级进行经济斗争的最适当的组织;

(3)目前俄国的工人群众普遍要求结成工会;

(4)只有把经济斗争同无产阶级的政治斗争正确地结合起来,经济斗争才能可靠地改善工人群众的生活状况,巩固他们的真正的阶级组织;

我们承认并且建议代表大会承认:

(1)各级党组织应该协助成立非党的工会,鼓励从事某一项职业的所有党员参加工会;

(2)党应该用一切办法教育参加工会的工人,使他们广泛了解阶级斗争和无产阶级的社会主义任务,以便通过自己的活动取得在这些工会中的实际领导作用,从而使这些工会在一定的条件下直接靠拢党,但是决不许排斥非党员。

对国家杜马的态度

鉴于：

(1)国家杜马是人民代表机关的拙劣的冒牌货，因为：

(a)选举是不普遍、不平等、多级的，工人和农民群众实际上被排斥在国家杜马之外，各居民层的复选人的比例是按警察局的意图排定的；

(b)杜马就其权限和对国务会议的关系来讲，是专制官僚机构的毫无作用的附庸；

(c)由于没有鼓动自由，由于军事迫害、大批处决、逮捕、警察和行政当局的专横，选举根本不可能让人民真正表达自己的意志；

(d)召开这样的国家杜马的唯一目的就是为了便于政府欺骗人民，巩固专制制度，便于政府在财政上进行新骗局以及同在国家杜马中占优势的剥削阶级中的反动分子进行勾结；

(2)参加国家杜马的选举，丝毫无助于提高无产阶级的阶级自觉性，丝毫无助于巩固和扩大无产阶级的阶级组织和战斗准备，反而会瓦解和腐蚀无产阶级，因为：

(a)社会民主党参加选举势必会助长人民中的立宪幻想，使他们相信选举多少会正确表达人民的意志，使他们觉得党似乎走上了假立宪的道路；

(b)工人的初选人和复选人由于人数少、任期短及其职能的专业性，所以对于真正革命的无产阶级组织起不了什么作用；

(c)参加选举将会使无产阶级的主要视线，从杜马外的革命运动转移到政府导演的闹剧上，使广泛的鼓动工作的重心从面向广大群众转移到复选人小组上；

(d)我们参加选举，无助于对那些想要完全按合法途径参加杜马的最无知的阶层进行社会民主主义教育，这种完全合法的途径是俄国社会民主工党目前所不能采取的；

(e)一部分复选人退出省的选举集会，既不能搞垮杜马，也不能掀起广泛的人民运动；

(3)在目前政治形势下参加选举，只能使社会民主党人或者被迫靠边站，对运动毫无裨益，或者实际上堕落为立宪民主党的无声无息的帮手；

我们承认并且建议代表大会承认：

(1)俄国社会民主工党应该坚决拒绝参加国家杜马；

(2)俄国社会民主工党应该坚决拒绝参加任何阶段的国家杜马选举；

(3)俄国社会民主工党应该积极主动地利用一切与选举有关的集会来阐明社会民主党的基本观点，其中包括对国家杜马作无情的批判，要特别号召为通过革命方式召开全民立宪会议而斗争；

(4)俄国社会民主工党也应该利用有关杜马的宣传鼓动，使尽可能多的人民群众了解党对于目前整个革命形势和由此产生的一切任务所持的全部策略观点。

党的组织原则

鉴于：

(1)党内民主集中制的原则是现在一致公认的原则；

(2)在目前的政治条件下实行民主集中制固然有困难，但是在一定范围内还是可以实行的；

(3)把党组织的秘密机关和公开机关混同起来，对于党是非常危险的，将会使党容易受到政府的破坏；

我们承认并且建议代表大会承认：

(1)党组织的选举原则应该自下而上地贯彻执行；

(2)只有在无法克服的警察阻挠和极特殊的情况下才可以放弃这一原则，实行二级选举或者对选出的机构进行增补等等；

(3)迫切需要保持和加强党组织的秘密核心；

(4)为了举行各种公开的活动(出版、集会、结社、特别是工会等)，应该成立专门行动组，但是这些部门在任何情况下也不能危害秘密支部的完整性；

(5)党的中央机关应该是统一的，也就是说，党的全体代表大会应该选出统一的中央委员会，由中央委员会指定党中央机关报的编辑部等等。

载于1906年3月20日《党内消息报》第2号

译自《列宁全集》俄文第5版第12卷第221—238页

修改工人政党的土地纲领[121]

（1906年3月下半月）

现在大家都承认，工人政党的土地纲领必须修改。“多数派”最近召开的代表会议（1905年12月）正式提出了这个已经成熟的问题，它现在已被列入统一代表大会的议程。

我们打算先简要地谈一谈俄国社会民主党历史上对土地问题的提法，然后评论一下如今社会民主党人提出的各种纲领草案，最后提出我们所主张的草案初稿。

一 俄国社会民主党对土地问题的观点的历史发展的简述

俄国社会民主党从诞生之日起，就认为俄国的土地问题特别是农民问题具有极大的意义，并且在自己的一切纲领性文献中都对这个问题作了专门的分析。

民粹派和社会革命党人经常散布与此相反的意见，产生这种意见是由于极端无知或者故意歪曲事实。

1884年“劳动解放社”所公布的俄国社会民主党人的第一个纲领草案，就已经要求“用激进手段改变土地关系”和消灭农村中一切农奴制关系（我们手头没有当初在国外刊印的社会民主党出版物，引文只好全凭记忆，只能保证大意正确，不能保证一字不差）。

后来，普列汉诺夫在《社会民主党人》杂志[122]上（80 年代末）以及《全俄经济破产》和《俄国社会党人同饥荒作斗争的任务》（1891—1892 年）这两本小册子中，又反复地**极其肯定地**强调了俄国农民问题的重要意义，甚至还指出：在行将来临的民主革命中也可能实行“土地平分”，社会民主党决不害怕也决不回避这种前途。“土地平分”并不是社会主义的措施，它会大大地促进资本主义的发展、国内市场的扩大、农民生活水平的提高、村社的解体、农村中阶级矛盾的发展和旧的农奴式奴役制的俄国一切遗迹的消灭。

普列汉诺夫的“土地平分”的观点，对我们具有特别重要的历史意义。它清楚地说明，社会民主党人一开始就提出了他们至今还一贯坚持的关于俄国土地问题在理论上的提法。

俄国社会民主党人从党诞生之日起直到现在，始终捍卫着以下三个论点。**第一**，土地革命必将是俄国民主革命的一部分。使农村从农奴式奴役制下解脱出来，将是这个革命的内容。**第二**，行将来临的土地革命，就其社会经济意义来说，将是资产阶级民主革命；它不会削弱反而会加强资本主义和资本主义阶级矛盾的发展。**第三**，社会民主党有充分根据用最坚决的方式支持这个革命，并且规定一些当前的任务，但它决不束缚自己的手脚，甚至对“土地平分”也决不拒绝给以支持。

谁不了解这三个论点，谁从社会民主党关于俄国土地问题的**全部**出版物中没有看出这些论点，那他不是对这个问题无知，就是回避问题的实质（社会革命党人向来如此）。

在回顾社会民主党对农民问题的观点的发展过程时，还可以指出90年代末的出版物中的《俄国社会民主党人的任务》(1897年)①一文，这篇文章坚决驳斥了所谓社会民主党人对农民持"冷淡"态度的意见，并重申了社会民主党人的一般观点。其次还应指出《**火星报**》。在**1901年春天**(3月和4月)出版的，即在俄国第一次大规模农民起义**前一年**出版的《火星报》第3号中，刊载了一篇题为《工人政党和农民》②的编辑部文章，其中再次强调了农民问题的重要意义，同时，除其他要求外，还提出了收回割地的要求。

这篇文章可以看做是由《火星报》和《曙光》杂志[123]编辑部于1902年夏发表的并在我党第二次代表大会(1903年8月)上成为党的正式纲领的俄国社会民主工党土地纲领的初稿。

在这个纲领中，对专制制度的**全部**斗争被看做是资产阶级制度反对农奴制的斗争，马克思主义的根本观点极其明确地表述在土地部分的基本论点中："为了消灭使农民直接遭受沉重压迫的农奴制残余，为了使农村阶级斗争能够自由发展，党要求……"

批评社会民主党纲领的人差不多都以沉默态度来**回避**这个基本论点：他们居然看不见大象。

第二次代表大会通过的土地纲领的个别条文中，除了无可争辩的要求(废除等级赋税，减租，自由支配土地)外，还包含有归还赎金和成立农民委员会以收回割地[124]和消灭农奴制关系残余这样的要求。

最后一项条文，即关于割地的条文，在社会民主党人中受到的批评最多。批评这一条的有社会民主党的斗争社[125]，它主张(如

① 见本版全集第2卷第428—451页。——编者注
② 见本版全集第4卷第379—386页。——编者注

果我没有记错的话)剥夺全部地主土地,还有伊克斯同志(他的批评和我的答复①于1903年夏季即第二次代表大会前不久在日内瓦一起出过单行本,到代表大会举行时,代表们都有了这本小册子)。伊克斯同志建议把割地和归还赎金改为:(1)没收教会、寺院和皇族的土地,转归"民主的国家所有",(2)"对大土地占有者的地租课以累进税,使这种收入转交给民主国家掌握,用以满足人民的需要",(3)"把一部分私有土地(大地产),可能时则把全部土地转交给各个自治的大社会组织(地方自治机关[126])掌握"。

我批评了这个纲领,称它是"糟糕透顶的和自相矛盾的要求土地国有化的条文",并强调指出了:农民委员会的意义就在于它是发动被压迫阶层的战斗口号;社会民主党不应当束缚自己的手脚,例如拒绝"拍卖"被没收的土地;收回割地绝对**不是限制**社会民主党的**意向**,而只是限制农村无产阶级和农民资产阶级提出共同任务的可能性。我曾强调指出:"既然要求全部土地就是要求土地国有化或者要求把土地转交给当代的善于经营的农民,那么我们就要从无产阶级利益的角度来评价这个要求,**要考虑到各种情况**〈黑体是我们用的〉;例如我们不能预先说出,当革命唤醒我们的善于经营的农民来参加政治生活的时候,他们是以民主的革命党的身份出现呢,还是以秩序党的身份出现。"(上述小册子第35—36页)②

如果农民运动继续向前发展,割地既不能限制它的规模,也不能限制我们对它的支持,我在《告贫苦农民》(写于1903年第二次代表大会前)中也发挥了这种思想,在这篇文章中,"割地"不是被

① 见本版全集第7卷第203—217页。——编者注

② 同上书,第211页。——编者注

叫做“一堵墙”，而是被叫做“一道门”①，同时指出，把**全部土地**转交给农民的思想绝对不是被摒弃，而是在一定的政治局势下甚至会受到欢迎的。

关于土地平分，我在1902年8月(《曙光》杂志第4期第176页)维护土地纲领草案时写道：

“在土地平分这个要求中，把小农生产普遍化和永久化的空想是反动的，但是，这个要求(除了似乎“农民”能成为**社会主义**革命的体现者这种空想以外)也有革命的一面，即希望用农民起义来铲除农奴制的一切残余。”②

总之，1902—1903年的文献资料无可辩驳地证明，收回割地的要求无论何时也没有被这一条的起草者理解为限制农民运动的规模和限制我们对这个运动的支持。然而，事变的进程表明，纲领的这一条是不能令人满意的，因为农民运动在广度和深度方面迅速地发展起来，而我们的纲领在广大群众当中引起了误解，工人阶级的政党应当考虑到广大群众，而决不能单靠作注解，用一些不是全党所必须接受的理由来解说大家都必须遵守的纲领。

必须修改土地纲领的条件逐渐成熟。1905年初，在“布尔什维克的”社会民主党报纸《前进报》(周报，1905年1—5月在日内瓦出版)[127]的一号中，曾叙述了土地纲领的修改草案，其中取消了关于割地的条文，而代之以“支持农民的要求直到没收全部地主土地为止”③。

但是，在俄国社会民主工党第三次代表大会(1905年5月)上

① 见本版全集第7卷第165—166页。——编者注

② 见本版全集第6卷第310页。——编者注

③ 参看本版全集第9卷第328页。——编者注

和在同时召开的"少数派""代表会议"上，都没有提出修改纲领本身的问题。当时只是制定了**策略**方面的决议。但是党的这两个部分在支持农民运动**直到没收全部地主土地为止**这一点上，意见是完全一致的。

老实说，这些决议预先解决了修改俄国社会民主工党土地纲领的问题。"多数派"最近一次代表会议（1905 年 12 月）采纳了我的这个建议：希望取消关于割地的条文和关于归还赎金的条文，代之以支持农民运动直到没收全部地主土地为止的提法[①]。

关于俄国社会民主工党对土地问题的观点的历史发展简述，我们就谈到这里。

二　社会民主党内部在土地纲领问题上的四种派别

关于这个问题，除了上述"布尔什维克"代表会议的那个决议外，我们现在有马斯洛夫同志与罗日柯夫同志的两个现成的土地纲领草案，还有芬同志、普列汉诺夫同志和考茨基同志的一些不完善的即没有形成为现成纲领草案的意见和见解。

我们现在把这几方面的观点简略地叙述一下。

马斯洛夫同志所提出的草案，是稍加改动的伊克斯同志的草案，也就是说他从伊克斯的草案中删去了对地租课以累进税的条文，并修正了把私有土地转交给地方自治机关掌握的要求。马斯

① 该决议曾在《俄罗斯报》、《我们的生活报》和《真理》杂志[128]上发表。（见本卷第 136 页。——编者注）

洛夫的修正在于：第一，他删去了伊克斯的“可能时则把全部土地”（即把全部土地转交给地方自治机关掌握）这几个字；第二，马斯洛夫完全删去了伊克斯所有提到“地方自治机关”的地方，把“大社会组织——地方自治机关”改为“大地区组织”。马斯洛夫的整个相应的条文如下：

“把私有土地（大地产）转交给各个自治的大地区组织掌握。应转让地段的最低限额由地区人民代表机关决定。”可见，马斯洛夫坚决拒绝伊克斯有条件地允许的那种完全国有，而要求“地方公有”，或确切些说，要求“省有”。马斯洛夫提出三种论据来反对国有：（1）国有会对民族自决构成侵犯；（2）农民，特别是独户农民[129]，是不会同意让自己的土地国有化的；（3）国有会加强在阶级国家中即资产阶级民主国家中所不可避免的官僚政治。

马斯洛夫把分配地主土地（“分割”）仅仅当做社会革命党人的一种假社会主义的空想来批评，没有同“国有”相比较来评价这一措施。

至于罗日柯夫，他既不想分地，也不想国有，只要求删去关于割地的条文，而代之以下面这样一种条文：“把所有那些作为在经济上盘剥农民的工具的土地，无偿地转交给农民。”（见《目前形势》文集[130]第 6 页，罗日柯夫同志的文章）罗日柯夫同志要求没收教会的和其他的土地，没有指出“把这些土地转交给民主国家掌握”（如马斯洛夫同志所希望的那样）。

其次，芬同志在他的没有完成的文章（1906 年《世间》杂志[131]）中反对国有，看来是倾向于把地主土地分配给农民作为他们的私产。

普列汉诺夫同志在《日志》第 5 期中，关于我们的土地纲领要作某些修改的问题，同样只字未提。他批评马斯洛夫时，只是一般地主张“灵活的政策”，他（引用《曙光》杂志的旧论据来）反对“国有”，好像倾向于把地主的土地分给农民。

最后，卡·考茨基在自己的卓越的著作《俄国土地问题》中阐明了社会民主党对这个问题的观点的一般原理，他表示自己完全同意分配地主的土地，似乎在一定条件下也赞成国有，但不管是对俄国社会民主工党的旧土地纲领，还是对这个纲领的修改草案，都根本只字未提。

我们把我们党内关于俄国社会民主工党土地纲领问题的意见综合在一起，可以归纳出以下**四**大类意见：

(1)俄国社会民主工党的土地纲领既不应当要求把地主的土地实行国有，也不应当要求没收地主的土地（持这种意见的有拥护现行纲领或拥护像罗日柯夫同志对这个纲领所作的不大的修改的人）；

(2)俄国社会民主工党的土地纲领应当要求没收地主土地，但不应当要求任何形式的土地国有（持这种意见的大概有芬同志，可能还有普列汉诺夫同志，虽然他的意见不明确）；

(3)转让地主的土地，同时实行一种特殊的和有限的土地国有（伊克斯即马斯洛夫、格罗曼和其他人的“地方自治机关有”和“省有”）；

(4)没收地主土地，**并在一定政治条件下**实行土地国有（我党统一的中央委员会所委任的专门委员会的大多数人所建议的纲领；笔者是拥护这个纲领的，它刊印在本文末尾）①。

---

① 见本卷第240—241页。——编者注

我们来考察一下所有这些意见。

拥护现行纲领或拥护类似罗日柯夫同志所建议的纲领的人所依据的观点，或者是认为从社会民主党观点来看根本就不能拥护没收大地产而把它划分为小地产；或者是认为在纲领中决不能提没收，只能在策略性决议中提及。

先说第一种见解。有些人这样对我们说，大地产是先进的资本主义类型。没收这种地产，分割这种地产，是一种反动的措施，是退向小经济的步骤。社会民主党人是不能赞成这种措施的。

这种见解在我看来是不正确的。

我们应当考虑到当代农民运动的总的和最终的结果，而不应当把农民运动淹没在一些具体情况和细节之中。整个说来，俄国现今的地主经济主要是靠农奴式奴役制，而不是靠资本主义经济制度来维持。谁否认这点，谁就不能解释俄国现在的广泛而深刻的革命的农民运动。从前我们在提出归还割地要求时所犯的错误，就在于对农民中这个民主主义的即资产阶级民主主义的运动的广度和深度估计不足。现在革命已教会了我们许多东西，再来坚持这种错误就是不明智了。对发展资本主义来说，没收全部地主土地所能提供的益处，要比分割资本主义大经济所带来的害处大得不可计量。分割土地消灭不了资本主义，也不会把它拉向后退，而会极大地为它的（资本主义的）新的发展扫净、平整、扩大和巩固基地。我们一向认为，限制农民运动的规模决不是社会民主党人干的事，而现在，拒绝没收全部地主土地的要求，就会成为对已经形成了的社会运动的规模的明显的限制。

所以，那些现在反对没收全部地主土地要求的同志们是错误的，这正像英国那些工作日少于 8 小时的煤矿工人错误地反对以立法手段在全国实行八小时工作制一样。

另一些同志们向“时代精神”让步。他们说，纲领要求收回割地或转让用来进行盘剥的土地。策略性决议要求没收。据他们说，纲领和策略不应当混为一谈。

我们对这点的回答是：企图在纲领和策略之间划一条绝对的界限，只能导致烦琐哲学和学究气。纲领确定工人阶级对其他阶级的一般的、基本的态度。策略确定局部的和暂时的态度。这当然是正确的。然而不要忘记，我们跟农村中农奴制残余的全部斗争，同无产阶级的总的社会主义任务相比较，也只是局部的和暂时的任务。如果合乎希波夫口味的“立宪制度”在俄国保持10—15年，那么这些残余是一定会消逝的，虽然它们在消逝过程中会给人民带来难以估计的苦难，但总归是要消逝的，要自行死亡的。要是那样，那就根本不可能有什么强大的民主主义的农民运动，也就无从捍卫什么“为了消灭农奴制残余”的土地纲领。这就是说，纲领和策略之间的差别只是相对的。但如果在纲领中提出局部的、有限的和狭窄的要求，而在策略决议中提出一般的、广泛的和无所不包的要求，那么对于一个现在刚刚能公开活动的群众性政党来说，不利之处是非常大的。无论是在杜巴索夫—希波夫式的“宪制”巩固起来的情况下，还是在农民和工人的起义获得胜利的情况下，反正我党的土地纲领很快又得重新修改。这就是说，急于建成一座永久性的大厦是办不到的。

现在我们来谈第二类见解。没收地主土地，分配地主土地，这是可以的，但决不应当实行国有，——有些人对我们这样说。他们引证考茨基的话来为分配土地辩护，重复着一切反对国有的社会民主党人的旧论据（参看《曙光》杂志第4期）。在目前来分配地主土地，无论就经济意义来说，还是就政治意义来说，都是绝对进步的措施，我们完全地和无条件地同意这种看法。其次，我们也同意这样一种看法，即在资产阶级社会中，小私有主阶级**在一定条件下**，“在存在着阶级的警察国家，即使是立宪制的国家里，同依赖这个国家的租地者阶级相比，往往可能是民主制的更加可靠得多的支柱”(**列宁**《答伊克斯》第27页)[①]。

但是我们认为，在俄国民主革命的现阶段，**局限于**这些见解，局限于坚持1902年的旧立场，就是根本不考虑社会阶级形势和政治形势的重大变化。《曙光》杂志在1902年8月(第4期第36页，普列汉诺夫的文章)曾指出我们的《莫斯科新闻》拥护国有，并且表述了这样一种无可辩驳的正确思想，即土地国有的要求远不是随时随地都是革命的。后面这点当然是正确的，但普列汉诺夫的同一篇文章(第37页)又指出：“**在革命时代**”(黑体是普列汉诺夫用的)剥夺大土地占有者，在我们这里可能是必要的，并且在一定情况下，剥夺的问题也一定会提出来。

毫无疑问，同1902年比较，现在的形势发生了重大的变化。革命在1905年已经蓬勃发展起来了，现在它正准备着各种力量去迎接新的高涨。因此，现在由《莫斯科新闻》来谈(哪怕是稍微认真地谈谈)拥护土地国有，那是根本不可能了。相反，捍卫土地私有制的神圣不可侵犯性已变成尼古拉二世的演说和格林格穆特及其同伙的号叫的基调了。农民起义已震动了农奴制的俄罗斯，垂死的专制制度现在把一切希望都寄托在同被农民运动吓得魂不附体的地主阶级的勾结上。不仅《莫斯科新闻》，就是希波夫派的机关

---

① 见本版全集第7卷第204页。——编者注

报《言论报》也在攻击维特，攻击库特列尔的“社会主义”方案，虽然这个方案建议的并不是土地国有，而仅是必须**赎买**部分土地。政府对“农民协会”的疯狂摧残和对骚动农民的疯狂“围剿”再明显不过地表明，农民运动的革命民主主义性质已经完全显示出来了。

这个运动，像一切深刻的人民运动一样，已经激发了并且继续激发着农民的巨大革命热情和革命干劲。农民在其反对地主土地所有制、反对地主土地占有制的斗争中，通过自己的先进代表，必然要提出并且已经提出了废除全部土地私有制的要求①。

农民中现在极其广泛地流行着土地全民所有制的思想，这是丝毫不容置疑的。而且，尽管农民愚昧无知，尽管他们的愿望含有许多反动空想成分，但整个来说，这种思想带有革命民主主义的性质，这也同样是没有疑问的。②

社会民主党人应当清除对这种思想所作的反动的和庸俗社会

---

① 见《1905 年 8 月 1 日和 11 月 6 日农民协会代表大会决定》(1905 年圣彼得堡版)第 6 页和《全俄农民协会成立大会记录》(1905 年圣彼得堡版)各处。

② 普列汉诺夫同志在《日志》第 5 期中警告俄国不要重蹈王安石的覆辙(王安石是中国 11 世纪时的改革家，实行土地国有未成)[132]，并力图证明，农民的土地国有思想，按其根源来说是反动的。这种论据的牵强是一目了然的。真所谓 qui prouve trop，ne prouve rien(谁过多地证明，谁就什么也没有证明)。如果 20 世纪的俄国可以同 11 世纪的中国相比较的话，那么我们同普列汉诺夫大概既不必谈农民运动的革命民主主义性质，也不必谈俄国的资本主义了。至于说到农民的土地国有思想的根源(或性质)是反动的，那就要知道，就是在土地平分的思想中，也不仅肯定无疑地有反动根源的特征，而且现在还有反动性质的特征。在整个农民运动中和农民的全部意识形态中都带有反动因素，但是这丝毫没有否定整个农民运动的一般革命民主主义性质。所以说普列汉诺夫提出这种十分牵强的论据非但丝毫不能证明自己的论点(即社会民主党人不可能在一定政治条件下提出土地国有要求)，甚至还因此而大大削弱了自己的论点。

主义的歪曲——关于这一点是没有什么争论的。但是社会民主党人如果完全抛弃这个要求，而不能从中抽出革命民主主义的东西，那就大错而特错了。我们应当开诚布公地和坚决地向农民说，土地国有是资产阶级的措施，这种措施**只有**在一定的政治条件下才是有益的，但是我们社会主义者如果在农民群众面前**干脆**否定这项措施，那就是政治上的近视了。这不仅是政治上的近视，而且也是从理论上对马克思主义的歪曲，因为马克思主义十分肯定地证明，土地国有在资产阶级社会中也是可能的、可以设想的，它不会阻碍而会促进资本主义的发展，它是土地关系方面的资产阶级民主改革的**最高限度**。

难道有谁可以说我们**现在**就是不应该向农民提出资产阶级民主改革的最高限度的要求吗？难道直到现在还看不见农民土地要求（废除土地私有制）的激进倾向和农民政治要求（共和制度等）的激进倾向之间的联系吗？

不，在现阶段，当问题在于把民主革命进行到底的时候，社会民主党人在土地问题上只能采取下面一种立场：在一般存在土地私有制的情况下，反对地主所有制，而拥护农民所有制。**在一定的政治条件下**，反对土地私有制，而拥护土地国有。

现在我们来谈第三类见解：伊克斯，即马斯洛夫等人的"地方自治机关有"或"省有"。1903年，我曾经反驳过伊克斯，说他提出了一个"糟糕透顶的和自相矛盾的要求土地国有化的条文"（**列宁**《答伊克斯》第42页）①。为了反驳马斯洛夫，有必要部分地重复一下我在当时所讲的话。我在那里写道："土地（一般说来）最好转

① 见本版全集第7卷第216页。——编者注

交给民主国家，而不要转交给**小的**社会团体（如现在的或将来的地方自治机关）。"

马斯洛夫所建议的是什么呢？他建议的是一种混合体，即国有**加上**地方自治机关有，**再加上**土地私有，而**根本没有指明**在什么样的政治条件下这种或那种土地制度对无产阶级（比较）有利。的确，马斯洛夫在他的草案第3条中要求"没收"教会的土地和其他的土地，"把这些土地转交给民主国家掌握"。这是纯粹的国有形式。试问：为什么没有附带说明使国有在资本主义社会中不致贻害的政治条件呢？为什么**这里**提出的是国有而不是地方自治机关有？为什么选择了这种同拍卖被没收的土地**相排斥**的说法？① 马斯洛夫对所有这些问题都没有提供答案。

马斯洛夫建议把教会、寺院和皇族的土地收归国有，同时又反对普遍实行国有，这样就是自己打自己的嘴巴。他反对国有的论据有一部分是不充分和不正确的，有一部分是完全没有说服力的。第一个论据：国有会侵犯民族自决。彼得堡不应当支配外高加索的土地。——这不是论据，而完全是误会。第一，我们的纲领是承认民族自决权的，因此外高加索是"有权"脱离彼得堡而实行自治的。马斯洛夫是不是要根据"外高加索"可能不同意而反对四原则选举制[133]呢！第二，我们的纲领**一般**是承认地方和地区的**广泛**自治的，因此，说"彼得堡的官僚会支配山民的土地"（马斯洛夫著作第22页），这简直是可笑！第三，对**外高加索的**土地实行"地方自

① 见**列宁**《答伊克斯》一文第27页："如果说社会民主党无论在什么条件下、无论什么时候都会反对拍卖，那是不正确的。"（见本版全集第7卷第204页。——编者注）预先声明土地私有制是不可废除的和土地是不许拍卖的，那就既不合逻辑，也不明智。

治机关所有”的法令，反正须要**彼得堡**的立宪会议来颁布，因为马斯洛夫并不想使任何一个边区有权自由保存地主土地占有制！这就是说，马斯洛夫的这一论据整个倒了。

第二个论据：“土地国有的前提是把**全部**土地转交给国家掌握。但是农民，特别是独户农民，会自愿同意把自己的土地交给随便什么人吗？”（马斯洛夫著作第20页）

第一，马斯洛夫在玩弄辞藻，或者在混淆概念。国有意味着转交土地所有权，即收取地租的权利，而决不是土地本身。国有绝对不是说全体农民非自愿地把土地交给别人。我们举一个例子来向马斯洛夫说明这一点。社会主义革命意味着不仅把土地所有权，而且把作为经营对象的土地本身也交给全社会掌握。这是不是说，社会主义者想违反小农的意志而从他们手中夺取他们的土地呢？不是的，从来没有哪一个有理智的社会主义者建议做这种蠢事。

是否有人认为在讲到用土地公有制取代土地私有制的社会主义纲领中必须特别说明这一点呢？不，任何一个社会民主党也不作这种附带声明。而我们这里更没有理由去捏造有关国有的种种惨象。国有是把地租转交给国家。农民大半是没有什么地租可收的。这就是说，在实行国有的时候他们什么也用不着交纳，而农民的民主国家（即马斯洛夫在提出他的地方自治机关所有的时候所默然假定的但又解释得不明确的民主国家）还要实行累进所得税，并对小业主实行减税。国有将促进土地的利用，但它丝毫也不意味着违反小农的意志而剥夺他们的土地。

第二，如果以独户农民是否“自愿同意”作为反对国有的论据，那么我们要问马斯洛夫：自耕农是否会“自愿同意”让以农民为主力的“民主国家”把好地，即地主、教会和皇族的土地**仅仅出租给**他们呢？要知道这意味着：坏地（份地）——归你私有，而好地（地主土地）——你来租吧。黑面包你可以白吃，而白面包你要拿钱来买。这种做法，农民是永远也不会同意的。马斯洛夫同志，二者必居其一：或者是经济关系产生保留私有制的必要性，并且这种私有制是有利的，——那就应当讲分配地主的土地或一般实行没收；或者把全部土地实行国有是可能的并且是有利的，——那就没有必要一定要对农民格外照顾。把国有和省有结合在一起，以及把省有和私有制结合在一起，那简直是胡闹。可以担保，**在民主革命取得最彻底的胜利的时候**，这种措施也是永远不会实现的。

三 马斯洛夫同志的主要错误

这里还必须谈一下由上面所产生的、但是需要比较详细地考察的一种见解。我们刚才讲过，可以担保，马斯洛夫的纲领甚至在民主革命取得最彻底的胜利的时候也是不可能实现的。一般说来，一个纲领的某些要求之“不能实现”（从它们在目前情况下或在最近的将来不一定能实现这种意义上讲），是不能当做反对这些要求的论据的。考茨基在他的就波兰独立问题反对卢森堡的文章[①]中曾非常明确地指出了这点。卢森堡说这种独立是“不可能实现的”，而考茨基反驳说，问题并不在于是否“可能实现”（照上面解释

① 我在《曙光》杂志第4期上发表的关于土地纲领草案的文章中有这篇文章的摘录。（见本版全集第6卷第294—295页。——编者注）

的那种意义来讲),而在于某种要求是否与社会发展的总趋势或整个文明世界中总的经济形势和政治形势相适应。考茨基说:就拿德国社会民主党纲领中关于一切官员民选的要求来看吧。从德国目前的情况来看,这个要求当然是“不可能实现的”。然而,这个要求是完全正确和完全必要的,因为它是彻底的民主革命的一个不可分割的组成部分;而实现这种革命又是整个社会目前的发展趋势,是社会民主党力求达到的目标,因为这种革命是社会主义的一个条件和社会主义政治上层建筑的一个必要的组成部分。

所以,我们在讲马斯洛夫纲领不可能实现的时候,还强调说:是在民主革命取得最彻底的胜利的时候。我们完全不是说,从目前的政治关系和政治条件来看,马斯洛夫的纲领是不可能实现的。不是的。我们断言,正是在完全的和彻底的民主革命下,正是在离目前情形最远并且对根本性的土地改革最有利的政治条件下,马斯洛夫的纲领是不可能实现的,这不是因为他的纲领太大了,而是因为从上述条件看来太小了。换句话说,如果民主革命达不到彻底的胜利,那么不管是摧毁地主土地占有制,或者是没收皇族土地及其他土地,或者是地方公有等等,都将是根本谈不上的。相反,如果民主革命得到彻底的胜利,那么革命就**不能**局限于仅对部分土地实行地方公有。那将是消灭整个地主土地占有制的革命(马斯洛夫和所有主张分配或没收地主田庄的人所设想的正是这种革命),——这种革命要求有空前的革命毅力和革命气魄。如果认为不没收地主的地产(马斯洛夫在自己的纲领草案中讲的只是“转让”,而不是没收),不在“人民”中最广泛地宣传全部土地国有的思想,不创立政治上最先进的民主制形式,就能实现这种革命,那就是想入非非了。社会生活的一切方面是彼此密切联系着的，并且归根到底全部服从于生产关系。如果不根本改变国家形式（在目前经济改革的情形下，这种改变只有按民主的方针来进行才是可能的），如果“人民”或农民想要消灭最巨大的一种土地私有制的时候不想反对整个土地私有制，那么消灭地主土地占有制的根本措施就是不可思议的。换句话说，像消灭地主土地占有制这样彻底的革命，其本身就必然会大大地推动整个社会的、经济的和政治的发展。一个社会主义者如果把这种革命的问题提到日程上，他就必须考虑到由这种革命所产生的新问题，就不仅要从这种革命的过去而且要从它的将来来考察这种革命。

正是从这方面来看，马斯洛夫同志的草案是特别不能令人满意的。第一，这个草案不正确地表述了那些主张现在就应当立刻点燃、加强、扩展和“组织”土地革命的口号。唯一能够作为这样的口号的就是**没收**全部地主土地并为此坚决成立**农民委员会**，作为接近人民的强有力的地方革命政权机关的唯一适宜的形式。第二，这个草案不正确的地方，就是它没有确切指出具体的政治条件，而没有这些条件，“地方公有”措施对于无产阶级和农民，就不仅不一定有益，甚至还可能有害，——就是说，草案没有对“民主国家”这个词的概念提供任何确切明晰的定义。第三，这个草案的最重大的而又最不容易看出来的缺点之一，就是这个草案没有从土地革命的未来的角度来考察目前的土地革命，没有指出由这个革命所直接产生的任务，草案的毛病在于它赖以确立的经济前提和政治前提二者是不相适应的。

真的，请你们仔细考察一下可以用来替马斯洛夫的草案辩护的一个最有力的（第三个）论据吧。这个论据说：国有会加强资产

КНИГОИЗДАТЕЛЬСТВО „НАША МЫСЛЬ“

Петербургъ, Литейный, 60, кв. 9.

Н. ЛЕНИНЪ.

Пересмотръ аграрной программы РАБОЧЕЙ ПАРТІИ.

№ 1.

Цѣна 10 коп.

С.-ПЕТЕРБУРГЪ.
1906.

1906 年列宁《修改工人政党的土地纲领》小册子封面

（按原版缩小）

工人政黨土地政綱的修正

谷蓝譯

1930 年 5 月 15 日上海《新思潮》杂志第 6 期所载
列宁《修改工人政党的土地纲领》一文的中文节译
（当时译《工人政党土地政纲的修正》）

阶级国家的权力，而这种国家的市政机关以及一般地方机关往往是比较民主的，它们不负担军费，不直接执行用警察压迫无产阶级的任务等等。不难看出，这个论据是假定会有一个**民主还不充分**的国家，即这样一种国家，它的最重要的机关中央政权，恰好基本上保持着最接近于旧的军事官僚制度的那一套，而它们居于次要和从属地位的地方机关，则比中央机关好些，民主些。也就是说这个论据是假定**民主革命不会进行到底**。这个论据是**默然**假定会有介乎亚历山大三世时代的俄国和“没有共和派的共和国”[134]时代的法国之间的某种东西。在亚历山大三世时代的俄国，地方自治机关比中央机关好些；在“没有共和派的共和国”时代的法国，被无产阶级的强大吓破了胆的**反动**资产阶级，建立了一个具有比地方机关要坏得多，不民主得多，黩武主义、官僚主义、警察统治的味道要强烈得多的中央机关的反民主的“君主共和国”。其实，马斯洛夫草案是默然假定我们最低政治纲领的要求不会充分实现，人民专制不会得到保障，常备军不会取消，官员民选制度不会实行等等，——换句话说，就是假定我们的民主革命，也像欧洲大多数民主革命一样不会进行到底，也像所有这些革命一样被弄得残缺不全，受到歪曲，“被拖向后退”。马斯洛夫的草案是专门给半途而废的、不彻底的、不完全的或者被反动派弄得残缺不全和“不致为害的”那种民主革命设计的。①

正是这种情况把马斯洛夫的草案变成了生编硬造的、机械的、不可能实现的（从这个词的前面解释过的那种意义上来讲）、内容

---

① 马斯洛夫援引了考茨基的话，其实考茨基在《土地问题》一书中特地作了这样的保留：国有在梅克伦堡[135]的条件下是荒谬的，如果是在民主的英国或澳大利亚则另当别论。

自相矛盾的、动摇的以及片面的东西(因为照他的设想,从民主革命只能过渡到反民主的资产阶级的反动,而不能过渡到无产阶级争取社会主义的尖锐斗争)。

默然假定民主革命不会进行到底,假定我们的最低政治纲领的根本要求不会实现,是绝对不能容许的。对这种东西决不能默不作声,而必须十分明确地指出来。如果马斯洛夫想忠于自己,如果他不愿意自己草案中有丝毫的含糊和言不由衷,那么他就应当说:既然我们现在的革命将要产生的国家"大概"会是民主很少的,那么最好不要用国有来加强它的权力,而应当局限于地方自治机关有,因为"**应该料想到**"地方自治机关会比中央国家机关好些,民主些。马斯洛夫的草案所默然假定的就是如此,也仅仅是如此。所以,当他在自己的草案中运用"民主国家"(第 3 条)这个字眼而不作任何说明时,他就是在撒弥天大谎,把自己也把无产阶级和全体人民引入迷途,因为事实上,他正是在使自己的草案"适应"**不**民主的国家、反动的国家,这种国家是由没有贯彻到底的或被反动派"夺过去的"民主制度产生的。

既然如此——而且必定如此——马斯洛夫草案是生编硬造的和"杜撰出来的"就很清楚了。的确,如果假定这个国家中央政权比地方政权更反动,像没有共和派的法兰西第三共和国那样,那么认为在这种国家里有可能消灭地主土地占有制,或者哪怕是还能保持一点在革命的逼攻下所达到的消灭地主土地占有制的成果,就简直是可笑的了。任何一个**这样的**国家在被称为欧洲的那个大陆上,在名为 20 世纪的这个世纪中,由于阶级斗争的客观逻辑,一定是**一开始**就要**保护**地主土地占有制,或者是**恢复**这种占有制,如果它已经部分地遭到破坏的话。要知道,任何这种半民主的、实际上是反动的国家的全部客观含义无非就是：牺牲一些最无关紧要的特权，以保住地主资产阶级的和官僚的政权的**根**基。要知道，在这种国家中反动的中央政权同比较“民主的”地方机关如地方自治机关、地方管理机关等能够并存的唯一原因，就是这些地方机关所从事的是对**资产阶级国家没有害处的**“脸盆镀锡”[136]、供水、电车等等不会破坏所谓“现行社会制度”的**基础**的事情。如果把观察地方自治机关在水电供应方面的活动所得的印象扩大到认为它们可能进行消灭地主土地占有制的“活动”，那就太天真幼稚了。这正像假定法国的某一个波舍霍尼耶[137]选出了一个完全由社会民主党人组成的市议会，就想让这个市议会把全法国私人房屋的土地的私有权实行“地方公有”一样。问题就在于，消灭地主土地占有制的措施，就其性质来说同改善水电供应和清除垃圾等的措施稍有不同。问题就在于，前一种“**措施**”要极其大胆地“触犯”**整个**“现存社会制度”的根基，大力动摇和破坏这个根基，使无产阶级能更容易地以史无前例的规模来对整个资产阶级制度进行攻击。是的，任何资产阶级国家在这种情况下首先关心和最为关心的，必定是怎样设法维护资产阶级统治的基础。只要一触犯到地主资产阶级国家的根本利益，那么，脸盆镀锡自治的一切权利和特权，马上就被取缔，全部地方公有立刻完蛋，地方机关中民主制度的一切痕迹也将受到“讨伐”而化为乌有。天真地假定能在反动的中央政权下实行地方民主自治并进而假定这种“自治”能消灭地主土地占有制，那就是为我们树立了想入非非或极端政治天真的绝妙典型。

四　我们的土地纲领的任务

如果我们用社会民主党在民主革命时代应当向无产阶级和农民提供的一些简单明了的建议的形式来阐述俄国社会民主工党的土地纲领，那么就能把这个问题说得更明白了。

第一个建议必将是这样的：全力以赴地去争取农民起义的彻底胜利。没有这种胜利，无论从地主那里“夺取土地”，还是建立真正的民主国家，都是根本谈不上的。而号召农民起义的口号只能是：没收全部地主土地（决不是那种为赎买问题打掩护的一般转让或一般剥夺），并且一定要在立宪会议召开以前由农民委员会加以没收。

任何别的建议（包括马斯洛夫所建议的“转让”的口号和他的全部地方公有在内），都是号召不用农民起义的办法，而用同地主勾结、同反动中央政权勾结的办法来解决问题，都是号召不用革命的方法，而用官僚主义的方法来解决问题，因为，最民主的地区组织和地方自治组织，要是同革命的农民委员会相比，都不能不是官僚主义的组织；革命的农民委员会对于地主必然就地立即处置，并夺取应由全民立宪会议批准的权利。

第二个建议必将是这样的：如果政治制度不彻底民主化，如果共和制度不建立，如果人民专制得不到切实的保障，那就根本不能指望保持农民起义的胜利果实，更不用想采取什么进一步的措施。我们应当把我们向工人和农民提出的这个建议特别明晰准确地表述出来，以免产生任何怀疑、任何意思含混、任何曲解以及任何对在反动中央政权下有可能消灭地主土地占有制这种荒谬见解的默许。所以，当尽快提出我们的政治建议时，我们应当向农民说：夺得土地后，你应当前进，否则你必然要被地主和大资产阶级打败和击退。没有新的政治胜利，不给整个土地私有制以新的更加坚决的打击，就不能夺取土地并把它保持住。在政治上，也像在整个社会生活中一样，不前进，就要倒退。或者是资产阶级在民主革命后壮大起来（民主革命当然会使资产阶级壮大），把工人和农民群众的胜利果实全部夺去，——或者是无产阶级和农民群众给自己打通前进的道路。这就是说要有共和制度和彻底的人民专制。这就是说要把在赢得共和制度的条件下实行全部土地国有，作为资产阶级民主革命可能达到的最高限度，作为取得资产阶级民主主义的胜利后开始进行真正的争取社会主义的斗争的一个当然的和必要的步骤。

第三个即最后一个建议：城市和农村的无产者和半无产者，你们要单独组织起来。不要信赖任何业主，哪怕是小业主，是"劳动的"业主。只要商品生产继续存在，就不要被小经济迷惑。农民起义的胜利时刻愈近，农民业主转而反对无产阶级的时刻也就愈近，建立无产阶级独立组织的需要也就愈加迫切，我们也就应当愈加努力地、坚定不移地和大声疾呼地号召实行彻底的社会主义革命。我们要始终不渝地支持农民运动，但是我们应当记住，这是另一个阶级的运动，而**不是那个**能够实现并且定会实现社会主义革命的阶级的运动。所以，对于作为经营对象的土地该如何分配的问题，我们把它放在一边，——这个问题，在资产阶级社会中，只有大、小业主能够解决并且他们会来解决。而我们所关心的完全是（而在农民起义胜利后可以说只关心）这样一个问题：农村无产阶级将怎么办？我们现在和将来所研究的主要是这个问题，让小资产者的思想家们去想出土地平均使用制以及诸如此类的办法吧。我们对这个问题，对新俄国即资产阶级民主主义的俄国的根本问题要回答说：农村无产阶级应当同城市无产阶级一起独立地组织起来，为彻底的社会主义革命而斗争。

因而，我们的土地纲领应当包含三个主要部分：第一，表述对革命农民的最坚决的号召，号召他们向地主土地占有制发起进攻；第二，确切指明为了巩固农民的胜利果实，为了从民主主义的胜利过渡到无产阶级直接争取社会主义的斗争，运动能够采取并且应当采取的下一个步骤；第三，指明党的无产阶级的阶级任务，农民起义的胜利愈临近，这些任务也就愈急迫地压到我们头上，愈坚决地要求我们把它们明确地提出来。

俄国社会民主工党现在必须解决的那些基本任务，马斯洛夫的纲领连一个也没有解决：这个纲领没有提出在目前存在最反民主的国家的时代能够立即引导农民运动走向胜利的口号；这个纲领没有确切指出为完成和巩固土地改革所必需的政治改革；它没有指出在最充分最彻底的民主制度下实行土地改革所必需的办法；它没有说明我们党对全部资产阶级民主改革所持的无产阶级立场。这个纲领既没有规定“第一个步骤”的条件，也没有规定“第二个步骤”的任务，而是把一切混在一起，开始是把皇族土地转交给不存在的“民主国家”掌握，继而是担心中央政权不民主而把地主土地转交给民主的地方自治机关掌握！这个纲领，目前按其实际意义来讲，不是革命的，它是建筑在与半反动的中央政权进行完全凭空设想的和完全不可思议的勾结这种假定上面的，在俄国民主革命采取任何一种可能的和可以设想的发展道路时，它都不能作为工人政党的指南。

综上所述，可以作出如下的结论：在民主革命条件下，唯一正确的纲领将是这样的：我们应该立刻要求没收地主土地和设立农民委员会①，并且对这个要求不提出任何限制性的保留条件。这种要求在任何（哪怕是最坏的）条件下，无论从无产阶级的观点或农民的观点来看，都是革命的和有益的。这种要求必然会导致警察国家的破产和民主制度的加强。

但是不能局限于没收。在民主革命和农民起义时代，我们无论如何不能绝对地摒弃土地国有。对这个要求只是必须附上一个条件，就是要十分确切地指出一定的政治制度，没有这种制度，土地国有对无产阶级和农民可能是有害的。

这样的纲领会是完备而严整的。它将提出的无疑是在任何资产阶级民主革命的情况下一般可能设想的最高的目标。它不会束缚社会民主党的手脚，它允许根据不同的政治形势或实行平分，或实行国有。它绝不会引起争取民主主义的战士——农民和无产阶级——之间的纠纷。② 在目前，在警察专制的政治制度下，它会提出绝对革命的和使这些制度革命化的口号，同时在民主革命取得

---

① 像伊克斯一样，马斯洛夫"认为我们既要求消灭等级，又要求设立农民委员会即等级委员会，这是矛盾的。其实这里的矛盾只是表面现象：为了消灭等级，就需要实行卑微等级即受压迫等级的'专政'，正像为了消灭包括无产者阶级在内的一切阶级，需要实行无产阶级专政一样。我们的整个土地纲领，其目的就是要消灭土地关系方面的农奴制传统和等级制传统，而要消灭这些传统，只能依靠卑微等级，即依靠受这些农奴制残余压迫的人"。**列宁**《答伊克斯》第29页。（见本版全集第7卷第205页。——编者注）

② 为了消除一切认为工人政党想不顾农民意志、不顾农民内部自主的运动而强迫农民接受什么改革方案的想法起见，纲领草案附有**A方案**，其中没有直接要求国有，而首先是说党支持革命农民要求废除土地私有制的愿望。

彻底胜利的条件下，即在民主革命的完成展示出新的前景和新的任务的条件下，还会提出进一步的要求。

在纲领中明确指出我们在整个民主土地革命中的独特的无产阶级立场是绝对必要的。不必以为这一点应当放在策略决议中，或以为这是重复纲领的总则而觉得不好意思。

为了明确表述我们的立场并向群众阐明这种立场，放弃把问题分成纲领问题和策略问题的严整公式是值得的。

现在我们把“土地委员会”（“土地委员会”受俄国社会民主工党统一的中央委员会的委任起草新土地纲领草案）的多数委员所拟定的相应的土地纲领草案附在下面。

五　土地纲领草案

为了肃清沉重地直接压在农民身上的农奴制残余，为了使农村阶级斗争自由发展，党要求：

（1）没收教会、寺院、皇族、国家、皇室和地主的全部土地；

（2）成立农民委员会，以便立即消除地主权力和地主特权的一切痕迹，实际处置所没收的土地，直到全民立宪会议规定新的土地机构时为止；

（3）取消农民这个纳税等级[138]现在所负担的一切赋税和义务；

（4）取消一切束缚农民支配自己土地的法令；

（5）授权选举产生的人民法院减低过高的地租和宣布盘剥性契约无效。

如果俄国现在的革命取得决定性胜利后能完全保证人民专制，即建立起共和制度和充分民主的国家制度，那么党将[①]力求做到废除土地私有制，并且把全部土地转变为全民公有财产。

同时，在实行民主土地改革的一切场合下和任何情况下，俄国社会民主工党的任务都是：始终不渝地争取成立农村无产阶级的独立阶级组织，向农村无产阶级说明他们的利益同农民资产阶级的利益是根本对立的，警告他们不要被小经济制度所迷惑，因为它在商品生产存在的情况下永远不能消灭群众的贫困，最后，向他们指出必须实行彻底的社会主义革命，这是消灭一切贫困和剥削的唯一手段。

1906年4月初由“我们的思想”出版社在圣彼得堡印成单行本

译自《列宁全集》俄文第5版第12卷第239—270页

---

① A方案：

……那么党将支持革命农民要求废除土地私有制的愿望，并力求做到把全部土地转变为国家财产。

立宪民主党人的胜利和工人政党的任务

（1906 年 3 月 24—28 日〔4 月 6—10 日〕）

一

我们参加杜马选举有什么客观意义？

立宪民主党人的胜利冲昏了我国自由派报刊的头脑。立宪民主党人在选举运动中把所有或者几乎所有的自由派分子团结在自己的周围了。一向不属于立宪民主党的一些报纸，现在实际上已经成了这个党的机关报。自由派报刊欣喜若狂。到处都能听到胜利的欢呼声和对政府的恫吓声。在这些呼叫声中经常掺杂着对社会民主党人的有时是幸灾乐祸有时是妄自尊大的狂妄态度，这是一种非常能说明问题的情况。

——瞧，你们拒绝参加选举，犯了多大的错误！现在你们明白了吧？你们承认错误了吧？现在你们该知道英明而有远见的普列汉诺夫的忠告的价值了吧？——常常可以从得意忘形的自由派报刊的字里行间听到这样一些言论。关于普列汉诺夫，斯捷潘诺夫同志说得很对（见《目前形势》文集中的《远方来信》一文），他说普列汉诺夫同伯恩施坦一样走运。正像当年德国自由派对伯恩施坦爱不释手以及所有“进步的”资产阶级报纸把他捧上天一样，现在，俄国没有一家自由派报纸，甚而可以说没有一篇自由派报纸上的文章（连《**言论报**》，一点不假，连十月党人的《**言论报**》也在内！）没有拥抱亲吻和爱抚过这位英明的、有远见的、通情达理的、头脑清醒的、敢于起来反对抵制的普列汉诺夫。

我们就来看看立宪民主党人的胜利证明了什么。他们揭露了谁的错误？暴露了什么样的策略是毫无用处的？

普列汉诺夫、司徒卢威及其同伙硬要我们相信，抵制是一种错误。为什么立宪民主党人有这种看法，这是十分清楚的。他们提议给莫斯科工人一个杜马席位（见3月23日《我们的生活报》），这说明立宪民主党人善于重视工人的帮助，他们为了取得圆满成功和巩固自己的胜利，力求同社会民主党达成协议，如果他们同非党工人达成了这种协议，也就等于同社会民主党达成了协议。立宪民主党人仇视抵制是十分自然的事情，因为抵制就是拒绝支持立宪民主党人，反对“左派”同立宪民主党人达成协议。

普列汉诺夫和倾向于他的（一部分是自觉地，一部分是不自觉地）孟什维克或者我们俄国社会民主党中的反抵制派要求的是什么呢？唉，真可惜！普列汉诺夫这位他们中间最有胆识，最彻底、最坦率、最明确地发表自己的观点的人物——居然在他的第5期《日志》[①]里一遍又一遍告诉我们，**他自己也不知道他要求什么**。他大声疾呼：应当参加选举。为了什么？为了建立孟什维克所鼓吹的革命自治呢，还是为了参加杜马？

普列汉诺夫总是吞吞吐吐、躲躲闪闪，拐弯抹角地用诡辩来回

① 《社会民主党人日志》第5期。

避这些简单明了的问题。当孟什维克还在《火星报》上宣扬革命自治的时候(**也是他本人毫不隐讳地表示赞同孟什维克的策略的时候**),普列汉诺夫接连好多个月时间保持沉默,现在却突然抛出一些最轻蔑的词句来攻击孟什维克的"赫赫有名的革命自治"了。普列汉诺夫同志,"革命自治"为什么赫赫有名,又怎么会有名呢?是不是普列汉诺夫现在要进攻的那些早就指出这个口号有缺陷、不明确和不彻底的布尔什维克使它更加"有名"了呢?

这个问题没有得到答复。普列汉诺夫没有作任何解释。他只是讲了几句先知式的名言就搪塞过去了。在这里,先知和普列汉诺夫之间的差别就在于:先知是预卜事件的未来,而普列汉诺夫只是在事件过后才说出自己的见解,也就是吃完了饭才把芥末端上来。当孟什维克在十月革命之前,在十二月起义之前,也就是在革命高潮到来之前谈到"革命自治"的时候,普列汉诺夫默不作声,然而他是完全赞同孟什维克的策略的,他默不作声,看来是在观望和犹豫,不敢拿出一个多少肯定的意见。当革命浪潮低落的时候,当"自由的日子"和起义的日子过去的时候,当工人、士兵、铁路工人等等各种代表苏维埃(即孟什维克认为是革命自治机关而布尔什维克认为是处于萌芽状态的分散的自发的因而也是软弱无力的革命政权机关的苏维埃)退出舞台的时候,——总之,当问题已经失去尖锐性的时候,当饭已经吃完的时候,普列汉诺夫才把芥末端上来,才表现出司徒卢威之流的先生们所喜欢的……对往事的英明和远见。

普列汉诺夫同志为什么不满意革命自治,这一点还没有弄清楚。普列汉诺夫现在跟布尔什维克有同样的看法,认为革命自治会把许多人"弄糊涂"(《日志》第5期),但是从各方面看来,普列汉诺夫是觉得这个口号太大了，而布尔什维克则认为这个口号太小了。普列汉诺夫认为这个口号走得太远了，而我们则认为这个口号走得还不够远。普列汉诺夫一心想把孟什维克从“革命自治”往后拖，使他们在杜马中进行冷静的实际的工作。我们则一心想——不仅一心想，而且有意识地明确地号召——从革命自治再前进一步，承认建立完整的、有计划的、能采取攻势的起义机关即革命政权机关的必要性。普列汉诺夫实际上要把起义的口号从日程上撤销（虽然他不敢直截了当地说出这一点）；他否定革命自治的口号也是很自然的事情，因为没有起义和起义的环境，革命自治就不过是一种可笑的和有害的儿戏。普列汉诺夫比他的志同道合的孟什维克稍微彻底一些。

那么，普列汉诺夫同志，参加选举究竟是为了什么，怎样参加选举呢？不是为了只把人“弄糊涂”的革命自治。那就是说，为了参加杜马吗？但是在这里普列汉诺夫表现得特别胆怯。他不愿意回答，然而由于俄国有 n+1 个同志不仅希望“只管去读”这位“只管去写的”作家的日志，而且希望在工人群众中进行一点明确的活动，由于这 n+1 个纠缠不休的记者要求他作出确切的回答，普列汉诺夫开始生气了。他发表了一个声明，说要求选举者知道选举什么和为什么选举，是一种书呆子气和公式主义等等。很难想象还有什么比他这种怒气冲冲的声明更无济于事、更滑稽可笑的了。得了吧，普列汉诺夫同志！要知道你的朋友们立宪民主党人以及我们工人都会笑话你的，要是你真的当着群众的面鼓吹你那绝妙的纲领：参加选举吧，进行选举吧，但是不必过问选举什么和为什么选举。你们按照关于杜马选举的法令选举好了，但是不许你们去想（这是书呆子气和公式主义）这是在选举杜马代表。

为什么以前写文章条理很清楚而且对问题总是给予明确答复的普列汉诺夫同志现在竟糊涂到这种地步呢？这是因为他对十二月起义作了不正确的估计，从而对目前政治形势得出了一个根本错误的看法。他陷入了这样的境地：害怕把自己的想法彻底弄清，害怕正视现实。

目前，"杜马运动"这一赤裸裸的现实已经能看得很清楚了。现在不管参加选举的本人的意志、意识、言论和诺言怎样，事实已经回答了选举和参加选举具有什么客观意义的问题。孟什维克中最坚决的普列汉诺夫同志之所以害怕公开主张参加杜马，是因为参加本身已经决定了参加的性质。**参加选举，要么意味着支持立宪民主党人并同他们串通一气，要么意味着玩弄选举**。生活本身已经证明这种说法是正确的。普列汉诺夫在《日志》第5期中不得不承认这句话的后半句是正确的，不得不承认"革命自治"这一口号是模糊不清的。如果普列汉诺夫不逃避对事实进行实事求是的分析，那么他在《日志》第6期中将不得不承认前半句话也是对的。

政治现实彻底摧毁了孟什维克的策略，就是他们在自己的"纲领"（1905年底或1906年初在圣彼得堡发行、提到马尔托夫和唐恩的名字的胶印本）和他们自己的铅印声明（附有说明两个策略的统一的中央委员会的传单和一本小册子[139]中所刊载的唐恩的一篇文章）中所鼓吹的策略，这就是，不是为了选举杜马代表而参加选举的策略。再说一遍，任何一个稍有名气的孟什维克都不敢在报刊上提到参加杜马的主张。实际生活就这样彻底摧毁了孟什维克的这个"纯洁的"策略。至于为了"革命自治"、为了退出省选举大会等等而参加选举，现在连认真地谈也未必会谈了。事件最清楚地表明，这种选举的游戏，这种议会制的游戏，除了使社会民主党威信扫地、蒙受耻辱，不会给它带来任何东西。

如果上面的话还需要加以证明的话，那么我们党的莫斯科郊区委员会已经提供了一个最明显的证明。这是一个多数派和少数派混合的组织。它所采取的策略也是"混合的"，即至少有一半是孟什维克的：参加初选人的选举，以加强社会民主党在工人选民团中的影响，然后破坏选举，拒绝选举复选人。这种做法是再一次使用对施德洛夫斯基委员会[140]所用过的策略。这正是本着普列汉诺夫同志所推荐的办法做出的"第一步"：先参加选举，其他到时候再详细研究。

莫斯科郊区委员会所采取的孟什维克-普列汉诺夫的策略，果然不出所料地彻底破产了。初选人选出了。社会民主党人，甚至一部分组织的委员当选了。正好在这个时候颁布了反抵制的法令[141]。初选人陷入进退两难的境地：要么为鼓动抵制而坐牢，要么选举复选人。郊区委员会的鼓动和我们党的所有组织的鼓动，都是秘密进行的，它无力应付它所推动的力量。**初选人违背了自己的诺言**，撕毁了自己的必须绝对执行的委托书，并……**选举了复选人**。在这些复选人中间也有一部分是社会民主党人，甚至是组织的委员。

我出席了莫斯科郊区委员会的会议，看到了这个极端困难的场面，当时社会民主党领导组织正在讨论该怎么办和如何处置这个已经破产了的（普列汉诺夫的）策略的问题。策略的破产是十分明显的，以致委员会的孟什维克成员也**没有一个人**发表赞成复选人参加省选举大会，或者赞成革命自治以及诸如此类的东西的主张。另一方面，也下不了决心处罚那些不按照必须绝对执行的委托书的工人初选人。委员会只得不了了之，默认自己有错误。

参加选举，但是不好好考虑（甚至不愿好好考虑，根本不愿考虑，见《日志》第5期）选举什么和为什么选举的普列汉诺夫策略，其后果就是这样。孟什维克的“策略”一接触现实就完全破产了，这也是不足为奇的，因为这种“策略”（不是为了选举而参加选举）只是一些动听的空话和美好的愿望。但愿望终归是愿望，空话终归是空话，实际出现的总是客观政治形势的不可改变的逻辑所决定的结果：或者是为了支持立宪民主党人而选举，或者是玩弄选举。可见事件完全证实了我在《国家杜马和社会民主党的策略》这一短文中所说的话：“我们可以声明我们社会民主党候选人具有彻底的和最彻底的独立性，可以声明我们参加杜马带有纯洁的和最纯洁的党性，但是**政治形势比一切声明都更有力**。实际情况不会也不可能同我们的声明一致。在现在的条件下参加现在的杜马，结果一定同我们的愿望相反，实际执行的必然不是社会民主主义的也不是党的工人的政策。”（第5页）①

不妨让孟什维克或者普列汉诺夫分子来驳倒这个结论吧，不过不要讲空话，而要摆事实。要知道，现在我们党的每个地方组织在自己的策略上都是自搞一套。为什么孟什维克在俄国任何地方都搞不出一套切实可行的策略呢？为什么俄国社会民主工党莫斯科小组，即没有和布尔什维克委员会合并的孟什维克小组，没有准备开展一个“普列汉诺夫式的”或者自己的选举运动来应付后天，即3月26日这个星期天，就要在莫斯科举行的选举呢？当然，这并不是由于不愿意，而且我相信，也不是由于没有能力。而是由于，客观政治形势已决定，要么抵制，要么支持立宪民主党人。现

① 见本卷第153—154页。——编者注

在,莫斯科省的复选人当中有社会民主党人。选举已成定局。省选举大会为期尚远。普列汉诺夫同志,时间还来得及!孟什维克同志们,时间还来得及!告诉那些复选人该怎么办吧![①] 务必在事前告诉他们,哪怕只此一次也好,让他们知道你们自己的策略。这些复选人是不是应当干脆退出省选举大会?还是退出大会去成立革命自治机关?还是交上空白的选票?或者最后,还是选举杜马代表?如果是,那又选谁?选自己的社会民主党人去演这出徒劳无益的毫无希望的幕布后面的戏吗?最后,还有一个你们孟什维克同志们和普列汉诺夫同志必须回答的主要问题:要是这些复选人的选票将决定立宪民主党人当选或者十月党人当选,他们该怎么办?比方说,如果立宪民主党人的复选人是A—1个,十月党人是A个,而社会民主党的复选人是两个,那怎么办?弃权[②]就等

---

① 当我在3月24日《言语报》**142**第30号上看到莫斯科通讯的时候,本文已经脱稿。莫斯科通讯中说:"就现在可以确定的材料来看,在当前省选举的角逐中,立宪民主党人和右派政党的机会几乎相等:十月党人11票,加上工商业者26票和极右派政党13票,总共有50张完全确定的选票;另一方面,立宪民主党人22票,再加上无党派进步人士11票和工人17票,总共也是50张选票。因此,胜利属谁,要看9个态度还不明朗的复选人究竟靠拢哪个政党。"

假如这9个是自由派,而17个工人是社会民主党的初选人(普列汉诺夫和孟什维克是多么希望这样),结果将是:立宪民主党人42票,右派50票,社会民主党人17票。社会民主党人除了同立宪民主党人缔结瓜分杜马代表席位的协定以外,还有什么办法呢?

② 大概不必再加上这么一句,说如果这两个人选举自己的社会民主党人,**那实际上就是给黑帮分子帮忙**。社会民主党人的选举就等于弃权,也就是等于消极地撤出战斗,让黑帮分子击败立宪民主党人。

附言:正文中有一处错误,说省选举大会为期尚远。省选举大会现在已经开过。黑帮分子取得了胜利,因为农民没有同立宪民主党人达成协议。顺便说一下,使我们获得这条消息的3月28日《我们的生活报》第405号还这样报道:"《道路报》根据可靠方面消息报道:许多社会民主党人孟什维克昨天(在莫斯科)积极参加了选举,按照《人民自由报》上发表的名单投了票。"这是真的吗?

于帮助十月党人击败立宪民主党人！是不是只好投立宪民主党人的票，并且**请求他们为了这一功劳而赏个杜马席位**？

这决不是我们臆想出来的结论。这决不是对孟什维克的无端攻击。这个结论就是现实本身。工人参加选举，社会民主党参加选举，**实际上**就导致这种结局，而且只能导致这种结局。立宪民主党人正确地估计了彼得堡的经验：当时非党的工人房客为了不让十月党人取得胜利而投了立宪民主党人的票。立宪民主党人估计了这一经验，就直截了当地向莫斯科工人提出：只要支持我们，我们就把你们的一位复选人选入杜马。立宪民主党人要比普列汉诺夫本人更正确地了解普列汉诺夫策略的实际意义。他们的建议表明，他们已经预料到选举所必然产生的政治结果。如果复选人不是非党工人，而是加入了社会民主党的工人，他们也会陷入那样进退两难的境地：或者置身事外，这就是帮助黑帮分子，或者同立宪民主党人直接或间接地，彼此默契或通过协定勾结起来。

的确，立宪民主党人现在亲吻普列汉诺夫决不是**无缘无故的**！这一亲吻的代价是很明显的。拉丁语里有个谚语说得好：Do ut des（我给你是为了你给我）。我吻你是要你用自己的劝说多给**我**拉几张选票。的确，也许你根本不想这样做；你甚至羞于当众承认曾经接受我们的吻。你想用各种真话和假话（特别是用假话！）来回避答复那些毫不客气、过于直率地触及我们暧昧关系的本质的问题。但是要知道，问题完全不在于你的心愿、你的心意、你的善良的（从社会民主党的角度来看是善良的）愿望。问题在于**结局**，而这种结局对我们是有利的。

立宪民主党人对普列汉诺夫的策略的了解是符合实际的。因此他们得到了他们所希望的结局：取得了工人的选票，和工人达成协议，**使工人对立宪民主党的杜马**、对立宪民主党的政策**负连带**（同立宪民主党人一起）**责任**。

普列汉诺夫对自己所提出的策略的了解是不符合实际的。因此，普列汉诺夫的善良的愿望只能铺成地狱。社会民主党在选举问题上对**群众**进行的宣传鼓动工作、组织**群众**的工作、动员**群众**团结在社会民主党周围的工作等等（见普列汉诺夫的同伙唐恩在他的小册子中发出的豪言壮语）只不过是纸上谈兵。尽管我们中间有人非常希望做到这一点，但是客观条件却阻碍着这种愿望的实现。社会民主党的旗帜不能在群众面前高高举起（回想一下莫斯科郊区委员会的例子），秘密组织不可能变成合法的组织，船帆从不带主要装备就投入伪议会急流的无能掌舵人手中掉下来了。**实际执行的既不是社会民主主义的也不是党的工人的政策**，而是立宪民主党的工人政策。

要知道你们的抵制是一种毫无用处的和软弱无力的办法！立宪民主党人从四面八方向我们这样喊叫。那些企图用抵制的办法使杜马和我们立宪民主党人出丑的工人，那些把稻草人选到杜马中去的工人显然是错了！杜马决不会是稻草人的杜马，而是立宪民主党的杜马！

够了，先生们！你们太天真了，或者是假装天真。如果杜马将是立宪民主党的杜马，那么形势就会不同，可是杜马终究将是一个稻草人。当工人们用选举稻草人这个绝妙的实例来象征未来的杜马，警告轻信的人们并且声明自己不对稻草人的把戏负责的时候，是有一种异常敏锐的阶级本能在指使他们的。

你们不了解这一点吗？让我们给你们解释解释吧。

二

初次选举的社会政治意义

俄国的初次政治选举具有非常巨大的政治意义和社会意义。但是，陶醉于自己的胜利和完全沉溺于立宪幻想的立宪民主党人却根本不能了解这次选举的实际意义。

首先我们看一看，聚集在立宪民主党人周围的是哪些阶级的分子。在这个问题上，这次选举提供了十分有用的宝贵材料，但还远远不够完备。然而，有些东西已经可以看出并且值得特别予以注意。下面就是我们根据《俄罗斯新闻》上关于到3月18日为止（即到彼得堡选举以前）选出的复选人的材料总结出来的数字：

政治倾向①	代表大会选出的复选人人数		
	城市选民	土地占有者	总计
左派	268	128	396
右派	118	172	290
无党无派	101	178	279
总　计	487	478	965

尽管这份材料还很不完备，但是从这里可以看出（彼得堡的选举只是更肯定了这个结论），俄国的一般解放运动，特别是立宪民

① 我们把社会民主党（2人）、立宪民主党（304人）、民主改革党（4人）、进步派（59人）、温和的自由派分子（17人）、犹太平等联盟[143]（3人）和波兰民族主义者[144]（7人）划为左派。把十月党人（124人）、工商党（51人）、立宪君主党（7人）、法制党（5人）、右派[145]（49人）和君主派[146]（54人）划为右派。

主党，正经历着某种社会变动。这个运动的重心正逐渐移向城市。运动正在走向民主化。城市居民中的“小人物”正在日益显露头角。

在土地占有者中间是右派占优势（假定无党无派中左派和右派各占一半——这个假定与其说是太乐观，还不如说是太悲观了）。而在城市选民中间，左派却占大得多的优势。

地主脱离了立宪民主党，参加了十月十七日同盟以及诸如此类的政党。可是，小资产阶级，至少是城市小资产阶级（现在还没有关于农村小资产阶级的材料，在杜马召开以前要弄到这方面的材料也确实比较困难），显然正在走上政治舞台，显然正在转向民主派。在地方自治人士代表大会的资产阶级解放（和“解放派的”）运动中地主曾占主导地位，现在农民起义和十月革命已经把大部分地主完全抛到反革命方面去了。立宪民主党仍然是两重性的政党，其中既有城市小资产阶级，也有自由派地主，但是现在自由派地主显然只占该党的少数。占多数的是小资产阶级民主派。

因此，我们可以很有把握地、几乎万无一失地作出下面两个结论：第一，小资产阶级在政治上正在成熟，并且明确地表现出对政府的反对态度；第二，立宪民主党正在变为小资产阶级民主派的“议会”政党。

这两个结论并不像初看起来那样是彼此一致的。第二个结论要比第一个结论狭隘得多，因为立宪民主党并不包括所有的小资产阶级民主派分子，而且它仅仅是一个“议会的”（**自然**也是**伪议会的，傀儡议会的**）政党。例如，关于彼得堡选举的意义，最初有狂热的激进的《俄罗斯报》谈过，接着有立宪民主党中央委员和杜马候选人纳波柯夫先生谈过，最后有《新时报》谈过，他们的供词十分相似，都认为这次选举与其说是投票**赞成**立宪民主党人，倒不如说是投票**反对政府**。立宪民主党人能够取得胜利，在很大的程度上是**由于他们成了**（这是杜尔诺沃之流的功劳）**最左的政党**。真正的左派政党已经被暴力、逮捕、屠杀和选举法等排除在外了。一切不满的、气愤的、愤慨的、动摇的革命分子由于大势所趋和选举斗争的逻辑，不得不纠集在立宪民主党的周围。① 在前面的图表中，我们把一切进步的复选人和立宪民主党人计算在一起，实际情形也正是这样的。实际上是两支巨大的力量在斗争：一支是拥护政府的力量（反革命地主、资本家和暴虐的官僚），另一支是反对政府的力量（自由派地主、小资产阶级和革命民主派的不坚定分子）。至于比立宪民主党人更左的分子投了立宪民主党人的票，这从彼得堡选举②的总的情况来看是毫无疑问的事情，许多见证人的坦率的供认也证明了这一点（“庶民”投票赞成“自由”等等），而且从比立宪民主党的报纸稍左一些的民主派的报纸普遍地转向立宪民主党阵营这个事实也可以间接地看到这一点。因此，如果说目前组成立宪民主党核心的无疑地多半是些除了进行傀儡议会的清谈以外什么好事也干不出来的人，那么对于投立宪民主党人票的小资产阶级选民群众就决不能这样说了。一位立宪民主党人向立宪民主党的（或半立宪民主党的）《我们的生活报》的记者说（3 月 23 日第

---

① 3 月 22 日《评论报》**147**说：“人们并不期望这个杜马做出创造性的工作，很多不同意立宪民主党纲领的人把立宪民主党人选到杜马中去，只不过是把神圣的事业加在他们身上，要他们付出巨大的劳动来清除我们的奥吉亚斯的牛圈**148**，即政府中多年堆积起来的垃圾，这对任何人已经不是什么秘密了。”

② 在彼得堡选举中立宪民主党共得了 160 个席位，这只是特别明显地揭示了其他许多地区的整个选举已经出现的和正在出现的情形。彼得堡选举的全部意义就在这里。

401号)："我们的情况实际上和德国社会民主党人在选举时的情况一模一样。很多人投他们的票，是因为他们的政党是最反对政府的政党。"

这话说得很对。不过还要作一个小小的补充：德国社会民主党是一个富有战斗性的和真正先进的社会主义的政党，它把许多比较落后的分子团结在自己的周围。而俄国立宪民主党却是一个真正落后的政党，不是一个富有战斗性的民主政党，由于真正民主的政党被迫离开了战场，所以它吸引了许多先进的善于斗争的民主派分子。换句话说：德国社会民主党人吸引了落在他们后面的人；而俄国立宪民主党人自己落在民主革命的后面，他们能吸引许多先进分子，只是因为走在他们前面的人大部分都被监禁或者长眠了……① 这只是顺便提一下，好让我们的立宪民主党人别太妄自尊大，竟拿自己同德国社会民主党人相提并论。

由于先进的民主派分子退出了傀儡议会的斗争舞台，立宪民主党人在这段时期自然就有可能控制这个所谓俄国国家杜马的傀儡议会了。如果看一看上面所引用的数字，注意一下立宪民主党在彼得堡和后来在其他地方取得的胜利，大约估计一下农村复选人超过城市复选人的巨大优势，把农民的复选人同土地占有者的复选人并在一起，那么总的说来，应当承认完全有可能，甚至完全

① 值得指出的是：《俄罗斯报》认为立宪民主党人获得成功的原因之一，就是他们允许"左派"参加自己的会议。谢·阿—奇先生在3月22日《评论报》第18号上写道："这个党〈立宪民主党〉赢得选民的信任，还由于它允许一些极左派政党的代表参加自己的群众大会，在同他们进行辩论时取得了胜利。"就让阿—奇先生认为立宪民主党人在同我们的争论中取得胜利吧。我们却对社会民主党人同立宪民主党人于1906年3月在彼得堡集会上争论的结果感到十分满意。总有一天，参加过这些大会的公正人士会说明这场争论的胜利者是谁。

可以预料，杜马将是立宪民主党的杜马。

三

什么是人民自由党

立宪民主党的杜马能够而且应当起什么样的作用呢？要回答这个问题，首先必须比较详细地分析一下立宪民主党本身。

我们已经指出了这个党的阶级结构的基本特征。这个党和资产阶级社会中某一个确定的阶级并没有联系，但是从它的成分、性质和理想来看完全是资产阶级的政党，它动摇在民主小资产阶级和大资产阶级的反革命分子之间。这个党的社会支柱，一方面是大量的城市居民，也就是在著名的十二月起义的日子里在莫斯科积极修筑街垒的城市居民；另一方面是自由派地主，他们一心想通过亲自由派官员同专制政府取得妥协，使人民同一切受命于天的压迫人民的人“不伤和气地”分享政权。立宪民主党的这个非常广泛、不固定，而且内部有矛盾的阶级支柱（从上面提供的立宪民主党的复选人的统计数字中可以看得很清楚），在它的纲领和策略中表现得十分明显。他们的纲领是彻头彻尾资产阶级的纲领，在立宪民主党人看来，除了资本主义制度，任何别的社会制度都是不可想象的，因此他们的最大胆的要求也不会越出资本主义的范围。在政治方面，他们的纲领把民主制即“人民的自由”同反革命即专制制度压迫人民的自由混为一谈，同纯粹小资产阶级的和教授学究式的谨小慎微混为一谈。立宪民主党人的理想是这样的：国家权力大致可以分为三部分。一部分权力归专制政府。君主制仍然保留。君主仍然有和人民代表机关同等的权力，有关颁布法令事宜，人民代表机关要和君主“协商”，要把自己制定的**法令草案**呈请君主**批准**。另一部分权力归地主和大资本家。他们掌握参议院，二级选举制和居住期限的限制必然会把“庶民”分子赶出参议院。最后，第三部分权力归人民，他们得到以普遍、平等、直接、无记名的投票为基础的众议院。干吗要斗争呀，干吗要内讧呢？犹杜什卡式的立宪民主党人时而举目望天、时而用责备的眼光看看革命的人民，又看看反革命的政府，说道：弟兄们！彼此相亲相爱吧！既要狼吃饱，又要羊完好，让君主制和参议院既不受侵犯，“人民自由”又得到保障吧。

立宪民主党的这种原则立场的虚伪性是一目了然的，它用来替自己辩护的“科学”（教授式科学）论据的伪善也是令人震惊的。但是，如果用立宪民主党的领袖和立宪民主党人的个人品质来解释这种虚伪性和伪善，那显然是根本错误的。我们的敌人常常强加在我们身上的这种庸俗的解释同马克思主义是完全背道而驰的。不，在立宪民主党人中间无疑是有一些最虔诚的人，他们相信他们的党是“人民自由”的党。但是，他们党的两重性的和摇摆不定的阶级基础必不可免地要产生他们的两面政策，产生他们的伪善和虚伪。

这些可爱的特点在立宪民主党的策略中或许要比在它的纲领中表现得更明显。《北极星》杂志[149]（司徒卢威先生曾经在这家杂志上十分热心、十分成功地使立宪民主党思想接近《新时报》思想）对立宪民主党的策略作了卓越的、绝妙的、无可模拟的描绘。莫斯科的枪声停息了，军警专政正在纵饮欢庆，拷打和大屠杀遍及俄国各地，正在这个时候，《北极星》杂志发出了反对左派使用暴力、反对各革命政党成立的罢工委员会的言论。靠杜巴索夫之流养活的、拿学术做交易的立宪民主党教授们(如立宪民主党中央委员会的委员和杜马的候选人基泽韦捷尔先生),竟把"专政"译成"强化警卫"![150]"学术界人士"为了贬低革命斗争的意义,竟不惜歪曲自己在中学里学的拉丁文。专政就是(请基泽韦捷尔、司徒卢威、伊兹哥耶夫之流的先生们永远记住)不受限制的、依靠强力而不是依靠法律的政权。在国内战争时期,任何获得胜利的政权都只能是一种专政。但是问题在于,有少数人对多数人的专政,一小撮警察对人民的专政,也有绝大多数人民对一小撮暴徒、强盗和人民政权篡夺者的专政。立宪民主党人先生们在右派无法无天地横行肆虐、卑鄙无耻地使用暴力的时代,庸俗地歪曲专政这个科学概念,哭哭啼啼地反对左派使用暴力,这就非常明显地表明了"妥协主义者"在激烈的革命斗争中站的是什么立场。在斗争激烈的时候,"妥协主义者"都胆战心惊地躲了起来。在革命人民胜利的时候(10 月 17 日),"妥协主义者"都从洞里钻出来,装模作样,大唱高调,狂叫:那真是"光荣的"政治罢工。当反革命占了上风,妥协主义者就对战败者假惺惺地大加劝导和教诲。胜利的罢工是"光荣的"。失败的罢工是罪恶的、野蛮的、无意义的、无政府主义的。失败的起义是丧失理智,是自发势力的胡闹,是野蛮行为,是荒唐举动。总而言之,"妥协主义者"的政治品德和政治才华就在于:曲意奉迎目前的强者,打乱斗争者的阵脚,忽而妨碍这一方,忽而妨碍那一方,磨掉斗争的锋芒,麻痹为自由而作殊死斗争的人民的革命意识。

农民正在进行反对地主土地占有制的斗争。当前,这场斗争即将进入最高潮,其尖锐激烈之程度,可以说已经到了摊牌的时刻:地主想用机枪来对付农民打算夺取贵族霸占了几百年的土地的任何一点念头。农民则想夺取全部土地。就在这个时候,《北极星》杂志一面说些又酸又甜的遁词,一面派考夫曼先生之流投入战斗,这班先生们要去证明,地主没有多少土地,问题其实不在土地上,一切都可以友好协商解决。

立宪民主党最近一次代表大会[151]通过的策略决议充分说明了立宪民主党人的政客手腕。十二月起义以后,任何人都十分清楚地看出和平罢工已经过时,已经失去任何威力,不宜再作为独立的斗争手段了,这时突然冒出了立宪民主党代表大会的一个决议(好像是维纳维尔先生提出来的),说**和平的**政治罢工是一种斗争手段。

立宪民主党先生们,好极了,妙极了!你们对资产阶级政客手腕的精神和实质运用自如,得心应手。必须争取人民的支持,否则资产阶级决不能取得政权,而且从来也没有取得政权。但同时又必须制止人民的革命冲击,使工人和农民不致取得(上帝保佑)完全的、彻底的民主,不致取得真正的而不是君主制的、"两院制的"人民自由。为此,每当革命正要胜利的时候,就必然出来阻挡革命的车轮前进,而且千方百计地进行阻挠,比如说利用"教授们"对拉丁文进行"科学的"歪曲来使人民丧失必胜的信念,或者仅仅承认当时**已经**过时的革命斗争手段!这样既无害,又有利。说它无害,是因为磨钝了的武器显然不能使人民取得胜利,不能使无产阶级和农民取得政权,顶多只能稍微摇撼一下专制制度,帮助立宪民主党人替资产阶级争得一点点"权利"。说它有利,是因为这样可以伪装"革命",可以伪装同情人民的斗争,可以骗取大批真心实意希望革命取得胜利的人对立宪民主党人的同情。

动摇于资本和劳动之间的小资产阶级的经济地位的实质,必然使立宪民主党在政治上具有动摇性和两面性,使它鼓吹臭名远扬的妥协论("人民有权利,但是批准这些权利则是君主的权利"),使这个党成为抱立宪幻想的党。小资产阶级的思想家不可能了解"立宪的实质"。小资产者总是惯于把纸上的空谈当成事情的本质。他们如不依附一个战斗的阶级就几乎没有能力独立地组织起来进行直接的革命斗争。他们远离当前最尖锐的经济斗争,当问题涉及真正争取宪法和在实际上保障真正的宪法的时候,他们在政治上也宁愿把首要地位让给其他阶级。让无产阶级去为立宪基础而斗争吧,让玩偶小人在这个立宪基础(它是靠起义中牺牲的工人的尸体支撑着的)上去玩弄议会制吧,——这就是资产阶级的内在趋向。立宪民主党是整个资产阶级意图的纯洁的、高尚的、升华的、甜美的、理想化的体现者,它始终一贯地执行上述方针。

你们把自己称为人民自由党吗?真是信口雌黄!你们是像市侩那样用人民自由招摇撞骗的政党,是像市侩那样幻想人民自由的政党。你们是自由的政党,因为你们想使自由受君主以及地主的参议院的支配。你们是人民的政党,因为你们害怕人民的胜利,也就是说害怕农民起义的彻底胜利,害怕工人为争取工人的事业而斗争的充分自由。你们是斗争的政党,因为每当反对专制制度的真正的公开的直接的革命斗争激烈起来的时候,你们就躲到教授式的又酸又甜的遁词后面去了。你们是光说不做的政党,你们是许下诺言而不兑现的政党,你们是抱立宪幻想而不认真地为争取真正的(不是纸上的)宪法而进行斗争的政党。

当激烈斗争之后的沉寂来临的时候,当上面的撑破肚皮的野兽、"困倦的胜利者在休息"，下面的人"在磨剑"①、在重振旗鼓的时候，当人民群众中又开始有些骚乱和沸腾的时候，当新的政治危机和新的伟大战斗刚开始酝酿的时候，像市侩那样幻想人民自由的政党正处在自己发展的最高峰，正沉醉于自己的胜利之中。撑破肚皮的野兽懒得再振作起来，去认真地进攻自由派的清谈家（来得及！慌什么！）。在工人阶级的和农民的战士们看来，新的高涨时期还没有到来。现在，我们的立宪民主党人既要抓紧时机，又要把一切不满分子（如今有谁会满意呢？）的选票拉到手，又要像夜莺一般地歌唱。

立宪民主党人是革命的坟墓中的蛆虫。革命被葬送了。蛆虫正在蛀蚀革命。然而，革命具有一个特点，它能在良好的土壤中很快地复活并且蓬勃地发展起来。土壤已经由十月的自由日子和十二月起义准备得很好很好了。我们决不想否定蛆虫在革命被葬送的时期所做的有益的工作。因为这些肥壮的蛆虫给这块土壤很好地施了肥……

杜马中的农民将是立宪民主党人！司徒卢威先生曾经在《北极星》杂志上这样叫喊过。[152]这句话似乎很有道理。大多数农民当然是赞成人民自由的。农民听到这些娓娓动听的至理名言，他们看到换上"十月党人的"各式制服的巡官、把人颧骨击碎的区警察局长和农奴主-地主。他们多半会站在人民自由这一边，他们会

① **斯基塔列茨**的诗《四周静悄悄》："琴弦断了！现在歌声也该停止了！我们在战斗前把话都说完了。这条恶龙，奄奄一息的野兽又复活了，于是剑声代替了琴声……　四周静悄悄：在这恐怖的夜晚，没有半点往日生活的声音。下面是战败者在磨剑，上面是困倦的胜利者。撑破肚皮的野兽衰老憔悴了，它又看到下面有动静，那扇古老的门摇晃起来，勇士打碎了枷锁。"（见《1906年知识出版公司文集》圣彼得堡版第9辑第320页。——编者注）

追求装饰得十分美丽的招牌，他们不会立刻识破市侩的骗局，他们是会成为立宪民主党人的……他们将始终是立宪民主党人，直到事变的进程告诉他们：人民自由**还**必须争取，真正的争取人民自由的斗争是**在**杜马**外面**进行。到事变的进程告诉他们的时候……这时农民以及城市小资产阶级群众就会分裂：小部分在经济上强有力的富农将坚决地站在反革命方面，一部分将主张同君主制和地主实行"妥协"、"和解"，友好地勾结起来，另外一部分将转到革命方面。

城市居民曾经在12月伟大斗争的时候修筑过街垒。他们曾经反抗过政府，在起义被镇压以后，在3月里投了立宪民主党人的票。可是当目前的立宪幻想破灭的时候，城市居民一定会又抛弃立宪民主党人而转向革命。至于哪一部分城市居民将抛弃立宪民主党人的空谈而投入革命斗争，哪一部分农民将同他们联合起来，以及无产阶级在新的进攻中的劲头有多大，组织得好不好，进行得是不是顺利，这要由革命的进程来决定。

立宪民主党是一个短命的、死气沉沉的政党。当立宪民主党人在选举中取得辉煌的胜利，并且将在杜马中取得更加辉煌的"议会"胜利的时候，作出这样的论断表面上看来可能是十分荒谬的。但是，马克思主义教导我们，要从发展中观察一切现象，不要只满足于表面的东西，不要相信漂亮的招牌，要分析各个政党的经济基础和阶级基础，要研究预先决定这些政党的政治活动的意义和结局的客观政治环境。如果用这种方法观察立宪民主党人，你们就会看到我们的论断是正确的。立宪民主党不是一个政党，而是一种征兆。它不是一种政治力量，而是力量大体相等的斗争双方互相冲击后产生的一种泡沫。实际上他们是天鹅、虾和狗鱼[153]聚集在一起，既有夸夸其谈、目空一切、孤芳自赏、鼠目寸光、贪生怕死的资产阶级知识分子，也有企图以最低的代价向革命赎身的反革命地主，还有坚强、精明、节俭、吝啬的小资产者。这个党不想也不可能在整个资产阶级社会里取得比较稳固的统治地位，不想也不可能沿着某种明确的道路进行资产阶级民主革命。立宪民主党人不愿意取得统治地位，而宁愿在君主政府和参议院中"供职"。他们不可能取得统治地位，因为资产阶级社会的真正主人，大资本和大财产的代表，形形色色的希波夫和古契柯夫之流是站在这个党的外面的。立宪民主党是幻想建立一个洁白无瑕的、秩序井然的、"理想的"资产阶级社会的政党。古契柯夫和希波夫之流是代表现代资产阶级社会中肮脏的货真价实的资本的政党。立宪民主党人不可能把革命推向前进，因为他们没有团结一致的真正革命的阶级作后盾。他们害怕革命。他们只是在立宪幻想的基础上，只是通过憎恨撑破肚皮的野兽即专制政府这种消极的联系把所有的人，把全体"人民"团结在自己的周围。而立宪民主党人在这种"合法"的基础上反对专制政府，现在表现得比**任何人都要左**。

立宪民主党人的历史作用是过渡的、转瞬即逝的。他们将随着立宪幻想的必然的和即将到来的破灭而一起完蛋，正像同我国立宪民主党人十分相似的、就其性质而言也是小资产阶级的 40 年代末法国社会民主党人的完蛋一样。立宪民主党人的完蛋是给土壤施肥……或者使希波夫之流和古契柯夫之流继续得势，革命长期被葬送，出现"像样的"资产阶级立宪制度；或者促成无产阶级和农民的革命民主专政。

四

立宪民主党杜马的作用和意义

自由派的报纸对我们说:总之,国家杜马将是立宪民主党的杜马。我们已经指出,这种设想是十分可能的。我们只是补充一点:立宪民主党人尽管取得了眼前的胜利,如果他们在杜马中还是占少数,那么这种情况未必能使目前在俄国又在酝酿着的政治危机的进程有什么特别重大的改变。这个革命危机的因素具有异常深刻的根源,决非改变杜马的人员构成所能扭转。广大的居民群众对待政府的态度是十分明确的。政府对待整个社会发展的迫切要求的态度也是再明确不过的。在这样的情况下,革命自然要不断向前发展。只有黑帮分子在第一届杜马中占优势,才会使俄国政治发展的某些方面发生某种程度的延缓。就是说,如果现在立宪民主党人处于少数地位,那么立宪民主党本身及其迷惑群众的手法的破产就会得到延缓。从目前来看,处于少数地位,保持反对派的地位,对他们是十分有利的。这样,公众就会把黑帮分子占优势的原因,归之于政府对选举使用了高压手段。立宪民主党人意识到自己的反对派地位是"无害"的,所以,发表显示反对派身份的演说不妨慷慨激昂。当立宪民主党人的"言论"比现在更加响亮,他们的"行动"又因遭十月党人的多数否决而始终暧昧不清的时候,立宪民主党人在那些政治上不开展的广大居民群众中的威信还可能蒸蒸日上。就是到了那时,对政府的不满情绪也仍会有增无减,新的革命高涨仍会在继续酝酿,但是立宪民主党的空架子可能被揭穿得迟一些。

现在我们看一看另一个假设，如果相信现在立宪民主党报纸上作出的保证的话，那么这是一个更有可能性的假设。就假定立宪民主党人将在杜马中占多数，当然，这时立宪民主党人也像在现在的选举中一样，把各种非党的、“小党派的”以及其他的自由派分子联合在一起。那么，立宪民主党的杜马的意义和作用将是怎样的呢？

立宪民主党人自己对这一问题提供了十分明确的答案。他们的声明、他们的诺言以及他们那响亮的口号都是十分强硬坚决的。因此，对我们工人政党的党员来说，最重要的是细心地收集所有这些声明，好好地记住它们，广泛地向群众介绍，必须使这些政治教育课程（立宪民主党人给人民上的）收到效果，使工人和农民真正知道，立宪民主党人**许下了哪些诺言，他们又是怎样履行自己的诺言的**。

这本小册子不过是一个被杜尔诺沃之流下令免去新闻工作职务的、正在各地流浪的社会民主党政论家匆忙写成的评论，绝对不可能设想把参加杜马的立宪民主党人所有的、即使是最重要的声明和诺言都收集在这里。我只能根据偶然落到我手里的一些文章指出几点。

请看12月创刊、很快就被政府查封的《人民自由报》。该报是立宪民主党的正式机关报。担任该报主编的是像米留可夫和盖森先生这样的立宪民主党的台柱。整个的立宪民主党要对该报的内容负责，这一点是丝毫不容怀疑的。

12月20日的《人民自由报》要读者相信：必须参加杜马。立宪民主党的机关报究竟是怎样论证这一点的呢？《人民自由报》并不打算否认俄国当前的政治任务是召开立宪会议。立宪民主党的机关报认为这是理所当然的。要知道这里的问题只是在于：由谁召开立宪会议。可能有三种答案：(1)现在的即事实上的专制政府；(2)临时革命政府；(3)作为“**同政府竞争的政权**”的国家杜马。可是，立宪民主党人不同意前两种办法，他们既不指望专制政府，也不相信起义能获得胜利。立宪民主党人接受第三种办法。正因为这是召开全民立宪会议的最好的、最可靠的、最……的办法，所以他们发出参加杜马的号召。

请好好地记住这个结论，先生们！立宪民主党，即“人民自由”党**向人民许下诺言**，说要利用“同政府竞争的政权”，利用自己在国家杜马中的优势(如果人民帮助立宪民主党取得这种优势的话)**来召开全民立宪会议**。

这是历史事实。这是重要的诺言。这是对带引号的“人民自由”党将怎样效忠于不带引号的人民自由的第一次考验。

近来在立宪民主党的报纸上(再说一遍，**事实上**几乎自由派所有的机关报，其中包括《俄罗斯报》、《我们的生活报》等等都向这个党靠拢了)，已经看不到这种诺言了。现在光是讲杜马的“立宪职能”，已不再提由杜马召开全民立宪会议的事了。在诺言必须用实际行动兑现的时刻愈来愈近的时候，却**后退了一步**，替自己准备了**一条后路**。

或许，这都是因为眼下禁令森严，不便公开谈论立宪会议吧？先生们，是不是这样呢？要知道你们的代表在杜马中将**依法**享有言论自由，你们可以再理直气壮地发表意见，你们可以要求召开……嗳，我说到哪儿去了？……你们一定会**召开**全民立宪会议，是吧？

好吧，过些时候就会见分晓。可是我们不会忘记，立宪民主党人答应过要利用杜马召开全民立宪会议。现在立宪民主党的报纸满版都是这样的话：他们立宪民主党人将主持“政府”，他们将掌握“政权”等等。祝你们成功，先生们！你们在杜马中愈快地取得多数地位，你们的支票兑现的日子就会愈快地到来。请看立宪民主党的《俄罗斯报》吧，为了祝贺“人民自由”党在彼得堡的胜利，这家报纸在3月22日发表了一篇慷慨激昂的文章《同人民站在一起还是反对人民？》，这里就根本没有谈到由杜马召开全民立宪会议的问题。可是，尽管立宪民主党人从自己许下的诺言后退了一步，他们还有不少美妙的憧憬：

“目前召开的杜马和参加杜马的人民自由党的主要使命是：挥舞人民愤怒的皮鞭。

它只须采取紧急措施，把犯罪的政府成员轰下台并交付审判，然后在更广泛的基础上召开真正的杜马即全民的代表机关”（也就是召开立宪会议吗？）。

“这就是杜马的责无旁贷的任务，也就是当前人民亲自托付给杜马的任务。”

原来如此。把政府轰下台。把政府交付审判。召开真正的杜马。

《俄罗斯报》写得多么漂亮。立宪民主党人说得多么动听，简直说得天花乱坠。糟糕的是，他们的报纸因为说了这些漂亮话正在遭到封闭……

先生们，我们要记住你们在彼得堡选举后的第二天许下的新的诺言，我们要好好地记住。立宪民主党人参加杜马，是为了把政府轰下台，是为了把政府交付审判，是为了召开真正的杜马。

现在我们撇开立宪民主党的关于杜马的诺言，谈谈政府对立宪民主党杜马的“看法”。当然,谁也无法确切知道政府的“看法”,但是对此能作出判断的材料还是有一些的,即使在最乐观的立宪民主党的报纸上也有。例如,报道向法国借款问题的消息愈来愈肯定地说:这次借款在杜马召开以前就已谈妥了。[154]政府今后就更不用依赖杜马了。

其次,关于维特—杜尔诺沃内阁的前途,同一个《俄罗斯报》(或者《评论报》)在上面引用过的那篇文章里建议政府:“同人民站在一起,也就是同杜马站在一起。”由此可见,所谓“把犯罪的政府成员轰下台”,其实只能理解为调换某些人员。如何调换,可从该报的下面一段话里看出来:

“现在,像德·尼·希波夫这样一位人物的内阁,甚至对反动势力本身也是最有利的。只有它能防止政府和社会在杜马中的最后冲突。”但是,这家报纸指出,我们要作“最坏的打算”,预计会成立清一色的官僚内阁。《评论报》说:“如果政府不打算使杜马失去作用,那它就应当而且必须立即撤销杜尔诺沃、维特和阿基莫夫的职务,这一点已经用不着证明,人人都很清楚。同样清楚的是,如果现在不这样做,将来也不这样做,那就只能表明,‘控制和取缔’的宪兵政策就要用来对付人民代表,用来反对国家杜马了。做这件事,最合适的当然是那些本来就沾满人民鲜血的人了。十分明显,如果杜马持反对态度而杜尔诺沃先生仍然留在任上,那么唯一的目的就是要解散杜马。别的用意是没有的,也不可能有。这一点人人心里都很明白。交易所和国外也都清楚。”“反对”杜马,就等于“把国家这艘大船开入漩涡”等等。

最后,为了全面地说明情况,我们再援引 3 月 21 日立宪民主党的《我们的生活报》关于“官场”消息的一段报道,该报力求把这方面的消息向读者报道得特别详细：

“立宪民主党取得的日益增长的成就引起了官场的注意。最初，这一成就曾经使他们感到有些不安，但是现在他们已经完全放心了。星期日曾就这一问题召开了政府最高代表的非正式会议，在会上弄清楚了这方面的情形，此外，还制定了一个所谓策略，同时发表了十分有代表性的意见。某些人认为，立宪民主党的胜利直接对政府有利，因为，如果右派分子被选入杜马，那只会对极端派有利，他们就有可能利用杜马的人员构成情况进行反杜马的宣传，指责杜马是由反动分子勉强拼凑起来的；杜马中的立宪民主党的代表愈多，社会上的大多数人就愈尊敬杜马。至于对待杜马的策略，正如一位与会者公开所说的那样，大多数人坚持认为，担心‘按照现在这样的格局圈定的杜马’会发生什么‘意外’是没有根据的。因此，大多数人主张，绝对不要妨碍未来的杜马代表，‘即使他们开始批评政府的个别人员’。很多人都预料到这一点，官场人士在这个问题上的共同看法归纳起来就是：‘让他们去说’；‘让他们要求向法院起诉；也许他们会真的打官司等等，以后他们自己也会感到厌烦的；这场官司结果如何，那还得走着瞧，到了杜马代表要去研究国内问题的时候，一切还会照旧。如果这些代表居然想不信任政府，那也没有什么意义；大臣们到底不是由杜马任命的。’据说这番道理甚至使最初对立宪民主党的成就感到不安的杜尔诺沃和维特也大为放心了。”

总之，这就是热心地直接参与“国事”的人的见解、观点和意图。一方面是斗争的前途。立宪民主党人答应把政府轰下台，召集新的杜马。政府则打算解散杜马，——于是出现了“漩涡”。就是说，现在的问题是：谁轰走谁，或者谁解散谁。另一方面是妥协的前途。立宪民主党人认为，希波夫的内阁可以防止政府和社会的冲突。政府认为，让他们去说，甚至也可以把某某人交付审判，可是要知道，大臣们并不是由杜马任命的。我们特意专门摘录这些投机事业参加者本人的意见，而且是原话照引，我们没有添加自己的任何看法，否则会削弱这些证人的供词给人的印象。这些供词把立宪民主党杜马的实质淋漓尽致地描绘出来了。

或者是斗争，那么进行斗争的将不是杜马，而是革命的人民。杜马指望夺取胜利的果实。或者是妥协，那么受骗的一定是人民即无产阶级和农民。真正讲求实际的人是不会过早地谈论妥协的条件的，只有性急的“激进分子”有时会因为多嘴而泄密，比如说：要是以“诚实的资产者”希波夫的内阁来代替官僚内阁，那就可以使双方都不吃亏地谈妥……　于是，立宪民主党的理想很快就会实现：放在第一位的是君主制；放在第二位的是地主和厂主的参议院以及执行参议院方针的希波夫内阁；放在第三位的是“人民的”杜马。

不言而喻，这种二者择一的办法正像对社会和政治的前途作种种推测一样，只能指出主要的和基本的发展路线。在实际生活中，经常可以看到错综复杂的解决办法和路线，——斗争中有妥协，妥协中又有斗争。例如米留可夫先生在 3 月 24 日（星期五）的《言语报》上是这样，正是这样谈论立宪民主党已经可以断定的胜利的前途的。据他说，把我们当做革命家并宣布我们是革命家，那都是无济于事的。先生们，一切都要看实际情况（我们“可爱的辩证论者”是可以教训一下有产者的政权的），要知道，希波夫在 10 月 17 日以前也是“革命家”。如果你们愿意公平地、友好地同我们妥协，那就是改良，而不是革命。如果你们不愿意，那就不得不对你们用一点来自下面的压力，小小地利用一下革命，吓唬吓唬你们，用革命人民的一些打击来削弱你们，那你们就会变得老实些，——可是很可能，妥协将对我们更有利。

可见这个问题包含以下几个因素。政府掌握政权，资产阶级的广大群众显然不信任它，工人和觉悟的农民憎恨它。政府手中有大量的武力。唯一的弱点就是缺少金钱。可是很难说，也许在杜马召开以前又会弄到借款。按照我们的假设,立宪民主党的杜马是反对政府的。它希望什么呢？大家都知道,它要的"谎价"就是立宪民主党的党纲:君主制和参议院以及民主的众议院。它的实价是什么呢？这就不得而知了。想来无非是希波夫内阁之类的要求吧,难道不是吗……　不错,希波夫是反对直接选举权的,可是不管怎么说,他总还是一个诚实的人……也许可以谈得拢。杜马的斗争手段是拒绝给钱。这样的手段是靠不住的,因为第一,没有杜马,钱照样可以弄到;第二,根据法律规定,杜马对财政的监督权小得可怜。另一种手段就是:"他们要开枪啦",——你们总还记得卡特柯夫所描绘的自由派对政府的态度吧:让步吧,否则"他们"要开枪啦。[155]但在卡特柯夫时期,"他们"只是一小撮英雄,除了刺杀个别人物以外,什么事情也干不成。而现在,"他们"是整个无产阶级群众,他们在10月表现出有能力组织全国范围惊人地步调一致的发动,在12月又表现出有能力进行顽强的武装斗争。现在,"他们"还包括农民群众,农民群众也表现出有能力进行革命斗争,虽然他们的斗争暂时还是分散的、不自觉的而且步调也不一致,但是农民群众中的觉悟分子愈来愈多,只要条件适宜,自由之风(现在防备穿堂风可太难了!)轻轻一吹,他们就能够带领千百万群众起事。"他们"所能做到的已经不是刺杀大臣。"他们"能够把君主制、任何拟议中的参议院、地主土地占有制乃至常备军都一扫而光。"他们"不仅能够做到这一切,而且一定要做到这一切,如果旧制度的最后的避难所——军事专政的压迫减轻了的话(这里说最后的,不是根据理论上的估计,而是根据已经获得的实际经验)。

这个问题的各个因素就是这样。至于如何解决,还不能预先作出绝对准确的估计。至于我们社会民主党人**希望**怎样解决这个问题，一切觉悟的工人和觉悟的农民**将**怎样解决这个问题，答案无疑是：争取农民起义的彻底胜利，建立真正的民主共和国。面临这个任务的立宪民主党人的策略**将是**怎样的，这种策略**应当是**怎样的，这并不取决于个别人的意志和意识，而是由处于争取解放的资本主义社会中的小资产阶级的客观生活条件决定的。

立宪民主党人的策略必然是这样的：在专制制度和革命人民的胜利之间随机应变，不让敌对双方的任何一方完全彻底地摧毁另一方。如果专制制度完全彻底地摧毁了革命，那么立宪民主党人就会变得软弱无力，因为他们的力量来源于革命。如果革命的人民，即无产阶级和反对整个地主土地占有制的农民完全彻底地摧毁了专制制度，从而把君主制及其一切附属物也一起消灭掉，那么立宪民主党人也会变得软弱无力，因为一切富有生命力的力量都会立刻离开他们而投到革命方面或者反革命方面去，在他们的党内只会剩下一两个为“专政”叹息、在拉丁文词典里寻找对应的拉丁词词义的基泽韦捷尔。简单说来，立宪民主党人的策略可以用这样一句话来表达：**务使革命人民支持立宪民主党**。所谓“支持”，就是要革命人民这样行动：第一，完全服从立宪民主党的利益，服从它的指示等等；第二，不能太坚决，不能具有进攻的性质，而更重要的是不能太激烈。革命人民不可自行其是，此其一；不要彻底战胜、粉碎自己的敌人，此其二。总而言之，整个立宪民主党以及任何的立宪民主党杜马将来必然要执行这个策略，同时，自然也要用包括“科学的”研究[①]、“哲学上的”糊涂观念、政治上的（或政客的）卑鄙行为以及“书刊批评的”哀鸣（按别尔

① 像发现专政在拉丁文中就是强化警卫之意的基泽韦捷尔先生那样的研究。

嘉耶夫方式)等等思想意识方面的大批货色,来论证、维护和证实这个策略。

相反,革命的社会民主党在目前决不能以支持立宪民主党和立宪民主党杜马这一点来确定自己的策略。这样的策略是错误的,毫无用处的。

当然,有人会反驳我们:怎么?你们要否认你们的党纲以及整个国际社会民主运动所承认的东西?你们要否认社会民主主义的无产阶级应该支持革命的、反对政府的资产阶级民主派?要知道这是无政府主义、空想主义、骚乱主义、毫无意义的革命主义。

先生们,别忙。首先我们要提醒你们,摆在我们面前的不是关于支持一般资产阶级民主派这样一个一般的、抽象的问题,而正是关于支持立宪民主党、支持立宪民主党杜马这样一个具体问题。我们不否认一般的原则,但是我们要求对具体运用这些一般原则的条件进行具体的分析。抽象的真理是没有的,真理总是具体的。例如普列汉诺夫,他不止一次地提出并且特别强调"反动派力图孤立我们,我们也应当努力孤立反动派"的策略时,他就忘记了这一点。他说的原则是正确的,但是太一般化了:不论对1870年的俄国,还是1906年的俄国,或者任何时候的俄国,以及对非洲、美国、中国、印度都笼统运用这一原则,那就十分可笑了。这样的原则什么问题也没有说明,什么问题也不能解决,因为整个问题在于确定:什么是反动派,为了孤立反动派应当同谁联合,应当怎样联合(或者不是联合,而是采取步调一致的行动)。普列汉诺夫不敢作具体的说明,事实上,在实践上,他的策略正像我们所指出的那样,就是要社会民主党和立宪民主党达成选举协议,要社会民主党支持立宪民主党人。

立宪民主党人反对反动派吗？现在让我们来看一看我已经引用过的3月22日《评论报》第18号。立宪民主党人要把政府轰下台。好极了，这正是反对反动派。立宪民主党人要在组织希波夫内阁的条件下同专制政府讲和①。这太卑鄙了。这是最恶劣的一种反动行为。先生们，你们看，你们大谈抽象的原则、大发关于反动派的空洞议论，你们还是不能前进一步。

立宪民主党人是资产阶级民主派吗？一点也不错。但是要知道，那些要求全部没收地主土地的农民群众，也是资产阶级民主派；而立宪民主党人却不希望这样做，可见资产阶级民主派的这两部分从事的政治活动无论就形式还是就内容都是大相径庭的。就目前而论，对我们来说，究竟支持哪一部分更重要呢？**一般说来**，我们能不能在民主革命时期支持前者呢？这样会不会等于背叛后者呢？或者，你们也许要否认：在政治上准备容忍希波夫的立宪民主党人在土地问题上也能容忍考夫曼？先生们，你们看，你们大谈抽象的原则，大发关于资产阶级民主派的空洞议论，你们还是不能前进一步。

——可是，立宪民主党是一个统一的、强大的、富有生命力的、议会的政党呀！

不对。立宪民主党不是统一的、不是强大的、不是富有生命力

① 也许有人会对我说：这是谎话，这不过是信口开河的《评论报》的胡说。请原谅，据我看，这是真的。信口开河的《评论报》无意中说出了真话，——当然是大致的真话，不是一字不差的十分准确的真话。谁来解决我们的争论呢？引证立宪民主党人的声明吗？但是对于政治，我不相信空口无凭的言论。根据立宪民主党人的行动吗？不错，这个标准我是相信的。谁要是全面地研究一下立宪民主党人的一切政治行为，谁就应当承认《评论报》上所说的基本上是真话。

的、不是议会的政党。它不是统一的，因为有许多能够把斗争进行到底的而不是只会妥协的人也投了它的票。它不是统一的，因为在它的社会支柱（从民主派的小资产阶级到反革命的地主）内部矛盾重重。它不是强大的，因为它作为一个政党，不愿意也不可能参加1905年底在俄国爆发过、很有可能在不久的将来更加炽烈起来的、更加尖锐的、公开的国内战争。它不是富有生命力的，因为即使它的理想得以实现，在按照它的理想建立起来的社会中居主导地位的力量也决不会是他们，而是“地道的”资产阶级的希波夫和古契柯夫之流。它不是议会的政党，因为我国没有议会。我国没有宪法，只有立宪的专制，只有立宪的幻想，那种在激烈的国内战争时期特别有害而立宪民主党人十分卖力地散布的立宪幻想。

我们在这里已经接触到问题的核心。俄国革命的目前形势的特点正是这样：客观条件把坚决的、议会外面的争取议会制的斗争推到舞台的最前面了，因此，在这种情况下，再没有什么比立宪幻想和议会儿戏更有害、更危险的了。在这种情况下，“议会的”反对派政党，可能比公开的、彻头彻尾反动的政党更危险，更有害。只有根本不会辩证地思考问题的人才会认为这个说法是奇谈怪论。的确是这样，既然最广大的人民群众对议会制的要求已经完全成熟，既然这个要求也是以全国社会经济的长期演变为依据的，既然政治发展已经把认真实现这个要求提上日程，那还能有什么比假装实现这个要求更危险、更有害的呢？公开的反对议会制的主张并不危险。它注定要完蛋，它已经完蛋。想使它复活的企图，只会使居民中最落后的阶层革命化，在这种意义上，这种企图倒是起了最好的作用。于是实行“立宪专制”，制造和散布立宪幻想，就成了维护专制制度的唯一可能的办法。从专制政府来说，这是唯一正确的、唯一明智的政策。

因此我肯定地说，现在立宪民主党人对专制政府的这个明智政策的帮助，比《莫斯科新闻》还要大。例如在俄国有没有立宪君主制这个问题上，《莫斯科新闻》和自由派报刊进行过争论。《莫斯科新闻》说：没有。立宪民主党的报纸异口同声地说：有。在这一争论中，《莫斯科新闻》是进步的，立宪民主党的报纸是反动的，因为《莫斯科新闻》说的是实话，揭露了幻想，有什么，说什么，而立宪民主党人说的是谎话，即使是心地善良的、好心好意的、真心诚意的、漂亮的、严正的、科学地整理过的、按基泽韦捷尔的方式粉饰过的、符合社交礼节的谎话，但毕竟是谎话。在目前的斗争时刻（由于这个时刻的客观条件），再没有什么比这种谎话更危险、更有害了。

现在我要稍微离开一下本题。不久前我在一位很有学问、十分友善的立宪民主党人的寓所里作过一次政治问题讲话。我们发生了争论。主人说：请你这样设想一下，我们面前有一只猛兽，一只狮子，而我们两个是送给它吞食的奴隶。我们进行争论是时候吗？联合起来，共同对敌，最英明、最有远见的社会民主党人格·瓦·普列汉诺夫说得好，他把这叫做"孤立反动派"，我们不就应当这样做吗？我回答道：例子举得很好，我也借用这个例子。但是，如果有一个奴隶主张找武器来向狮子进攻，而另一个奴隶在斗争正进行的时候，望着挂在狮子胸前的上面写着"宪法"两个字的围嘴，大声喊道："我反对暴力，无论是从左面或者从右面来的"，"我是议会党党员，我站在宪法的立场上"。在这种情形下，一头泄露了大狮子的真实目的的小狮子，在教育群众、启发群众的政治觉悟和阶级觉悟方面，要比那个被狮子吞食、散布对狮子围嘴儿上写的宪法的信仰的奴隶更有用，难道不是这样吗？

问题的全部实质在于：人们在发表社会民主党支持资产阶级民主派的流行的议论时，往往由于一般的抽象的原则，而忘记了具体时期的特点，即：一方面争取议会制的坚决斗争正在酝酿成熟，另一方面，专制政府在玩弄议会制，而且把它变成反对议会制的一种斗争工具。当议会外面的最后的搏斗即将来临的时候，工人政党如果把支持搞议会妥协的政党、支持抱立宪幻想的政党作为自己的任务，那就是犯了严重的错误，甚至是对无产阶级犯罪。

假定我们俄国现在已经确立了议会制。那就是说，议会已经成了统治阶级和统治势力的主要统治形式，成了社会政治利益的主要斗争场所。不存在真正的革命运动，经济条件及其他条件在我们假设的这个时期没有引起革命爆发。在这种情况下，当然任何革命高调都不能"引起"革命。在这种情况下拒绝议会斗争，对社会民主党说来是绝对不能允许的。工人政党应当十分认真地进行议会斗争，参加"杜马"的选举和参加"杜马"本身，应当使自己的全部策略服从于成立议会的社会民主党和顺利地发挥它的职能的条件。这样，在议会中支持立宪民主党反对一切更右的党派就无疑成了我们的义务。这样，在共同选举中，如在省选举大会上（在间接选举时）就决不能反对同立宪民主党达成选举协议。不仅如此，甚至连社会民主党人在议会里支持希波夫之流而反对真正的无法无天的反动分子也成了我们的义务。那时我们就会说：反动派力图孤立我们，我们也应当努力孤立反动派。

在现在的俄国还谈不上已经确立了公认的、真正的议会制度。现在俄国的统治阶级和社会势力的主要统治形式显然不是议会的形式，社会政治利益的主要斗争场所显然不是议会。在这种情况下，工人政党支持搞议会妥协的政党，就等于自杀；相反，应当把对于进行非议会式的活动，哪怕是自发地、分散地、不自觉地进行活动(如农民运动的爆发)的资产阶级民主派的支持提到首要地位，把它作为真正重要的任务，其他一切都应当服从这个任务…… 在这种社会政治条件下，起义是有现实意义的；议会制只是一种玩具，只是一个无关紧要的斗争场所，——与其说这是真正的让步，不如说这是一种钓饵。这就是说，问题根本不在于我们否认或者轻视议会制，泛泛地空谈议会制丝毫也不能动摇我们的立场。问题在于现阶段的民主革命的具体条件，现在，资产阶级妥协派以及自由主义的君主派自己并不否认杜尔诺沃有可能干脆解散杜马，或者颁布一道法令使杜马名存实亡，然而同时他们又公开宣称争取议会制是一项重要的任务，而起义，正像一切基泽韦捷尔、米留可夫、司徒卢威、伊兹哥耶夫之流以及其他小市民英雄所说的，是空想，是无政府主义，是骚乱主义，是软弱无力的革命主义。

假定社会民主党通过了参加杜马选举的决定，选出了一定数量的社会民主党的复选人。为了不让黑帮分子获胜，就不得不(既然已经参加了这一出荒唐的选举闹剧)支持立宪民主党人。社会民主党就要同立宪民主党达成选举协议。有一定数量的社会民主党人在立宪民主党的协助下被选入杜马。试问：值不值得这样做？在这里我们会占到便宜还是会吃亏呢？首先，我们不能根据社会民主党的观点，广泛地向群众说明我们同立宪民主党达成的选举协议的条件和性质。千百万份立宪民主党的报纸散布资产阶级的谎话，谈论经资产阶级歪曲过的无产阶级的阶级任务。我们的传单以及我们在各个声明中的保留条件，会成为沧海一粟。**实际上**我们会成为立宪民主党人的不敢作声的附庸。其次，我们达成协议，就一定要默默地或者公开地正式地(反正都是一样)在无产阶级面前替立宪民主党人承担一定的责任，即承认立宪民主党人比其他一切分子都要好，承认立宪民主党杜马对人民有帮助，而且还要替立宪民主党的整个政策承担一定的责任。我们能不能用此后的“**声明**”来推卸我们对立宪民主党的某些措施所承担的责任，这还是一个问题，而且声明毕竟是声明，选举协定却已经成了**事实**。难道我们有理由（哪怕一点点，哪怕是间接的）在无产阶级和农民群众的面前替立宪民主党人承担责任吗？立宪民主党人不是已经向我们提供了无数个证据，说明他们自己正是同德国立宪民主党的教授，正是同“法兰克福的空谈家”一模一样吗？这些人不仅能使杜马，甚至能使国民立宪会议从发展革命的工具变成瓦解革命的工具，变成了窒息（从精神上）革命的工具。社会民主党如果支持立宪民主党，那就是犯了错误，而我们的党做得很好，它抵制了杜马的选举。

支持立宪民主党现在也决不是社会民主党的任务。我们不能支持立宪民主党的杜马。妥协分子和变节分子在战争期间甚至比敌人还要危险。希波夫至少没有自命为“民主党人”，向往“人民自由”的“庄稼人”也不会跟着他走。如果“人民自由”党先签订一个关于立宪民主党同社会民主党互相支持的条约，之后又同专制政府签订一个用那个希波夫的内阁来代替立宪会议的协定，或者把自己的“活动”缩小到发表一些响亮的演说和夸大的决议，我们就会处于难堪的地位了。

把支持立宪民主党人作为工人政党的当前任务，这就等于说：蒸汽的任务不是推动轮船的蒸汽机，而是帮助轮船能够鸣放汽笛。锅炉里有蒸汽，汽笛就要鸣放。革命有力量，立宪民主党人就要鸣放汽笛。汽笛是可以假放的，在**争取**议会制的斗争史上，出卖人民自由的资产阶级分子曾经多次假放汽笛,愚弄那些对任何"首届代表会议"都天真地寄予信任的人。

我们的任务不是支持立宪民主党的杜马,而是利用这届杜马内部的以及与这届杜马有关的冲突,来选择最有利的时机进攻敌人,举行反对专制制度的起义。我们应当根据杜马内部及其周围的政治危机的发展,采取对策。对于估计社会情绪,对于更正确、更确切地判断"沸腾的时刻",整个杜马运动应当对我们有重大作用,但只是起显示征候的作用,而不是起实际的斗争场所的作用。我们要支持的不是立宪民主党的杜马,我们不应当重视立宪民主党,而应当重视城市小资产阶级中间、特别是农民中间那些投票拥护立宪民主党人的分子,因为他们必然会对立宪民主党人感到失望,从而产生战斗情绪,——立宪民主党人在杜马中取得的胜利愈彻底,这种情形就来得愈快。我们的任务就是:利用反对派的杜马给我们的这种延缓的机会(这对我们十分有利,因为无产阶级要很好地聚集力量)来组织工人,揭穿立宪幻想,进行军事进攻的准备。我们的任务就是:在杜马闹剧又引起新的、巨大的政治危机的时候,坚守自己的岗位,我们的目的决不是支持立宪民主党人(他们将来顶多不过是革命人民的不大响亮的传声筒),而是推翻专制政府,把政权转交给革命的人民。要是无产阶级和农民在起义中取得了胜利,立宪民主党的杜马就会马上发表文告,响应革命政府关于召开全民立宪会议的宣言。要是起义遭到镇压,——那么,在这场斗争中元气大伤的胜利者,也许只好同立宪民主党的杜马平分政权,尝到甜头的立宪民主党杜马就会通过决议,对在真正的立宪制度那么可能那么接近的时候诉诸武装起义的"蠢举",表示遗憾…… 只要有尸体,就总能找得到蛆虫。

五
立宪民主党的自负的典型

分析俄国革命的前一个时期同当前时期之间的相互关系，对于估计立宪民主党人的胜利以及工人政党的任务，具有特别重大的意义。从已经公布的多数派和少数派的策略决议草案中可以看出，由于估计方法的不同，产生了两条路线、两种思潮。除了请读者自己去参看这两个决议外，我们想在这里谈一下立宪民主党的《我们的生活报》上的一篇文章。这篇文章是针对孟什维克的第一个决议而写的，它提供了许多材料，可以用来检查、补充和阐明我们在上面所表述的关于立宪民主党杜马的论点。因此，我们现在把这篇文章全文援引如下（**鲁·布兰克**《论俄国社会民主党的当前问题》，1906 年 3 月 23 日《我们的生活报》第 401 号）：

"最近公布的俄国社会民主工党'孟什维克'派的关于党的策略的决议，是一份很宝贵的文件。这一决议表明，俄国革命的第一个时期的严重教训，**对**一部分**最关心**实际要求和最遵守科学社会主义原则的俄国社会民主党人来说决不是毫无影响的。决议所阐述的**新策略力求**把俄国的社会民主运动**引上**以伟大的德国社会民主党为首的**整个国际社会民主党所走的道路**。我说'**新策略**'，这并不十分确切，因为这一策略在很多方面都恢复了原来的原则，即俄国社会民主党创始人在建党时所制定的，此后，即在俄国革命刚开始时，又为几乎是所有俄国社会民主党人一致公认的党的理论家和政论家多次发挥过的原则。但是这些原则被遗忘了。革命的旋风把我们的整个社会民主党像一片鸿毛那样刮了起来，并以令人眩晕的速度打旋；于是经过 25 年苦心孤诣地研究出来的社会民主党的、马克思主义的一切原则和思想，就像一层薄薄的浮土一样，一下子都消失了；社会民主党世界观的基石本身从根本上动摇了，甚至整个被挖掉了。

但是，旋风在原地盘旋，在原地平息了，而社会民主党又回到了自己原来的出发点。关于旋风的威力可以从下面一点看出来：就像帕尔乌斯自己所承认的，旋风甚至把他也卷起来了；凡是了解帕尔乌斯，知道发动他是多么困难的人，都会明白这说明了什么…… 帕尔乌斯在他的著名的小册子里说：'革命的洪流卷着我们身不由己地朝前猛冲。'他在这本小册子的另一个地方指出：'我们不过是革命的风暴所弹奏的竖琴上的琴弦。'这一句话也十分正确地、充分地说明了，为什么当时社会民主党的音乐不大像贝多芬、巴赫或马克思的交响乐。当基本力量的自发势力以排山倒海之势登上舞台的时候，一切理论、原则、甚至思想本身和普通的理智都退到次要地位，差不多完全隐蔽在幕后了。

但是，现在思想和理智的时代又来临了，又可以**恢复**自觉的、有计划的、有系统的活动了。显然，这时首要的任务应当是采取措施来防止俄国革命的第一个时期即'狂飙突进时期'的重演，即防止革命洪流和暴风雨的破坏作用。在这一方面唯一的有效办法只能是扩大和加强组织；因此，'孟什维克'派把这一任务提到首要地位并且对这一任务作了广泛的说明是十分自然的，这一派把经济组织也列入了自己的纲领，并且承认必须利用一切合法的机会。这个决议既没有以浪漫主义的态度藐视'合法性'，也没有以贵族老爷式的态度鄙薄'经济学'。

在工人民主派和资产阶级民主派的相互关系问题上，决议也同样表现了十分清醒的看法，认为必须互相支持，承认无产阶级单独同武装的反动派进行决一胜负的较量是危险的。值得特别注意的是决议对待武装起义问题的态度，认为'当无产阶级在武装斗争中处于孤立无援境地的情况下'，必须'避免一切可以导致无产阶级同政府发生武装冲突的行为'。

只有这样，才不致使俄国重蹈1848年巴黎六月事件的覆辙，才可能有工人民主派和资产阶级民主派步调一致的，甚至是联合起来的斗争，否则运动就不可能取得胜利。据马克思证明，资产阶级民主派'在任何先进的革命中'都具有'十分重大的意义'，它在俄国革命中的意义也不会小些。如果俄国社会民主党不能够或者不愿意使资产阶级民主派成为自己公开的同盟者，那也无论如何不应当把它推到对立的阵营中去，推到反动派、反革命方面去。革命的社会民主党不应当而且没有权利这样做，为了解放事业，为了社会民主党本身，**必须**采取一切办法避免这样做。如果资产阶级民主派目前反对武装起义，那就不可能而且不应当谈论武装起义。必须考虑到这一点，即使这时资产阶级完全处在只有它才有的萎靡、软弱、怯懦这些特性支配之下，也必须考虑到这种事实；德国革命的社会民主党的领袖不是说过这样一句话吗：

‘In der Gewalt sind sie uns stets über!’——他们，即反动派，‘在暴力方面始终是超过我们的！’

断言‘始终’也许是不正确的，但是对于‘现在’，李卜克内西以及同他一致的德国社会民主党的意见无论如何不是怯懦的人甚至仅仅‘萎靡不振的人’的意见…… ‘孟什维克’的决议显然是抱着这样的观点，或者至少是接近这样的观点；决议在其他方面也同样贯穿了这样一种政治现实主义的精神，这种精神构成了德国社会民主党的特征，并且使德国社会民主党取得了空前巨大的成就。

整个俄国社会民主党会不会赞同‘孟什维克’的这个决议呢？我国革命运动有许多东西取决于这一点，我们的社会民主主义运动有更多的东西取决于这一点，也许这个运动的许多年的命运也要取决于这一点。社会民主党在俄国也像过去在其他国家一样，只有当它深入到民主群众中去的时候，才能生根，才能巩固。如果它只耕耘民主派的上层，虽然是土壤最肥沃的上层，那么新的风暴也会轻而易举地把它从俄国土地上连根拔掉，就像 1848 年法国社会民主党或者 40 年代英国的社会民主主义运动，即著名的‘宪章运动’的遭遇一样。”

以上就是布兰克先生的文章。仔细读过司徒卢威先生的《解放》杂志和立宪民主党的最近的合法报刊的人都很熟悉“立宪民主党人”的最典型的论断和这种论断的一切出发点。在这里这种论断是这样拼凑起来的：估计目前的政治策略，应该以对俄国革命的前一个时期的估计为基础。现在我们先来谈谈对**前一个时期的估计**，谈谈这个估计是正确的还是错误的。

布兰克先生对比了俄国革命的两个时期，第一个时期大致是 1905 年 10—12 月。这是革命旋风时期。第二个时期是现在这个时期，当然，这个时期我们可以把它叫做立宪民主党在杜马选举中得胜的时期，或者，如果不怕过早地下断语的话，可以把它叫做立宪民主党杜马的时期。

关于这个时期，布兰克先生说，思想和理性的时代又来临了，又可以恢复自觉的、有计划的、有系统的活动了。相反，布兰克先生说第一个时期是理论与实践脱节的时期。社会民主党的一切原则和思想都消失了，俄国社会民主党创立者一向鼓吹的策略被遗忘了，甚至社会民主党世界观的基石本身也整个被挖掉了。

布兰克先生的这个基本论断，完全是一个涉及事实的论断。马克思主义的全部理论同革命旋风时期的"实践"脱节了。

真是这样吗？马克思主义理论的第一块主要的"基石"是什么呢？这就是：无产阶级是现代社会中唯一彻底革命的阶级，因此它在一切革命中都是先进的阶级。试问革命旋风把社会民主党世界观的这块"基石"整个挖掉了吗？恰恰相反，这革命旋风十分出色地证实了它是正确的。无产阶级正是这个时期主要的、在开始时几乎是唯一的**战士**。纯属无产阶级斗争工具的群众性政治罢工，几乎是破天荒第一次在资产阶级革命中得到极为广泛的运用，这甚至在比较发达的资本主义国家也是空前未有的。当司徒卢威之流和布兰克之流的先生们号召参加布里根杜马的时候，当立宪民主党的教授们号召大学生埋头读书的时候，无产阶级起来进行了直接的革命斗争。无产阶级用自己无产阶级的斗争工具，为俄国争得了全部"宪制"（如果可以叫做"宪制"的话），后来这个"宪制"一直遭到破坏、弄得残缺不全和面目全非了。1905 年 10 月，无产阶级采用了**半年前**俄国社会民主工党**布尔什维克**第三次代表大会决议谈到的那种斗争策略手段，这个决议特别注意群众性政治罢工同起义相结合的重要性，而**整个**"革命旋风"时期，即 1905 年最后三个月的特点，也就是实行了这种结合。可见，我们的这位小资产阶级思想家最无耻地、最可恶地歪曲了现实。他没有提出一个足以证明马克思主义理论同"革命旋风"的实践经验脱节的**事实**；他企图抹杀这个旋风的基本特点，即出色地证实了"社会民主党的一切原则和思想”、“社会民主党世界观的全部基石”是正确的。

题　外　话

同立宪民主党的政论家和博学的教授们的通俗谈话

然而，布兰克先生所以产生这种错得离奇的见解，好像“旋风”时期一切马克思主义的原则和思想都已经消失，其真正原因是什么呢？研究一下这个情况是很有意义的，这就会一次又一次地把小市民的真正政治本质向我们暴露出来。

从政治活动的各种方式来看，从人民创造历史的各种方法来看，“革命旋风”时期和现在“立宪民主党”时期的主要区别在什么地方呢？区别首先而且主要在于，“旋风”时期采用了其他政治生活时期没有采用的某些创造历史的特殊方法。其中最根本的就是：(1)**人民“夺取”政治自由**——不要任何法律，也不受任何限制来实现这种自由(集会自由，至少是大学里的集会自由，出版自由，结社自由，开代表大会的自由等等)；(2)建立新的**革命政权**机关——工人、士兵、铁路工人、农民代表苏维埃，新的城乡政权等等。这些机关纯粹是由居民中的**革命**阶层建立起来的，它们是不顾一切法律、准则，完全用革命方法建立起来的，它们是人民独有的创造力的产物，是已经摆脱或正在摆脱旧警察羁绊的人民的主动性的表现。最后，它们确实是**政权**机关，虽然它们还处于萌芽状态，还带有自发性，还没有定型，成分和职能还不明确。它们像政权一样行动，例如它们夺取了印刷所（在彼得堡），逮捕了阻碍革命人民行使自己的权利的警官（这样的例子同样可以在彼得堡找到，当时那里的新政权机关很弱而旧政权则很强）。它们像政权一样行动，号召全体人民不要交钱给旧政府。它们没收了旧政府的钱（如南方铁路罢工委员会），转给新的人民政府使用，当然，这无疑是新的人民政府的萌芽，或者也可以说是革命政府的萌芽。按这些组织的社会政治性质来说，这是萌芽状态的人民革命分子的专政。你们觉得奇怪吗，布兰克先生和基泽韦捷尔先生？你们在这里没有看到资产者认为和专政同义的"强化警卫"吧？我们已经对你们说过，你们对专政这个科学概念一窍不通。我们马上就要向你们解释清楚这个概念，不过我们先要指出"革命旋风"时代的**第三种**行动"方法"：**人民用暴力对付压迫人民的暴力者**。

我们在上面描述的政权机关是萌芽状态的专政，因为这个政权不承认**任何**其他的政权，不承认任何人制定的**任何**法律和**任何**准则。不受限制、不顾法律、依靠强力（就这个词的最直接的意义讲）的政权，这就是专政。但是这个新政权所依靠的和力图依靠的强力，不是一小撮军人所掌握的刺刀的力量，不是"警察局"的力量，不是金钱的力量，不是任何以前建立起来的机构的力量。根本不是这些。新政权的新机关既没有武器，又没有金钱，也没有旧机构。布兰克先生和基泽韦捷尔先生，你们能想到吗？这些新机关的力量同旧的强力工具丝毫没有共同之点，如果指的不是保护人民的强化警卫，使他们不受旧政权的警察机关和其他机关的压迫，那么同"强化警卫"也没有丝毫共同之点。

这个力量依靠的是什么呢？依靠的是人民群众。这就是这个新政权同过去一切旧政权的旧机关的**基本**区别。后者是少数人压迫人民、压迫工农群众的政权机关。前者则是人民即工人和农民压迫少数人,压迫一小撮警察暴力者,压迫一小撮享有特权的贵族和官吏的政权机关。这就是**压迫**人民的专政同革命**人民**的专政的区别,布兰克先生和基泽韦捷尔先生,请好好记住这一点!旧政权是少数人的专政,它只有靠警察的手腕,只有靠排斥和排挤人民群众,不让他们参加政权,不让他们监督政权,才能维持下去。旧政权一贯不信任群众,害怕光明,靠欺骗来维持。新政权是大多数人的专政,它完全是靠广大群众的信任,完全是靠不加任何限制、最广泛、最有力地吸引全体群众参加政权来维持的。丝毫没有什么隐私和秘密,根本不拘什么条条和形式。你是工人吗?你愿意为俄国摆脱一小撮警察暴力者而奋斗吗?那你就是我们的同志。请你马上选出自己的代表;你认为怎样方便就怎样选举好了,我们会很乐意很高兴接受他做我们工人代表苏维埃、农民委员会、士兵代表苏维埃等等的享有充分权利的成员。这个政权对大家都是公开的,它办理一切事情都不回避群众,群众很容易接近它;它直接来自群众,是直接代表人民群众及其意志的机关。这就是新政权,或者确切些说,是新政权的萌芽,因为旧政权的胜利过早地摧折了这棵新生的幼苗。

布兰克先生或基泽韦捷尔先生,你们也许会问,这里为什么要"专政",为什么要"暴力"?难道广大群众对付一小撮人还必须使用暴力吗?难道几千万、几万万人能够做压迫几千、几万人的专政者吗?

提出这样的问题的往往是那些第一次见到别人在他们感到新奇的意义上使用专政这个术语的人。他们看惯了的只有警察的政权,只有警察的专政。他们觉得很奇怪,居然可以有根本没有警察的政权，居然可以有非警察的专政。你们说千百万人不需要用暴力来对付几千人吗？你们错了，错就错在你们不从现象的发展中去观察现象。你们忘记了新政权不是从天上掉下来的，而是在同旧政权并存、同旧政权对立、同旧政权斗争的条件下产生出来、成长起来的。不用暴力来对付拥有政权工具和政权机关的暴力者，就不能使人民摆脱暴力者的蹂躏。

布兰克先生和基泽韦捷尔先生，现在给你们举一个最简单的小例子，以便你们能领悟这个立宪民主党人的智力所不能及的、使立宪民主党人"头昏目眩的"奥妙道理。假设阿夫拉莫夫要毒刑拷打斯皮里多诺娃。假定站在斯皮里多诺娃一边的有几十、几百个手无寸铁的人，站在阿夫拉莫夫那一边的有几个哥萨克。如果拷打斯皮里多诺娃的地点不是在刑讯室里，众人会怎么办呢？他们一定会用暴力来对付阿夫拉莫夫和他的喽啰。他们也许会遭到阿夫拉莫夫枪杀而牺牲几个搏斗者，但是他们终究会用强力解除阿夫拉莫夫和哥萨克的武装，并且很可能当场杀死他们几个人(如果可以把他们叫做人的话)，而把剩下的人关进监牢，使他们不能再猖狂，并受到人民法庭的审判。

布兰克先生和基泽韦捷尔先生，你们看，当阿夫拉莫夫率领哥萨克拷打斯皮里多诺娃的时候，这就是压迫人民的军警专政。当革命的人民(他们不是只会劝导、训诫、叹惜、责难、哭诉、埋怨，而是会同暴力者作斗争，他们没有小市民的狭隘性，而是有革命的精神)用暴力对付阿夫拉莫夫和阿夫拉莫夫之流的时候，这就是革命人民的专政。这就是**专政**，这是人民对阿夫拉莫夫实行压迫的政权，这是不受任何法律限制的政权(小市民也许会反对用强力把斯皮里多诺娃从阿夫拉莫夫手里夺过来，他们会说，这是不合"法"

的！我们有一条允许打死阿夫拉莫夫的“法律”吗？小市民的某些思想家不是创造出了不用暴力抵抗邪恶的理论吗①？）。专政的科学概念无非是不受任何限制的、绝对不受任何法律或规章约束而直接依靠暴力的政权。“专政”这个概念**无非就是这个意思**，立宪民主党人先生们，好好地记住吧。其次，我们从上述例子看到的，正是**人民的**专政；因为人民即无组织的、“偶然”聚集在该地的居民群众，亲自登上舞台，亲自执行审判和惩处，行使权力，创造新的革命的法律。最后，这就是**革命**人民的专政。为什么说它仅仅是革命人民的专政，而不是全体人民的专政呢？因为全体人民经常由于阿夫拉莫夫之流的业绩而遭到极残酷的折磨，有的人肉体上受了摧残，饱受惊吓；有的人精神上受了毒害，例如受了不用暴力抵抗邪恶的理论的毒害，或者不是受理论毒害而只是受偏见、习俗、陈规的毒害；有的人对一切都漠不关心，那就是所谓庸人、小市民，他们最会逃避激烈的斗争，对它不闻不问，或者甚至躲藏起来（可别卷进这场搏斗挨了揍！）。这就是为什么说实现专政的不是全体人民，而只是革命的人民；可是革命的人民决不害怕全体人民，他们把自己行动的原因和行动的细节告诉全体人民，非常愿意吸收**全体**人民不仅来参加国家“管理”，而且来参加政权，吸收他们参加国家本身的建设。

可见，我们举出的这个简单的例子，包含着“革命人民专政”这个科学概念以及“军警专政”这个概念的**一切要素**。关于这个连博

① 别尔嘉耶夫先生！《北极星》杂志或《自由和文化》杂志[156]的编者先生们！你们又有题目大喊大叫了，又可以……大做文章反对革命者的“无赖行为”了。说什么把托尔斯泰叫做小市民！！——就像一位通体漂亮的太太[157]说的那样：啊，这太可怕了。

学的立宪民主党教授也能领会的简单例子就谈到这里，下面来谈谈社会生活中更复杂的现象。

就革命这个词的狭隘的原意说，革命正是人民生活中的这样一个时期，千百年来积累起来的对阿夫拉莫夫之流的业绩的仇恨，不是通过语言而是通过**行动**迸发出来了，而且不是通过个别人物的行动而是通过**千百万人民群众的**行动迸发出来了。人民正在觉醒，奋起挣脱阿夫拉莫夫之流的压迫。人民把俄国生活中无数的斯皮里多诺娃从阿夫拉莫夫之流的魔掌中拯救出来，使用暴力对付阿夫拉莫夫之流，夺取用来压迫阿夫拉莫夫之流的政权。这个过程自然不会像我们为基泽韦捷尔教授先生所举的简化了的例子那样简单，那样"迅速"，人民同阿夫拉莫夫之流的斗争（就斗争这个词的狭隘的原意说），人民摆脱阿夫拉莫夫之流的过程，是一种长达若干月若干年的"革命旋风"。人民摆脱阿夫拉莫夫之流的过程，也正是所谓俄国大革命的实际内容。从创造历史的方法来看，这个过程是以我们刚才谈到革命旋风时所描述的那些形式进行的。这些形式就是：人民夺取政治自由，即夺取阿夫拉莫夫之流阻挠实现的那种自由；人民建立新的革命政权，压迫阿夫拉莫夫之流的政权，压迫旧警察系统的暴力者的政权；人民用暴力对付阿夫拉莫夫之流，以便消灭一切阿夫拉莫夫、杜尔诺沃、杜巴索夫、米恩等等之流这样的恶狗，解除他们的武装，使他们不能再为非作歹。

人民采用这些非法的、越轨的、没有计划和没有系统的斗争手段，如夺取自由，建立没有人正式承认的新的革命政权，使用暴力对付人民的压迫者——这样做好不好呢？好，非常好。这是人民为自由而斗争的最高表现。这是俄国历来最优秀的人物对自由的幻想正在变成**实践**，变成人民群众自己的而不是个别英雄人物的实践的伟大时代。这同我们例子中的群众把斯皮里多诺娃从阿夫拉莫夫手中拯救出来，用暴力解除阿夫拉莫夫的武装，使他不能再为非作歹是一样的好。

正是在这里，我们触到了立宪民主党人的隐情和焦虑的中心问题。立宪民主党人所以是小市民的思想家，就因为他们把庸人的观点用到政治上、用到全民解放的问题和革命的问题上来了。这种庸人要是遇上我们举例说到的阿夫拉莫夫拷打斯皮里多诺娃这种事，就会出来阻止群众，劝他们不要违犯法律，不要急于把受害者从代表合法政权行事的刽子手手中拯救出来。当然，从我们的例子来看，这样的庸人简直是道德上的畸形儿，但是就整个社会生活来说，小市民的道德上的畸形——我再说一遍——决不是个人的品性，而是一种社会的品性，它也许是由头脑中根深蒂固的资产阶级庸俗法学的偏见造成的。

为什么布兰克先生说在"旋风"时期马克思主义的一切原则都被遗忘了，甚至认为这用不着证明呢？因为他把马克思主义歪曲成了布伦坦诺主义，认为人民夺取自由、建立革命政权、使用暴力这些"原则"都不算马克思主义。这样的见解在布兰克先生的文章中是贯彻始终的，而且具有这种见解的不止布兰克一个人，还有所有立宪民主党人，自由派和激进派营垒中所有那些现时因普列汉诺夫爱慕立宪民主党人而对他大加颂扬的作家，包括《无题》周刊[158]的伯恩施坦主义者普罗柯波维奇先生和库斯柯娃女士之流。

现在我们来看看，这种见解是怎样产生的，为什么一定会产生。

这种见解直接来自西欧社会民主党的伯恩施坦主义的观点，或者说得广一点，来自这些党的机会主义的观点。这些已被西欧

“正统派”系统地全面地揭穿过的错误观点，现在又改头换面，另打旗号，“悄悄地”转运到俄国来了。伯恩施坦主义者过去和现在接受马克思主义都是把马克思主义直接革命的一面**除外**的。他们不是把议会斗争看做只适用于一定历史时期的一种斗争手段，而是看做主要的、几乎是唯一的斗争形式，因而也就不需要“暴力”、“夺取”、“专政”了。布兰克之流的先生们以及其他颂扬普列汉诺夫的自由派人士现在转运到俄国来的，正是这种对马克思主义的卑鄙的、小市民式的歪曲。他们对这种歪曲已经习以为常，所以说在革命旋风时期马克思主义的一切原则和思想都被遗忘了，甚至认为这已用不着证明了。

为什么必然产生这种见解呢？因为这种见解完全符合小资产阶级的阶级地位和阶级利益。“纯粹的”资产阶级社会的思想家，承认社会民主党的**一切**斗争方法时，是把**“旋风”时期革命人民所采用的**、革命的社会民主党所赞许并且帮助人民采用的**那些方法除外的**。资产阶级的利益要求无产阶级参加反对专制制度的斗争，参加倒是可以参加，但不能让无产阶级和农民变成领导者，不能把旧的专制农奴制的警察的政权机关完全撤销。资产阶级想保存这些机关，它只求把这些机关置于它的直接监督之下，资产阶级要用这些机关来**对付无产阶级**，而完全消灭这些机关只能对无产阶级进行斗争非常有利。因此资产阶级这个阶级的利益要求既有君主制，又有参议院，要求不允许革命人民实行专政。资产阶级对无产阶级说，去同专制制度斗争吧，但是不要触动旧的政权机关，因为我们需要这些机关。进行“议会”斗争吧，就是说，不要越出根据我们同君主政府取得的协议给你们划定的框框。通过组织进行斗争吧，不过不要通过罢工委员会、工兵代表苏维埃之类的组织，而要通过我们同君主政府商定颁布的法律所承认、所限定的、不危及资本的组织。

这就不难了解，为什么资产阶级一谈起“旋风”时期，就轻蔑地嗤之以鼻，咬牙切齿[①]，而一谈起杜巴索夫所保卫的立宪制度的时期，就眉飞色舞，兴高采烈，表现出小市民对……反动时期的无限迷恋。这就是立宪民主党人始终不变的品性：想依靠人民，又害怕人民的革命主动性。

同样也不难理解，为什么资产阶级怕“旋风”的再起比怕火还要厉害，为什么它要无视和抹杀新的革命危机的因素，为什么它要在人民中支持和散布立宪的幻想。

现在我们清楚地说明了，为什么布兰克先生和他那一流的人要说在“旋风”时期一切马克思主义的原则和思想都被遗忘了。布兰克先生同一切小市民一样，承认马克思主义而**撇开**它的革命的一面，承认社会民主党的斗争手段而**撇开**最革命的和直接革命的手段。

布兰克先生对“旋风”时期的态度最典型不过地表明，资产阶级不了解无产阶级运动，资产阶级害怕尖锐的决定性的斗争，资产阶级憎恶在解决社会历史问题时采用任何摧毁旧制度的、严厉的、

① 例如，试比较1906年《俄罗斯新闻》第1号上对农民协会的活动的评论，——这是向杜巴索夫告发革命民主派，说它怀着普加乔夫式的意图，赞同夺取土地、建立新政权等等。连《无题》周刊（第10期）的左派立宪民主党人也数落《俄罗斯新闻》不该发表那样的评论，而且公正地把它同《莫斯科新闻》等同起来。遗憾的是，左派立宪民主党人在责备《俄罗斯新闻》的时候好像是在替自己开脱。《无题》周刊维护农民协会，可是并不谴责反革命的资产阶级。我不知道，用这种不太公正的方法同《俄罗斯新闻》论战是由于“畏惧当局”呢，还是由于布兰克先生是这个机关刊物的撰稿人。左派立宪民主党人终究是立宪民主党人。

革命的（按该词的原意说）方法。布兰克先生露出了马脚，一下子暴露了自己的全部资产阶级局限性。他听到和读到了社会民主党人在旋风时期犯了“错误”，就急忙自负地、武断地、毫无根据地作出结论说，马克思主义的一切“原则”（他对这些原则本来就一窍不通！）都被遗忘了。谈到这些“错误”，我们要指出：在工人运动的发展中，在社会民主党的发展中，难道有过不犯这样或那样的错误的时期吗？难道有过不发生这样或那样的或右或左的偏向的时期吗？难道德国社会民主党议会斗争时期（全世界一切带着局限性的资产者都认为这个时期是不可逾越的极限！）的历史不也充斥着这一类错误吗？如果布兰克先生对社会主义的一些问题不是一窍不通，他就会很容易地想起米尔柏格、杜林、航运补助金问题[159]、“青年派”[160]、伯恩施坦主义，以及其他许许多多的东西。但是对布兰克先生来说重要的不是研究社会民主党发展的实际进程，他需要的只是贬低无产阶级的斗争气魄，借此褒扬自己的立宪民主党所表现的资产阶级的浅薄。

事实上，如果我们从社会民主党偏离它的通常的、“正规的”道路这个角度来看问题，我们也会看到，就是在这方面，社会民主党内在“革命旋风”时期所表现的团结和思想上的一致，也比过去**加强**而不是削弱了。“旋风”时代的策略，没有使社会民主党的两翼疏远，而是使它们接近了。在武装起义问题上的意见一致代替了以往的分歧。两派社会民主党人都在革命政权的萌芽——工人代表苏维埃这种独特的机关中工作，都在吸引士兵、农民参加苏维埃，都同各小资产阶级革命政党一起印发了革命宣言。实际问题上的协调一致，代替了以往的革命前的争执。革命浪潮的高涨，使分歧退到一旁，战斗的策略得到承认，杜马问题消除了，起义问题提上了日程，社会民主党同革命的资产阶级民主派在当前紧迫的工作中接近了。在《北方呼声报》[161]上，孟什维克同布尔什维克一起号召举行罢工和起义，号召工人不争得政权就不停止斗争。革命形势本身提示了实际行动口号。引起争论的只是对事变估计的一些细节：例如，《开端报》[162]把工人代表苏维埃看做革命的自治机关，《新生活报》则把工人代表苏维埃看做联合无产阶级和革命民主派的革命政权机关的萌芽。

《开端报》倾向无产阶级专政。《新生活报》则主张无产阶级和农民的民主专政。然而社会民主党这样的或类似的分歧，在欧洲任何一个社会党发展中的任何一个时期不也都存在过吗？

不，布兰克先生所以颠倒是非，荒谬地歪曲昨天的历史，是因为而且仅仅因为他是自负的资产阶级庸人的典型；在他看来，革命旋风时期就是丧失理智（“一切原则都被遗忘了”、“思想本身以及普通理性差不多完全消失了”），而镇压革命和小市民式“进步”（受杜巴索夫之流保护的“进步”）的时期，则是有理性的、自觉的、有计划的活动时代。布兰克先生的全篇论文很明显地贯穿着这种对于两个时期（“旋风”时期和立宪民主党时期）的对比评价。当人类历史以火车头的速度向前飞驰的时候，这就是“旋风”，“洪水”，一切“原则和思想”的“消失”。当历史以牛车的速度前进的时候，这才是理性，才是计划性。当人民群众怀着十分纯朴的心情，略嫌鲁莽地下决心自己开始创造历史，毫不犹豫地去直接实现“原则和理论”的时候，资产者就感到恐怖，哀叹“理性退到后面去了”（小市民英雄们，事情不是正好相反吗？群众的理性而不是个别人物的理性不正是在这个时候出现在历史上吗？群众的理智不正是在这个时候变成了生动的、实在的、而不是空洞的力量吗？）。当群众的直接运动因遭到枪杀、拷打、鞭笞、失业、饥饿而被压制下去的时候，当杜巴索夫出钱养活的教育界的臭虫从壁缝中爬出来，开始**用群众的名义替**人民行事，也就是把群众的利益出卖给少数特权者的时候，——在小市民骑士们看来，是平安宁静的进步时代来到了，"思想和理智又复苏了"。资产者随时随地都忠于自己。无论拿《北极星》杂志或《我们的生活报》来看，无论拿司徒卢威或布兰克的作品来读，到处都是一样，到处都可以遇到对革命的时期和改良主义的时期的这样一种带有局限性的、迂腐教授的、僵死官僚的评价：前者是丧失理智的时期（tolle Jahre），思想和理智消失的时期，后者则是"自觉的、有系统的"活动的时期。

可别误解我的话，别以为我讲的是布兰克之流的先生们偏爱这个或那个时期。问题完全不在于偏爱，历史时期的更替是不以我们的主观偏爱为转移的。问题在于：布兰克之流先生们在**分析**两个时期的**特点**（它完全不以我们的偏爱或同情为转移）的时候，无耻地**歪曲了真相**。问题在于：正是革命的时期比小市民的、立宪民主党的、改良主义的进步的时期，规模更广，更丰富，更自觉，更有计划，更有系统，更勇敢和更鲜明地创造着历史。可是布兰克之流先生们正好颠倒了黑白！他们硬把贫乏说成是历史创造活动丰富。他们把被压迫被束缚的群众的无所作为看做官吏和资产者"有系统的"活动的胜利。他们看到各种官场小吏和自由主义的卖文为生的下流作家（penny-a-liner）糟蹋法律草案的时代已经过去，而"平民"开始直接从事政治活动，开始不迟疑地、不留情地直接破坏压迫人民的机关，夺取政权，夺回过去被认为是属于各种人民掠夺者的东西的时候，一句话，他们看到千百万受压榨的人们的思想和理性开始觉醒的时候（他们觉醒起来不是去读死书，而是去行动，去从事人类的活的事业，从事历史的创造)，就大嚷大叫，说什么思想和理性消失了。

请看，这位立宪民主党骑士多么庄严地断定："旋风**在原地**盘旋，**在原地**平息了。"自由派的市侩们之所以能活到今天，杜巴索夫之流之所以还没有把他们吞吃掉，**恰恰是因有这阵旋风的缘故**。你说"在原地"？是说1906年的春天俄国还处在1905年9月的原地吗？

在整个"立宪民主党"时期，杜巴索夫和杜尔诺沃之流都在"自觉地、有计划地、有系统地"拖俄国倒退，**将来**也要**拖俄国**倒退，使它回到1905年9月的局面，**但是他们的力量不够**，因为在旋风时期，无产者、铁路工人、农民和哗变的士兵以火车头的速度推动整个俄国前进了。

如果这个没有理智的旋风真的平息了，那么立宪民主党的杜马就只好去研究脸盆镀锡的问题了。

但是，布兰克先生没有料想到，旋风是否平息了的问题是一个独立的、纯科学性的问题，对这个问题的回答就能预先解决策略中的一系列问题，相反，不回答这个问题就不能比较清楚地了解当前策略中的许多问题。布兰克先生没有根据对一些材料和见解进行一定的分析就得出结论，说目前没有产生旋风式运动的条件(假如这个结论是有根据的，那么它在确定策略的时候就会具有十分重大的意义，我再说一遍，因为确定策略是不允许只是以对某种道路的"偏爱"为根据的)，——不，他只不过是发表他那种高深的(高深到无远见的)信念，说别的结论是没有的。老实说，布兰克先生对"旋风"的看法完全同维特和杜尔诺沃先生之流的看法一样，同毕洛先生之流以及早就把1848年说成是"没有理智的一年"的其他德国官僚的看法一样。布兰克先生关于旋风平息了的说法，不是科学的信念，而是庸人的胡言乱语，在他们看来，任何旋风和一切旋风都是“思想和理智的消失”。

布兰克先生硬要我们相信：“社会民主党回到了自己的出发点。”孟什维克的新策略正在把俄国社会民主运动引上整个国际社会民主运动所走的道路。

你们瞧，布兰克先生不知为什么把议会道路说成是“出发点”了（虽然议会道路不可能成为俄国社会民主党的出发点）。据布兰克先生说，议会道路是国际社会民主运动的正常的、主要的甚至是唯一的、独一无二的道路。布兰克先生没有料想到，他在这一方面完全是重复充斥于德国自由派报刊上的、一个时期曾被伯恩施坦派仿效的资产阶级歪曲社会民主主义的论调。自由派资产者把斗争的某一种方式看成是唯一的方式。这些充分说明他是像布伦坦诺那样来理解工人运动和阶级斗争的。只有在客观条件从历史日程上撤销了把资产阶级革命进行到底的问题，议会制真正成了资产阶级统治的主要形式和社会斗争的主要场所的时候，欧洲社会民主党才走上了而且才可能走上议会道路，这一点也是布兰克先生料想不到的。他甚至也不想一想俄国有没有议会和议会制，就武断地说：社会民主党**回到了**自己的出发点。资产阶级的心里**只有**没有完成的民主革命（因为资产阶级的**利益**要求不要把革命进行到底）。资产阶级的理性躲避一切非议会的斗争方式，躲避一切公开的群众发动，躲避一切真正的革命。资产者出于本能，总是迫不及待地把任何伪造的议会制公开宣布为真正的议会制而加以接受，以便制止“令人头晕的旋风”（这种旋风不仅对于许多容易发昏的资产者的脑袋是危险的，而且对于他们的腰包也是危险的）。难怪立宪民主党人先生们对这样一个十分重要的科学问题——可不可以认为俄国的议会斗争方式具有重大意义、认为“旋风”式的运动已经消失的问题——也一窍不通哪。这种一窍不通的物质的、阶级的基础是十分明显的：可以采取和平的罢工或者其他的行动来支持立宪民主党杜马，但是不要考虑进行认真的、彻底的、毁灭性的斗争，也不要考虑举行反对专制制度和君主制的起义。

谈到杜巴索夫胜利的时期，布兰克先生兴高采烈地说：“现在，思想和理智的时代又来临了。”布兰克先生，你知道吗？俄国没有哪一个时代能够像亚历山大三世的时代那样适用“思想和理智的时代已经来临”这句话。这是事实。正是在这一时期，旧的俄国民粹主义已经不再单纯是一种对未来充满幻想的看法，它已经对俄国的经济现实作了许多研究，为俄国思想界提供了丰富的经验。正是在这一时期，俄国革命的思想发展得最快，奠定了社会民主主义的世界观的基础。是的，我们革命者决不想否认反动时期的革命作用。我们知道，社会运动的形式是会改变的，历史上人民群众的直接政治创造时期会变成这样的时期：表面上四处平静，被苦役和贫困压得喘不过气的群众默不作声或者在沉睡（看上去是在沉睡），生产方式特别迅速地革命化，人类理智的先进代表的思想在总结过去并且建立新的体系和新的研究方法。例如在欧洲，1848年的革命被镇压以后的时期的特点是空前未有的经济进步和思想探索，后者至少产生了马克思的《资本论》。总而言之，“思想和理智的时代”在人类历史上的来临，有时就像一位政治活动家被投入监狱能促进他的科学研究工作一样。

我们这位资产阶级庸夫俗子的不幸就在于他没有意识到自己的说法带有所谓牢狱的或者杜巴索夫的性质。他不谈根本问题：

俄国革命是被镇压下去了还是在走向新的高涨？社会运动是不是从革命的形式转变到迁就杜巴索夫主义的形式了？形成“旋风”的力量消失了没有？资产阶级的理性是不会提出这些问题的，因为它认为革命都是无理智的旋风，而改良才是思想和理智的来临。

请看一看他的关于组织问题的颇有教益的议论。他郑重地对我们说：思想和理性的“首要任务应当是采取措施来防止俄国革命的第一个时期即俄国革命的狂飙突进时期发生的事情的重演，即防止革命洪流和暴风雨的破坏作用。在这一方面唯一的有效办法只能是扩大和加强组织”。

你们看，立宪民主党人是这样考虑问题的：暴风雨时期破坏了组织和组织性（请看司徒卢威在《新时报》上，对不起，是在《北极星》杂志上所写的反对革命中的无政府状态、自发势力、混乱状态等等的文章），而杜巴索夫所保护的思想和理性的时期则是建立组织的时期。革命是坏事，它起破坏作用，这是暴风雨，是令人头晕的旋风。而反动是好事，它起建设作用，这是顺风，是自觉的、有计划的、有系统的活动时期。

立宪民主党的这位哲学家再次诽谤革命，并暴露出他对资产阶级的有局限性的形式和条件的无限迷恋。暴风雨破坏了组织！这是何等荒谬！在俄国革命旋风时期，即革命的诽谤者认为一切原则和观念都被遗忘，理智和思想都已消失的6个星期中，人民群众建立起了许多自由而自主的组织，你们说，在俄国史或世界史中，有哪6个月或6年能与之相比！全俄总罢工是什么呢？你们认为这不是组织？这种组织没有向警察局登记，它不是经常性的组织，你们不愿把它计算在内。再拿政治组织来说。工人、普通群众从来没有这样乐意地加入政治组织，没有这样大量地扩大政治协会的人数，也没有建立过像工人代表苏维埃这样独特的半政治性的组织，这一点你们不知道吗？但是，你们有些害怕无产阶级的政治性的组织。你们是真正的布伦坦诺主义者，认为工会是对资产阶级最没有危险的（因此是最体面、最正经的）组织。我们就来看看工会组织吧，我们会看到，同一切庸夫俗子所谓在革命时期工会组织遭到轻视的胡说八道相反，俄国从来没有像这一时期建立了这样大量的工会组织。无论《新生活报》或者《开端报》这些社会主义的、正是社会主义的报纸都登满了一批批新工会组织成立的消息。像家庭仆役那样一些在"有计划的、有系统的"小市民进步时期的几十年内几乎毫无行动的无产阶级落后阶层，也表现了组织起来的强烈愿望和非凡的组织才能。再拿农民协会来说。现在极端鄙视农民协会的立宪民主党人到处都有，他会说什么这是一种半虚构的组织！这样的组织现在已经无影无踪了！是的，先生们，我倒想看看，要是立宪民主党人不得不同讨伐队，同农村中的无数卢热诺夫斯基、里曼、菲洛诺夫、阿夫拉莫夫、日丹诺夫之流进行斗争，你们立宪民主党的组织会留下多少踪影。农民协会在革命旋风时期以飞快的速度增长着。这是真正人民的群众性的组织，它当然会接受农民的一些偏见，迁就农民的小资产阶级幻想（正像我国社会革命党人一样），但是它无疑是一个"土生土长的"实在的群众组织，从根本上说无疑是革命的组织，它能够采取真正革命的斗争方法，不是缩小而是扩大农民的政治创造的范围，它把那些憎恨官僚和地主的农民推上舞台，而不是把那些往往喜欢制定各种使革命农民同自由派地主妥协的计划的半知识分子推上舞台。通常对农民协会的轻视态度，最明显地表现出立宪民主党人的庸俗的资产阶级局限性，因为他们不相信人民的革命主动性并且害怕这种主动性。农民协会在自由的日子里曾经是最强大的实体之一,可以肯定地预言:如果卢热诺夫斯基和里曼之流不再杀害成千上万先进的农民青年,如果又吹来一阵自由的微风,那么这种协会就会不是与日俱增,而是与时俱增,它将是这样一种组织,现在的立宪民主党的委员会与之相较不过是一粒尘土。①

概括说来,人民的、特别是无产阶级的以及农民的组织者的创造性,在革命旋风时期要比在所谓的安定宁静的(牛车似的)历史进步时期强烈、丰富、有效千百万倍。布兰克先生之流的反对意见是资产阶级官僚对历史的歪曲。在善良的资产者和清白的官僚看来,"真正的"组织只能是那些老老实实地向警察局登记并且规规矩矩地遵守一切"暂行条例"的组织。他不能想象在没有暂行条例的条件下可以有什么计划性、系统性。因此,当立宪民主党人讲到对合法性采取浪漫主义的藐视态度以及对经济学采取贵族老爷式的鄙视态度的时候,我们不要为这些响亮词句所蒙蔽而忽略其真正用意。这句话的真正用意只能是:资产阶级机会主义者对人民的革命主动性的恐惧。

最后,我们来看看布兰克先生的立宪民主党"理论"的最后一

① 农民协会作为一个非阶级的组织当然也含有瓦解的因素。农民起义愈接近胜利,这一胜利愈彻底,离农民协会瓦解的日子也就愈近。但是在农民起义胜利以前,并且为了取得这个胜利,农民协会是一个强大的、有生命力的组织。这一组织的作用到资产阶级民主革命取得彻底胜利的时候才会发挥完毕,而无产阶级组织的作用正是在这个时候,在争取社会主义的斗争中显得特别重要,特别富有生命力,立宪民主党组织的作用则是阻碍资产阶级革命取得彻底胜利,在这一革命的准备时期,在崩溃、停滞、杜巴索夫统治时期大放异彩。换句话说,农民将在资产阶级民主革命中取得胜利,但从此也就最后耗尽了农民自己的革命性。无产阶级将在资产阶级民主革命中取得胜利,从此才将发挥自己的真正的社会主义革命性。当立宪幻想破灭时,立宪民主党小资产阶级也就会立即失去自己的反对派的作用。

点:工人民主派和资产阶级民主派的关系。布兰克先生对这一问题的议论特别值得社会民主党注意,因为这是引证马克思的词句来歪曲马克思的一个典型例子。正像布伦坦诺、桑巴特、伯恩施坦之流一样,利用马克思的术语,引证马克思的个别论点,伪造马克思主义,从而用布伦坦诺主义偷换马克思主义,我们的立宪民主党人也是这样,正在关于工人民主派和资产阶级民主派的关系的问题上进行着伪造马克思的"细致工作"。

没有工人民主派和资产阶级民主派的步调一致的行动,就不可能取得资产阶级民主革命的胜利。这是千真万确的真理,是绝对的真理。布兰克和伊兹哥耶夫之流的先生们,你们以为革命的社会民主党人特别在"旋风"时期忘记这一点了吗?你们错了,或者是你们有意地拿一般资产阶级民主派(其中既包括君主主义自由派资产阶级,也包括机会主义资产阶级,甚至主要是君主主义自由派资产阶级)的概念来代替**革命的资产阶级**民主派的概念。看看《新生活报》吧,你们就可以发现,**几乎每一号上**都谈到工人民主派同革命的资产阶级民主派采取一致行动、达成战斗协议的问题。该报是用最有力的词句来谈论农民协会和农民运动的作用的。立宪民主党编造谎言,说马克思主义者排斥不同意见,是狭隘的教条主义者,与这些谎言相反,他们却完全承认**非党的**协会和组织的作用①,但仅仅是非党的**革命**组织的作用。被我们的政治上的布伦坦诺主义者巧妙地掩盖起来的问题的关键就是:当资产阶级民主革命进行到一半的时候,**究竟**资产阶级民主派中的**哪些**分子能够把这个革命进行到底,是那些接受君主主义自由派纲领,完全陷入

① 见我在《新生活报》上发表的《社会主义政党和非党的革命性》一文。(见本卷第123—130页。——编者注)

立宪幻想，对革命时期、对历史创造的革命方法表示庸俗的愤怒、指责和遗憾的分子呢？还是那些接受把农民起义进行到彻底胜利的纲领（不是农民同地主妥协），接受使民主派得到彻底胜利的纲领（不是民主的众议院同参议院以及君主制妥协）的分子呢？布兰克和伊兹哥耶夫之流的先生们，你们什么时候考虑过这个问题吗？目前我们应当同资产阶级民主派的**妥协分子**“合击”呢，还是同资产阶级民主派的**革命分子**“合击”？

喜欢引用和歪曲马克思的可敬的先生们，你们听说过马克思在1848年怎样无情地抨击德国资产阶级民主派的妥协分子吗？[163]要知道，他们不是可怜的国家杜马中的而是国民议会中的妥协分子，他们是比我们的立宪民主党人“坚决”（在口头上）得多的民主主义者。

过了15年左右，在普鲁士“宪法冲突”[164]时期，马克思和恩格斯又建议工人政党支持资产阶级民主派的进步分子，可是后者一点也不比法兰克福民主主义者好些。[165]你们是不是认为这是马克思和恩格斯的自相矛盾和首尾不一？你们是不是认为这就证明了他们在“革命旋风”时期也几乎失去了“思想和理智”（大多数伯恩施坦分子和立宪民主党人都有这种看法）呢？其实这里并没有什么矛盾，马克思是在革命斗争时期最严厉地抨击了立宪幻想和立宪妥协分子。当革命“旋风”的全部力量已经用尽，当德国立宪民主党人已经毫无疑问地完全出卖了革命，当起义已经肯定无疑地被镇压下去，经济繁荣已经使再一次举行起义成为没有希望的行动的时候，——就在这个时候，而且**只有在这个时候**（马克思和恩格斯在第一次失败以后并没有表现出胆小怕事和对起义失去信心！），他们才认为议会斗争是斗争的主要形式。你们既然已经进入议会，那就不仅能够而且应当在一定的条件下支持变节分子伊兹哥耶夫去反对希波夫，支持希波夫去反对杜尔诺沃。在**争取**真正议会制的斗争中，再没有什么比立宪民主党的"妥协分子"更加危险的了。

先生们，既然你们要引证马克思的话，那你们就不妨证明一下我们的杜马已经是自由俄国的资产阶级的统治机关，而不是专制制度的遮羞布。你们会说，只要经过一些小小的改革，遮羞布就可以转变为资产阶级的统治机关，而立宪民主党的选举正是这种转变，甚至不是小小的而是巨大的"转变"。

好极了。但是，不过，你们只是回避问题，而不是解决问题。试问，现在的杜马在目前已经越出自己的范围而转变成政权机关了吗？你们中间那些这样想的人，竭力要人民也这样想的人，你们中间那些直接散布最有害的立宪幻想的人，简直就是反革命分子。而那些设想"杜尔诺沃留任是为了解散杜马"①，或者懂得没有"议会"外面的、革命的压力就什么也得不到保障②的人，是自己暴露出自己立场的动摇性。他们自己的供认清楚地表明，立宪民主党人的政策是**暂时的政策**，而不是真正维护革命的**长远的**和根本的利益的政策。这些供认表明，目前日益成熟的**新的革命危机**一旦爆发，大批革命的资产阶级民主分子就会离开立宪民主党人，杜尔诺沃之流的先生们对杜马的嘲笑将促使他们去构筑街垒。就是说，全部区别只是在于：你们打算用支持立宪民主党杜马这个任务来**限制**、束缚、**缩小**这一不可避免的新的战斗，而我们要用一切计

① 《俄罗斯报》和《评论报》。

② 帕·米留可夫在《言语报》第30号(3月24日)上发表的《冲突的因素》，这是妥协者的极有趣的"信条"。

谋、一切努力、我们整个的宣传鼓动和组织工作来扩大这一战斗的范围，使战斗越出立宪民主党的纲领，把它扩大到彻底推翻专制制度，取得农民起义的彻底胜利，用革命的方法召开全民立宪会议。

你们认为我们俄国根本没有革命的资产阶级民主派，立宪民主党人是俄国资产阶级民主派唯一的、或者至少是主要的力量。你们有这样的看法，只是因为你们目光短浅，你们满足于对政治现象作表面的观察，你们看不到，也不了解"立宪的实质"。你们这班只顾眼前的政客是最典型的机会主义者，因为你们只看到民主派的暂时利益，而看不到它的更深远、更根本的利益；你们只看到暂时的任务，而忘记了明天的更重大的任务；你们只看到外表，而看不到内容。只要有同城市贫民保持着千丝万缕联系的革命农民，俄国就有革命的资产阶级民主派，而且不可能没有。**只是**由于里曼和卢热诺夫斯基之流的活动，这个民主派隐藏起来了。立宪民主党人的幻想在不久的将来一定会被揭穿的。或者是镇压制度照旧存在，里曼和卢热诺夫斯基之流照常"干他们的勾当"，立宪民主党杜马仍然胡说八道，那么广大公众就会马上看清楚这个杜马和这个统治杜马的党是多么渺小可怜。一定会发生剧烈的爆发，参加这一次爆发的当然不会是作为政党的立宪民主党人，而是人民中的那些构成革命民主派的分子。或者是镇压制度被削弱，政府作某些让步，立宪民主党杜马自然就会因为政府实行初次的让步而开始心肠发软，会容忍比希波夫更坏的东西。立宪民主党人的反革命的本性(在"旋风"时期表现得特别明显，而在他们的出版物中也经常流露出来)就暴露无遗了。但是，**第一次**吹来自由的微风，镇压的第一次削弱，**必然**又会使成千上万的革命民主主义性质的组织、协会、团体、小组和机构相继出现。而这种现象会同样必然地使“旋风”再一次出现，使 10 月和 12 月的斗争重演，不过规模会更加广泛得多。那时，现在神气十足的立宪民主党人又会惶惶不安了。为什么呢？因为蛆虫总是寄生在尸体上而不会寄生在活人身上的。

换句话说，立宪民主党人终究会让人民，用杜尔诺沃的话来说，“尝尝”“人民自由”的滋味，但是，他们无论如何也不会进行真正的斗争，去争取真正的人民自由，也就是不带引号的、不同专制制度妥协的自由。这一斗争必然还要进行下去，但是进行这一斗争的是别的政党，是别的社会成分，而不是立宪民主党人。由此可以了解，革命的社会民主党决不羡慕立宪民主党人的胜利，而是继续把全部注意力集中在这个即将来临的真正的而不是有名无实的斗争上。

布兰克先生引证了马克思关于资产阶级民主派的最高作用的话。为了阐明马克思的真正见解，应当补充一句：还有**最高的叛卖作用**。马克思在他的各种著作中的各种不同地方曾经无数次地讲到这一点。在当前政策上倾向布伦坦诺主义的普列汉诺夫同志，忘记了马克思的这些指示。普列汉诺夫同志甚至想不出，自由主义民主派会出卖**什么**。普列汉诺夫同志，答案十分简单：“人民自由”党已经出卖了而且将来还会出卖人民自由。

布兰克先生告诫我们不要把资产阶级民主派推到“反动派、反革命方面”去。我们要问这位英明的立宪民主党人：你指的是思想、理论、纲领、策略路线方面呢？还是指的是阶级的物质利益方面呢？我们两者都指。是谁在什么时候把你的朋友司徒卢威先生推到反革命方面去的呢？司徒卢威先生早在 1894 年就成为反革命分子了，他当时在自己的《评述》中就对马克思主义提出布伦坦诺主义的保留意见。尽管我们有几位同志力图把司徒卢威先生从布伦坦诺主义“推到”马克思主义方面来，但他还是终于跑到布伦坦诺主义方面去了。此后在《解放》杂志，**非法的**《解放》杂志上**从来**没有停止过**反革命的**调子。试问，这是偶然的吗？恰恰是“旋风”时期，恰恰是人民的革命主动性，激起了司徒卢威先生创办一个发表反动怨言的典型机关刊物《北极星》杂志，这是偶然的吗？

究竟是谁把商品经济的一般小生产者推到反动派和反革命方面去的呢？是小生产者在资本主义社会中所处的介乎资产阶级和无产阶级之间的地位。小资产者在世界各国，在任何政治局势中，都必然地、不可避免地动摇于革命和反革命之间。他希望摆脱资本的压迫并且巩固自己作为小私有者的地位。这一任务实际上没有解决，从现代社会的本身结构来看，小资产者的动摇是必然的，不可避免的。因此，只有小资产阶级的思想家才会认为：可以**设想**工人或者反对地主土地占有制的起义农民表现出的革命主动性，**不会**把某一部分资产阶级民主派**推到**反动派方面去。只有小市民的骑士们才会对这一点感到惋惜。

难道布兰克和伊兹哥耶夫之流的先生们（或者普列汉诺夫同志）是这样设想的，例如认为，农民起义取得了**彻底的**胜利，彻底实现了从地主手中无偿地“**夺回土地**”（普列汉诺夫的口号），而又可能不把五分之三的立宪民主党的“资产阶级民主派”推到反革命方面去吗？这样我们不是应该同立宪民主党人在“合理的”农民纲领上讨价还价了吗？普列汉诺夫同志，你是怎么想的？布兰克和伊兹哥耶夫之流的先生们，你们是怎样看的呢？

现在且看我们的这位立宪民主党人的政治议论的尾声吧：**如果资产阶级民主派目前反对武装起义，那就不可能而且不应当谈**

论武装起义。

这句话表明了立宪民主党政策的全部实质和用意：要无产阶级服从立宪民主党人，要在无产阶级的政治活动和政治斗争的根本问题上影响他们。不要看不到这一点。布兰克先生很善于转移人们的视线，他不是谈立宪民主党人，而是谈整个资产阶级民主派。他是谈“目前”，而不是谈整个的起义。但是，只有小孩子才会看不出，这正是转移视线，布兰克的结论的真正用意正是我们上面所指出的。我们已经举出了许多例子，说明布兰克先生（以及所有的立宪民主党人）一贯轻视比立宪民主党更左的资产阶级民主派，说明他从自己的立宪幻想的维护者的立场出发，把立宪民主党人和资产阶级民主派混为一谈，轻视革命的资产阶级民主派。我们只须指出：立宪民主党人根本反对武装起义，而不是仅仅反对不恰当地选择“时机”（令人惊奇的是，这两者常常混为一谈，这种混淆对立宪民主党人倒特别有利，使他们能以关于起义时机的议论来掩饰对起义所采取的否定态度）。要证明这一点是最容易不过的，只要看一看**非法的**《解放》杂志就行了，司徒卢威先生在1905年春天和夏天，在1月9日以后和10月9日以前，在该杂志上反对武装起义，证明鼓吹起义是“**发疯，是犯罪**”。事变有力地把这个反革命分子驳倒了。事变表明了，只有马克思主义者预见到的、作为口号提出的**把总罢工同武装起义结合起来**，才能为俄国争得对自由和立宪制度萌芽的承认。只有那些完全孤立的、在俄国没有支持者的社会民主党人（像普列汉诺夫）才灰心丧气地谈论十二月起义，说什么“本来用不着拿起武器”。相反，绝大多数社会民主党人都同意起义是对剥夺自由的人的一种必要的反击，起义已经把整个运动提到更高的阶段，并且证明同军队斗争是可能的。像考茨基那样公正的、没有入迷的、谨慎小心的见证人也是承认后一种情况的。

现在就来看看布兰克之流先生们的说教的真正用意：如果立宪民主党（它从来不是革命的政党）不同情起义（它不论在目前或**在其他任何**时候都是反对起义的），那么无产阶级就不应当考虑起义。不对，布兰克先生！无产阶级不论在整个起义问题上，还是在起义时机的问题上都一定要重视资产阶级民主派，不过恰好**不是**重视立宪民主党的资产阶级民主派，**而是**重视革命的资产阶级民主派，不是重视自由主义君主主义的党派，而是重视革命共和主义的党派，不是重视满足于伪议会的空谈家，而是重视以不同于立宪民主党人的态度对待起义的农民群众（他们也是资产阶级民主派）。

"立宪民主党人反对起义"。是的，他们从来就没有而且永远不会赞成起义。他们害怕起义。他们想得很天真，以为起义问题是由他们的愿望**决定**的，是由他们这些避开最尖锐、最直接的斗争的中间分子的愿望决定的。多么荒唐啊！专制政府在准备国内战争，目前就在特别有系统地准备国内战争。由于有了杜马，广泛得多、深刻得多的新政治危机正在酝酿着。无论在农民群众或者无产阶级中间还有大批有斗志的人，他们坚决要求的是人民自由，而不是妥协，不是打了折扣的人民自由。在这种情况下，举行起义还是不举行起义难道能由某个政党的意志决定吗？

在社会主义革命的前夕，西欧的小市民幻想缓和资产阶级同无产阶级的阶级矛盾，号召后者不要把前者的代表推到反动派方面去，主张社会和平，带着极深的精神上的不满情感驳斥非科学的、狭隘的、阴谋家的、无政府主义等等的大变动思想。俄国的小市民也是这样，他们在俄国资产阶级民主革命的半途上幻想缓和专制制度和人民自由之间的矛盾，号召革命者即一切坚决彻底地维护人民自由的人不要把自由派资产阶级推到反动派方面去，主张走立宪的道路，带着真正的、被哲学唯心主义加强的不满情感驳斥非科学的、狭隘的、阴谋家的、无政府主义等等的起义思想。觉悟的工人对西欧的小市民说：大变动的问题不是由中间分子而是由两极对立的尖锐化决定的。觉悟的工人对俄国小市民(立宪民主党人是政治上的典型小市民)说：起义不是由自由派的意志而是由专制政府的行动以及革命的农民和无产阶级的觉悟的提高和愤怒情绪的增长决定的。西欧的小市民们对无产阶级说：不要排斥小农和整个有教养的、社会自由主义的、改良主义的小资产阶级，不要孤立自己，只有反动派企图孤立你们。无产者回答说：为了全体劳动人民的利益，我们应当远远地离开要无产阶级同资产阶级妥协的妥协分子，因为这些妥协分子劝我们解除武装，因为他们宣传妥协和矛盾缓和等等，这对被压迫阶级的意识会立即在实践中起到极其有害的影响。但是我们不会远远地离开广大的小资产者群众，劳动群众，因为他们能够采取无产阶级的观点，不幻想妥协，不迷恋于小经济在资本主义社会中的巩固，不放弃反对资本主义制度本身的斗争。

在另一种情况下，在另一个历史时期，在资产阶级民主革命前夜而不是社会主义革命前夜(甚至不是前夜而是中途)，在俄国也发生了类似的事情。小市民对无产者说：反动派要孤立你们，你们也应当孤立反动派，不要排斥有教养的、政治上是自由主义的、希望实行改良的立宪民主党人。无产者回答说；为了争取真正自由的真正斗争的利益，我们应当远远地离开要人民代表机关同专制制度妥协的妥协分子，因为这些妥协分子劝我们解除武装，因为他们宣传“政治和平”和立宪幻想，这样来模糊人民的公民意识。而这些妥协分子，所有这些立宪民主党人，这些屈服于暂时的情绪和暂时的印象的人，现在叫喊无产阶级有被孤立的危险的人，决不是人民，决不是群众，决不是力量。真正的群众是革命的农民，是真正的城市贫民。我们不会远远地离开这些群众，我们要号召他们抛弃立宪幻想，号召他们进行真正的斗争，号召他们举行起义。在决定起义时机的问题上，我们一定要十分认真地考虑到**这些**群众（决不是立宪民主党的妥协分子）的情绪和觉悟提高的过程，但是有鉴于立宪民主党的暂时得势，有鉴于立宪民主党议会制（或者更确切地说杜巴索夫的议会制）的虚假声势，我们一定要时刻不忘，迅速增长着的、大概不久就一定会到来的反对专制制度的革命斗争。

不久前在欧洲有一个时期，社会自由主义者、小资产者妥协分子声势赫赫，喧嚣一时，硬要无产阶级接受他们的联盟和协议。社会民主党内的知识分子集团上了圈套，被暂时的政治所迷惑，创立了臭名昭彰的伯恩施坦主义等等。过了一两年，“社会和平”的乌云终于完全消散，而社会民主党内坚持无产阶级观点的革命派的立场之正确也十分清楚了。

目前在我们俄国，所有人都被立宪民主党的得势和未来的立宪民主党杜马弄得头昏目眩。危险的是，我们党的知识分子集团也会被这种华丽的外表弄得眼花缭乱，一味地主张同立宪民主党结成选举联盟，支持立宪民主党人，对立宪民主党人采取“灵活态度”的政策，而不愿从无产阶级的观点出发明确地指出这个党的小资产阶级的阶级本质，指出它的立宪幻想的危害性以及它的“妥协”策略的巨大危险性。过些时候,可能不要几年,也许只过几个月,乌云就会消散,现实一定会证实革命的社会民主党的观点是正确的,在立宪民主党的报刊上,将不再连篇累牍地发表激怒无产阶级的、证明社会民主党内部有某种弊病的、称赞某些社会民主党人的词句了。

六
结 论

我们在谈论立宪民主党政策的最典型的表达者布兰克先生的观点的时候,几乎完全没有涉及孟什维克同志们的观点。但是,从上述一切可以自然地得出关于他们的立场的结论。立宪民主党人对他们过分热心的赞扬,已经表明他们正在犯某些错误。如果目前几乎占俄国全部政治报刊的十分之九的立宪民主党的报刊,如果这种资产阶级报刊全都开始经常不断地今天称赞普列汉诺夫,明天称赞波特列索夫(《我们的生活报》),后天又称赞全体孟什维克的决议,这本身就是一种虽然是间接的却是可靠的标志,说明孟什维克同志正在犯或者准备犯某些错误。要整个资产阶级报刊的舆论截然违反能够十分敏锐地辨别风向的资产阶级的阶级本能,那是不可能的。

但是我们再重复一遍,这只是间接的标志。本文前面也直接说明了孟什维克决议草案中出现的那些错误。这里不便详细地分析这些决议,我们只能简略地谈一谈同“立宪民主党人的胜利和工人政党的任务”这一问题有关的最主要的东西。

孟什维克的错误在于：他们完全没有说明，甚至显然完全忘记了觉悟的社会民主主义无产阶级在当前的主要政治任务是反对立宪幻想的斗争。社会主义无产阶级是严守阶级观点的，是坚定地运用历史唯物主义观点估计时局的，是仇视一切小资产阶级的诡辩和欺骗的，所以在俄国目前所处的这个时期，是不会忽视这个任务的。如果忽视这个任务，他们就不再是争取完整的人民自由的先进战士了，就不再是超越资产阶级民主局限性的战士了。如果忽视这个任务，他们就会无可奈何地跟在事变后面跑，而这些事变现在正是使立宪幻想成为资产阶级腐蚀无产阶级的工具，正像不久前欧洲的"社会和平"理论成为资产阶级引诱工人背离社会主义方向的主要工具一样。

立宪幻想，这是**第一次**武装起义（继第一次之后还会有第二次）被镇压和立宪民主党获得选举胜利以后必然来到的俄国革命的整个时期的标志。立宪幻想，这是现在立宪民主党的数百万份报纸趁社会主义报纸被迫沉默的时机，向人民头脑中灌输的政治机会主义的和资产阶级的毒素。在我们面前有到"民间"去特别是到工人阶级中间去的立宪民主党人的机关报《同志报》[166]。该报第1号为立宪民主党唱起了赞美歌："它〈立宪民主党〉在自己的纲领中保证〈……嘻！嘻！保……证！〉……捍卫农民〈像考夫曼那样?〉和工人〈那当然啰！〉的利益，捍卫俄国全体公民的政治权利。如果它在国家杜马中获得多数票，那个为害人民的现政府必定下台，将由新人〈用穆拉维约夫之流来代替维特?〉管理国家，而这些新人**将倾听人民的呼声**。"是的，是的……　倾听人民的呼声！……立宪民主党人说得多么动听啊！

我们相信，任何一个社会主义者对这种恬不知耻的资产阶级谎话无不表示愤慨，任何一个社会主义者无不主张必须最坚决最有力地反对这种资产阶级腐蚀工人阶级的论调。这种论调特别有害，因为立宪民主党人拥有无数的报纸，而我们呢，虽然一再尝试创办一个最温和、最谨慎、最稳重的社会主义报纸，但是连一份报纸也没有办成。

其次，不能不认为，这种资产阶级谎话，这样模糊人民的革命觉悟，其性质决不是偶然的举动，而是不折不扣的进攻。此外，立宪民主党的杜马（如果杜马将成为立宪民主党人的杜马）可以说是立宪幻想的活生生的化身，是立宪幻想的发源地，是政治生活中最引人瞩目的那许多方面（照小资产者的肤浅的、唯心的观点看来，这些方面也是现代政治生活的实质，或者至少是主要现象）的集中点。出现在我们面前的不仅有竭力影响无产阶级的全部资产阶级报刊和全部资产阶级思想家的连续不断的进攻，而且有享有第一届（请允许我这样说）“议会”的全部荣誉和负责把工人阶级完全变成立宪民主党的附庸的全俄代表机关。请回忆一下上面援引的“官场”意见：如果杜马中的立宪民主党人赢得了社会人士对杜马的信任，并且使整个社会把希望寄托在杜马身上，那就好了。杜马应当成为防治革命的膏药，——我们的立宪民主党人同杜尔诺沃和杜巴索夫之流在这一点上实际上是完全一致的。这是事实。《北极星》杂志特别明显地表明了这一点。布兰克之流说，与其是使思想和理智都消失了的革命旋风，不如是有计划的和有系统的改革。杜尔诺沃和杜巴索夫之流说，与其用不可靠的军队对付工人和农民，不如在杜马中同立宪民主党人讨价还价。真是：智者所见略同（Les beaux esprits se rencontrent）。

大家在谈到我们的时候，都说我们在诽谤自由派。远在我们在《曙光》杂志和旧《火星报》上“痛击”《解放》杂志最初几期[167]的时候，人们就称我们为诽谤者了。所谓诽谤，就是对资产阶级思想作了马克思主义的分析，而这种分析已经完全被现实所证实了。因此，如果现在人们责备我们诽谤“人民自由”党，我们既不惊奇，也不难受。

每一个政治时期都向社会民主党这个唯一彻底的革命阶级的代表提出独特的任务，这个任务已被提上日程，而且总是被资产阶级民主派的机会主义阶层弄得含糊不清，他们用各种办法使这个任务退居次要地位。现在，这个当前的独特的政治任务就是同立宪幻想进行斗争，这个任务只有革命的社会民主党才能完成，如果这个党不愿意背叛无产阶级的长远的、根本的、主要的利益的话，它必须完成这个任务。小资产阶级机会主义者总是满足于新鲜事物的暂时光辉，满足于一时的“进步”，我们应当看得更远更深一些，应当立即指出这种进步中哪些方面是**倒退**的基础和保证，是表现了已取得的成就中片面的、狭隘的和不巩固的东西，因此必须**在其他形式下、在其他条件下继续进行斗争**。

立宪民主党人和反对派在选举中的胜利愈彻底，立宪民主党杜马愈有可能和愈临近，立宪幻想就愈危险，照旧掌握全部政权的专制政府原封不动的甚至变本加厉的反动政策同“人民”代表机关之间的矛盾就愈尖锐。这种矛盾十分迅速地引起新的革命危机，而且比以前的一切革命危机广泛得多、深刻得多、明确得多、尖锐得多。我们在1906年确实经历着——用一位社会民主党人的恰当说法——革命的**翻版**。1905年的历史似乎在重演，又首先从独揽大权的专制制度开始，接着是社会上的激昂情绪和席卷全国的、空前强大的反政府运动，最后是……谁知道最后是什么？可能是夏季(1905 年)自由派的代表团去晋见沙皇的“翻版”,而带的是立宪民主党杜马的呈词或决议;也可能是 1905 年秋季高涨的“翻版”。企图预测革命未来步骤的确切形式和日期是可笑的。重要的是注意到运动无比广大的规模和全体人民的无比丰富的政治经验。重要的是不应忘记,即将到来的恰恰是**革命**危机,而决不是议会危机。杜马中的“议会”斗争是不大的阶段,这实际上是一个小火车站,从立宪到革命的铁路上的“立宪民主党站”。由于现阶段社会政治形势的基本特点,杜马中的斗争**决不能**决定人民自由的命运,它不能成为斗争的**主要**形式,因为这个“议会”显然是交战双方所不承认的,无论杜尔诺沃和杜巴索夫之流,或者无产阶级和农民都不承认。

因此,社会民主党应当估计到目前历史阶段的所有具体特点,坚决承认并且经常向工人和觉悟的农民的头脑灌输这样的思想:现代俄国社会运动的主要形式依旧是广大人民群众的直接革命运动,它要废除旧法律,摧毁压迫人民的机关,夺取政权,创立新法制。杜巴索夫和杜尔诺沃之流召集的并得到那些可敬的人士捍卫的杜马,将在运动中起巨大的作用,但是它无论如何都不能改变运动的主要形式。立宪民主党人现在已经提出并且广泛散布的相反意见,是对人民的欺骗,是小资产阶级庸人的空想。

同这一点有联系的是资产阶级民主派和无产阶级对它的支持的问题。在这方面,孟什维克的决议也有一部分不够全面,有一部分是错误的。立宪民主党人竭尽全力把自己的党同整个的资产阶级民主派混为一谈,竭力把自己的党说成是资产阶级民主派的主要代表。这是弥天大谎。如果社会民主党人在确定“资产阶级民主派”这个概念时有丝毫的含糊,那就是在帮着圆谎。我们必须根据对资产阶级民主派内部的各党各派作出的十分明确的估计，来决定支持资产阶级民主派这个具体政治任务。在这方面的当前基本任务，正在于把革命的资产阶级民主派同自由主义-君主主义的、机会主义的资产阶级民主派区别开来。前者虽然在政治上不是完全有觉悟的，并且抱有许多偏见等等，但是能坚决地和始终不渝地反对农奴制俄国的一切残余，后者则会同反动派进行各种各样的妥协，在每一个危急关头提出自己的反革命意图。毫无疑问，在俄国是有非常广大的革命民主派阶层的，它们的非组织性、它们的非党性和它们所受的目前高压政策的压制，只能把最不细心的和最不善思考的观察家引入迷途。现在，为了把民主主义革命进行到底，我们应当同这种民主派，并且只应当同这种民主派“分进合击”，最无情地揭露现在“居于首位的”立宪民主党的不可靠性。

社会主义无产阶级的政党抱定宗旨要把民主主义革命进行到底，那就应当不仅善于随时揭露各种各样的立宪幻想，不仅把能够进行斗争的分子从整个资产阶级民主派中划分出来，而且应当确切地、直接地断定这个革命的决定性胜利的条件，并向群众清楚地指出这些条件，应当在自己的全部宣传鼓动中向群众指出并且阐明这个革命的决定性胜利究竟应该表现在哪里。如果我们做不到这一点(孟什维克同志们在自己决议中就没有做到这一点)，那么我们所说的“把革命进行到底”就是彻头彻尾的空谈。

布兰克先生在自己的文章中提到1848—1849年的法国“社会民主党”。这位最可敬的立宪民主党人不懂得，这是在自我讽刺。要知道，现在正是立宪民主党人在重犯法国“社会民主党人”的错误，而法国“社会民主党人”实质上根本不是社会民主党人，根本不是马克思主义者。他们的党不是工人阶级的政党，而是十足的小资产阶级的政党;他们浸透了立宪幻想和对“议会”斗争方法的迷信,认为在一切条件下,甚至在革命的条件下也可以使用这种方法。正因为如此,他们虽然获得许多令人眼花缭乱的、纯粹是“立宪民主党式的”议会成就,却遭到了被马克思嘲笑过的那种可耻的惨败。①

如果我们的党轻率地同立宪民主党人结成各种各样的选举联盟,达成协议和妥协,如果我们的党忽视反对立宪幻想的任务,如果我们的党在主张接近资产阶级民主派的时候,把他们的机会主义的一翼即立宪民主党人当做资产阶级民主派,如果我们的党忘记了在像我们所处的这种时代必须认真地准备好运用议会以外的斗争方法,那么我们的党也就很有可能遭到同1848—1849年法国小资产阶级的伪社会民主党一样的悲惨命运。

我们没有理由羡慕立宪民主党人的胜利。在人民中,小资产阶级的幻想和对杜马的迷信还十分强烈。必须把它们铲除掉。立宪民主党人在杜马中的胜利愈彻底,它们被铲除的日子就来得愈快。我们祝贺伟大的俄国革命的吉伦特派[168]的胜利!一定有愈来愈广大的人民群众跟随他们,一定有干劲更大的革命阶层涌现出来,这些阶层将团结在无产阶级的周围,把我们伟大的资产阶级革命进行到完全的胜利,开辟西方的社会主义革命的时代。

1906年3月28日

1906年4月由“我们的思想”出版社印成单行本

译自《列宁全集》俄文第5版第12卷第271—352页

① 参看《马克思恩格斯文集》第2卷第77—187页。——编者注

为卡·考茨基《再没有社会民主运动!》小册子俄文版写的序言[169]

（1906 年 3 月）

要向读者介绍的这本译成俄文的小册子是德国社会民主党最杰出的一位代表写的。小册子的作者所谈到的东西，比他所用的题目使人联想到的要多得多。他不是单纯地批驳工厂主的无耻走卒毕尔格尔先生的谬论，而是对德国以及全世界工人运动中最根本的问题作了极其明确和通俗的论述。小生产衰落和人民生活贫困的现象到处可见。各国的资产阶级政客和学者，同毕尔格尔先生一样，都在竭力掩饰这些现象。因此，系统地分析一下这些先生惯用的论据，是很有意义的。

小册子的作者引用的几乎全部是德国的材料。如果能在某些问题上再补充一些俄国的有关材料，那就更理想了。一旦这本十分值得传播的小册子得到广泛的传播，小册子的出版人肯定是会作这样的尝试的。不过必须指出，同德国相比，俄国的工农业统计很不像样。德国有可能把两种在不同时期在全国调查的工农业材料作比较。在俄国连一种这样的调查材料也没有。除了那种按照欧洲的办法调查了国民经济很少几个部门的地方自治机关的统计以外，剩下的就都是各个“主管部门”的弄虚作假的、敷衍塞责的、坐在办公室里胡编乱造的统计,这种统计只配称做警察局的官样文章。

俄国的官僚不让俄国人民了解俄国人民的全部真实情况。可是,任何一个有教养的俄国读者都能很容易地想起我们论述农民经济状况、手工业状况以及工厂生活的出版物中的成百上千的例子,这些例子能够极有力地证实小册子的作者所得出的结论。任何一个俄国工人和农民都能很容易地看出,俄国人民的贫困,比起小册子中描述的人民的贫困,范围更加广阔,情况更加严重,形式更加粗野。

尼·列宁

1906 年 3 月

载于 1906 年 3—4 月出版的
小册子(圣彼得堡)

译自《列宁全集》俄文第 5 版
第 12 卷第 353—354 页

俄国社会民主工党统一代表大会文献[170]

（1906年4月10—25日〔4月23日—5月8日〕）

1

关于代表资格审查委员会向代表大会报告工作的决议案

代表大会责成代表资格审查委员会作出报告，从中应该可以看出党组织在选举代表大会代表时所根据的理由是什么，确定党员资格时所采用的标准是什么。

2
在第 2 次会议上
就提交大会常务委员会的书面声明
进行记名投票一事所作的发言[171]

(1)

我同意施米特同志的提案，并建议所有愿意支持这一提案的人都签上自己的名字。

(2)

拉林同志的提案无非是代表大会上的多数派对少数派的最粗暴的嘲弄……

我再说一遍，这是对代表大会上少数派的权利的粗暴的嘲弄，是企图把议事规程上对少数派的权利所作的保证一笔勾销。

3

在第3次会议上的发言

列宁反对唐恩的意见[172]，并主张必须就目前形势的估计问题进行讨论，主张把民族问题列入议程。

4
关于议程草案第8条条文的建议

第8条:“对于为波兰召开特别立宪会议的态度”要加上如下的字样:“根据党纲中的民族问题”。

5

关于土地问题的总结发言[173]

我提出两个基本论点:(1)农民永远不会要地方公有;(2)如果没有民主共和制度,没有十分巩固的人民专制制度,没有官员民选制度,地方公有是有害的。为了进一步发挥这两个基本论点,我要先谈几个比较主要的反对国有化的意见。毫无疑问,普列汉诺夫同志提出的也是这种最主要的反对国有化的意见。我把普列汉诺夫同志的话一字不差地记下来了,他说:“我们无论如何不能拥护国有化。”这是错误的。我敢断定,如果我国真正实行了农民革命,如果随着这个革命而来的政治变革最终导致建立真正的民主共和制度,普列汉诺夫同志就会承认拥护国有化是可能的了;如果在即将到来的革命中我们俄国真正实现了民主共和制度,那么不仅整个俄国的,而且整个国际的运动的形势都会推动我们实行国有化的。如果这个条件不能实现,那么地方公有也是空谈;那时地方公有实行起来恐怕只能成为新式的赎买。约翰同志用的术语是转让,而不是没收,从他的发言中可以看出,他选择这个术语不是偶然的。其实这个术语就是立宪民主党的,它怎么解释都行,它同立宪民主党人所筹划的赎买是完全一致的。我们再往下谈。普列汉诺夫同志问:防止复辟的保证在哪里呢?我不认为提出这个问题同我们所分析的纲领有什么密不可分的联系,不过既然提出了这个问题,那就应当给它一个十分明确、毫不含糊的答复。如果说的是防止复辟的真正的、完全切合实际的经济保证，即能够创造防止复辟的经济条件的保证，那么应该说：防止复辟的唯一的保证是西方的社会主义革命；除此之外，不可能有其他任何真正的、名副其实的保证。如果没有这个条件，无论怎样解决问题（地方公有、分配土地等），复辟都不仅是可能的，而且简直是不可避免的。我想这样来表述这个论点：俄国革命可以靠自己的力量来取得胜利，但是它绝对不可能单靠自己的一双手来保持和巩固自己的胜利果实。只要西方不发生社会主义革命，俄国革命就不可能做到这一步；没有这个条件，无论实行地方公有也好，国有也好，分配土地也好，复辟都是不可避免的，因为小业主在任何占有和所有制的形式下面都是复辟的支柱。在民主革命完全胜利以后，小业主必然会掉过头来反对无产阶级，而且，无产阶级和小业主的一切共同的敌人如资本家、地主、金融资产阶级等被推翻得愈快，他们掉过头来反对无产阶级的情形也就来得愈快。我们的民主共和国除了西方的社会主义无产阶级以外，没有任何后备军。在这方面不应该忽视，欧洲典型的资产阶级革命即 18 世纪的法国大革命决不是在俄国革命所处的那种国际环境下发生的。18 世纪末叶的法国是处在封建和半封建国家的包围之中。然而正在进行资产阶级革命的 20 世纪的俄国的周围，则是这样一些国家，它们本国的社会主义无产阶级已经全副武装起来就要同资产阶级作最后的搏斗。既然像沙皇 10 月 17 日在俄国许诺自由这种区区小事，都能大大推动西欧无产阶级的运动，既然一听到彼得堡发出的关于臭名昭著的立宪宣言的电讯，就能使奥地利的工人立刻走上街头，使奥地利许多大工业城市发生多起游行示威和武装冲突，那就可以想象，如果从俄国传去的消息不是口头上的自由许诺，而是自由的真正实现，是革命农民的彻底胜利，国际社会主义无产阶级将会采取什么行动。如果防止复辟的保证问题是从另一个角度提出的，也就是说，如果指的是防止复辟的相对的和有条件的保证，那就应该这样说：只有尽可能坚决地进行革命，由革命的阶级直接进行革命，尽量少让中间分子、妥协分子和各种调和分子插手，使革命真正进行到底，才是防止复辟的有条件的和相对的保证；而我的草案可以最大限度地提供防止复辟的保证。

在我的草案里，农民委员会是作为直接推动农民革命运动的杠杆，作为农民革命运动最理想的形式提出来的。农民委员会，如果用通俗的话来解释，就是号召农民自己立刻直接地用最坚决的手段来对付官僚和地主。农民委员会，这就是号召受农奴制残余和警察制度压迫的人民像马克思所说的那样“用平民方式”来对付这些残余[174]。实行官员民选是把革命进行到底的前提，这种提法使普列汉诺夫同志想起了令他本人、当然也令我们大家很不愉快的无政府主义。但是官员民选会使人联想起无政府主义，这是十分奇怪的；在目前这个时期，官员民选问题会引起或者已经引起随便哪一位社会民主党人（恐怕只有伯恩施坦例外）的嘲笑，也是十分奇怪的。我们现在经历的正是官员民选这个口号具有最直接的、重大的实际意义的时期。我们在农民群众中所进行的一切活动、宣传和鼓动，在很大程度上正在于宣传、传播和阐明这个口号。宣传农民革命，比较认真地谈论土地革命，而不同时说到必须实现真正的民主制度，也就是不附带地说到实行官员民选，那是十分矛盾的。根据这一点就谴责别人犯了无政府主义的错误，只能使我想到德国的那些伯恩施坦分子，他们在不久以前同考茨基争论时，就谴责他犯了无政府主义的错误。

我们应当直截了当地、明确地告诉农民：如果你们想把土地革命进行到底，你们就必须把政治革命也进行到底；没有彻底的政治革命，就根本不会有土地革命或者不会有比较巩固的土地革命。如果没有彻底的民主革命，如果不实行官员民选，那么我国不是会发生农民骚乱，就是会实行立宪民主党的土地改良。在我国不会有值得普列汉诺夫用"农民革命"这样有分量的字眼称呼的东西。我们再往下谈。普列汉诺夫说，地方公有会给阶级斗争提供广阔的场所；我尽量用他的原话把他的这个论断表达出来，不过我必须明确地表明，这个论断是根本**错误的**；它无论在政治上或者在经济上都是错误的。在其他条件相同的情况下，地方自治机关以及土地的地方公有提供的阶级斗争场所，无疑要比全国、比土地国有化提供的要狭小。在民主共和制度下，土地国有化会无条件地为阶级斗争提供最广阔的场所，提供一般说来在资本主义存在的条件下唯一可能的、唯一想象得到的最广阔的场所。国有化意味着消灭绝对地租，降低粮食价格，保证资本有最大限度的竞争的自由和渗入农业的自由。地方公有则相反，它缩小全国的阶级斗争，不肃清一切农业生产关系中的绝对地租，用局部的要求来取代我们的总的要求；地方公有在任何情况下都是掩盖阶级斗争的。从这个观点看来，普列汉诺夫提出的问题只能在一个方面得到解决。从这个观点看来，地方公有是绝对经不起批评的。实行地方公有就是缩小和掩盖阶级斗争。

普列汉诺夫的另一个反对意见涉及夺取政权的问题。普列汉诺夫在我的土地纲领草案中看出有夺取政权的思想，我应该说，在我的土地纲领草案中的确有由革命农民夺取政权的思想[①]，不过

① 见本卷第240—241页。——编者注

把这种思想归结为民意党的夺取政权的思想，那就大错特错了。在19世纪70年代和80年代，当民意党人传播夺取政权的思想的时候，他们是一群知识分子，当时事实上也没有较为广泛的真正群众性的革命运动。当时，夺取政权是一小撮知识分子的愿望和空谈，而不是已经兴起的群众运动进一步发展的必然步骤。现在，在经过了1905年10月、11月、12月以后，在广大的工人阶级、半无产阶级分子和农民群众向世界展示了早已看不到的革命运动形式以后，在革命人民夺取政权的斗争已经在莫斯科、南方、波罗的海沿岸边疆区爆发以后，再把革命人民夺取政权的思想归结为民意主义，就等于落后了整整25年，就等于从俄国历史中勾销了一个完整的重大时期。普列汉诺夫说：不要害怕土地革命。但是害怕革命农民夺取政权，也正是害怕土地革命。如果土地革命的胜利不是以革命人民夺取政权为前提，土地革命就是空谈。如果没有革命人民夺取政权这个条件，那就不是土地革命，而是农民骚乱或者立宪民主党的土地改良。为了结束关于这一条的探讨，我只提醒大家一件事，就连刊载在《党内消息报》[175]第2号上的少数派同志的决议也说过，我们目前的任务是从政府手中争取政权。

“人民的创造性”这个说法在我们的决议草案中好像是没有的，但是普列汉诺夫同志记得我在自己的发言中有过这样的说法，这使他想起了民意党人和社会革命党人中的老相识。我觉得普列汉诺夫同志的回忆又落后了25年。请回想一下1905年最后一个季度俄国所发生的一切吧：罢工、工人代表苏维埃、起义、农民委员会、铁路委员会等等，这一切正好说明人民的运动已经转向起义的形式，这一切都显示出革命政权机关的明显的萌芽，我的关于人民的创造性的说法是有十分明确具体的内容的。它所指的正是俄国革命的这些具有历史意义的日子，它所描述的正是这种不仅反对旧政权而且利用革命政权来进行斗争的斗争方法，是俄国广大的工人和农民群众在轰轰烈烈的10月和12月的日子里初次使用的方法。如果我们的革命被葬送了，那么农民和工人的革命政权的萌芽形式也就被葬送了；如果你们所说的农民革命不是空谈，如果我国将要有真正的名副其实的土地革命，那么毫无疑问，我们一定会看到10月和12月事变以空前壮阔的规模重演。这种不是知识分子的，不是密谋家集团的，而是工人和农民的革命政权，在俄国已经有过了，在我国革命进程中实际上已经存在过了。然而由于反动派得势，这个革命政权被摧毁了，但是只要我们有确实的根据坚信革命的高潮一定会到来，那么我们也必然会期望新的、更坚决的、同农民和无产阶级的联系更紧密的革命政权机关的高潮、发展和胜利的到来。可见，普列汉诺夫运用“民意主义”这个陈腐、可笑的吓唬人的字眼，无非是为了回避对10月和12月的运动形式进行分析而已。

最后，我们还要来研究一下我的纲领的灵活性和稳妥性的问题。我认为，我的土地纲领在这方面同其他的纲领比较起来是最令人满意的。如果革命事业进行得不顺利，那么怎么办？如果我的草案中所提出的一切“如果”都不能实现，因此谈不上把我国的民主革命进行到底，那该怎么办？那时毫无疑问，是应该考虑到现有的农民经济和农民的土地使用制的条件的。在这种情况下，我就会把像租佃这样一种最重要的现象当做论据。要知道，既然谈到革命事业可能进行得不顺利，革命可能半途而废，那么在这种情况下，毫无疑问要考虑到这种现象的现实性和不可排除性。我的纲领考虑到这种不顺利的情况，考虑到各种据说是空想的“如果”

不能成立的情况，因此这个纲领要比马斯洛夫同志的纲领更全面地、更准确地、更冷静得多地规定了党的任务。因此，我的纲领既提出了适合目前农民经济和农民土地使用制条件的口号，也提出了适合资本主义进一步发展的最好远景的口号。约翰同志想说点俏皮话，他说我的纲领里的纲领太多了，说我的纲领里既有没收，又有租佃，这是互相矛盾的；这句话一点都不俏皮，因为没收地主土地并不排斥农民的土地也有租佃的情况。因此，普列汉诺夫同志提出他的十分精彩的论据来反对我，也是根本错误的。他说，如果一切都进行得十分顺利，起草一个纲领是并不困难的，说这样的纲领任何人都写得出来。你现在写一个正好是不会有最好条件情况下的纲领吧。为了回答这个论据，我可以肯定地说，我的谈论没收地主土地、谈论像租佃这样的问题的纲领，正是考虑到了我国革命可能有的最坏的进程和结局，因此我的纲领是十分清醒的，非常周密的，至于约翰同志，他的草案根本没有提到这些最坏的条件，也就是没有提到缺乏真正实行政治民主制度的条件，他向我们提出的只是地方公有，要知道，如果不实行官员民选制度，如果不取消常备军等等，地方公有也像国有一样是危险的，甚至是更加危险的。因此，我坚持提出那些受到普列汉诺夫无理指责的“如果”。

总之，农民不会接受地方公有。卡尔特韦洛夫同志说，高加索的农民是完全同意社会革命党人的意见的，不过同时他们还问：他们是不是有权出卖自己分到的或者由于实行社会化而得到的土地。卡尔特韦洛夫同志，你说得很对！你的观察是完全符合一般农民的利益的，是同农民对自己利益的理解一致的，正因为农民是从他们是不是有权出卖他们所分得的土地这个角度来看待一切土地改革的，所以农民一定会无条件地反对地方公有，反对地方自治机关所有。直到现在，农民还是把地方自治机关和地方官混为一谈，理由十分深刻，比嘲笑农民愚昧无知的高贵的立宪民主党的法学教授们所想象的还要深刻得多。因此，在谈到地方公有以前，必须、绝对必须谈到官员民选制度。目前，在这个民主要求还没有实现的时候，只一般地提没收或者分配土地是恰当的。因此，为了简化代表大会的主要问题，我采取了如下做法：既然波里索夫同志的纲领同我的纲领有许多共同的特点，而且它是以分配土地而不是以国有化为基础的，那我就撤销我的纲领，并请代表大会就分配土地或者地方公有的问题发表意见。如果你们否决分配土地，或者确切些说，"当"你们否决分配土地的"时候"，我当然要完全撤销我的草案，因为它根本没有希望通过；如果你们通过分配土地，那么我就要提出我的整个的纲领，作为对波里索夫同志的草案的修正案。有人说似乎我强迫农民接受国有化，为了回答这种指责，我再提醒一下大家，在我的纲领的"**A方案**"中，专门提到要避免强迫农民去做任何违反他们意愿的事情的思想。因此，在最初表决的时候，以波里索夫的草案代替我的草案实质上并没有什么改变，只会帮助我们更容易弄清楚代表大会的真正的意志。依我看，地方公有既是错误的又是有害的；分配土地虽然错误，但无害处。

我简单地谈一谈这种差别。"分配派"正确地说明了事实，但是他们忘记了马克思关于旧唯物主义的名言："哲学家们只是用不同的方式解释世界，问题在于改变世界。"①农民说："土地是上帝的，土地是人民的，土地不属于任何人。""分配派"向我们解释说，农民这样说是不自觉的，他们说的是一回事，想的是另一回事。

① 见《马克思恩格斯文集》第1卷第502页。——编者注

"分配派"说，农民真正的愿望完全和仅仅在于增加自己的土地，扩大小农经济，除此之外别无他求。这些都是完全正确的，但是我们同"分配派"的分歧在这里并没有结束，而仅仅是开始。不管农民这些说法在经济上怎样没有根据，或者空洞，我们还是应当抓住这些说法来进行宣传。你是说土地应该由大家使用吗？你愿意把土地交给人民吗？好极了，但是把土地交给人民意味着什么呢？谁来掌管人民的财产和人民的产业呢？官吏，特列波夫之流。你愿意把土地交给特列波夫和官吏吗？不，任何一个农民都会说，他不愿意把土地交给他们。你愿意把土地交给将来可能钻到地方自治机关里去的彼特龙凯维奇和罗季切夫之流吗？不，农民一定不愿意把土地交给这班老爷。因此，我们就要向农民说明，为了在有利于农民的条件下把土地交给全体人民，必须实行一切官员统统由人民选举产生的制度。因此，我提出的以实现完全的民主共和制为前提的国有化草案，正好给我们的宣传员和鼓动员提供一条正确的行动路线，它明确而具体地向他们说明，对农民的土地要求的分析应当成为政治宣传、特别是关于实行共和制的宣传的基础。例如，农民米申，被斯塔夫罗波尔的农民选为杜马代表，他带来了复选人的委托书，委托书的全文已经刊载在《俄罗斯国家报》上。[176]这个委托书要求撤销地方自治机关的官吏，修建粮仓，把全部土地交给公家。把全部土地交给公家的要求，毫无疑问是一种反动的偏见，因为今天的俄国和明天的立宪的俄国的公家是警察和军人专制的公家，但是我们不应该把这个要求当做有害的偏见简单地抛弃了事，我们应该"抓住"它，向米申这类人士说明问题的实质。我们应该告诉米申这类人士，把土地交给公家的要求虽然很糟糕，却反映了一种十分重要而且对农民有利的思想。只有国家成了完全民主的共和国,只有彻底实行了官员民选制度、取消了常备军等等,把土地交给公家才可能对农民很有利,并且一定会很有利。我正是根据这一切理由才认为:如果你们否决国有化,那么势必会使我们的实际工作人员、宣传员和鼓动员重犯1903年我们错误的归还割地的纲领引起的那些错误。当时人们对我们关于割地的理解比这个条文的作者所理解的还要狭窄,现在否定国有化而用分配土地代替这个要求(更不用说荒唐透顶的地方公有了),同样势必会使我们的实际工作人员、宣传员和鼓动员去犯那么多的错误,以致我们很快就要后悔我们通过了一个实行“分配土地”或者地方公有的纲领。

我再重复一遍我的两个基本论点来结束我的发言:第一,农民永远不会要地方公有;第二,如果没有民主共和制度,没有官员民选制度,地方公有是有害的。

6

关于记录须由代表大会批准的声明

全部记录必须由代表大会批准。因此秘书整理的记录才是正式的记录。速记只记录个别的发言。

7
在第15次会议上的书面声明

我们的决议案第1页就谈到："在**资产阶级革命**中的阶级利益"[177]，正数第27行，

8

关于目前形势和无产阶级的阶级任务问题的总结发言

我尽量指出最本质的东西。普季岑同志使我想起了一句谚语:寻找的东西有时也会自己送上门来。他问:布尔什维克凭什么认为现在斗争的主要形式是破坏法律等等呢?普季岑同志,请摘掉你的立宪民主党人的眼镜吧!你认为主要的斗争形式是议会斗争。请看看失业工人的运动、军队中的运动、农民运动。运动的主要形式不在杜马里面,杜马只能起间接的作用。普列汉诺夫同志说,如果黑格尔听到我引用了他的话,躺在棺材里也会翻两次身的。但是,普列汉诺夫同志说这话是在普季岑同志之前,他的话现在也是针对普季岑同志的。普季岑同志崇拜暂时的东西,他仅仅指出一些表面现象,并没有指出内部所发生的事情。他没有在这些现象的发展过程中研究这些现象。在普季岑同志看来,关于首脑和尾巴、无产阶级的先进作用或者尾巴作用的发言只是咬文嚼字。孟什维克的基本错误在这里表现得十分明显。孟什维克没有看到,资产阶级是反革命的,资产阶级是自觉地趋向妥协。他们拿雅各宾派分子为例,说这些人原是天真的君主派[178],后来却成了共和派。但是立宪民主党人不是天真的君主派,而是自觉的君主派。孟什维克把这一点忘记了。

严厉的列昂诺夫同志说：请看"布尔什维克"在大谈革命的人民。然而"孟什维克"在自己的决议中也大谈这个问题。列昂诺夫同志引用了马克思的《法兰西阶级斗争》中的一句话：共和国是资产阶级统治的最高政治形式。列昂诺夫同志本来应该继续往下引用的。如果这样，他就会看到：共和国是资产阶级在目前形势的强迫下接受的，分裂成两派（正统派和奥尔良派[179]）的资产阶级的确是违反了自己的意志才容忍共和国的。①

唐恩说"布尔什维克"忽视政治组织的作用。这说得不对。不过一般地谈组织的作用倒会成为陈词滥调。问题在于现在需要的究竟是什么样的政治组织形式。应当指出我们要把政治组织建立在什么基础上。"孟什维克"从革命高潮的前提出发，然而他们所建议的行动方式却不是与革命高潮相适应，而是与革命低潮相适应。这样，他们就帮助了对10—12月时期大肆诽谤的立宪民主党人。"孟什维克"谈到了爆发。请你们把这个名词加进决议里。既然如此，当前运动的形式如国家杜马选举等，就不过是一种暂时性的运动形式。

唐恩同志说："少数派"的口号已经证实是正确的，他用革命自治，用工人代表苏维埃来证明。不过请看一看普列汉诺夫的《日志》第5期吧。他在这期杂志里写道，革命自治"把人弄得糊里糊涂"。不过，这个口号是在什么时候，把什么人弄得糊里糊涂呢？我们从来没有否定过这个口号。但是我们认为这个口号是有缺陷的。这个口号是不彻底的，这个口号不是有把握取得革命胜利的口号。用工人代表苏维埃作论据不合适。关于工人代表苏维埃我

① 参看《马克思恩格斯文集》第2卷第151—152页。——编者注

们还没有谈到。

普列汉诺夫的错误在于他对10月里出现过的各种运动形式完全没有进行分析。他说工人代表苏维埃是最好的、必要的。但是他不用心分析一下工人代表苏维埃是什么。它是什么呢？是革命自治机关还是萌芽的政权机关呢？我肯定地说这是通过革命政权来进行的斗争，这个论点是驳不倒的。这才是，也只有这才是10—12月的斗争形式不同于目前斗争形式的特点；我们不能强制地采取这种或那种斗争形式。

普列汉诺夫说：伯恩施坦受到称赞是由于他的理论，因为他放弃了理论的马克思主义，我受到称赞是由于我的策略。情况并不像普列汉诺夫所说的那样。瓦尔沙夫斯基同志对普列汉诺夫的这种说法作了公正的回答，他说伯恩施坦受到称赞是由于策略，因为他像立宪民主党人那样拼命缓和矛盾。伯恩施坦曾经在社会主义革命的前夕缓和社会矛盾。普列汉诺夫现在在资产阶级民主革命炽烈的时候缓和政治矛盾。立宪民主党人就是为了这个才称赞普列汉诺夫和孟什维克的。

普列汉诺夫同志说，我们不反对夺取政权，但是我们所拥护的是像在国民公会[180]时那样夺取政权，而不是密谋家夺取政权。"孟什维克"同志们，请把这一点也写到你们的决议里吧。反对列宁主义，咒骂社会革命党人等等的阴谋家吧，你们不论干什么都行，我毫不在乎，只要你们提出像国民公会那样夺取政权的条文，我们就用双手在这个决议上签字。不过普列汉诺夫同志要记住，如果你真的把这一条写进去，请相信我吧，立宪民主党人就不会再称赞你了。

9

关于国家杜马的决议草案[181]

鉴于：

(1)12 月 11 日的选举法和选举的实际条件使无产阶级和社会民主党无法参加选举，无法提出和独立地选出真正有党性的候选人；

(2)经验表明，由于这个原因，工人参加选举的实际作用势必产生、而且实际上已经产生这样的后果：由于同立宪民主党人或其他资产阶级集团达成协议而使无产阶级严格的阶级立场变得模糊不清；

(3)只有采取完全的、彻底的抵制，社会民主党才有可能坚持“用革命的方式召开立宪会议”这个口号，使立宪民主党对国家杜马负全部责任，防止无产阶级和农民民主派或革命民主派受到立宪幻想的沾染；

(4)现在已经看得出，(主要)由立宪民主党人组成的国家杜马无论如何不能负起真正的人民代表机关的使命，只能间接地促进更广泛更深刻的新的革命危机的发展；

我们承认并且建议代表大会承认：

(1)抵制国家杜马和国家杜马选举的各个党组织是做得正确的；

(2)在目前政治条件下，在杜马中不存在真正有党性的和能代表党的社会民主党人的条件下，成立社会民主党议会党团的企图不可能取得重大效果，反而会降低俄国社会民主工党的威信，让党替处于立宪民主党人和社会民主党人之间的十分有害的那些议员负责；

(3)由于上述一切，目前还不具备可以使我党走上议会道路的条件；

(4)社会民主党应该利用国家杜马，利用杜马同政府之间的冲突或者杜马内部的冲突，同杜马中的反动分子作斗争，无情地揭露立宪民主党人的不彻底性和动摇性，特别关注农民革命民主派分子，把他们团结在一起，使他们反对立宪民主党人，支持他们那些符合无产阶级利益的言行，准备在革命总危机十分尖锐的时候(这可能是由杜马危机引起的)，号召无产阶级向专制制度进行坚决的进攻；

(5)鉴于政府可能解散国家杜马并且召集由新成员组成的国家杜马，代表大会决定：在新的选举运动期间，不允许与立宪民主党以及类似的非革命分子成立联盟和达成协议；至于我们党是不是有可能参加新的选举运动的问题，将由俄国社会民主党根据具体情况来决定。

10

关于对国家杜马的态度问题的副报告

同志们！我不准备把布尔什维克的决议念给你们听了，因为这个决议你们大家一定都知道了。（由于到会代表的要求，报告人还是把布尔什维克的决议原文又念了一遍。）如果把这个决议同孟什维克的决议比较一下，我们就会看出有以下四个主要不同点，或者说孟什维克的决议有四个主要缺点。

（1）孟什维克的决议没有对选举作出估计，没有对我们在这方面的政治经验的客观效果作出估计。

（2）这个决议字里行间都流露出对国家杜马的轻率的或者说（如果说得委婉些）乐观的态度。

（3）决议没有根据我们对资产阶级民主派内部各个派别或政党的策略把它们明显地区别开来。

（4）你们的决议决定成立议会党团，而你们的这一措施却是在对无产阶级政党根本不会有任何利益的时候和条件下采取的。

如果认真地分析一下我们之间的真正的分歧，而不是咬文嚼字或者吹毛求疵，那么真正的分歧就是这样。

现在，我们就来研究一下这四点。

如果我们不是笼统地根据关于议会斗争的一般言论，而是根据各种政治力量的实际关系作出自己的结论，那么对选举方面的经验的估计是具有重大的意义的。的确，我们过去和现在都提出过一个十分肯定的论断：参加选举实际上意味着支持立宪民主党人，参加选举而不同立宪民主党人结成联盟是不可能的。你们是不是认真分析过这个论断呢？你们是不是根据与这个问题有关的实际材料分析过真实情况呢？绝对没有。阿克雪里罗得对问题的前半部分根本避而不谈，对后半部分却提出了两个相互矛盾的论断。他起先用十分鄙视的语调批评了同立宪民主党人结成的一般联盟。他后来又说对这样的联盟并不反对，不过，这里所说的联盟当然不是过去那种"私下勾结"和暗地达成协议，而是整个无产阶级有目共睹的光明磊落的措施。阿克雪里罗得的后面这个"论断"是"立宪民主党人的"空想，即由立宪幻想而产生的真正"天真的愿望"的绝妙典型。我国实际上没有宪法，没有我们公开发表言论的基础，只有杜巴索夫的"立宪制度"。阿克雪里罗得的幻想始终是空虚的幻想，而立宪民主党人却一定会从默许的或签字的、正式的或非正式的协议中得到实际的好处。

当人们谈论我们从选举中"自我排斥"的时候，总是忘记，实际上正是政治条件而不是我们的意志排斥了我们党，排斥了我们党创办报纸和参加集会，排斥了优秀的党员被提名为候选人。如果没有上述一切条件，议会制度与其说是教育无产阶级的工具，倒不如说是空洞可怜的玩具；因为这是天真地谈论"纯洁的"、"理想的"议会制度，而不是实际情况下的议会制度。

当人们谈论选举的时候，常常忘记，在杜巴索夫立宪制度的基础上实际展开斗争的是两个力量强大的"政党"，即立宪民主党人和黑帮分子。立宪民主党人说得对，他们对选举人说，任何分散选票、任何提出"第三种"候选人的做法都只会使黑帮分子获胜。以莫斯科为例：假定古契柯夫能得到900张选票，立宪民主党人能得到1 300张选票。社会民主党人只要能得到401张选票，黑帮分子就会获得胜利。可见立宪民主党人对社会民主党参加选举的了解是符合实际情况的（立宪民主党人为了争取工人参加选举，给了莫斯科的工人一个国家杜马的议席），而你们孟什维克的了解是不符合实际情况的，是空洞的、无谓的幻想。要么干脆不接受议会制，也不发表空泛的议论，要么就认真对待。否则就是一种糟糕透顶的立场。

第二点。阿克雪里罗得在自己的发言中特别举出了一些我已指出过的决议的缺点。在决议中谈到要把杜马变成革命的工具。你们只从政府对我们施加压力、政府压制革命的角度考察杜马。我们认为国家杜马是一定的阶级的代表机关，是由一定的党派组成的机关。你们的意见是根本不正确的、不完全的、不是以马克思主义为根据的。你们没有从立宪民主党的阶级成分来考虑杜马的内部结构。你们说政府要扼杀革命，你们忘记了再补充一句，立宪民主党人也暴露出十分渴望扑灭革命的意图。立宪民主党人的杜马不可能不反映出立宪民主党的特性。法兰克福议会就是一个例子，当时这个代表机关在革命时代曾经明显地暴露出渴望扑灭革命的意图（由于小资产阶级的目光短浅和法兰克福空谈家的怯懦），这个事例你们完全忽略了。

在社会民主党的决议中，援引"沙皇承认和法律确认的政权"的说法，是根本不妥当的。杜马实际上不是政权。援引法律不能肯定，只会削弱你们的全部论据和来自这个决议的你们的全部鼓动口号。维特最喜欢援引"法律"和"沙皇的意志"，目的是使杜马安于给它划定的那点可笑的职权范围，丝毫不敢超越。援引沙皇和法律作依据，这种做法的受益者并不是社会民主党人，而是《俄罗斯国家报》。

现在来谈第三点。决议的根本错误，在于没有明确地说明立宪民主党人的特点，没有揭露他们的全部策略，没有把立宪民主党人同农民民主派和革命民主派区别开来。这个错误也同上述一切错误有密切的联系。要知道，正是立宪民主党人才是左右本届杜马的人。这些立宪民主党人已经不止一次地暴露出对“人民自由”的背叛。善良的空谈家沃多沃佐夫想表现得比立宪民主党人左一点，他在选举之后提醒立宪民主党人要信守自己许下的召开立宪会议等等的诺言，然而在这个时候，《言语报》以一种“霸道的”腔调粗暴地、下流而又粗暴地回答了沃多沃佐夫，说它不用别人多嘴出主意。

在关于有人企图削弱革命的问题上，你们的决议也是极其错误的。正像我已经说过的，不仅政府有削弱革命的意图，而且目前正在我国政治生活中出头露面大喊大叫的小资产阶级妥协分子也有削弱革命的意图。

你们的决议说，杜马希望依靠人民。这种说法只对了一半，因此也不能算是正确的。什么是国家杜马呢？我们能只限于泛泛地谈论这种机关，而不对那些真正决定这个机关的内容和意义的那些阶级和政党进行分析吗？希望依靠人民的是什么样的杜马？不是十月党人的杜马，因为十月党人根本不希望依靠人民。也不是农民的杜马，因为农民代表已经是人民不可分割的一部分，他们用不着“希望依靠人民”。可见，**希望**依靠人民的恰恰是**立宪民主党人的**杜马的特点。但是希望依靠人民和**害怕**人民的革命独立性都同样是立宪民主党人固有的特点。你们的决议指出问题的一个方面，避而不谈问题的另一个方面，这样就是散布不仅错误而且十分有害的观念。避而不谈问题的另一方面(我们关于对待其他政党的态度的决议是强调这一方面的),就其客观作用来说,就是撒谎。

不行,规定我们对待资产阶级民主派的策略,而不谈立宪民主党人,放弃对他们进行尖锐的批评,是绝对不能允许的。我们能够而且应当只从农民民主派和革命民主派身上寻找支持,而不应当从那些企图缓和目前政治矛盾的人身上寻找支持。

最后,我们来看一看成立议会党团的建议。社会民主党使用新武器即"议会制",必须十分慎重,这一点连孟什维克也不敢否认。他们完全准备"在原则上"承认这一点。但是现在问题根本不在于原则上的承认,问题在于对具体条件进行正确的估计。如果实际条件使"原则上的"承认必须慎重变成了天真的空洞的幻想,那么这种承认也就毫无意义了。例如,高加索人关于独立选举、关于纯粹是党的候选人、关于他们否定同立宪民主党人联盟的问题讲得很好听。但是同时就有一个高加索人对我说,在梯弗利斯,在孟什维克的高加索的这个中心,左派立宪民主党人阿尔古京斯基也许会当选,也许不免要在社会民主党人的帮助下当选,那么这些好听的话又有什么意义呢?如果将来还像现在这样由我们中央委员会的《党内消息报》对付无数的立宪民主党人的报纸,那么我们的广泛地、公开地向群众发表谈话的愿望又有什么意义呢?

再请你们注意,有些最乐观的社会民主党人指望只经过农民选民团选出自己的候选人。也就是说,他们想在工人政党的实践中,恰恰不是同工人选民团,而是同小资产阶级的半社会革命党人的选民团一起"开始议会斗争"。请你们想一想,在这种情况下最有可能产生的是社会民主党的工人政策,还是非社会民主党的工人政策?

11

在第17次会议上的书面声明[182]

我没有说过梯弗利斯人决定选派阿尔古京斯基。我说过有人认为阿尔古京斯基大概会获胜，而且，也许不免要得到社会民主党人的帮助。

对**鲁登科**的发言提出事实更正。我没有说过立宪民主党的杜马将扑灭革命。我说过，立宪民主党人按其阶级本质来说将**力图**压制革命。

12
为维护穆拉托夫(莫罗佐夫)关于社会民主党议会党团问题的修正案作的发言[183]

穆拉托夫同志要我最后讲几句话。有人认为穆拉托夫同志在敲敞开的大门,这个说法完全错了。相反,正是他打开了大门。穆拉托夫同志的修正案直截了当地提出了问题。代表大会承认了与很多地方的工人所支持的策略不同的另一种策略;如果要组织杜马党团,必须不发生尖锐的冲突,必须问问工人们,他们愿意不愿意在杜马里面有不是经他们选举出来的人当代表。

13
关于俄国社会民主工党议会党团的组成问题的个人意见

(1)

在否决斯托多林的修正案的时候，我发现有人甚至离开了议会斗争的各项原则，因此我要就这个问题提出我个人的意见。

(2)

根据已经提出的声明，我再谈一谈我对斯托多林的修正案问题的个人意见。

斯托多林同志在他的修正案中建议：只允许这样的党员参加俄国社会民主工党正式的议会小组：他不仅在党的一个组织中工作，不仅服从全党和他所在的党组织，而且是由他所在的党组织(即有关的党组织)提名为候选人的。

由此可见，斯托多林同志希望我们社会民主党在议会斗争方面一开始就只受有关党组织的直接委托和以它们的名义进行工作。议会小组的成员仅仅是党的一个组织的党员，是不够的。在俄国的条件下，这还不能排除发生最不好的冒险行为的可能性，因为我们的党组织不能对自己的党员实行公开的、人人都能看到的监督。因此，我们在议会斗争方面一开始就采取欧洲各社会主义政党根据经验规定的种种预防措施，是十分重要的。西欧的党，特别是它们的左派，甚至坚决要求由地方党组织提出并经党中央同意才能推荐议会的候选人。欧洲的革命社会民主党有十分充足的理由，要求对议会议员进行**三方面的**监督：第一，全党对所有党员的监督；第二，那些应当以自己的名义提出议会候选人的地方组织的特别监督；第三，全党中央的专门监督，党中央不受地方影响和地方特点的限制，应当注意到只提出能满足全党的要求和一般政治要求的人为议会候选人。

代表大会否决了斯托多林同志的修正案，否决了只有党组织直接提名为议会候选人的人才能参加议会党团的要求，这就暴露出它在议会策略上远不及西欧革命社会民主党人慎重。其实未必会有人怀疑，由于俄国社会民主党进行公开发动的条件十分困难，我们现在必须采取比西欧革命社会民主党根据经验规定的更要慎重得多的方法。

14

在第21次会议上的书面声明

我们声明，把在重要问题上采取记名投票的做法称为“损害代表大会各项决议的威信的宣传鼓动材料”——这就是不了解代表大会的作用，或者是狭隘的派性表现。

15
关于武装起义问题的发言

不久前有一个同志指出，我们在收集反对代表大会各项决议的宣传鼓动材料。我当时就回答说，把记名投票说成是收集反对代表大会的宣传鼓动材料，是十分荒谬的。任何一个不满意代表大会各项决议的人总会进行鼓动来反对这些决议的。[184]沃罗比约夫同志说，“孟什维克”不能同我们“布尔什维克”在一个党内工作。我很高兴，正是沃罗比约夫同志是第一个谈到这个问题的人。如果说他的发言是“宣传鼓动材料”，我是深信不疑的。不过，更重要的当然是关于原则问题的宣传鼓动材料。我们简直不能想象，会有比你们反对武装起义的决议更好的反对本届代表大会的宣传鼓动材料。[185]

普列汉诺夫说，必须冷静地讨论如此重要的问题。这句话是万分正确的。不过，冷静的讨论并不表现为在代表大会之前和在代表大会上没有争论，而表现为应该讨论的决议具有真正冷静的切合实际的内容。正是从这方面比较两个决议，是特别有好处的。我们不喜欢的不是“孟什维克”的决议中的争论（普列汉诺夫对文特尔同志关于这个问题的发言理解得十分不正确），我们不喜欢的不是争论，而是贯穿在“孟什维克”的决议中的对细枝末节的争论。就拿对过去经验的估计，拿无产阶级运动的有觉悟的表达者社会民主党对无产阶级运动的批评问题来说吧。在这里批评和“争论”是必要的，不过批评必须是公开的、直接的、明显的和清楚的，而不是吹毛求疵、恶意中伤或咬文嚼字的讽刺挖苦。所以我们的决议在科学地总结最近一年的工作的同时，作了直截了当的批评：认为和平罢工是“浪费力量”，和平罢工过时了。现在的主要斗争形式是起义，罢工是斗争的辅助形式，再拿“孟什维克”的决议来说吧。大家看到的不是进行冷静的讨论，不是总结经验，不是研究罢工和起义的相互关系，而是悄悄地、一点一点悄悄地否定十二月起义。普列汉诺夫的“本来就用不着拿起武器”的观点，完全贯穿在你们的整个决议中(尽管大多数俄国的“孟什维克”声明不同意普列汉诺夫的观点)。切列万宁同志在自己的发言中绝妙地暴露了自己，他要维护“孟什维克”的决议，就必定要把十二月起义看成是“绝望”的表现，是证明武装斗争根本不可能的一场起义。

正像大家都知道的，考茨基发表了另外一种意见。他认为俄国的十二月起义迫使我们“修改”恩格斯的关于没有可能进行街垒战的观点，认为十二月起义是新的战术的**开端**。不言而喻，卡·考茨基的观点可能是错误的，“孟什维克”可能是比较正确的。但是，既然我们要重视“冷静的”讨论和严肃的而不是纠缠于细节的批评，那么我们就必须在决议中把“本来就用不着拿起武器”的意见直接地、明白地表达出来，在决议中偷偷地塞进这种观点，不把它公开写出来，是不能允许的。对过去的经验不作任何批评，就一点一点悄悄地否定十二月起义，这就是你们决议的一大基本缺点。你们决议的这个缺点为反对那个实质上倾向于阿基莫夫同志观点，但只不过是把其中过于露骨的地方掩盖起来的决议提供了重要的宣传鼓动材料。[186]

你们决议的第1条也有同样的缺点。这一条一开始就说些空话,因为“死顽固”是一切反动政府的特点,但是仅仅从这一点还决不能得出起义的必要性和必然性的结论。“争取政权”也就是“夺取政权”,可笑的是反对第二种提法的人采取了第一种提法。这样他们就暴露了他们反对民意党思想等等的言论是空洞的。普列汉诺夫建议不提“争取政权”,而提“争取自己的权利”,这是尤其不妥当的,因为这已经是纯粹立宪民主党人的条文了。我再重复一遍,重要的是你们的决议不是在研究和估计过去的经验和说明运动发展情形的实际材料的基础上,而是在过去和现在根本不能证实的笼统词句的基础上,解决“争取政权”和武装起义的问题。[187]

16

在第24次会议上的发言[188]

我要以俄国社会民主党的名义向它的新成员表示祝贺，并且希望这次统一成为今后顺利进行斗争的最好保证，我认为，我以此表达了整个代表大会的意愿。

17
在第26次会议上的书面声明

(1)

说我“支持”沃罗比约夫同志关于布尔什维克和孟什维克不能在一个党内共同工作的论断，这与事实不符。我决没有“支持过”这种论断，**我决没有同意过这种观点**。我是说：“我很高兴，沃罗比约夫同志是**第一个**谈到这个问题的人”。这句话的用意纯粹是讽刺，因为在代表大会上占多数的胜利者**第一个**谈到分裂，只不过暴露了自己的软弱而已。①

(2)

我建议在同崩得合并的章程中加上如下的说明：

代表大会责成中央委员会在崩得批准这个章程之后立即实行。

载于1907年在莫斯科出版的《1906年在斯德哥尔摩举行的俄国社会民主工党统一代表大会记录》一书；关于国家杜马的决议草案载于1906年5月9日《浪潮报》第12号

译自《列宁全集》俄文第5版第12卷第355—394页

① 见本卷第353页。——编者注

前“布尔什维克”派出席统一代表大会的代表告全党书[189]

（1906 年 4 月 25—26 日〔5 月 8—9 日〕）

同志们!

俄国社会民主工党统一代表大会已经开过了。分裂现象已不复存在。不仅从前的“布尔什维克”派和“孟什维克”派在组织上已完全合并，而且俄国社会民主工党同波兰社会民主党也统一起来了，同拉脱维亚社会民主党也签订了统一协议，并且也预先决定同犹太社会民主党即“崩得”实行统一。这些事实的政治意义在任何情况下都是非常重大的，从目前所处的历史时期来看，它的意义的确显得更为重大。

伟大的俄国革命的整个命运，看来将在最近期间决定。领导城乡广大贫苦群众的无产阶级，从革命的第一天起就一直走在革命的前头。由于声势浩大的人民斗争的决定性事变即将到来，俄国全境即俄国各民族的觉悟的无产阶级采取统一的实际行动，就显得更重要了。在目前所处的这样的革命时代，党在理论上的任何错误和策略上的任何偏差，都要受到实际生活本身的最无情的批评，而实际生活正在以空前的速度启发和教育工人阶级。在这样的时期内，每一个社会民主党人的职责，就是力求使党内关于理论和策略问题的思想斗争尽可能公开、广泛和自由地进行，但是，决不能使这种思想斗争破坏和妨碍社会民主主义无产阶级的革命行动的统一。

伟大的俄国革命正处在转变关头的前夜。资产阶级俄国的所有阶级对专制制度的斗争，已经争取到纸上的宪法。一部分资产阶级对此感到心满意足，并且离开了革命。另一部分资产阶级虽然愿意继续前进，但是他们希望走上“立宪”斗争的道路，并用这种希望来欺骗自己，硬要把动摇的、虚伪的资产阶级的立宪民主党的选举胜利看成人民自由的重大胜利。

广大农民群众奋不顾身地反对老朽的农奴制俄国，反对官僚专权和地主奴役，他们始终站在革命方面，但是还远远不是十分自觉的。城市小资产阶级的一部分革命民主派的觉悟也很低。只有在10月为争取自由而英勇战斗的、在12月为捍卫自由而拿起武器的无产阶级，才是始终最彻底的革命阶级，它正在聚集新的力量，自觉地准备投入新的、更大的战斗。

沙皇政府厚颜无耻地公开玩弄立宪把戏。它维护自己的旧政权；继续并且加紧迫害争取自由的战士；它显然是想把杜马变成清谈馆——遮掩专制制度的屏风，欺骗人民的工具。这个策略能不能成功，将在最近期间决定，将由目前日益成熟的新的革命爆发的结局来决定。

如果全俄国的无产阶级能够紧密地团结起来，如果无产阶级善于把一切真正革命的、能够进行斗争而不搞妥协的人民阶层发动起来，如果它能够很好地进行战斗准备，正确地选择为争取自由而进行决战的时机，那么，胜利一定属于无产阶级。那么，沙皇就玩弄不成他那套嘲弄人的立宪把戏；资产阶级和专制制度就勾结不起来；俄国革命就不会像西欧19世纪的革命那样，成为没有完成的、半途而废的、对工人阶级和农民没有多大好处的革命。这才是真正伟大的革命，人民起义的彻底胜利一定会把资产阶级俄国从一切旧的桎梏下解放出来，并且可能开辟西欧社会主义革命的纪元。

社会民主党要想实现彻底的民主革命，就应当在自己的全部工作中估计到新的革命爆发的必然性。我们应当毫不留情地揭露由政府和以自由主义政党即立宪民主党为代表的资产阶级所支持的立宪幻想；我们应当号召革命的农民团结起来，争取农民起义的彻底胜利；我们应当向广大群众说明第一次十二月起义的伟大意义和新的起义的必然性，因为只有新的起义才能真正夺取沙皇专制政府的政权，真正把政权转交给人民。以上就是在当前历史时期内我们策略的基本任务。

我们不能而且也不应当隐讳如下一件事实，就是说，我们深信，党的统一代表大会对于这些任务了解得并不完全正确。代表大会的三项重要决议就明显地暴露了在代表大会上占多数的前“孟什维克”派的错误观点。

代表大会在土地纲领中原则上通过了“地方公有”。所谓地方公有，就是份地为农民所有，转交给地方自治机关的地主土地由农民租佃。实质上，就是介乎真正的土地革命和立宪民主党的土地改良之间的折中办法。农民是不会接受这样的纲领的。农民的要求是：或者直接分配土地，或者把全部土地转归人民所有。只有在实行彻底的民主革命的情况下，在实行官员民选制的共和制度下，地方公有才能成为真正的民主改革。我们曾向代表大会建议，至少应当把地方公有同以上这些条件结合起来，可是代表大会拒绝了我们的建议。没有这些条件的地方公有，只不过是自由派官僚的改良而已，它给农民的完全不是农民所需要的；同时使地方自治机关中占统治地位的反无产阶级的资产阶级分子得到新的力量和新的权势，实际上使全部土地分配权操在他们手中。我们应当向广大工农群众说明这个问题。

代表大会在关于国家杜马的决议中认为，在这届杜马中成立社会民主党议会党团是适宜的。代表大会不愿意考虑如下事实：俄国十分之九的觉悟工人（其中包括波兰、拉脱维亚、犹太的一切社会民主主义无产者）都主张抵制这届杜马。代表大会拒绝了以在群众中进行真正广泛的宣传鼓动作为参加选举的先决条件的建议。代表大会拒绝了关于只有由工人组织提名为国家杜马候选人的人才能成为社会民主党议会党团的成员的建议。由此可见，代表大会甚至不拿欧洲的革命社会民主党的经验所创造的种种保障来捍卫党，就走上了议会斗争的道路。

我们社会民主党人当然认为利用议会制度作为无产阶级斗争的工具在原则上是必要的；但是，全部问题在于：在目前情况下，社会民主党可不可以参加像我国杜马这样的"议会"？如果社会民主党的议员不是由工人组织选出的，那么可不可以成立议会党团？我们认为是不可以的。

代表大会拒绝了把反对立宪把戏、反对立宪幻想的斗争当做党的任务之一的建议。代表大会没有说明在杜马中占统治地位的"立宪民主"党的两重性，"立宪民主"党急切地想同专制制度妥协，想削弱革命和制止革命。那个在专制制度和人民自由之间搞妥协的资产阶级政党的暂时的和表面的胜利给代表大会的印象太深了。

代表大会在关于武装起义的决议中同样没有提到必须提出的

东西,例如直接批评无产阶级的错误,明确估计1905年10—12月的经验,哪怕试图研究一下罢工与起义的关系也好;在决议中不但没有这样做,反而闪烁其词地回避武装起义。代表大会并没有公开地、明确地向工人阶级说明十二月起义是一个错误,而是隐晦地指责了十二月起义。我们认为,这种做法只会使无产阶级的革命意识更加模糊,而不是更加明确。

我们认为代表大会的这些决议是错误的,我们应当而且一定要在思想上同这些决议作斗争。同时,我们向全党声明:我们反对任何分裂行为。我们主张服从代表大会的决议。我们反对抵制中央委员会,并且珍惜合作;我们同意选派与我们思想一致的人参加中央委员会,即使他们在中央委员会里只占极少数。我们深信,工人的社会民主党组织应当是统一的,但是,在这些统一的组织里,应当对党内的问题广泛地展开自由的讨论,对党内生活中各种现象展开自由的、同志式的批评和评论。

在组织问题上,我们只是对中央机关报编辑部的权限问题有分歧意见。我们坚持中央委员会有权任命和撤换中央机关报的编辑部。[190]在民主集中制的原则方面,在保障任何少数和任何忠实的反对派的权利方面,在每个党组织的自治权方面,在承认党的一切负责人员必须由选举产生、必须报告工作并且可以撤换等方面,我们的意见都是一致的。我们认为,切实遵守这些组织原则,诚恳地和始终如一地贯彻这些组织原则,就能保证党不发生分裂,保证党内思想斗争能够而且应当同严格的组织上的统一,同大家服从共同的代表大会的决议完全一致。

我们号召一切同我们思想一致的人,都能做到这种服从,并且进行这种思想斗争。我们请全体党员慎重地评价代表大会的各项决议。革命教导我们，我们也深信，全俄国社会民主主义无产阶级斗争的实际统一，使我们党在即将到来的政治危机总解决的时刻不致犯严重的错误。在战斗的关头，事件本身将会向工人群众指出正确的策略。我们要竭尽全力，使我们对这种策略所作的估计能促进革命社会民主党的任务的实现，使工人政党不致因追求虚幻的胜利而离开无产阶级坚定的道路，从而使社会主义无产阶级能把自己为自由而斗争的先进战士的伟大作用贯彻到底！

印成单页

译自《列宁全集》俄文第 5 版
第 12 卷第 395—400 页

附　录

《全俄政治罢工》一文笔记[①]

（1905 年 10 月 13 日〔26 日〕）

全俄政治罢工

“晴雨计显示暴风雨即将来临”

（《法兰克福报》[191]）

《日内瓦日报》[192]——革命处于高潮。

铁路工人的罢工日益扩大

{莫斯科　　里加
圣彼得堡　　波兰
哈尔科夫　　萨拉托夫
布良斯克

{“Alle Räder stehen still, wenn dein starker Arm es will”.
“一切轮子都要停止转动，只要你那强壮的手要它停止。”

公开的革命集会：

莫斯科、**哈尔科夫**。

① 该文见本卷第 1—4 页。——编者注

维特内阁。

[同**立宪民主党人**谈判。]

要求召集**立宪会议**。

粉碎杜马?

粉碎了杜马!!

10 月 26 日的《时报》报道:维特接见了铁路工人代表团。

10 月 26 日的《**日内瓦日报**》报道:在彼得堡的一所大学里举行了 15 000 人的群众大会。号召举行武装起义。

铁路工人的要求:全民立宪会议——普选权。

罢工:辛比尔斯克 ‖ 圣彼得堡 } 失业的群众
叶卡捷琳诺斯拉夫 莫斯科
沃罗涅日
‖ 萨拉托夫 **波尔塔瓦**
哈尔科夫

巴拉绍夫

辛菲罗波尔 | 华沙
雅罗斯拉夫尔 | 罗兹
‖ 下诺夫哥罗德 里加
| 芬兰

叶卡捷琳诺斯拉夫的街垒。

俄国通讯社:

圣彼得堡 10 月 25 日讯。

已签署命令

维特被任命为大臣会议主席。

“自由派内阁”……

莫斯科的工程师们（工程师协会代表大会）参加了（星期三开始的）罢工。[193]

彼得堡——韦尔日博洛沃

彼得堡——维尔诺

彼得堡——里加

彼得堡——雷瓦尔

米塔瓦——文达瓦

莫斯科在闹饥荒。没有水。学校里、工厂里、大街上到处都有革命的群众集会。警察消极。

圣彼得堡

波罗的海沿岸边疆区

（里加、雷瓦尔）

波兰

南方（叶卡捷琳诺斯拉夫）

克里木（辛菲罗波尔）

伏尔加河流域（萨拉托夫、下诺夫哥罗德、辛比尔斯克），

中部工业区

（雅罗斯拉夫尔）

莫斯科

芬兰

中部黑土地区

（沃罗涅日）。

载于1926年《列宁文集》俄文版第5卷

译自《列宁全集》俄文第5版第12卷第403—405页

《革命第一个回合的胜利》一文笔记①

(1905 年 10 月 17 日和 19 日〔10 月 30 日和 11 月 1 日〕之间)

新的革命和新的战争

胜利的不彻底性,斗争的长期性,斗争者的顽强性。

10 月 17 日(30 日)的胜利是不完全的胜利,不是色当,而是辽阳。[194]

总罢工获得了胜利,这是毫无疑问的,因为敌人退出了战场。《泰晤士报》的电文说:"人民胜利了。沙皇投降了。专制制度已不复存在。"这是关于投降的拙劣的欺骗。

根本就没有投降,过去也没有过。敌人根本没有被击溃。不是色当,而是辽阳。敌人遭到了局部的失败**而退却了**。"有掩护的退却"。

杜马被粉碎了吗?还没有,但是**受了点伤**。

积极抵制的策略获得了胜利。

维特的报告[195]的意思是清楚的:"同社会的明智分子在道义上结合起来"反对"公开威胁社会和国家的行为"。应读做:同自由

① 该文见本卷第 26—33 页。——编者注

派资产阶级一起反对革命工人和革命农民，反对各族革命人民。

从维特的报告中得出的结论是：

(1)赐予了公民的种种自由(？有**种种限制**)。

(2)杜马**保留下来**(？)

(3)国务会议是选举产生的……

(4)国家杜马获得立法权？(不要违反其决议。)

(5)“像在文明世界一样”，实行改革。

10月30日《比利时独立报》[196]罗兰·德·马雷先生的文章《赤色的俄国》。“特列波夫将军昨天表示，希望罢工者将不会获胜，因为整个社会生活一时陷于停顿必然会使他们丧失消极的群众的同情。在总罢工破坏人民正常生活的其他一切地方，这种说法也许是对的，但是对于俄国来说，这种说法就不对了，因为那里的生活早就不正常了，消极的群众耐心地忍受着这一巨大的考验，希望革命最终达到自己的目的并推翻应对所经受的一切苦难负责的政府。”

现在：

加紧利用新的目标、半自由……

宣传“全俄政治罢工”的教训。以后也是这样。

扩大了的斗争领域：到目前为止，在开展**政治**攻势方面还很少触动农民，说得确切一些，还完全没有触动。只要我们行动正确，春季到来以前农民也会发动起来。

为争取工人享有**真正的**充分权利，即普选权而斗争。

从沙皇政府和自由派的观点看宪法的意义：**逃避立宪会议**。

他们吸取了1789年(不是国民代表会议,不是临时人民代表会议)的教训和1789年(不是立宪会议)的教训。他们从1847年(2月3日:国家杜马)直接跳到1849—1850年(镇压1849年起义之后的宪法)。这种跳跃的物质基础和阶级基础:**同自由派资产阶级相勾结**。大概他们(维特和盖森)已经讲好价钱了吧。

载于1926年《列宁文集》俄文版
第5卷

译自《列宁全集》俄文第5版
第12卷第406—408页

《小资产阶级社会主义和无产阶级社会主义》一文提纲[①]

(1905年10月25日〔11月7日〕)

小资产阶级社会主义和无产阶级社会主义

在欧洲，**马克思主义**在理论上占绝对优势和**工人运动**在社会主义实践中占绝对优势。

并非一向如此。二者都是在漫长的发展过程中战胜“含混不清”的种种谬误而锻炼出来的。

在欧洲，民主革命时代的特点是形形色色的**小资产阶级**社会主义（蒲鲁东主义、真正的社会主义、米尔柏格、杜林，等等）占统治地位。

在俄国也是这样。俄国革命运动的历史同时也是旧的，即“俄国的”、小资产阶级的社会主义（民粹主义）同马克思主义作斗争的历史。

这一斗争的中心点＝对正在发生的革命的**真正**性质无知，对农民

① 该文见本卷第37—45页。——编者注

运动的**实际内容**无知。

这种无知的杰作=《**革命俄国报**》第75号上的《**为什么不立即**?》。

为什么支持农民反对地主,而不是"立即"?

这小小一句引文=无数的**民粹派**糊涂观念。

历史时刻=资本主义代替农奴制。对地主经济的估计。

地主经济=资本主义。

(地主的收成比较高。)

对农民经济内部结构的估计。

"十分之九的劳动农民=小资产阶级因素。"

一切地主经济**高于**农民经济。

满足农民的要求就会**阻碍**农民的无产阶级化。

没收是社会主义的初阶。

没收是土地占有者的**民主**阶层反对**反动**阶层的**现实**斗争。 社会化是小资产阶级荒谬的反动空想。

两种社会战争。《为什么不立即》。

无产阶级独立的社会主义政党——它在民主革命中的领导地位。

载于1926年《列宁文集》俄文版第5卷

译自《列宁全集》俄文第5版第12卷第409—410页

注　释

1 《全俄政治罢工》是列宁就1905年十月罢工所写的评论，作为社论发表于1905年10月18日(31日)《无产者报》第23号。十月全俄政治罢工是俄国第一次资产阶级民主革命的最重要阶段之一，是十二月武装起义的序幕。

本卷《附录》中收有关于《全俄政治罢工》一文的札记。——1。

2 出自德国诗人格·海尔维格的诗歌《祈祷！工作！》。这首诗是诗人应全德工人联合会主席斐·拉萨尔之约而写的该会会歌歌词。——2。

3 指全俄铁路工会。

全俄铁路工会是俄国第一个铁路员工的工会组织，在1905年4月20—21日(5月3—4日)于莫斯科召开的全俄铁路员工第一次代表大会上成立。在代表大会选出的中央常务局中，社会革命党人占主要地位。全俄铁路工会的纲领包括经济要求和一般民主要求(召开立宪会议等)。参加全俄铁路工会的主要是铁路职员和高收入工人。布尔什维克虽然批评社会革命党人的思想实质和斗争策略，但在革命发展的一定时期内也参加了全俄铁路工会的地方和中央领导机构，同时在某些城市建立了同全俄铁路工会平行的社会民主党的铁路工会组织。

全俄铁路工会在实行全俄铁路政治罢工中起了重要作用。1905年7月22—24日(8月4—6日)在莫斯科召开的全俄铁路员工第二次代表大会决定，立即着手进行全俄铁路政治罢工的鼓动工作。在革命群众的压力下，1905年9—10月在彼得堡召开的全俄铁路员工代表大会制定并向政府提出了如下要求：实行八小时工作制，自上而下选举铁路各级行政机构，立即释放被捕的罢工参加者，撤销强化警卫和戒严，实行政治自由、大赦和民族自决，立即召开按照普遍、平等、直接和无记名投票原则选举产生的立宪会议。10月7日(20日)由莫斯科—喀山铁路开始的罢工迅速发展成为全俄政治罢工，有力地打击了专制制度。1905年12月，有29条铁路代表参加的全俄代表会议支持莫斯科布尔什维克代表会议关于宣布举行政治总罢工的决定，并于12月6日(19日)作出关于参加罢工和立即宣布全俄铁路罢工的决定。全俄铁路工会的许多一般成员积极参加了十二月武装起义。起义失败以后，许多铁路员工遭枪杀，全俄铁路工会事实上转入地下。1906年8月曾召开一次铁路员工代表会议，讨论因第一届国家杜马被解散而举行总罢工的问题。这次会议通过的决议主张举行总罢工和武装起义，列宁在《政治危机和机会主义策略的破产》一文(见本版全集第13卷)中曾提到这件事。到1906年底，铁路工会受社会革命党人的影响，丧失了自己的革命作用。1907年2月俄国社会民主工党中央委员会召开的铁路系统社会民主党组织代表会议决定社会民主党人退出全俄铁路工会，中央委员会批准了这一决定。全俄铁路工会于1907年瓦解。——2。

4 《*势均力敌*》是列宁为撰写《无产者报》第24号社论而拟的提纲。写完提纲后，过了几个小时，他就收到了关于1905年10月17日(30日)沙皇宣言的电讯。由于形势发生了变化，列宁于10月19日(11月1日)另写了《革命第一个回合的胜利》一文(见本卷第26—33页)，作为10月25日(11月7日)《无产者报》第24号的社论发表。《势均力敌》这个提纲中所涉及的问题，列宁在《总解决的时刻临近了》一文(见本卷第65—74页)中作了详尽的发挥。——5。

5 《*无产者报*》(«Пролетарий»)是布尔什维克的秘密报纸，是根据党的第三次代表大会决定创办的俄国社会民主工党中央机关报(周报)。1905年5月14日(27日)—11月12日(25日)在日内瓦出版，共出了26号。根据1905年4月27日(5月10日)党的中央全会的决定，列宁被任命为该报的责任编辑，编委会的委员有瓦·瓦·沃罗夫斯基、阿·瓦·卢那察尔斯基和米·斯·奥里明斯基。参加编辑工作的有：娜·康·克鲁普斯卡娅、维·米·韦利奇金娜、维·阿·卡尔宾斯基、尼·费·纳西莫维奇、伊·阿·泰奥多罗维奇、莉·亚·福季耶娃等。弗·德·邦契-布鲁耶维奇、谢·伊·古谢夫、安·伊·乌里扬诺娃-叶利扎罗娃负责为编辑部收集地方通讯稿。克鲁普斯卡娅和福季耶娃负责编辑部同地方组织和读者的通信联系。该报继续执行《火星报》的路线,并保持同《前进报》的继承关系。《无产者报》发表了大约 90 篇列宁的文章和短评,印发了俄国社会民主工党第三次代表大会的材料。该报的发行量达 1 万份。1905 年 11 月初列宁回俄国后不久停刊,报纸的最后两号是沃罗夫斯基编辑的。——5。

6 *《泰晤士报》*(«The Times»)是英国最有影响的资产阶级报纸(日报),1785 年 1 月 1 日在伦敦创刊。原名《环球纪事日报》,1788 年 1 月改称《泰晤士报》。——5。

7 *《每日电讯》*(«The Daily Telegraph»)是英国报纸(日报),1855 年在伦敦创刊,起初是自由派的报纸,从 19 世纪 80 年代起成为保守派的报纸。1937 年同《晨邮报》合并成为《每日电讯和晨邮报》。——5。

8 *立宪民主党人*是俄国自由主义君主派资产阶级的主要政党立宪民主党的成员。立宪民主党(正式名称为人民自由党)于 1905 年 10 月成立。中央委员中多数是资产阶级知识分子、地方自治人士和自由派地主。主要活动家有帕·尼·米留可夫、谢·安·穆罗姆采夫、瓦·阿·马克拉柯夫、安·伊·盛加略夫、彼·伯·司徒卢威、约·弗·盖森等。立宪民主党提出一条与革命道路相对抗的和平的宪政发展道路,主张俄国实行立宪君主制和资产阶级的自由。在土地问题上,主张将国家、皇室、皇族和寺院的土地分给无地和少地的农民;私有土地部分地转让,并且按"公平"价格给予补偿;解决土地问题的土地委员会由同等数量的地主和农民组成,并由官员充当他们之间的调解人。1906 年春,曾同政府进行参加内阁的秘密谈判,后来在国家杜马中自命为"负责任的反对派"。第一次世界大战期间,支持沙皇政府的掠夺政策,曾同十月党等反动政党组成"进步同盟",要求成立责任内阁,即为资产阶级和地主所信任的政府,力图阻止革命并把战争进行到最后胜利。二月革命后,立宪民主党在资产阶级临时政府中居于领导地位,竭力阻挠土地问题、民族问题等基本问题的解决，并奉行继续帝国主义战争的政策。七月事变后，支持科尔尼洛夫叛乱，阴谋建立军事独裁。十月革命胜利后，苏维埃政府于1917年11月28日（12月11日）宣布立宪民主党为“人民公敌的党”。该党随之转入地下，继续进行反革命活动，并参与白卫将军的武装叛乱。国内战争结束后，该党上层分子大多数逃亡国外。1921年5月，该党在巴黎召开代表大会时分裂，作为统一的党不复存在。——6。

9 指1905年9月7—9日（20—22日）在里加举行的俄国社会民主主义组织代表会议。这次会议是俄国社会民主工党中央委员会为了制定对待国家杜马的策略而召集的。派代表出席会议的有俄国社会民主工党中央委员会、孟什维克组织委员会、崩得、拉脱维亚社会民主工党、波兰王国和立陶宛社会民主党以及乌克兰革命党。代表会议赞同布尔什维克积极抵制布里根杜马的路线，谴责孟什维克主张参加这一杜马的政策，认为参加这一杜马就是背叛自由事业。代表会议的决议指出，必须利用选举运动在人民群众中间进行最广泛的宣传鼓动，召开群众大会，在所有选举集会上揭露布里根杜马的真正性质。

代表会议的决议刊登在1905年10月11日（24日）《无产者报》第22号上（参看《苏联共产党代表大会、代表会议和中央全会决议汇编》1964年人民出版社版第1分册第108—112页）。列宁在《对政治派别划分的初步总结》和《失败者的歇斯底里》这两篇文章（见本卷第7—15页和第16—18页）中对代表会议的意义作了评价，并对孟什维克在《火星报》上反对代表会议决议的言论进行了严厉的批驳。孟什维克拒绝在代表会议的决议上签字。——7。

10 崩得是立陶宛、波兰和俄罗斯犹太工人总联盟的简称，1897年9月在维尔诺成立。参加这个组织的主要是俄国西部各省的犹太手工业者。崩得在成立初期曾进行社会主义宣传，后来在争取废除反犹太特别法律的斗争过程中滑到了民族主义立场上。在1898年俄国社会民主工党第一次代表大会上，崩得作为只在专门涉及犹太无产阶级问题上独立的“自治组织”，加入了俄国社会民主工党。在1903年俄国社会民主工党第二次代表大会上，崩得分子要求承认崩得是犹太无产阶级的唯一代表。在代表大会否决了这个要求之后，崩得退出了党。根据1906年俄国社会民主工党第四次(统一)代表大会决议，崩得重新加入了党。从1901年起，崩得是俄国工人运动中民族主义和分离主义的代表。它在党内一贯支持机会主义派别(经济派、孟什维克和取消派)，反对布尔什维克。第一次世界大战期间，崩得分子采取社会沙文主义立场。1917年二月革命后，崩得支持资产阶级临时政府。1918—1920年外国武装干涉和国内战争时期，崩得的领导人同反革命势力勾结在一起，而一般的崩得分子则开始转变，主张同苏维埃政权合作。1921年3月崩得自行解散，部分成员加入俄国共产党(布)。——7。

11 拉脱维亚社会民主工党于1904年6月在该党第一次代表大会上成立。在1905年6月党的第二次代表大会上通过了党的纲领并作出了必须同俄国社会民主工党统一的决议。1905年该党领导了工人的革命行动并组织群众准备武装起义。1906年，在俄国社会民主工党第四次(统一)代表大会上，拉脱维亚社会民主工党作为一个地区性组织加入了俄国社会民主工党。代表大会后改名为拉脱维亚边疆区社会民主党。——7。

12 指波兰王国和立陶宛社会民主党。

波兰王国和立陶宛社会民主党成立于1893年7月，最初称波兰王国社会民主党，其宗旨是实现社会主义，建立无产阶级政权，最低纲领是推翻沙皇制度，争取政治和经济解放。1900年8月，该党和立陶宛工人运动中国际主义派合并，改称波兰王国和立陶宛社会民主党。在1905—1907年俄国革命中，波兰王国和立陶宛社会民主党提出与布尔什维克相近的斗争口号，对自由派资产阶级持不调和的态度。但该党也犯了一些错误。列宁曾批评该党的一些错误观点，同时也指出它对波兰革命运动的功绩。1906年4月，在俄国社会民主工党第四次(统一)代表大会上，该党作为地区性组织加入俄国社会民主工党，保持组织上的独立。由于党的领导成员扬·梯什卡等人在策略问题上发生动摇，1911年12月该党分裂成两派：一派拥护在国外的总执行委员会，称为总执委会派；另一派拥护边疆区执行委员会，称为分裂派（见本版全集第22卷《波兰社会民主党的分裂》一文）。分裂派主要包括华沙和罗兹的党组织，同布尔什维克密切合作，赞同1912年俄国社会民主工党布拉格代表会议的决议。第一次世界大战期间，波兰王国和立陶宛社会民主党持国际主义立场，反对支持外国帝国主义者的皮尔苏茨基分子和民族民主党人。1916年该党两派合并。该党拥护俄国十月社会主义革命，1918年在波兰领导建立了一些工人代表苏维埃。1918年12月，在该党与波兰社会党"左派"的统一代表大会上，成立了波兰共产党。——7。

13 乌克兰革命党是小资产阶级民族主义组织，于1900年初成立。该党支持乌克兰自治这一乌克兰资产阶级的基本口号。1905年12月，乌克兰革命党改名为乌克兰社会民主工党，通过了一个按联邦制原则和在承认乌克兰社会民主工党是乌克兰无产阶级在党内的唯一代表的条件下同俄国社会民主工党统一的决议。俄国社会民主工党第四次（统一）代表大会拒绝了该党的代表提出的立即讨论统一的条件的建议，将这一问题转交俄国社会民主工党中央委员会去解决。由于该党的性质是小资产阶级的、民族主义的，因此，在统一问题上未能达成协议。在崩得的影响下，该党的民族纲领提出了民族文化自治的要求。该党后来站到了资产阶级民族主义反革命阵营一边。——7。

14 指新《火星报》即第52号以后的《火星报》。1903年10月19日（11月1日）列宁退出《火星报》编辑部以后，该报第52号由格·瓦·普列汉诺夫一人编辑。1903年11月13日（26日）普列汉诺夫把原来的编辑全部增补进编辑部以后，该报由普列汉诺夫、尔·马尔托夫、帕·波·阿克雪里罗得、维·伊·查苏利奇和亚·尼·波特列索夫编辑。1905年5月该报第100号以后，普列汉诺夫退出了编辑部。1905年10月，该报停刊，最后一号是第112号。关于《火星报》，见注37。——7。

15 指1905年8月在基辅举行的孟什维克的南俄成立代表会议。出席会议的有孟什维克各小组和委员会的12名代表。会议通过了关于党的两个部分的统一、关于国家杜马、关于《火星报》编辑部的成员、关于俄国社会民主工党参加社会党国际局的代表、关于组织章程等决议，并成立了南方组织区域委员会。

列宁在《新的孟什维克代表会议》、《〈火星报〉策略的最新发明：滑稽的选举是推动起义的新因素》两篇文章（见本版全集第11卷）中尖锐地批评了代表会议的决议。谈到代表会议关于国家杜马的决议时，列宁写道：它“将永远是一个把社会民主党任务庸俗化的遗臭万年的历史文献”（见本版全集第11卷第368页）。对代表会议通过的关于俄国社会民主党参加社会党国际局的代表的决议，列宁在《俄国社会民主工党参加社会党国际局的代表问题》一文（见本版全集第11卷）中说明了问题的事实真相，揭穿了代表会议这一决议的欺骗性。列宁在1905年9月25日（10月8日）给中央委员会的信（见本版全集第45卷第59号文献）中也谈到了这一问题。——7。

16 8月6日诏书是指1905年8月6日（19日）颁布的有关建立国家杜马的沙皇诏书。与此同时，还颁布了《关于建立国家杜马的法令》和《国家杜马选举条例》。因为这些文件是受沙皇之托由内务大臣亚·格·布里根任主席的特别委员会起草的，所以这个拟成立的国家杜马被人们称做布里根杜马。根据这些文件规定，在杜马选举中，只有地主、资本家和农民户主有选举权。居民的大多数——工人、贫苦农民、雇农、民主主义知识分子被剥夺了选举权。妇女、军人、学生、未满25岁的人和许多被压迫民族都被排除在选举之外。杜马只能作为沙皇属下的咨议性机构讨论某些问题，无权通过任何法律。列宁写道，布里根杜马“是对‘人民代表机关’的最无耻的嘲弄”（见本版全集第11卷第175页）。1905年十月全俄政治罢工迫使沙皇颁布10月17日宣言，保证召开立法杜马。这样，布里根杜马没有召开就被革命风暴扫除了。——8。

17 《莫斯科新闻》（«Московские Ведомости»）是俄国最老的报纸之一，1756年开始由莫斯科大学出版。1842年以前每周出版两次，以后每周出版三次，从1859年起改为日报。1863—1887年，由米·尼·卡特柯夫等担任编辑，宣扬地主和宗教界人士中最反动阶层的观点。1897—1907年由弗·安·格林格穆特任编辑，成为黑帮报纸，鼓吹镇压工人和革命知识分子。1917年10月27日(11月9日)被查封。——11。

18 《新时报》(«Новое Время»)是俄国报纸,1868—1917年在彼得堡出版。出版人多次更换,政治方向也随之改变。1872—1873年采取进步自由主义的方针。1876—1912年由反动出版家阿·谢·苏沃林掌握,成为俄国最没有原则的报纸。1905年起是黑帮报纸。1917年二月革命后,完全支持资产阶级临时政府的反革命政策,攻击布尔什维克。1917年10月26日(11月8日)被查封。——11。

19 解放派是俄国自由派资产阶级反对派,因其主要代表资产阶级知识分子和地方自治自由派人士于1902年6月创办《解放》杂志而得名。解放派以《解放》杂志为基础,于1904年1月在彼得堡成立解放社,领导人是伊·伊·彼特龙凯维奇和尼·费·安年斯基。解放社的纲领包括实行立宪君主制和普选制,保护"劳动群众利益"和承认各民族的自决权。1905年革命开始后,它又要求将一部分土地强制转让并分给少地农民、实行八小时工作制,并主张参加布里根杜马选举。1905年10月立宪民主党成立以后,解放社停止活动。解放社的左翼没有加入立宪民主党,另外组成了伯恩施坦主义的无题派。——11。

20 《解放》杂志(«Освобождение»)是俄国自由派资产阶级反对派的机关刊物(双周刊),1902年6月18日(7月1日)—1905年10月5日(18日)先后在斯图加特和巴黎出版,共出了79期。编辑是彼·伯·司徒卢威。该杂志反映资产阶级的立宪和民主要求,在资产阶级知识分子和地方自治人士中影响很大。1903年至1904年1月,该杂志筹备成立了俄国资产阶级自由派的秘密组织解放社。解放派和立宪派地方自治人士一起构成了1905年10月成立的立宪民主党的核心。——13。

21 社会革命党是俄国最大的小资产阶级政党。该党是1901年底—1902年初由南方社会革命党、社会革命党人联合会、老民意党人小组、社会主义土地同盟等民粹派团体联合而成的。成立时的领导人有马·安·纳坦松、叶·康·布列什柯-布列什柯夫斯卡娅、尼·谢·鲁萨诺夫、维·米·切尔诺夫、米·拉·郭茨、格·安·格尔舒尼等,正式机关报是《革命俄国报》(1901—1904年)和《俄国革命通报》杂志(1901—1905年)。社会革命党人的理论观点是民粹主义和修正主义思想的折中混合物。他们否认无产阶级和农民之间的阶级差别,抹杀农民内部的矛盾,否认无产阶级在资产阶级民主革命中的领导作用。在土地问题上,社会革命党人主张消灭土地私有制,按照平均使用原则将土地交村社支配,发展各种合作社。在策略方面,社会革命党人采用了社会民主党人进行群众性鼓动的方法,但主要斗争方法还是搞个人恐怖。为了进行恐怖活动,该党建立了事实上脱离该党中央的秘密战斗组织。

在1905—1907年俄国第一次革命中,社会革命党曾在农村开展焚烧地主庄园、夺取地主财产的所谓"土地恐怖"运动,并同其他政党一起参加武装起义和游击战,但也曾同资产阶级的解放社签订协议。在国家杜马中,该党动摇于社会民主党和立宪民主党之间。该党内部的不统一造成了1906年的分裂,其右翼和极左翼分别组成了人民社会党和最高纲领派社会革命党人联合会。在斯托雷平反动时期,社会革命党经历了思想上、组织上的严重危机。在第一次世界大战期间,社会革命党的大多数领导人采取了社会沙文主义的立场。1917年二月革命后,社会革命党中央实行妥协主义和阶级调和的政策,党的领导人亚·费·克伦斯基、尼·德·阿夫克森齐耶夫、切尔诺夫等参加了资产阶级临时政府。七月事变时期该党公开转向资产阶级方面。社会革命党中央的妥协政策造成党的分裂,左翼于1917年12月组成了一个独立政党——左派社会革命党。十月革命后,社会革命党人(右派和中派)公开进行反苏维埃的活动,在国内战争时期进行反对苏维埃政权的武装斗争,对共产党和苏维埃政权的领导人实行个人恐怖。内战结束后,他们在"没有共产党人参加的苏维埃"的口号下组织了一系列叛乱。1922年,社会革命党彻底瓦解。——13。

22 雅各宾派是18世纪末法国资产阶级革命中的革命民主派。雅各宾派是当时的革命阶级——资产阶级的最坚决的代表,主张铲除专制制度和封建主义。雅各宾派领导了1793年5月31日—6月2日的人民起义,推翻了吉伦特派的统治,建立了雅各宾专政。1794年7月27日热月政变后,雅各宾专政被颠覆,雅各宾派的领袖马·罗伯斯比尔、路·

安·圣茹斯特等被处死。——14。

23 《工人思想报》(«Рабочая Мысль»)是俄国经济派的报纸,1897年10月—1902年12月先后在彼得堡、柏林、华沙和日内瓦等地出版,共出了16号。头几号由"独立工人小组"发行,从第5号起成为彼得堡工人阶级解放斗争协会的机关报。参加该报编辑部的有尼·尼·洛霍夫(奥尔欣)、康·米·塔赫塔廖夫、弗·巴·伊万申、阿·亚·雅库波娃等人。该报号召工人阶级为争取狭隘经济利益而斗争。它把经济斗争同政治斗争对立起来,认为政治斗争不在无产阶级任务之内,反对建立马克思主义的无产阶级政党,主张成立工联主义的合法组织。它贬低革命理论的意义,认为社会主义意识可以从自发运动中产生。列宁在《俄国社会民主党中的倒退倾向》和《怎么办?》(见本版全集第4卷和第6卷)等著作中批判了《工人思想报》的观点。——14。

24 民意主义指民意党的学说和主张。民意党是俄国土地和自由社分裂后产生的革命民粹派组织,于1879年8月建立。主要领导人是安·伊·热里雅鲍夫、亚·德·米哈伊洛夫、米·费·弗罗连柯、尼·亚·莫罗佐夫、维·尼·菲格涅尔、亚·亚·克维亚特科夫斯基、索·李·佩罗夫斯卡娅等。该党主张推翻专制制度,在其纲领中提出了广泛的民主改革的要求,如召开立宪会议,实现普选权,设置常设人民代表机关,实行言论、信仰、出版、集会等自由和广泛的村社自治,给人民以土地,给被压迫民族以自决权,用人民武装代替常备军等。但是民意党人把民主革命的任务和社会主义革命的任务混为一谈,认为在俄国可以超越资本主义,经过农民革命走向社会主义,并且认为俄国主要革命力量不是工人阶级而是农民。民意党人从积极的"英雄"和消极的"群氓"的错误理论出发,采取个人恐怖方式,把暗杀沙皇政府的个别代表人物作为推翻沙皇专制制度的主要手段。他们在1881年3月1日(13日)刺杀了沙皇亚历山大二世。由于理论上、策略上和斗争方法上的错误,在沙皇政府的严重摧残下,民意党在1881年以后就瓦解了。——14。

25 俄国社会民主工党第二次代表大会于1903年7月17日(30日)—8月10日(23日)召开。7月24日(8月6日)前,代表大会在布鲁塞尔开了

13 次会议。后因比利时警察将一些代表驱逐出境，代表大会移至伦敦，继续开了 24 次会议。

代表大会是《火星报》筹备的。列宁为代表大会起草了一系列文件，并详细拟定了代表大会的议程和议事规程。出席代表大会的有 43 名有表决权的代表，他们代表着 26 个组织（劳动解放社、《火星报》组织、崩得国外委员会和中央委员会、俄国革命社会民主党人国外同盟、国外俄国社会民主党人联合会以及俄国社会民主党的 20 个地方委员会和联合会），共有 51 票表决权（有些代表有两票表决权）。出席代表大会的有发言权的代表共 14 名。代表大会的成分不一，其中有《火星报》的拥护者，也有《火星报》的反对者以及不坚定的动摇分子。

列入代表大会议程的问题共有 20 个：1. 确定代表大会的性质。选举常务委员会。确定代表大会的议事规程和议程。组织委员会的报告和选举审查代表资格和决定代表大会组成的委员会。2. 崩得在俄国社会民主工党内的地位。3. 党纲。4. 党的中央机关报。5. 代表们的报告。6. 党的组织（党章问题是在这项议程下讨论的）。7. 区组织和民族组织。8. 党的各独立团体。9. 民族问题。10. 经济斗争和工会运动。11. 五一节的庆祝活动。12. 1904 年阿姆斯特丹国际社会党代表大会。13. 游行示威和起义。14. 恐怖手段。15. 党的工作的内部问题：(1)宣传工作，(2)鼓动工作，(3)党的书刊工作，(4)农民中的工作，(5)军队中的工作，(6)学生中的工作，(7)教派信徒中的工作。16. 俄国社会民主工党对社会革命党人的态度。17. 俄国社会民主工党对俄国各自由主义派别的态度。18. 选举党的中央委员会和中央机关报编辑部。19. 选举党总委员会。20. 代表大会的决议和记录的宣读程序，以及选出的负责人和机构开始行使自己职权的程序。有些问题没有来得及讨论。

列宁被选入代表大会常务委员会，主持了多次会议，几乎就所有问题发了言。他还是纲领委员会、章程委员会和代表资格审查委员会的委员。

代表大会要解决的最重要的问题是：批准党纲、党章以及选举党的中央领导机关。列宁及其拥护者在大会上同机会主义者展开了坚决的斗争。代表大会否决了机会主义分子要按照西欧各国社会民主党的纲领的精神来修改《火星报》编辑部制定的纲领草案的一切企图。大会先逐条讨论和通过党纲草案,然后由全体代表一致通过整个纲领(有1票弃权)。在讨论党章时,会上就建党的组织原则问题展开了尖锐的斗争。由于得到了反火星派和"泥潭派"(中派)的支持,尔·马尔托夫提出的为不坚定分子入党大开方便之门的党章第1条条文,以微弱的多数票为大会所通过。但是代表大会还是基本上批准了列宁制定的党章。

大会票数的划分起初是:火星派33票,"泥潭派"(中派)10票,反火星派8票(3名工人事业派分子和5名崩得分子)。在彻底的火星派(列宁派)和"温和的"火星派(马尔托夫派)之间发生分裂后,彻底的火星派暂时处于少数地位。但是,8月5日(18日),7名反火星派分子(2名工人事业派分子和5名崩得分子)因不同意代表大会的决议而退出了大会。在选举中央机关时,得到反火星派分子和"泥潭派"支持的马尔托夫派(共7人)成为少数派,共有20票(马尔托夫派9票,"泥潭派"10票,反火星派1票),而团结在列宁周围的20名彻底的火星派分子成为多数派,共有24票。列宁及其拥护者在选举中取得了胜利。代表大会选举列宁、马尔托夫和格·瓦·普列汉诺夫为中央机关报《火星报》编委,格·马·克尔日扎诺夫斯基、弗·威·林格尼克和弗·亚·诺斯科夫为中央委员会委员,普列汉诺夫为党总委员会委员。从此,列宁及其拥护者被称为布尔什维克(俄语多数派一词音译),而机会主义分子则被称为孟什维克(俄语少数派一词音译)。

俄国社会民主工党第二次代表大会具有重大的历史意义。列宁说:"布尔什维主义作为一种政治思潮,作为一个政党而存在,是从1903年开始的。"(见本版全集第39卷第4页)——14。

26 这句话系引自尼·亚·杜勃罗留波夫的诗《在普鲁士的列车里》。该诗于1862年用"康拉德·李连什瓦格尔"这一笔名发表于《哨声》第8期。

《哨声》(«Свисток»)是《同时代人》杂志的附刊,期数单列,1859—1863年共出了9期。这一附刊的创办人和主要作者是尼·亚·杜勃罗留波夫,参加撰稿的有尼·阿·涅克拉索夫、尼·加·车尔尼雪夫斯基和米·叶·萨尔蒂科夫-谢德林。《哨声》根据《同时代人》的文学和政治纲领揭露蒙昧主义者和农奴主，嘲笑“进步”自由派，鞭挞“纯艺术”。——15。

27 孟什维克全国代表会议与俄国社会民主工党第三次代表大会同时于1905年4月在日内瓦举行。由于参加的人数很少(只有9个委员会的代表出席)，孟什维克宣布自己的这次会议为党的工作者代表会议。代表会议就武装起义、农民中的工作、夺取政权和参加临时政府、对其他革命党派和反对派的态度等问题通过了决议。列宁在《倒退的第三步》、《社会民主党在民主革命中的两种策略》、《〈工人论党内分裂〉一书序言》(见本版全集第10卷和第11卷)等著作中揭露了日内瓦代表会议决议的机会主义性质，并对这些决议作了非常有力的批判。——18。

28 《福斯报》(«Vossische Zeitung»)是德国温和自由派报纸，1704—1934年在柏林出版。——20。

29 这是列宁给1905年10月18日(31日)《无产者报》第23号刊登的《不列颠工人运动和工联代表大会》一文写的两条注释。第1条注解文内提到的塔夫河谷案件，第2条是注解文章结尾部分。这篇文章译自德文，没有署名，列宁对该文的译稿作了校订。——25。

30 指1905年10月17日(30日)沙皇尼古拉二世迫于革命运动高涨的形势而颁布的《关于完善国家制度的宣言》。宣言是由被任命为大臣会议主席的谢·尤·维特起草的，其主要内容是许诺“赐予”居民以“公民自由的坚实基础”，即人身不可侵犯和信仰、言论、集会、结社等自由；“视可能”吸收被剥夺选举权的阶层的居民(主要是工人和城市知识分子)参加国家杜马选举；承认国家杜马是立法机关，任何法律不经它的同意不能生效。宣言颁布后，沙皇政府又相应采取以下措施：实行最高执行权力集中化；将德·费·特列波夫免职，由彼·尼·杜尔诺沃代替亚·格·布里根为内务大臣；宣布大赦政治犯；废除对报刊的预先检查；制定新的选举法。在把革命运动镇压下去以后，沙皇政府很快就背弃了自己在宣言中宣布的诺言。——26。

31 近卫军是有些国家军队中的一部分享有特权的精锐部队。在俄国，近卫军是彼得一世于1687年建立的。20世纪初，俄国的近卫军包括12个步兵团、4个射击兵团和13个骑兵团、3个炮兵旅、1个工兵营以及一部分海军部队。近卫军曾是十二月党人起义的主力。后来沙皇政府采取措施把它变成了反动势力的支柱。在1905—1907年革命中，近卫军执行了反革命的任务，参与枪杀1905年1月9日(22日)向沙皇请愿的彼得堡工人群众和镇压莫斯科十二月武装起义。1918年近卫军建制被撤销。——28。

32 《时报》(«Le Temps»)是法国资产阶级报纸(日报)，1861—1942年在巴黎出版。——30。

33 沃尔弗通讯社是德国新闻记者伯·沃尔弗于1849年在柏林创办的，曾是欧洲最大的通讯社之一。根据1870年同英国路透社和法国哈瓦斯通讯社签订的划分势力范围的协议，沃尔弗通讯社主要向奥地利、斯堪的纳维亚国家、东欧(包括俄国)供稿。1933年和德国通讯同盟一起组成德意志通讯社(DNB)，该社存在到1945年5月法西斯德国投降。——30。

34 指俄国社会民主工党中央委员会1905年10月18日(31日)就沙皇10月17日宣言发表的《告俄国人民书》——30。

35 这里说的是彼得堡工人代表苏维埃。

彼得堡工人代表苏维埃是在1905年十月全俄政治罢工的日子里作为联合罢工委员会于10月13日(26日)产生的，10月17日(30日)选出了临时执行委员会，宣告正式成立。到11月中旬，彼得堡工人代表苏维埃有562名代表，代表147个工厂、34个作坊和16个工会。布尔什维克、孟什维克和社会革命党的彼得堡组织和中央委员会以及崩得的代表都参加了彼得堡苏维埃及其执行委员会。彼得堡苏维埃同全俄铁路工会、全俄农民协会等组织经常接触并得到它们的支持。

还在十月总罢工以前，俄国第一批工人代表苏维埃就已在罢工运动的基础上产生。1905年5月和7月，伊万诺沃-沃兹涅先斯克和科斯特罗马先后成立了苏维埃。9月，莫斯科的印刷、烟草等行业的工人分别成立了苏维埃。十月罢工和彼得堡工人代表苏维埃的成立推动了各地苏维埃的建立。莫斯科工人代表苏维埃在十二月武装起义以前不久成立。在基辅、哈尔科夫、顿河畔罗斯托夫、敖德萨、尼古拉耶夫、叶卡捷琳诺斯拉夫、弗拉基高加索、雷瓦尔、新罗西斯克、萨拉托夫、赤塔、伊尔库茨克、克拉斯诺亚尔斯克、巴库以及其他许多城市也都出现了苏维埃。彼得堡苏维埃同各地苏维埃保持着密切联系。

彼得堡苏维埃除了领导十月罢工外，还颁布了出版自由的命令，决定用革命方式在所有工厂实行八小时工作制，为保卫喀琅施塔得被捕的起义水兵和革命的波兰于11月2—7日(15—20日)举行了政治总罢工，讨论了与同盟歇业斗争的办法，并根据农民协会的建议于12月2日(15日)同各革命政党与组织联合发布了著名的《财政宣言》。但是彼得堡苏维埃的领导权掌握在孟什维克手里。它的主要领导人先后是格·斯·赫鲁斯塔廖夫-诺萨尔、列·达·托洛茨基和亚·李·帕尔乌斯。列宁指出，彼得堡苏维埃作为新政权的机关是最弱的。彼得堡苏维埃没有利用一切机会有效地准备起义，没有负起领导全俄起义的责任。12月3日(16日)执行委员会会议讨论对付政府反动措施时，没有通过举行总罢工的提案，而且会议本身遭到警察和士兵的袭击，执行委员会委员和一大部分苏维埃代表被逮捕。——31。

36　指1905年1月9日。这一天，彼得堡工人按照与俄国保安机关有联系的格·阿·加邦神父的建议，列队前往冬宫向沙皇呈递请愿书。沙皇命令军队对手无寸铁的工人和他们的妻子儿女开枪，结果有1 000多人被打死，2 000多人受伤。沙皇的暴行引起了工人的极大愤怒，当天彼得堡街头就出现了街垒，工人同军警发生了武装冲突。1月9日成了1905—1907年俄国第一次革命的起点。——32。

37　《火星报》(«Искра»)是第一个全俄马克思主义的秘密报纸，由列宁创办。创刊号于1900年12月在莱比锡出版，以后各号的出版地点是慕尼黑、伦敦(1902年7月起)和日内瓦(1903年春起)。参加《火星报》编辑部的有：列宁、格·瓦·普列汉诺夫、尔·马尔托夫、亚·尼·波特列索夫、帕·波·阿克雪里罗得和维·伊·查苏利奇。编辑部的秘书起初是因·格·斯米多维奇，1901 年 4 月起由娜·康·克鲁普斯卡娅担任。列宁实际上是《火星报》的主编和领导者。他在《火星报》上发表了许多文章，阐述有关党的建设和俄国无产阶级的阶级斗争的基本问题，并评论国际生活中的重大事件。

《火星报》在国外出版后，秘密运往俄国翻印和传播。《火星报》成了团结党的力量、聚集和培养党的干部的中心。在俄国许多城市成立了俄国社会民主工党列宁火星派的小组和委员会。1902 年 1 月在萨马拉举行了火星派代表大会，建立了《火星报》俄国组织常设局。

《火星报》在建立俄国马克思主义政党方面起了重大的作用。在列宁的倡议和亲自参加下，《火星报》编辑部制定了党纲草案，筹备了俄国社会民主工党第二次代表大会。这次代表大会宣布《火星报》为党的中央机关报。

根据俄国社会民主工党第二次代表大会的决议，《火星报》编辑部改由列宁、普列汉诺夫、马尔托夫三人组成。但是马尔托夫坚持保留原来的六人编辑部，拒绝参加新的编辑部，因此《火星报》第 46—51 号是由列宁和普列汉诺夫二人编辑的。后来普列汉诺夫转到了孟什维主义的立场上，要求把原来的编辑都吸收进编辑部，列宁不同意这样做，于 1903 年 10 月 19 日(11 月 1 日)退出了编辑部。因此，从第 52 号起，《火星报》变成了孟什维克的机关报。人们将第 52 号以前的《火星报》称为旧《火星报》，而把孟什维克的《火星报》称为新《火星报》。——34。

38　指俄国革命社会民主党人国外同盟第二次代表大会。

俄国革命社会民主党人国外同盟第二次代表大会于 1903 年 10 月 13—18 日(26—31 日)在瑞士日内瓦举行。大会是在孟什维克再三要求下召开的。他们想以这个代表大会对抗俄国社会民主工党第二次代表大会。列宁反对召开这次国外同盟代表大会。

出席国外同盟第二次代表大会的多数派代表 15 名(列宁、格·瓦·普列汉诺夫、尼·埃·鲍曼、娜·康·克鲁普斯卡娅、弗·德·邦契-布鲁耶维奇、马·马·李维诺夫等)，共 18 票(未出席代表大会的同盟成员可以委托他人表决)；少数派代表 18 名(帕·波·阿克雪里罗得、费·伊·唐恩、列·格·捷依奇、维·伊·查苏利奇、尔·马尔托夫、列·达·托洛茨基等),共22票(从第2次会议起多数派代表为14名,少数派代表为19名);既不参加多数派也不参加少数派的代表1名(康·米·塔赫塔廖夫),2票。列入大会议程的有下列问题:同盟领导机关的报告;出席第二次党代表大会的同盟代表的报告;同盟章程;选举同盟领导机关。

大会议程的中心问题是出席俄国社会民主工党第二次代表大会的同盟的代表列宁的报告。列宁在报告中对党的第二次代表大会的工作作了说明,并揭露了孟什维克的机会主义及其在代表大会上的无原则行为。反对派利用他们在同盟代表大会上的多数通过决议,让马尔托夫在列宁报告之后作副报告。马尔托夫在副报告中为孟什维克辩护,对布尔什维克进行污蔑性责难。为此列宁和多数派代表退出了大会的这次会议。孟什维克就这一项议程通过了三项决议,反对列宁在组织问题上的立场,并号召不断地进行反对布尔什维克的斗争。

大会通过的国外同盟章程中有许多条文是违反党章的(如同盟出版全党性书刊、同盟领导机关不通过中央委员会和中央机关报同其他组织发生关系等),孟什维克还对中央委员会批准同盟章程的权利提出异议。出席大会的中央委员会代表弗·威·林格尼克要求修改同盟章程使其符合党章规定。他在反对派拒绝了这个要求之后,宣布这个大会是非法的。林格尼克和多数派代表退出大会。党总委员会随后赞同了中央委员会代表的这一行动。

在同盟第二次代表大会以后,孟什维克把同盟变成了反布尔什维克的据点。——34。

39　《小资产阶级社会主义和无产阶级社会主义》一文在1905年11月10日《新生活报》第9号上转载时,稍有删节。文章的提纲已收入本卷《附录》。列宁为撰写这篇文章而对1905年9月15日《革命俄国报》第75号社论《正统的马克思主义者与农民问题》作的摘录和批注,见《列宁文稿》人民出版社版第12卷第361—363页。——37。

40　蒲鲁东主义是以法国无政府主义者皮·约·蒲鲁东为代表的小资产阶

级社会主义流派，产生于19世纪40年代。蒲鲁东主义从小资产阶级立场出发批判资本主义所有制，把小商品生产和交换理想化，幻想使小资产阶级私有制永世长存。主张建立"人民银行"和"交换银行"，认为它们能帮助工人购置生产资料，使之成为手工业者，并能保证他们"公平地"销售自己的产品。蒲鲁东主义反对任何国家和政府，否定任何权威和法律，宣扬阶级调和，反对政治斗争和暴力革命。马克思在《哲学的贫困》(参看《马克思恩格斯全集》第1版第4卷)等著作中，对蒲鲁东主义作了彻底批判。列宁称蒲鲁东主义为不能领会工人阶级观点的"市侩和庸人的痴想"。蒲鲁东主义被资产阶级的理论家们广泛利用来鼓吹阶级调和。——37。

41 布朗基主义是19世纪法国工人运动中的革命冒险主义的思潮，以路·奥·布朗基为代表。布朗基主义者不了解无产阶级的历史使命，忽视同群众的联系，主张用密谋手段推翻资产阶级政府，建立革命政权，实行少数人的专政。马克思和列宁高度评价布朗基主义者的革命精神，同时坚决批判他们的密谋策略。

巴黎公社失败以后，1872年秋天，在伦敦的布朗基派公社流亡者发表了题为《国际和革命》的小册子，宣布拥护《共产党宣言》这个科学共产主义的纲领。对此，恩格斯曾不止一次地予以肯定(参看《马克思恩格斯文集》第3卷第357—365页)。——37。

42 指1902年3月底—4月初波尔塔瓦和哈尔科夫两省的农民起义。这次起义席卷了拥有15万人口的165个村庄，是20世纪初俄国第一次大规模的农民运动。起义的原因是：这两省的农民的生活状况原来就极端困苦，遇到1901年歉收引起的饥荒，到1902年春季更加恶化。农民们群起夺取地主庄园中储存的粮食和饲料。受到农民袭击的地主庄园，在波尔塔瓦省有56个，在哈尔科夫省有24个。农民还要求重新分地。沙皇政府派军队镇压起义农民。许多农民遭杀害。许多村子的农民人人被鞭打。成百的农民被判处不同刑期的监禁。农民还被迫赔偿地主80万卢布"损失"。列宁在《告贫苦农民》这本小册子中分析了这次农民运动的性质和失败的原因(见本版全集第7卷第170—171页)。

——38。

43 伯恩施坦主义是德国社会民主党人爱·伯恩施坦的修正主义思想体系，产生于19世纪末20世纪初。伯恩施坦的《社会主义的前提和社会民主党的任务》(1899年)一书是对伯恩施坦主义的全面阐述。伯恩施坦主义在哲学上否定辩证唯物主义和历史唯物主义，用庸俗进化论和诡辩论代替革命的辩证法；在政治经济学上修改马克思主义的剩余价值学说，竭力掩盖帝国主义的矛盾，否认资本主义制度的经济危机和政治危机；在政治上鼓吹阶级合作和资本主义和平长入社会主义，传播改良主义和机会主义思想，反对马克思主义的阶级斗争学说，特别是无产阶级革命和无产阶级专政的学说。伯恩施坦主义得到德国社会民主党右翼和第二国际其他一些政党的支持。在俄国，追随伯恩施坦主义的有合法马克思主义者、经济派等。——38。

44 农民村社是俄国农民共同使用土地的形式，其特点是在实行强制性的统一轮作的前提下，将耕地分给农户使用，森林、牧场则共同使用，不得分割。村社内实行连环保制度。村社的土地定期重分，农民无权放弃和买卖土地。村社管理机构由选举产生。俄国村社从远古即已存在，在历史发展过程中逐渐成为俄国封建制度的基础。沙皇政府和地主利用村社对农民进行监视和掠夺，向农民榨取赎金和赋税，逼迫他们服徭役。

村社问题在俄国曾引起热烈争论，发表了大量有关的经济学文献。民粹派认为村社是俄国向社会主义发展的特殊道路的保证。他们企图证明俄国的村社农民是稳固的，村社能够保护农民，防止资本主义关系侵入他们的生活。早在19世纪80年代，格·瓦·普列汉诺夫就已指出民粹派的村社社会主义的幻想是站不住脚的。到了90年代，列宁粉碎了民粹派的理论，用大量的事实和统计材料说明资本主义关系在俄国农村是怎样发展的，资本是怎样侵入宗法制的村社、把农民分解为富农与贫苦农民两个对抗阶级的。

在1905—1907年革命中，村社曾被农民用做革命斗争的工具。地主和沙皇政府对村社的政策在这时发生了变化。1906年11月9日，沙皇政府大臣会议主席彼·阿·斯托雷平颁布了摧毁村社、培植富农的土地法令，允许农民退出村社和出卖份地。这项法令颁布后的9年中，有200多万农户退出了村社。但是村社并未被彻底消灭，到1916年底，欧俄仍有三分之二的农户和五分之四的份地在村社里。村社在十月革命以后还存在很久，直到全盘集体化后才最终消失。——38。

45 《革命俄国报》(«Революционная Россия»)是俄国社会革命党人的秘密报纸，由社会革命党人联合会于1900年底在俄国出版，创办人为安·亚·阿尔古诺夫。1902年1月—1905年12月，作为社会革命党的正式机关报在日内瓦出版，编辑为米·拉·郭茨和维·米·切尔诺夫。——39。

46 《俄罗斯新闻》(«Русские Ведомости»)是俄国报纸，1863—1918年在莫斯科出版。它反映自由派地主和资产阶级的观点，主张在俄国实行君主立宪，撰稿人是一些自由派教授。至19世纪70年代中期成为俄国影响最大的报纸之一。80—90年代刊登民主主义作家和民粹主义者的文章。1898年和1901年曾经停刊。从1905年起成为右翼立宪民主党人的机关报。1917年二月革命后支持资产阶级临时政府。十月革命后被查封。——49。

47 奥勃洛摩夫是俄国作家伊·亚·冈察洛夫的长篇小说《奥勃洛摩夫》的主人公，他是一个怠惰成性、害怕变动、终日耽于幻想、对生活抱消极态度的地主。——49。

48 《新生活报》(«Новая Жизнь»)是俄国布尔什维克的第一个合法报纸，实际上是俄国社会民主工党的中央机关报。1905年10月27日(11月9日)—12月3日(16日)在彼得堡出版。正式编辑兼出版者是诗人尼·明斯基，出版者是女演员、布尔什维克玛·费·安德列耶娃。从1905年11月第9号起，该报由列宁直接领导。参加编辑部的有：列宁、弗·亚·巴扎罗夫、亚·亚·波格丹诺夫、瓦·瓦·沃罗夫斯基、米·斯·奥里明斯基、阿·瓦·卢那察尔斯基和彼·彼·鲁勉采夫。马·高尔基参加了《新生活报》的工作，并且在物质上给予很大帮助。

《新生活报》发表过列宁的 14 篇文章。该报遭到沙皇政府当局多次迫害,在 28 号中有 15 号被没收。1905 年 12 月 2 日(15 日)该报被政府当局查封。最后一号即第 28 号是秘密出版的。——51。

49 旺代是法国西部的一个省。1793 年 3 月,该省经济落后地区的农民在贵族和僧侣的唆使和指挥下举行反对法国大革命的暴动,暴动于 1795 年被平定,但是在 1799 年和以后的年代中,这一地区的农民又多次试图叛乱。旺代因此而成为反革命叛乱策源地的代名词。——53。

50 指发生于 1905 年 10 月下半月的喀琅施塔得水兵和士兵的武装起义。沙皇 10 月 17 日(30 日)宣言颁布后,喀琅施塔得的水兵、士兵和工人响应俄国社会民主工党喀琅施塔得委员会的号召,接连举行游行示威。10 月 23 日(11 月 5 日)在喀琅施塔得举行了大规模的集会。大会通过的决议要求改善军人的法律地位和物质条件以及建立民主共和国、实施普选权、消灭等级等。10 月 26 日(11 月 8 日),由于当局逮捕参加游行的士兵,群情激愤的水兵和士兵们自发地举行了起义。26 日晚喀琅施塔得实际上被起义者所掌握。政府调来军队以后,于 10 月 28 日(11 月 10 日)晨宣布喀琅施塔得戒严,镇压了起义,解除了士兵和水兵武装,逮捕了 4 000 名水兵和近 800 名士兵。为了保卫这些面临战地法庭审判和死刑威胁的水兵和士兵,彼得堡无产阶级宣布了总罢工。11 月 5 日政府被迫声明,起义参加者将由普通军事法庭审判。12 月,法庭判处 10 名水兵服苦役,另有 67 人被处以不同期限的监禁。——54。

51 《我们的任务和工人代表苏维埃(给编辑部的信)》一文是列宁从日内瓦返俄国途中在斯德哥尔摩为《新生活报》写的,但是没有在该报刊登。文章手稿于 1940 年秋天找到,随后发表于《真理报》。

列宁在这篇文章中第一次把苏维埃评价为起义的机关和新的革命政权的萌芽。——55。

52 指 1905 年十月全俄政治罢工(参看本卷第 1—4、26—33 页)。——60。

53　协会联合会是俄国自由派资产阶级知识分子的政治组织，在1905年5月于莫斯科举行的有律师、作家、医生、工程师、教师等14个专业和政治协会的代表参加的第一次代表大会上成立。协会联合会的中央常务局的负责人是帕·尼·米留可夫。协会联合会提出在普选制基础上召开立宪会议的要求。列宁指出，知识分子的职业协会和协会联合会是自由派资产阶级的政治组织。“总的说来，这些协会是所谓立宪民主党即资产阶级自由派政党的核心。”（见本版全集第11卷第267页）1905年5月24—26日（6月6—8日）举行的协会联合会第二次代表大会制定了组织协会的计划。1905年7月1—3日（14—16日）在芬兰举行的协会联合会第三次代表大会讨论了对布里根杜马的态度问题。虽然有个别协会反对，大会仍以多数（9个协会）通过了抵制布里根杜马的决定。联合会的代表参加群众性的政治罢工。联合会在一些场合曾支持工人代表苏维埃的决议，并给予十二月武装起义参加者以物质支援。联合会还主张抵制第一届国家杜马。在协会联合会内部，激进的一翼与自由派上层之间有斗争，后者力图利用协会联合会来左右解放运动，使它脱离革命道路。协会联合会于1906年底解散。——60。

54　指全俄农民协会。

全俄农民协会是俄国1905年革命中产生的群众性的革命民主主义政治组织，于1905年7月31日—8月1日（8月13—14日）在莫斯科举行了成立大会。据1905年10—12月的统计，协会在欧俄有470个乡级和村级组织，会员约20万人。根据该协会成立大会和1905年11月6—10日（19—23日）举行的第二次代表大会通过的决议，协会的纲领性要求是：实现政治自由和在普选基础上立即召开立宪会议，支持抵制第一届国家杜马；废除土地私有制，由农民选出的委员会将土地分配给自力耕作的农民使用，同意对一部分私有土地给以补偿。农民协会曾与彼得堡工人代表苏维埃合作，它的地方组织在农民起义地区起了革命委员会的作用。农民协会从一开始就遭到警察镇压，1907年初被解散。——64。

55　指《工人代表苏维埃消息报》。

《工人代表苏维埃消息报》(«Известия Совета Рабочих Депутатов»)是彼得堡工人代表苏维埃的正式机关报,1905年10月17日(30日)—12月14日(27日)出版。该报带有提供苏维埃活动消息的公报的性质,没有固定的编辑部,稿件由苏维埃成员编写,自行在合法的印刷所里印刷,印数达40 000份。报纸共出了10号,第11号在印刷所被警察查抄,没有散发出去。——66。

56 引自1905年10月20日(11月2日)《工人代表苏维埃消息报》第3号上的一篇文章,该文没有标题和署名,它的作者是列·达·托洛茨基。——66。

57 这里说的是《新自由报》。

《新自由报》(«Neue Freie Presse»)是奥地利的自由派报纸,1864—1939年在维也纳出版,有上午版和晚上版。——71。

58 指沙皇1899年2月3日(15日)的诏书。按照这个诏书,沙皇政府可以不经芬兰议会同意而颁布芬兰必须遵守的法律。列宁在评论这个诏书时写道:"这是严重违反宪法的行为,是一次真正的**国家政变**"。(见本版全集第5卷第320页)这个诏书事实上被1905—1907年革命所废除,后来在1910年又被一项法令所恢复。——72。

59 这是列宁校阅维·阿·卡尔宾斯基的文稿《农民代表大会》时所作的两处增补。第二处增补在《列宁全集》俄文第5版第12卷第一次收入全集。卡尔宾斯基的这篇文章用笔名维·加里宁刊登于1905年11月3日(16日)《无产者报》第25号。——75。

60 土地平分这一口号反映了农民要求普遍重分土地、消灭地主土地占有制的愿望。列宁在《俄国社会民主党的土地纲领》一文中指出,在"土地平分"这个要求中,除了要使小农生产永恒化这种反动的空想之外,也有革命的一面,即"希望用农民起义来铲除农奴制的一切残余"(见本版全集第6卷第310页)。后来,列宁在俄国社会民主工党第二次代表大会上说:"有人对我们说,农民不会满足于我们的纲领,他们要往前走,但是我们并不害怕这一点，我们有我们的社会主义纲领，所以我们也不怕重分土地……”（见本版全集第7卷第264页）——75。

61 《论党的改组》是列宁1905年11月初从国外回到俄国以后为《新生活报》写的第一篇文章。文章分三章，分别发表于《新生活报》11月10日（23日）第9号、11月15日（28日）第13号和11月16日（29日）第14号；第1章还转载于格鲁吉亚社会民主党机关刊物《旅行家》杂志1905年第41期。这篇文章是1905年12月在塔墨尔福斯召开的俄国社会民主工党第一次代表会议所通过的《党的改组》决议的基础（参看《苏联共产党代表大会、代表会议和中央全会决议汇编》1964年人民出版社版第1分册第119页）。——77。

62 独立党人是祖巴托夫式的组织独立党的成员。独立党即独立社会工党，于1905年底在彼得堡成立。1905年12月15日（28日）《俄罗斯工人》杂志第4期刊登了该党的纲领。独立党的首领M.A.乌沙科夫是沙皇政府彼得堡保安处的特务，俄国国家证券印刷厂的工人。1904年秋，他在财政部的支持下成立了彼得堡机械工人互助协会，担任主席。1905年10月，他倡议成立了黄色工会性质的中央工人联合会和妇女工人联合会。这些组织都以调和劳资、引诱工人离开政治斗争并敌视知识分子和革命者为宗旨。乌沙科夫建议设立劳资争议调解处，召开全俄工人互助协会代表大会，并向政府提出罢工自由的问题。乌沙科夫这一套同工人运动作斗争的办法，被称为乌沙科夫主义。1908年初，随着乌沙科夫主义退出政治舞台，独立党不复存在。——77。

63 指俄国社会民主工党中央委员会《告所有党组织和全体工人社会民主党人书》（参看《苏联共产党代表大会、代表会议和中央全会决议汇编》1964年人民出版社版第1分册第114—117页），这个文件曾以《关于召开俄国社会民主工党第四次代表大会》为标题印成单页并刊登于1905年11月10日（23日）《新生活报》第9号。文件附有脚注：“中央委员会**全体**委员一致通过。”——78。

64 参看列宁在俄国社会民主工党第三次代表大会上关于社会民主党组织

内工人和知识分子的关系问题的发言和他就这个问题提出的决议草案(见本版全集第10卷第156—157、166—167页)。

俄国社会民主工党第三次代表大会于1905年4月12—27日(4月25日—5月10日)在伦敦举行。这次代表大会是布尔什维克筹备的,是在列宁领导下进行的。孟什维克拒绝参加代表大会,而在日内瓦召开了他们的代表会议。

出席代表大会的有38名代表,其中有表决权的代表24名,有发言权的代表14名。出席大会的有表决权的代表分别代表21个俄国社会民主工党的地方委员会、中央委员会和党总委员会(参加党总委员会的中央委员会代表)。列宁作为敖德萨委员会的代表出席代表大会,当选为代表大会主席。

代表大会审议了正在俄国展开的革命的根本问题,确定了无产阶级及其政党的任务。代表大会讨论了下列问题:组织委员会的报告;武装起义;在革命前夕对政府政策的态度;关于临时革命政府;对农民运动的态度;党章;对俄国社会民主工党分裂出去的部分的态度;对各民族社会民主党组织的态度;对自由派的态度;同社会革命党人的实际协议;宣传和鼓动;中央委员会的和各地方委员会代表的工作报告等。列宁就大会讨论的所有主要问题拟了决议草案,在大会上作了关于社会民主党参加临时革命政府的报告和关于支持农民运动的决议的报告,并就武装起义、在革命前夕对政府政策的态度、社会民主党组织内工人和知识分子的关系、党章、关于中央委员会活动的报告等问题作了发言。

代表大会制定了党在资产阶级民主革命中的战略计划,这就是:要孤立资产阶级,使无产阶级同农民结成联盟,成为革命的领袖和领导者,为争取革命胜利——推翻专制制度、建立民主共和国、消灭农奴制的一切残余——而斗争。从这一战略计划出发,代表大会规定了党的策略路线。大会提出组织武装起义作为党的主要的和刻不容缓的任务。大会指出,在人民武装起义取得胜利后,必须建立临时革命政府来镇压反革命分子的反抗,实现俄国社会民主工党的最低纲领,为向社会主义革命过渡准备条件。

代表大会重新审查了党章，通过了列宁提出的关于党员资格的党章第1条条文，取消了党内两个中央机关（中央委员会和中央机关报）的制度，建立了党的统一的领导中心——中央委员会，明确规定了中央委员会的权力和它同地方委员会的关系。

代表大会谴责了孟什维克的行为和他们在组织问题和策略问题上的机会主义。鉴于《火星报》已落入孟什维克之手并执行机会主义路线，俄国社会民主工党第三次代表大会委托中央委员会创办新的中央机关报——《无产者报》。代表大会选出了以列宁为首的中央委员会，参加中央委员会的还有亚·亚·波格丹诺夫、列·波·克拉辛、德·西·波斯托洛夫斯基和阿·伊·李可夫。

俄国社会民主工党第三次代表大会是第一次布尔什维克代表大会，它用争取民主革命胜利的战斗纲领武装了党和工人阶级。列宁在《第三次代表大会》一文（见本版全集第10卷）中论述了这次代表大会的工作及其意义。——78。

65 *《无产阶级和农民》*一文作为社论发表于1905年11月12日（25日）《新生活报》第11号。俄国社会民主工党苏梅小组曾将它收入1905年在苏梅出版的《俄国社会民主工党纲领》一书的附录部分。——88。

66 指1905年11月6—10日（19—23日）召开的全俄农民协会第二次代表大会。参看注54。——88。

67 *劳动解放社*是俄国第一个马克思主义团体，由格·瓦·普列汉诺夫和维·伊·查苏利奇、帕·波·阿克雪里罗得、列·格·捷依奇、瓦·尼·伊格纳托夫于1883年9月在日内瓦建立。劳动解放社把马克思主义创始人的许多重要著作译成俄文，在国外出版后秘密运到俄国，对马克思主义在俄国的传播起了巨大作用。普列汉诺夫当时写的《社会主义与政治斗争》、《我们的意见分歧》、《论一元论历史观之发展》等著作有力地批判了民粹主义，用马克思主义的观点分析了俄国社会的现实和俄国革命的一些基本问题。普列汉诺夫起草的劳动解放社的两个纲领草案——1883年的《社会民主主义的劳动解放社纲领》和1885年的《俄国社会民主党人纲领草案》，对于俄国社会民主党的建立具有重要意义，后一个纲领草案的理论部分包含了马克思主义政党纲领的基本成分。劳动解放社在团结俄国社会民主党的力量方面也做了许多工作。它还积极参加社会民主党人的国际活动，和德、法、英等国的社会民主党都有接触。劳动解放社以普列汉诺夫为代表对伯恩施坦主义进行了积极的斗争，在反对俄国的经济派方面也起了重要作用。恩格斯曾给予劳动解放社的活动以高度评价（参看《马克思恩格斯文集》第10卷第532页）。列宁认为劳动解放社的历史意义在于它从理论上为俄国社会民主党奠定了基础，向着工人运动迈出了第一步。劳动解放社的主要缺点是：它没有和工人运动结合起来，它的成员对俄国资本主义发展的特点缺乏具体分析，对建立不同于第二国际各党的新型政党的特殊任务缺乏认识等。劳动解放社于1903年8月在俄国社会民主工党第二次代表大会上宣布解散。——88。

68　指俄国社会民主工党第三次代表大会通过的《关于对农民运动的态度的决议》（参看《苏联共产党代表大会、代表会议和中央全会决议汇编》1964年人民出版社版第1分册第92—93页）。——89。

69　1905年11月13日（26日），列宁在彼得堡工人代表苏维埃会议上就与资本家同盟歇业作斗争的办法问题作了发言，并提出了决议案。11月14日（27日）彼得堡工人代表苏维埃执行委员会以列宁的决议案为基础通过了关于与同盟歇业作斗争的办法的决定。列宁在《没有得逞的挑衅》一文（见本卷第100—101页）中谈到了这个决定的意义。——98。

70　地方自治和城市自治活动家代表大会于1905年11月6—13日（19—26日）在莫斯科举行。出席大会的共有216名代表。代表大会反对召开全民立宪会议，主张实行立宪君主制，建议从自由派地主和资产阶级中任命行政官员，由国家杜马制定宪法，而其草案应经沙皇批准。大会希望国家杜马通过稍微给农民添加一点份地的办法来平息农民风潮。在大会的决议中向政府提出了如下要求：追究发生暴行地区的政府官吏的责任；废除死刑；对10月17日宣言公布前的政治犯和宗教犯实行大赦；取消波兰及其他地方的戒严，取消强化警卫；赐予10月17日宣言中所宣布的公民自由。为了和政府做交易,代表大会选出由立宪民主党人费·费·科科什金、谢·安·穆罗姆采夫和伊·伊·彼特龙凯维奇组成的特别代表团,同大臣会议主席谢·尤·维特进行谈判。——101。

71 塞瓦斯托波尔的起义是1905年11月11日(24日)自发地爆发的。起义的直接起因是舰队指挥人员企图惩处曾参加10月份塞瓦斯托波尔群众集会的水兵和士兵。参加起义的有水兵、士兵和工人2 000余人。

社会民主党组织力图使这次过早发生的起义有组织地进行。11月12日(25日),由社会民主党军事组织成员、布尔什维克亚·伊·格拉德科夫、尼·格·安东年科、谢·彼·恰斯尼克等领导的"奥恰科夫"号巡洋舰和"潘捷莱蒙"号(原"波将金"号)装甲舰的船员参加了起义队伍。起义者选出的水兵、士兵、工人代表苏维埃向沙皇政府提出召开立宪会议、建立共和国、实行八小时工作制、缩短服役期限、改善军队服役条件等要求。整个起义的领导人是中尉彼·彼·施米特。

布尔什维克力图引导起义走武装斗争的道路。但是苏维埃采取的消极防御策略使沙皇政府得以向塞瓦斯托波尔调集军队并利用未参加起义的部队来镇压起义。舰队司令发出的要起义者投降的最后通牒为起义者拒绝后,11月15日(28日)双方发生交火。由于力量悬殊当天傍晚起义被镇压下去。有2 000余人被逮捕,300多名起义者受到军事法庭的审判。施米特、格拉德科夫、安东年科和恰斯尼克被判处死刑。关于塞瓦斯托波尔起义,还可参看列宁的《军队和革命》和《天平在摆动》两文(见本卷第102—105、106—107页)。——102。

72 在1905年10月发生的喀琅施塔得起义中,起义者缺少集中的组织,也未能建立起革命的纪律。这种状况被警察当局和以喀琅施塔得的约翰神父为首的黑帮分子所利用。他们组织了一帮流氓和刑事犯罪分子抢劫酒库、商店和住宅,而起义者中的不坚定分子也参加了他们的行列。觉悟的水兵和士兵试图制止这种暴行而未能成功。——102。

73 《俄罗斯报》(«Русь»)是俄国自由派资产阶级的日报,1903年12月在彼得堡创刊。该报的编辑兼出版者是阿·阿·苏沃林。在1905年革命时期，该报接近立宪民主党，但是采取更加温和的立场。1905 年 12 月 2 日(15 日)被查封。以后曾用《俄罗斯报》、《评论报》、《二十世纪报》、《眼睛报》、《新俄罗斯报》等名称断断续续地出版。1910 年停刊。——102。

74 指沙皇尼古拉一世派军队参加镇压欧洲各国革命的民族解放运动一事。1848 年，沙皇出兵罗马尼亚、波兰、波罗的海沿岸地区、第聂伯河右岸乌克兰地区，并向奥地利皇帝提供 600 万卢布的巨额贷款，以镇压意大利民族解放运动。1849 年，沙皇军队帮助奥地利皇帝镇压了匈牙利革命。——102。

75 指全俄邮电职工罢工。这次罢工于 1905 年 11 月 15 日(28 日)开始，到 12 月 15 日(28 日)结束。罢工的起因是政府当局下令禁止组织邮电工会并开除参与组织工会的一些邮电部门的职员。11 月 15 日(28 日)在莫斯科开幕的全俄邮电工会代表大会决定发电报给大臣会议主席谢·尤·维特，要求恢复被开除者的工作，并限定当天下午 6 时前答复。由于限期已到而政府没有答复，代表大会遂通电各地，宣布开始罢工。——106。

76 《我们的生活报》(«Наша Жизнь»)是俄国自由派的报纸(日报)，多数撰稿人属于解放社的左翼。1904 年 11 月 6 日(19 日)—1906 年 7 月 11 日(24 日)断断续续地在彼得堡出版。

正文中的“马克思主义和野蛮主义的混合物”一语出自 1905 年 11 月 17 日(30 日)《我们的生活报》第 336 号刊登的鲁·布·《阶级斗争和阶级组织》一文。——108。

77 法兰克福议会是德国 1848 年三月革命以后召开的全德国民议会，1848 年 5 月 18 日在美因河畔法兰克福正式开幕。法兰克福议会的选举由各邦自行办理，代表中资产阶级自由派占多数。由于自由派的怯懦和动摇以及小资产阶级左派的不坚定和不彻底，法兰克福议会害怕接管国家的最高权力，没有成为真正统一德国的机构，最后变成了一个没有实际权力，只能导致群众离开革命斗争的纯粹的争论俱乐部。直至

1849年3月27日,议会才通过了帝国宪法,而这时反动势力已在奥地利和普鲁士得胜。法兰克福议会制定的宪法尽管很保守,但毕竟主张德国统一,有些自由主义气味,因此普鲁士、奥地利、巴伐利亚等邦纷纷宣布予以拒绝,并从议会召回自己的代表。留在议会里的小资产阶级左派不敢领导已经兴起的人民群众保卫宪法的斗争,于1849年5月30日把法兰克福议会迁至持中立立场的符腾堡的斯图加特。6月18日,法兰克福议会被符腾堡军队解散。——111。

78 马尼洛夫精神意为耽于幻想,无所作为。马尼洛夫是俄国作家尼·瓦·果戈理的小说《死魂灵》中的一个地主。他生性怠惰,终日想入非非,崇尚空谈,刻意讲究虚伪客套。——113。

79 《垂死的专制政府和新的人民政权机关》一文是1905年11月23日(12月6日)《新生活报》第19号社论,曾由俄国社会民主工党统一的尼古拉耶夫市委员会于1905年12月14日(27日)印成传单,并转载于1905年12月18日(31日)《外贝加尔工人报》(俄国社会民主工党赤塔委员会的机关报)第2号。——114。

80 《言论报》(«Слово»)是俄国资产阶级的报纸(日报),1903—1909年在彼得堡出版。起初是右翼地方自治人士的报纸,1905年11月起是十月党的机关报。1906年7月起停刊。1906年11月19日(12月2日)复刊后,是同十月党无实质区别的和平革新党的机关报。——115。

81 法制党是俄国大工商业资产阶级、地主和上层官僚的政党,1905年秋组成,10月17日宣言颁布后正式成立。该党打着"法制"的幌子,实际上坚决维护沙皇制度,对解散第一届国家杜马表示欢迎,在第二届国家杜马选举中和黑帮组织"真正俄国人联合会"结成联盟。1907年该党瓦解,一部分成员加入十月党,另一部分成员成为公开的黑帮分子。——120。

82 希腊的卡连德日意为没有限期。古罗马历法把每月初一称为卡连德日(亦译朔日)。罗马人偿还债务、履行契约等都以卡连德日为限期。希腊历法中根本没有卡连德日。因此，延缓到希腊的卡连德日，就等于说无限期地推迟，永无实现之日。——127。

83 激进民主派（激进派）是俄国的一个小资产阶级组织，1905 年 11 月成立。该派采取介乎立宪民主党和孟什维克之间的立场，曾出版过一号《激进报》。该派提出过民主共和国的要求，但也接受内阁对议会负责的立宪君主制。在土地问题上，该派主张无偿没收国家、皇室、皇族、寺院和教会的土地，而对私有主土地的没收则给予最低限度的补偿。1906 年初激进民主派组织瓦解，其成员加入半立宪民主党的刊物《无题》周刊和《同志报》。——128。

84 这是列宁为俄国社会民主工党第一次代表会议起草的决议，为会议所通过。

俄国社会民主工党第一次代表会议于 1905 年 12 月 12—17 日（25—30 日）在芬兰塔墨尔福斯举行。根据俄国社会民主工党中央委员会发表的告全党书，布尔什维克原计划于 1905 年 12 月 10 日（23 日）提前召开第四次代表大会，以研究全俄十月总罢工后出现的革命形势和基层党组织强烈要求解决的布尔什维克和孟什维克两派统一的问题。但是，由于铁路罢工以及十二月武装起义已经开始，许多组织不可能派出代表。在这种情况下，已经到会的代表遂改开布尔什维克代表会议。

出席代表会议的有 26 个组织的 41 名代表。列宁当选为会议主席。埃·李·古列维奇（斯米尔诺夫）作为孟什维克正式代表出席了会议。代表会议的议程是：各地方的报告；关于目前形势的报告；中央委员会的组织工作报告；关于俄国社会民主工党两部分的统一；关于党的改组；土地问题；关于国家杜马。

列宁在代表会议上作了关于目前形势和关于土地问题的报告。代表会议主张恢复党的统一，根据平等原则合并双方负责实际工作的中央机构和中央机关报，合并平行的地方组织。代表会议委托统一的中央委员会召开统一代表大会。

代表会议通过了关于党的改组的决议，建议广泛实行选举制和民主集中制原则，认为只有在遇到无法克服的实际障碍时才允许不实行这一原则。代表会议通过了关于在即将举行的代表大会上修改土地纲领的决议。代表会议还通过了关于抵制第一届国家杜马的决议，这个决议是由列宁、列·波·克拉辛、斯大林、梅利西托夫、叶·米·雅罗斯拉夫斯基组成的委员会制定的。

由于莫斯科武装起义已在进行，根据列宁的建议，会议匆促结束工作，以便代表们回到各地参加起义。

这次代表会议的决议发表于1905年12月29、30、31日(1906年1月11、12、13日)《评论报》第21、22、23号和1906年1月4日(17日)《青年俄罗斯报》第1号，并由中央委员会印成了单页。——136。

85 《工人政党及其在目前形势下的任务》一文于1906年1月4日(17日)作为社论发表于社会民主党大学生的合法报纸《青年俄罗斯报》第1号。沙皇政府对这篇文章的发表十分震惊。彼得堡法院检察长于1月9日(22日)下令逮捕列宁和该报编辑兼发行者B.Э.列斯涅夫斯基。《青年俄罗斯报》第1号也被没收。——137。

86 指1905年12月莫斯科武装起义。1905年12月5日(18日)，布尔什维克莫斯科市代表会议表达工人的意志，决定宣布总罢工并随即开始武装斗争。次日，布尔什维克领导的莫斯科苏维埃全体会议通过了同样的决议。12月7日(20日)，政治总罢工开始。在最初两天有15万人参加罢工。12月10日(23日)罢工转为武装起义。起义的中心是普列斯尼亚区、莫斯科河南岸区、罗戈日-西蒙诺沃区和喀山铁路区。武装斗争持续了9天，莫斯科工人奋不顾身地进行战斗。但由于起义者缺乏武装斗争的经验、武器不足、同军队的联系不够、打防御战而没有打进攻战以及起义一开始布尔什维克莫斯科委员会的领导人员维·列·尚采尔、米·伊·瓦西里耶夫-尤任等就遭逮捕等原因，莫斯科起义最终在沙皇政府从其他城市调来军队进行镇压之后遭到失败。为了保存革命力量和准备下一步的斗争，党的莫斯科委员会和苏维埃决定从1905年12月19日(1906年1月1日)起停止武装抵抗。1905年12月—1906年1月，继莫斯科之后，下诺夫哥罗德、顿河畔罗斯托夫、新罗西斯克、顿巴斯、叶卡捷琳诺斯拉夫、彼尔姆(莫托维利哈)、乌法、克拉斯诺亚尔斯克、赤塔等城市都发生了起义,外高加索、波兰、波罗的海沿岸地区、芬兰也举行了大规模的武装起义。但这些零星分散的起义都遭到了沙皇政府的残酷镇压。十二月武装起义是俄国1905—1907年革命的最高点。关于十二月武装起义,参看列宁《莫斯科起义的教训》一文(本版全集第13卷)。——138。

87 《国民经济》(«Народное Хозяйство»)是《我们的生活报》被查封期间(1905年12月15日(28日)—1906年1月21日(2月3日))为继续出版而用的名称,编辑部仍是原班人马。共出了31号。——146。

88 指1905年12月11日(24日)国家杜马选举法。

1905年12月11日(24日)国家杜马选举法是沙皇政府在莫斯科武装起义高潮中作为对工人的某种让步而颁布的。与1905年8月6日颁布的关于"咨议性"布里根杜马的条例不同,该法规定成立"立法"杜马。除原定的土地占有者(地主)选民团、城市(资产阶级)选民团和农民选民团外,增添了工人选民团,并在维持城市选民团复选人总数不变的情况下稍许扩大了城市选民的组成。按照这个选举法,选举不是普遍的,有大量男性工人(200多万)、无地农民、游牧民族、军人、不满25岁的青年以及妇女没有选举权。选举也不是平等的,土地占有者选民团每2 000名选民摊到1名复选人,城市选民团每7 000名选民摊到1名复选人,农民选民团每3万名选民摊到1名复选人,工人选民团每9万名选民才摊到1名复选人。这就是说地主的1票等于城市资产阶级的3票,农民的15票,工人的45票。工人选民团产生的复选人只占国家杜马复选人总数的4%。在工人选民团中,50人以上的企业的工人才允许参加选举。选举也不是直接的,而是多级的,地主和资产阶级是二级选举,工人是三级选举,农民则是四级选举。选举事实上也不是无记名投票的。——149。

89 指1905年12月2日(15日)在社会民主党报刊和自由派报刊上发表的《财政宣言》,签署这个宣言的有:彼得堡工人代表苏维埃、全俄农民协会总委员会、俄国社会民主工党中央委员会和组织委员会、社会革命党中央委员会、波兰社会民主党中央委员会。宣言指出国内经济形势十分严重，摆脱危机的唯一出路是推翻政府。宣言宣称目前必须剥夺沙皇政府的财政收入，为此号召居民拒绝交纳赎金和其他一切官税，要求一切交易和发薪均支付黄金并从储蓄银行和国家银行提取存款。宣言最后要求："在沙皇政府公然同全体人民作战的时候，它所借的一切债款，一概不得偿还。"宣言发表后，沙皇政府立即没收了所有刊登宣言的报纸，并下令查封这些报馆。

协会联合会常务委员会 1905 年 12 月 4 日(17 日)会议曾决定在联合会即将举行的代表大会上提出附和这一宣言的问题，但是 1906 年 1 月举行的协会联合会第四次代表大会没有讨论这个问题。——153。

90 指 1905 年 12 月 20 日(1906 年 1 月 2 日)《人民自由报》第 5 号社论。这篇社论的作者是立宪民主党人弗·马·盖森。

《人民自由报》(«Народная Свобода»)是俄国的政治文学报纸，立宪民主党机关报，1905 年 12 月 15 日(28 日)—1905 年 12 月 21 日(1906 年 1 月 3 日)在彼得堡出版，共出了 6 号。编辑为帕·尼·米留可夫和约·弗·盖森。《人民自由报》的前身是 1905 年 12 月在彼得堡出版的《自由人民报》。——154。

91 《俄国的目前形势和工人政党的策略》一文载于 1906 年 2 月 7 日(20 日)出版的俄国社会民主工党统一的中央委员会秘密机关报《党内消息报》第 1 号，署名：一个布尔什维克。——158。

92 《青年俄罗斯报》(«Молодая Россия»)是俄国社会民主党人大学生的合法报纸(周报)，在彼得堡出版。编辑兼发行人是 В.Э.列斯涅夫斯基。参加该报工作的有：列宁、瓦·瓦·沃罗夫斯基、马·高尔基、阿·瓦·卢那察尔斯基、米·斯·奥里明斯基。第 1 号于 1906 年 1 月 4 日(17 日)出版，被没收。1906 年 11 月 13 日(26 日)，该报被当局查封。——158。

93 指《社会民主党人日志》。

《社会民主党人日志》(«Дневник Социал-Демократа»)是格·瓦·

普列汉诺夫创办的不定期刊物,1905 年 3 月—1912 年 4 月在日内瓦出版,共出了 16 期。1916 年在彼得格勒复刊,仅出了一期。在第 1—8 期(1905—1906 年)中,普列汉诺夫宣扬极右的孟什维克机会主义观点,拥护社会民主党和自由派资产阶级联盟,反对无产阶级和农民联盟,谴责十二月武装起义。在第 9—16 期(1909—1912 年)中,普列汉诺夫反对主张取消秘密党组织的孟什维克取消派,但在基本的策略问题上仍站在孟什维克立场上。1916 年该杂志出版的第 1 期里则明显地表达了普列汉诺夫的社会沙文主义观点。——159。

94 《法学》(«Право»)是俄国资产阶级自由派的周报,由弗·马·盖森和Н.И.拉扎列夫斯基编辑,1898 年 11 月 8 日—1917 年 10 月 10 日在彼得堡出版。该报主要登载法学问题的学术文章。从 1904 年秋起,该报也用一些版面登载政论作品,实际上成了解放社的一个合法机关报。——162。

95 本篇和下篇都是列宁在俄国社会民主工党彼得堡市代表会议上的发言。

为了解决对待国家杜马的态度问题,俄国社会民主工党彼得堡委员会于 1906 年 2 月 11 日(24 日)召开了党的彼得堡市代表会议。列宁领导了这次会议。出席会议的有 65 名有表决权的代表。代表会议代表的选举是在各党组织讨论和表决布尔什维克和孟什维克的策略纲领以后进行的,每 30 名有表决权的党员选出 1 名代表。在选举中布尔什维克获得了大多数。孟什维克要求宣布俄国社会民主工党郊区组织的(几乎全部是布尔什维克的)票为无效。在讨论郊区组织问题时,列宁作了发言和插话。代表会议确认了郊区组织的代表资格。会议随后听取了彼得堡委员会的工作报告并通过了列宁提出的决议案,认为代表会议的代表资格是合法的,代表会议是有效的,其决定是必须执行的。接着列宁作了关于对待国家杜马的态度的报告(代表会议秘书记录中缺此报告)。在报告结尾,列宁宣读了对国家杜马采取积极抵制策略的决议案。孟什维克的决议案由尔·马尔托夫宣读。代表会议以 36 票对 29 票表示赞成积极抵制的策略。但是对积极抵制策略作了详细说明的决议案未来得及通过。

为了讨论和最后批准关于积极抵制策略的决议案，彼得堡市代表会议于1906年2月底—3月初再次召开。出席会议的有62名代表。代表会议讨论了列宁的、马尔托夫的以及孟什维克额外提出的奥赫塔区的决议案。经过长时间的激烈争论，列宁的决议案以35票赞成、24票反对、1票弃权被基本通过。为了对代表会议关于国家杜马的决议作最后修订，代表会议选出了一个委员会。孟什维克拒绝参加该委员会，并退出了代表会议。——165。

96 指伊·安·柯诺瓦洛夫（尼古拉）在代表会议上提出的以下建议：停止就郊区组织和维堡区组织的问题进行讨论；承认投票是正确的和代表是合法的；转入代表会议议程问题的讨论。——168。

97 指1906年3月1日（14日）《我们的生活报》第382号记载的一件表明工人对杜马持嘲讽态度的事实。这号报纸在一篇题为《“稻草人”事件》的简讯中写道：“几天以前彼得堡机械厂工人扎了一个上面写着‘国家杜马代表’的稻草人，并推着它在工厂里转。星期六，副检察长到工厂调查（!）此案。这位检察长在工厂待了几个小时，追查这场玩笑是谁开的。一直等到上夜班的人来后并讯问了他们，但是看来毫无结果。”——173。

98 十月十七日同盟即十月党，代表和维护大工商业资本家和按资本主义方式经营的大地主的利益，属于自由派的右翼。该党于1905年11月成立，名称取自沙皇1905年10月17日宣言。十月党的主要领导人是大工业家和莫斯科房产主亚·伊·古契柯夫、大地主米·弗·罗将柯，活动家有彼·亚·葛伊甸、德·尼·希波夫、米·亚·斯塔霍维奇、尼·阿·霍米亚科夫等。十月党完全拥护沙皇政府的对内对外政策，支持政府镇压革命的一切行动，主张用调整租地、组织移民、协助农民退出村社等办法解决土地问题。第一次世界大战期间，号召支持政府，后来参加了军事工业委员会的活动，曾同立宪民主党等结成“进步同盟”，主张把帝国主义战争进行到最后胜利，并通过温和的改革来阻止人民革命和维护君主制。二月革命后，该党参加了资产阶级临时政府。

十月革命后，十月党人反对苏维埃政权，在白卫分子政府中担任要职。——174。

99 祖巴托夫政策是20世纪初沙皇政府在工人问题上采取的一种政策，因其倡议者莫斯科保安处处长、宪兵上校谢·瓦·祖巴托夫而得名。祖巴托夫政策是在俄国工人运动从经济斗争向政治斗争转变、社会民主党的影响不断扩大的情况下提出来的，主要内容是建立亲政府的合法工人组织，以诱使工人脱离反对专制制度的政治斗争。祖巴托夫分子力图把工人运动引入纯粹经济要求的轨道，并向工人灌输政府准备满足这些要求的想法。祖巴托夫在制定和实行这一政策时利用了伯恩施坦主义、合法马克思主义和经济主义的思想。

1901年5月，保安处在莫斯科建立了第一个祖巴托夫组织——机械工人互助协会。同年夏季，祖巴托夫代理人（原为崩得成员）在明斯克和维尔诺建立了犹太独立工党。在1901—1903年间，彼得堡、基辅、哈尔科夫、叶卡捷琳诺斯拉夫、尼古拉耶夫、彼尔姆、敖德萨等地都建立了祖巴托夫组织。这些组织开会讨论过必须争取提高工人工资和缩短工作日等问题，甚至还提出过让工人购买企业的建议。革命报刊因此称祖巴托夫政策为“警察社会主义”。

革命社会民主党人揭露祖巴托夫政策的反动性，同时也利用合法工人组织来吸引工人阶级的广大阶层参加反对专制制度的斗争。在革命社会民主党人宣传鼓动的影响下，祖巴托夫组织发起的多次罢工都转变成了反政府的政治行动，1903年爆发的南俄总罢工特别明显地表明了这一点。沙皇政府于是摒弃了祖巴托夫建议的同革命运动斗争的方法，而祖巴托夫政策也为工厂主所反对。1903年夏，祖巴托夫组织被全部撤销。——175。

100 在1906年2月底—3月初召开的俄国社会民主工党彼得堡市代表会议（第二次）上，孟什维克的首领费·伊·唐恩援引波尔塔瓦社会民主党组织的立场，第一次公开声明可以参加杜马。而在此以前，孟什维克正式提出的是参加初选人和复选人选举、但是不参加杜马代表选举这样一个不彻底的口号。——176。

101　指1906年1月出版的俄国社会民主工党统一的中央委员会的传单《告全党书》。传单说："统一的中央委员会和中央机关报联席会议……的讨论表明，两派代表对杜马的基本观点是一致的，这就是：为了对抗政府伪造人民代表会议和用杜马顶替立宪会议的做法，必须像以前一样提出用革命办法召集全民立宪会议的口号和最积极地准备武装起义。而按照这种观点，党参加选举运动的最后阶段即参加杜马代表本身的选举，在当前条件下是不能容许的。意见的分歧只在于党能否参加选举运动的前两阶段，即参加初选人和复选人的选举。"——176。

102　联合议会即普鲁士王国各省议会的联席会议。1823年普鲁士王国各省建立了省的等级议会。8个省等级议会各选出一个委员会联合组成联合议会。1847年普鲁士王国遭到财政危机，需要征收新的赋税和发行新的公债，而根据1820年的一条法律，未经人民代表的同意发行公债和增税是不合法的。为解决当前财政困难，普鲁士国王弗里德里希-威廉四世于1847年4月召集了联合议会，作为尚未建立的人民代表机关的代替品。按照国王意见，联合议会只能同意发行公债和增税。它不能制定法律，而只能在立法方面起咨议作用。它只能在国王认为适当的时候召开，并只能讨论政府规定要讨论的问题。联合议会中的资产阶级多数派在国王拒绝了他们的最低政治要求后，宣称他们不是真正的人民代表，因此拒绝同意拨款。于是国王于6月解散了联合议会。——177。

103　《告彼得堡市区和郊区全体男女工人书》是根据1906年2月11日(24日)俄国社会民主工党彼得堡市代表会议通过的关于积极抵制国家杜马决定的精神写的，由俄国社会民主工党统一的彼得堡委员会印成单页。——180。

104　《俄国社会民主工党彼得堡组织关于抵制策略的决议》的草案是列宁在1906年2月11日(24日)俄国社会民主工党彼得堡市代表会议上提出的。草案原稿没有保存下来。1906年2月底—3月初彼得堡组织第二次代表会议讨论了这个草案并由代表会议选出的有列宁参加的专门委员会最后修订。修订后的定本于1906年3月由俄国社会民主工党统一的彼得堡委员会印成单页。——184。

105 第6条是列宁在俄国社会民主工党彼得堡市代表会议(第二次)讨论关于抵制策略的决议案时补充提出的。——185。

106 指1906年2月20日(3月5日)法令。

1906年2月20日(3月5日)法令即《关于修改国务会议章程和修订国家杜马章程的诏书》。同时颁布的还有《关于重订国务会议章程》和《国家杜马章程》这两个诏令。这些法令把国务会议从咨议机关变成立法机关。国务会议的成员一半由沙皇任命,另一半改由贵族阶层、地方自治机关、僧侣上层和大资本家组织选举产生。国务会议讨论业经国家杜马审议的法案,有权批准或否决杜马的任何决议。——185。

107 列宁在俄国社会民主工党彼得堡市代表会议(第二次)上讨论关于抵制策略的决议案时提出的第7条修改方案如下:"在这种政治情况下参加这类杜马,全俄国各民族的社会民主主义政党和组织中的绝大多数都认为是不可能的。"——185。

108 教师联合会即全俄教师和国民教育活动家联合会,于1905年4月成立,领导层是资产阶级和小资产阶级政党的拥护者。联合会有单纯为职业利益斗争的倾向,但是在革命事件的影响下,也赞同革命民主派的口号,表示愿意参加人民争取土地、自由和政权的斗争。联合会对第一届国家杜马的选举进行了抵制,支持通过普遍、平等、直接和无记名投票的选举召集立宪会议的要求。联合会把根本改革俄国国民教育作为自己的基本任务之一,提出了实行普遍免费的和义务的初等教育以及免费的中等和高等教育、用本民族语言授课、协调各种类型的学校等要求。1906年6月6日(19日),列宁化名卡尔波夫向全俄国民教师代表大会部分代表作了关于土地问题的报告。社会革命党的报纸《呼声报》(1906年6月8日(21日)第15号)对此作了报道。教师联合会于1909年解散。1917年二月革命后曾恢复。十月革命时期,该会领导机构采取反苏维埃立场,参加了拯救祖国和革命委员会这一反革命组织,并企图组织教师罢工。共产党人和同情苏维埃政权的教师纷纷脱离该会,另组国际主义者教师联合会。1918 年 12 月 23 日,全俄中央执行委员会颁布法令,解散了全俄教师联合会。——186。

109 波兰社会党是以波兰社会党人巴黎代表大会(1892 年 11 月)确定的纲领方针为基础于 1893 年成立的。这次代表大会提出了建立独立民主共和国、为争取人民群众的民主权利而斗争的口号,但是没有把这一斗争同俄国、德国和奥匈帝国的革命力量的斗争结合起来。该党右翼领导人约·皮尔苏茨基等认为恢复波兰国家的唯一道路是民族起义,而不是以无产阶级为领导的全俄反对沙皇的革命。从 1905 年 2 月起,以马·亨·瓦列茨基、费·雅·柯恩等为首的左派逐步在党内占了优势。1906 年 11 月在维也纳召开的波兰社会党第九次代表大会把皮尔苏茨基及其拥护者开除出党,该党遂分裂为两个党:波兰社会党"左派"和波兰社会党"革命派"("右派",亦称弗腊克派)。

波兰社会党"左派"反对皮尔苏茨基分子的民族主义及其恐怖主义和密谋策略,主张同全俄工人运动密切合作,认为只有在全俄革命运动胜利的基础上才能解决波兰劳动人民的民族解放和社会解放问题。在 1908—1910 年期间,主要通过工会、文教团体等合法组织进行活动。该党不同意孟什维克关于在反对专制制度斗争中的领导权属于资产阶级的论点,可是支持孟什维克反对第四届国家杜马中的布尔什维克代表。第一次世界大战爆发后,该党持国际主义立场,参加了 1915 年的齐美尔瓦尔德会议和 1916 年的昆塔尔会议。该党欢迎俄国十月革命。1918 年 12 月,该党同波兰王国和立陶宛社会民主党一起建立了波兰共产主义工人党(1925 年改称波兰共产党,1938 年解散)。

波兰社会党"革命派"于 1909 年重新使用波兰社会党的名称,强调通过武装斗争争取波兰独立,但把这一斗争同无产阶级的阶级斗争割裂开来。从第一次世界大战开始起,该党的骨干分子参加了皮尔苏茨基站在奥德帝国主义一边搞的军事政治活动(成立波兰军团)。1917 年俄国二月革命后,该党转而对德奥占领者采取反对立场,开展争取建立独立的民主共和国和进行社会改革的斗争。1918 年该党参加创建独立的资产阶级波兰国家,1919 年同原普鲁士占领区的波兰社会党和原奥地利占领区的加利西亚和西里西亚波兰社会民主党合并。该党不反对地主资产阶级波兰对苏维埃俄国的武装干涉，并于1920年7月参加了所谓国防联合政府。1926年该党支持皮尔苏茨基发动的政变，同年11月由于拒绝同推行"健全化"的当局合作而成为反对党。1939年该党解散。——186。

110 "希波夫立宪"制度是指温和自由派分子、地方自治人士右翼领袖德·尼·希波夫制定的国家制度方案。希波夫力图既限制革命规模，又从沙皇政府方面取得某些有利于地方自治机关的让步，因而建议建立附属于沙皇的咨议性代表机关。温和自由派想以此蒙骗人民群众，保存君主制度，并使自己获得某些政治权利。——188。

111 共产主义者同盟是历史上第一个以科学社会主义为指导的无产阶级政党，1847年在伦敦成立。共产主义者同盟的前身是1836年成立的正义者同盟，这是一个主要由德国工人和手工业者组成的德国政治流亡者秘密革命组织，后期也有其他国家的人参加。随着形势的发展，正义者同盟的领导成员逐步认识到必须使同盟摆脱旧的密谋传统和方式，并且确信马克思和恩格斯的理论是正确的，遂于1847年邀请马克思和恩格斯参加正义者同盟，协助同盟改组。1847年6月，正义者同盟在伦敦召开代表大会，恩格斯出席了大会，按照他的倡议，同盟的名称改为共产主义者同盟，因此这次大会也是共产主义者同盟的第一次代表大会。大会批准了以民主原则作为同盟组织基础的章程草案，并用"全世界无产者，联合起来！"的战斗口号取代了正义者同盟原来的"人人皆兄弟！"的口号。同年11月29日—12月8日，同盟召开第二次代表大会，马克思和恩格斯出席了大会。大会通过了同盟的章程，并对章程第1条作了修改，规定同盟的目的是"推翻资产阶级，建立无产阶级统治，消灭旧的以阶级对立为基础的资产阶级社会和建立没有阶级、没有私有制的新社会"。大会委托马克思和恩格斯起草同盟的纲领，这就是1848年2月问世的《共产党宣言》。

1848年法国二月革命爆发后，同盟在巴黎成立新的中央委员会，马克思当选为中央委员会主席，恩格斯当选为中央委员。德国三月革命爆发后，马克思和恩格斯起草了共产主义者同盟在这次革命中的政治纲领《共产党在德国的要求》，并动员和组织同盟成员回国参加革命。他们在科隆创办《新莱茵报》，作为指导革命的中心。欧洲1848—1849年革命失败后，共产主义者同盟进行了改组并继续开展活动。1851年同盟召开中央委员会非常会议，批判了维利希—沙佩尔宗派集团的冒险主义策略，并决定把中央委员会迁往科隆。在普鲁士政府策划的陷害共产主义者同盟盟员的科隆共产党人案件判决后，同盟于1852年11月17日宣布解散。同盟在宣传科学社会主义和培养无产阶级革命战士方面起了重要作用；它的许多盟员后来积极参加了建立国际工人协会的活动。——189。

112 卡·考茨基的《俄国革命的前途》一文载于1906年1月28日《前进报》第23号，署名卡·考·。俄译本于1906年3月由论坛出版社出版，书名为《俄国解放运动的前景》。书报检查机关对译文作了篡改。列宁是依据《前进报》的原文摘引和论述这篇文章的。——192。

113 库庞(库庞是俄文 купон 的音译，意为息票)是19世纪80—90年代俄国文学作品中用来表示资本和资本家的借喻语。这个词是俄国作家格·伊·乌斯宾斯基在随笔《罪孽深重》中使用开的。——192。

114 三十年战争指1618—1648年以德意志为主要战场的欧洲国际性战争。这场战争起因于天主教与新教之间的矛盾以及欧洲各国的政治冲突和领土争夺。参加战争的一方是哈布斯堡同盟，包括奥地利和西班牙的哈布斯堡王朝、德意志天主教诸侯，它们得到教皇和波兰的支持。另一方是反哈布斯堡联盟，包括德意志新教诸侯、法国、瑞典、丹麦，它们得到荷兰、英国、俄国的支持。战争从捷克起义反对哈布斯堡王朝的统治开始，几经反复，以哈布斯堡同盟失败告终。根据1648年签订的威斯特伐利亚和约，瑞典、法国等得到了德意志大片土地和巨额赔款。经过这场战争，德意志遭到严重破坏，在政治上更加处于四分五裂的状态。——193。

115 布伦坦诺主义是19世纪70年代德国资产阶级经济学家、讲坛社会主义学派的主要代表人物之一路·布伦坦诺所倡导的改良主义学说，是资产阶级对马克思主义进行歪曲的一个变种。它宣扬资本主义社会里的“社会和平”以及不通过阶级斗争克服资本主义社会矛盾的可能性，认为可以通过组织工会和进行工厂立法来解决工人问题，调和工人和资本家的利益，实现社会平等。列宁称布伦坦诺主义是一种只承认无产阶级的非革命的“阶级”斗争的自由派资产阶级学说(参看本版全集第35卷第229—230页)。——197。

116 《提交俄国社会民主工党统一代表大会的策略纲领》即布尔什维克的策略纲领是1906年2月下半月起草的。除了《无产阶级在民主革命目前时期的阶级任务》决议案是列·波·加米涅夫起草的以外，纲领中所有的决议案都是列宁起草的。纲领曾由在芬兰库奥卡拉(列宁当时住在那里)召开的党的领导人会议预先讨论过。

3月上半月，由列宁主持，在莫斯科开了几次布尔什维克的会议，讨论这个纲领。列宁在有莫斯科委员会委员、鼓动宣传员小组成员、中央委员会莫斯科局写作组成员、莫斯科郊区委员会委员和其他党的工作者参加的会议上论证了这个纲领。这次会议来不及讨论全部决议案，为此决定召开第二次会议。但第二次会议没有开成，因为被警察发觉，会议的参加者包括列宁在内几乎被捕。纲领的进一步讨论是1906年3月中旬在彼得堡进行的，仍由列宁主持。会议最后委托有列宁、阿·伊·李可夫、加米涅夫参加的专门委员会对纲领作最后审定。纲领于3月20日(4月2日)公布于《党内消息报》第2号，并由俄国社会民主工党统一的中央委员会和俄国社会民主工党统一的彼得堡委员会印成单页。——200。

117 指俄国社会民主工党统一的中央委员会1906年2月出版的传单《告全党书》，传单中分析了与召开第四次(统一)代表大会有关的一些问题。——200。

118 在俄国社会民主工党第四次(统一)代表大会召开前夕，布尔什维克和孟什维克在土地问题上的分歧特别尖锐地表露出来。为了处理这个问题，统一的中央委员会成立了一个专门委员会，其成员是：列宁、彼·巴·马斯洛夫、彼·彼·鲁勉采夫、谢·亚·苏沃洛夫、伊·阿·泰奥多罗维奇、格·瓦·普列汉诺夫、诺·尼·饶尔丹尼亚和亚·尤·芬-叶诺塔耶夫斯基。委员会把党内在土地问题上的观点归纳成四种基本类型的草案，即：列宁的草案、尼·亚·罗日柯夫的草案、马斯洛夫的草案和芬-叶诺塔耶夫斯基的草案（委员会所列的第5种类型是斗争社的草案），并把它们一并提交代表大会。委员会中多数人赞成列宁的草案，因此该草案作为俄国社会民主工党统一的中央委员会土地委员会的多数的草案提交代表大会。这个草案曾由列宁在《修改工人政党的土地纲领》一文（见本卷第215—241页）中加以论证，并同策略纲领一起在1906年3月布尔什维克会议上被批准。——201。

119 工商党是俄国大工商业资本家和金融资本家的政党，1905年11月由格·亚·克列斯托夫尼科夫、亚·伊·柯诺瓦诺夫、弗·巴·里亚布申斯基等在莫斯科建立。1906年2月5—6日该党举行第一次代表大会，克列斯托夫尼科夫当选为该党主席。该党拥护10月17日宣言，要求建立强有力的政权来镇压革命运动，反对召集立宪会议，反对实行八小时工作制和罢工自由，主张保留地主土地占有制。在选举第一届国家杜马时，工商党和十月党人结成联盟。1906年底，工商党瓦解，多数成员加入十月党。——209。

120 民主改革党是俄国自由派资产阶级政党，由立宪民主党内一批认为该党纲领过"左"的分子在1906年1月第一届国家杜马选举时建立。该党领导人是马·马·柯瓦列夫斯基、米·马·斯塔秀列维奇、伊·伊·伊万纽科夫、弗·德·库兹明-卡拉瓦耶夫和康·康·阿尔先耶夫。1906年1月18日，该党公布了自己的纲领，其内容主要是：坚持走和平革新俄国的道路，同时保持世袭的立宪君主制；主张俄国统一（只有波兰和芬兰可以实行自治）；保留大小土地占有制，允许通过赎买转让超过最高限额的土地。该党出版的刊物有《国家报》和《欧洲通报》杂志。1907年底，该党并入和平革新党。——209。

121 《修改工人政党的土地纲领》这本小册子是在1906年3月下半月写成的，1906年4月初在彼得堡出版。1906年9月，小册子遭到沙皇政府的查禁。

小册子包含的思想，列宁后来在俄国社会民主工党第四次(统一)代表大会上所作的土地问题报告中作了阐明。——215。

122 《社会民主党人》(«Социал-Демократ»)是俄国文学政治评论集，由劳动解放社于1890—1892年在伦敦和日内瓦用俄文出版，总共出了4集。第1、2、3集于1890年出版，第4集于1892年出版。参加《社会民主党人》评论集工作的有格·瓦·普列汉诺夫、帕·波·阿克雪里罗得和维·伊·查苏利奇等。这个评论集对于马克思主义在俄国的传播起了很大作用。——216。

123 《曙光》杂志(«Заря»)是俄国马克思主义的科学政治刊物，由《火星报》编辑部编辑，1901—1902年在斯图加特出版，共出了4期(第2、3期为合刊)。第5期已准备印刷，但没有出版。杂志宣传马克思主义，批判民粹主义和合法马克思主义、经济主义、伯恩施坦主义等机会主义思潮。——217。

124 割地是指俄国1861年改革中农民失去的土地。按照改革的法令，如果地主农民占有的份地超过当地规定的最高标准，或者在保留现有农民份地的情况下地主占有的土地少于该田庄全部可耕地的$^1/_3$(草原地区为$^1/_2$)，就从1861年2月19日以前地主农民享有的份地中割去多出的部分。份地也可以通过农民与地主间的特别协议而缩减。割地通常是最肥沃和收益最大的地块，或农民最不可缺少的地段(割草场、牧场等)，这就迫使农民在受盘剥的条件下向地主租用割地。改革时，对皇族农民和国家农民也实行了割地，但割去的部分要小得多。要求归还割地是农民斗争的口号之一，1903年俄国社会民主工党第二次代表大会曾把它列入党纲。1905年俄国社会民主工党第三次代表大会提出了没收全部地主土地，以代替这一要求。——217。

125 斗争社是达·波·梁赞诺夫、尤·米·斯切克洛夫和埃·李·古列维奇于1900年夏在巴黎成立的一个团体，1901年5月取此名称。该社试图调和俄国社会民主党内革命派和机会主义派之间的矛盾，建议统一社会民主党各国外组织。

1901年秋，斗争社成为一个独立的著作家团体。它在自己的出版物(《制定党纲的材料》第1—3辑、1902年《快报》第1号等)中歪曲马克思主义理论，反对列宁提出的俄国革命的社会民主党的组织原则和策略原则。由于它背弃社会民主党的观点和策略，进行瓦解组织的活动，并且同国内的社会民主党的组织没有联系，因此未被允许参加1903年俄国社会民主工党第二次代表大会。根据第二次代表大会的决定，斗争社被解散。

列宁在这里指的是斗争社在1903年出版的《制定党纲的材料》第2辑和第3辑。——217。

126 地方自治机关是沙皇政府为使专制制度适应资本主义发展的需要，于1864年颁布条例逐步设立的。按照这个条例，县地方自治会议议员由县地主、城市选民、村社代表三个选民团分别选举，以保证地主在地方自治机关中占优势。省地方自治会议的议员由县地方自治会议选举。地方自治会议的主席由贵族代表担任。地方自治机关由地方自治会议选举产生，每届任期三年。内务大臣和省长监督地方自治机关的活动，他们有权停止它的任何一项决议的执行。沙皇政府只授权地方自治机关管理当地经济事务。地方自治机关的经费来源于对土地、房屋及工商企业征收的不动产税。从19世纪90年代起，由于供职的知识分子(其中有自由派、民粹派以至社会民主党人)影响增大，地方自治机关的活动趋于活跃。地方自治机关在发展教育和卫生事业方面做出了一些成绩。其经济措施——举办农业展览、设立农事试验站、发展农业信贷等，有利于地主和富农经济的巩固，对贫苦农民并没有什么实际意义；所组织的统计工作对研究改革后的俄国经济具有重要意义。到19世纪70年代，设立地方自治机关的行政单位有欧俄34个省和顿河军屯州。到第一次世界大战前，则有欧俄43个省。1917年二月革命后，资产阶级临时政府扩大了地方自治机关的权限，并在乡一级设立了地方自治机关，使之成为资产阶级在地方上的支柱。十月革命后，地方自治机关被撤销。——218。

127 《前进报》(«Вперед»)是第一个布尔什维克报纸，俄国社会民主工党多数派委员会常务局的机关报(周报),1904年12月22日(1905年1月4日)—1905年5月5日(18日)在日内瓦出版,共出了18号。列宁是该报的领导者,《前进报》这一名称也是他提出的。该报编辑部的成员是列宁、瓦·瓦·沃罗夫斯基、米·斯·奥里明斯基和阿·瓦·卢那察尔斯基。娜·康·克鲁普斯卡娅任编辑部秘书,负责全部通信工作。列宁在《俄国社会民主工党分裂简况》一文中写道:"《前进报》的方针就是**旧《火星报》的方针**。《前进报》为了捍卫旧《火星报》正在同新《火星报》进行坚决的斗争。"(见本版全集第9卷第217页)《前进报》发表过列宁的40多篇文章,而评论1905年1月9日事件和俄国革命开始的第4、5两号报纸几乎完全是列宁编写的。《前进报》创刊后,很快就博得了各地方党委会的同情,被承认为它们的机关报。《前进报》在反对孟什维克、创建新型政党、筹备召开俄国社会民主工党第三次代表大会方面起了卓越作用。第三次代表大会决定委托中央委员会创办名为《无产者报》的新的中央机关报,《前进报》因此停办。——219。

128 《真理》杂志(«Правда»)是俄国社会民主党的刊物(月刊),主要登载艺术、文学和社会生活方面的文章,1904年1月—1906年4月在莫斯科出版。正式编辑兼出版者为B.A.科热夫尼科夫,他也是这个杂志的创办人。参加杂志工作的有费·伊·唐恩、尔·马尔托夫、彼·巴·马斯洛夫等。——220。

129 独户农民即不是村社成员的农民。——221。

130 《目前形势》文集是1906年初在莫斯科出版的。文集由俄国社会民主工党莫斯科委员会写作演讲组编辑,基本上反映了布尔什维克的观点。该文集出版后不久就被没收了。——221。

131 《世间》杂志(«Мир Божий»)是俄国文学和科学普及刊物(月刊),1892—1906年在彼得堡出版。先后担任编辑的是维·彼·奥斯特罗戈尔斯基和费·德·巴秋什科夫,实际领导人是安·伊·波格丹诺维奇,撰稿人有米·伊·杜冈-巴拉诺夫斯基、彼·伯·司徒卢威、帕·尼·米留可夫、马·高尔基等。90年代中期,曾站在合法马克思主义立场上同民粹主义作斗争，在民主主义知识分子中颇受欢迎。1898 年刊载过列宁对亚·波格丹诺夫的《经济学简明教程》一书的评论。1906—1918 年以《现代世界》为刊名继续出版。——221。

132 这里说的是格·瓦·普列汉诺夫在《社会民主党人日志》第 5 期上发表的《论俄国的土地问题》一文（见《普列汉诺夫全集》1926 年俄文版第 15 卷第 19—40 页）。普列汉诺夫在这篇文章里反对土地国有化，认为这是企图在俄国恢复那种"土地和农民都是国家的财产"的旧制度，而"这种制度无非是一切东方大专制国家所依托的经济制度的莫斯科版"。普列汉诺夫从法国无政府主义者埃·勒克律的地理学著作中摘引关于王安石的材料说："1069 年，当时的中国皇帝宋神宗的朋友和顾问王安石颁布了一道废除私有制的法令。由于这道命令，国家成了唯一的所有者，并负责分配所有的产品，产品的生产则应在国家官员的管理下进行。这一措施引起了一些官员和从前的大封建地主的极强烈的反对，然而王安石——埃·勒克律说，——还是保持了自己的国家共产主义制度达 15 年之久。"普列汉诺夫指出，勒克律书中的这个中国 11 世纪"共产主义"革命的故事是从俄国汉学家伊·伊·扎哈罗夫那里"不加任何批判地"搬来的。他认为勒克律所说的王安石的"尝试"还扩展到动产方面，是"十分可疑的"；王安石所进行的革命很可能是属于"在我们这里的皇族土地上有时由长官实行的使农民大为不满的公有耕地那一类事情"，"只不过是在大得多的规模上进行罢了"；"对社会民主党人来说，这种'尝试'里很少有吸引人的东西"。普列汉诺夫把俄国社会民主工党内主张土地国有的人同王安石相提并论，说除了不幸之外，不能"从俄国的王安石们"那里期待别的什么。——226。

133 四原则选举制是包括有四项要求的民主选举制的简称，这四项要求是：普遍的、平等的、直接的和无记名投票的选举权。——228。

134 没有共和派的共和国是指 1870 年建立的法兰西第三共和国。这个共和国由保皇派掌握实权，它的头两任总统——阿·梯也尔和帕·莫·麦克马洪都是保皇派分子。俄国作家米·叶·萨尔蒂科夫-谢德林在他的随笔《在国外》里把它称做"没有共和派的共和国"。——233。

135　梅克伦堡是德国的一个地区，位于波罗的海与易北河之间。在历史上，这个地区的特点是大土地占有制占优势和农村无产者人数众多。恩格斯在《法德农民问题》一文中提到过这个地区（参看《马克思恩格斯文集》第4卷第511页）。——233。

136　脸盆镀锡一词见于俄国作家米·叶·萨尔蒂科夫-谢德林的《致婶母书信集》。作者在这里嘲讽地方自治机关不敢破坏现存制度的基础，而只能解决关于脸盆镀锡之类的小问题。——235。

137　波舍霍尼耶原为俄国北部一个偏僻的县城。自俄国作家米·叶·萨尔蒂科夫-谢德林的小说《波舍霍尼耶遗风》问世后，波舍霍尼耶即成为闭塞落后的穷乡僻壤的同义语。——235。

138　纳税等级原指俄国交纳人头税的居民，包括农民、小市民、手艺人等。在废除人头税以后，由于他们同其他居民在社会地位上还有另外的差别，所以这个称呼仍然存在。属于纳税等级的人，不能免除体罚，要服劳役，并且没有迁徙的自由。——240。

139　指1906年2月由无产阶级事业出版社出版的小册子《国家杜马和社会民主党》。小册子收了列宁的《国家杜马和社会民主党的策略》和费·伊·唐恩的《国家杜马和无产阶级》这两篇文章。——246。

140　施德洛夫斯基委员会是根据沙皇1905年1月29日（2月11日）的诏令成立的一个特别委员会，其任务是针对1月9日“流血星期日”以后展开的罢工运动“迅即查清圣彼得堡市及其郊区工人不满的原因”。委员会主席是参议员兼国务会议成员尼·弗·施德洛夫斯基。参加委员会的除政府官员和官办工厂厂长外，还应有通过二级选举产生的工人代表。布尔什维克就工人代表的选举展开了大规模的解释工作，揭露沙皇政府成立这个委员会的真正目的是引诱工人离开革命斗争。当第一级选举产生的复选人向政府提出关于言论、出版、集会自由等要求时，施德洛夫斯基于1905年2月18日（3月3日）声称这些要求不能予以满足。于是，多数复选人拒绝参加选举代表的第二级选举，并号召彼得堡工人用罢工来支持他们。1905年2月20日(3月5日),委员会还没有开始工作就被沙皇政府解散了。——247。

141 指在第一届国家杜马选举期间于1906年3月11日(24日)颁布的沙皇3月8日(21日)诏令。这个专门对付抵制策略的法律规定:凡煽动抵制国务会议或国家杜马的选举或煽动群众拒绝参加以上选举者,判处4—8个月监禁。——247。

142 《言语报》(«Речь»)是俄国立宪民主党的中央机关报(日报),1906年2月23日(3月8日)起在彼得堡出版,实际编辑是帕·尼·米留可夫和约·弗·盖森。积极参加该报工作的有马·莫·维纳维尔、帕·德·多尔戈鲁科夫、彼·伯·司徒卢威等。1917年二月革命后,该报积极支持资产阶级临时政府的对内对外政策,反对布尔什维克。1917年10月26日(11月8日)被查封。后曾改用《我们的言语报》、《自由言语报》、《时代报》、《新言语报》和《我们时代报》等名称继续出版,1918年8月最终被查封。——249。

143 犹太平等联盟即争取犹太人充分权利协会,是根据一批犹太资产阶级知识分子的倡议于1905年3月在维尔纳成立的。联盟的纲领提出了联合所有俄国犹太人为争取充分权利而积极斗争的任务。联盟加入了协会联合会,参加了1905年5月举行的协会联合会的第一次代表大会。在国家杜马选举问题上,联盟采取了和协会联合会不同的立场,主张参加杜马选举运动,在杜马中坚持要求解决犹太人的问题。1907年5月联盟停止活动。——252。

144 波兰民族主义者是指波兰几个资产阶级党派的复选人。——252。

145 右派是指参加第一届国家杜马选举的许多黑帮组织。这些组织中最大的是1905年10月成立的俄罗斯人民同盟。——252。

146 君主派是指1905年秋在莫斯科成立的俄国君主党。参加者是一些大土地占有者、沙皇政府的大臣和高级僧侣,领导人是政论家弗·安·格林格穆特、大司祭И.沃斯托尔戈夫、公爵Д.Н.多尔戈鲁科夫、男爵Г.

Г.罗森等。该党的机关刊物是《莫斯科新闻》和《俄罗斯通报》杂志。该党奉行与俄罗斯人民同盟相近的方针，维护沙皇专制制度、等级制度以及正教和大俄罗斯民族的特权。君主派后来并入1906年成立的贵族联合会。1911年该党改名为“俄罗斯君主主义同盟”。——252。

147 《评论报》(«Молва»)是《俄罗斯报》被查封后使用的一个名称，见注73。——254。

148 奥吉亚斯的牛圈出典于希腊神话。据说古希腊西部厄利斯的国王奥吉亚斯养牛3 000头，30年来牛圈从未打扫，粪便堆积如山。奥吉亚斯的牛圈常被用来比喻藏垢纳污的地方。——254。

149 《北极星》杂志(«Полярная Звезда»)是俄国立宪民主党右翼的机关刊物(周刊)，1905年12月15日(28日)—1906年3月19日(4月1日)在彼得堡出版，总共出了14期。主编为彼·伯·司徒卢威。参加编辑工作的有尼·亚·别尔嘉耶夫、亚·索·伊兹哥耶夫等。1906年4月改称《自由和文化》杂志。——257。

150 从1906年1月开始，立宪民主党在莫斯科积极进行国家杜马预选运动。2月8日(21日)该党阿尔巴特分部召开大会，讨论尼·尼·舍普金关于党纲的报告。参加会议的社会民主党人尖锐批评了立宪民主党的纲领和策略。亚·亚·基泽韦捷尔在回答社会民主党人时声称：“不管他们怎样极力使无产阶级的‘专政’这个词变得温和，他们也是不可能得逞的。专政是一个拉丁词，用俄语说，意思就是‘非常警卫’，要说随便什么地方能被它诱惑，唯独莫斯科却不会。”

非常警卫和正文里说的强化警卫都是沙皇俄国政府镇压革命运动的特别措施。在宣布实施强化警卫或非常警卫的地方，行政长官有特别权力颁布强制执行的决定，禁止集会(包括私人集会)，查封报刊，不按法律程序进行逮捕、监禁、审判等等。1906年，俄国曾有27个省、州处于非常警卫状态之中。——258。

151 指立宪民主党第二次代表大会。这次代表大会于1906年1月5—11

日(18—24日)在彼得堡举行。关于党的策略问题,代表大会决定把马·莫·维纳维尔在1906年1月11日(24日)的会议上宣读的报告作为党的宣言予以通过。这个宣言的基本论点是:承认政治罢工是同政府进行和平斗争的手段。宣言说,党认为"有组织的代表会议"即国家杜马是自己的主要活动舞台。代表大会实际上站到了同政府勾结的立场上。——259。

152 指彼·伯·司徒卢威的《政论家札记。十月十七日同盟代表大会和召集国家杜马》一文(载于1906年2月18日(3月3日)《北极星》杂志第10期)中下面一段话:"所有将要进入国家杜马的真正农民,不论他们是在什么旗帜下被选进国家杜马的,在杜马中都将成为立宪民主党即人民自由党的真正党员,因为在俄国这个党是坚定和一致地坚持有利于农民的根本的土地改革的唯一的议会大党。"——261。

153 天鹅、虾和狗鱼是俄国作家伊·安·克雷洛夫的一则寓言。寓言说,天鹅、狗鱼和虾拉一辆大车,天鹅向天上飞、狗鱼向水里拉、虾则向后退。结果大车原地不动,无法前进。——262。

154 1906年春,沙皇政府的财政状况陷于危急境地。为了镇压革命运动,也为了在对杜马的关系上保持行动自由,沙皇政府千方百计企图在召集杜马以前借到一笔外债,为此在1905年底派遣前财政大臣弗·尼·科科夫佐夫赴巴黎进行活动。1906年4月中,沙皇政府同法国签订了借款的条约,款数为84 300万卢布,合225 000万法郎。——268。

155 指反动政论家米·尼·卡特柯夫的文章《对与3月1日事件有关情况的剖析》。该文载于1881年3月6日(18日)《莫斯科新闻》第65号。3月1日事件即1881年3月1日民意党人刺杀沙皇亚历山大二世的事件。——271。

156 《自由和文化》杂志(«Свобода и Культура»)是立宪民主党右翼的机关刊物(周刊),1906年4月1日(14日)作为《北极星》杂志的续刊在彼得堡开始出版。该刊编辑是谢·路·弗兰克,积极参加该刊工作的有彼·伯·司徒卢威。该刊共出了8期，由于印数急剧下降，于1906年5月31日(6月13日)停刊。——289。

157 通体漂亮的太太是俄国作家尼·瓦·果戈理的小说《死魂灵》中一个以制造流言、搬弄是非为能事的女人。——289。

158 《无题》周刊(«Без Заглавия»)是俄国政治性刊物，1906年1月24日(2月6日)—5月14日(27日)在彼得堡出版，共出了16期。该杂志是一批原先信奉合法马克思主义和经济主义、后来参加了解放社的资产阶级自由派知识分子的刊物。参加编辑部的有:谢·尼·普罗柯波维奇(主编)、叶·德·库斯柯娃(出版者)、瓦·雅·鲍古查尔斯基、瓦·瓦·希日尼亚科夫等。无题派公开宣布自己是西欧"批判社会主义"的拥护者，支持孟什维克和立宪民主党的政策。列宁称无题派为孟什维克化的立宪民主党人或立宪民主党人化的孟什维克。第一届国家杜马开幕后，《无题》周刊停刊，出版该杂志的一批人加入了左翼立宪民主党的报纸《同志报》。——291。

159 指德意志帝国国会社会民主党党团内部在航运补助金问题上发生的分歧。1884年底，德国首相奥·俾斯麦为推行殖民掠夺政策，要求帝国国会批准发给轮船公司补助金，以便开辟通往亚洲东部、澳洲和非洲的定期航线。以奥·倍倍尔和威·李卜克内西为首的社会民主党党团左翼反对发放航运补助金，而以伊·奥尔、约·亨·威·狄茨等为首的党团的右翼多数，在帝国国会就这个问题正式辩论以前，就主张向轮船公司发放补助金。1885年3月，在帝国国会讨论这个问题时，社会民主党党团右翼投票赞成开辟通往亚洲东部和澳洲的航线，同时以政府接受它的一些要求，包括新的船只在德国造船厂建造，作为它同意俾斯麦提案的条件。只是在帝国国会否决了这一要求后，整个党团才投票反对政府的提案。党团多数的行为引起了《社会民主党人报》和一些社会民主党组织的强烈反对。争论极为激烈，几乎造成党的分裂。恩格斯尖锐地批评了社会民主党党团右翼的机会主义立场(参看《马克思恩格斯全集》第1版第36卷第258—259、259—260、265、289、291、314—315、321页)。——294。

160 青年派是德国社会民主党内一个小资产阶级的半无政府主义反对派，产生于1890年。核心成员是一些大学生和年轻的著作家，主要领导人有麦克斯·席佩耳、布鲁诺·维勒、保尔·康普夫迈耶尔、保尔·恩斯特等。青年派奉行"左"倾机会主义，否定议会斗争和改良性的立法活动，反对党的集中制领导，反对党同其他阶级和政党在一定条件下结成联盟。恩格斯同青年派进行了斗争。当青年派机关报《萨克森工人报》企图宣布恩格斯和反对派意见一致的时候，恩格斯给了他们有力回击，指出他们的理论观点是"被歪曲得面目全非的'马克思主义'"(见《马克思恩格斯文集》第4卷第396页)。1891年10月，德国社会民主党爱尔福特代表大会把青年派的一部分领导人开除出党，从此结束了青年派在党内的活动。——294。

161 《北方呼声报》(«Северный Голос»)是俄国社会民主工党公开出版的统一的机关报(日报)。该报是在《新生活报》和《开端报》被沙皇政府查封后在彼得堡出版的，由布尔什维克和孟什维克联合组成的编辑部编辑。该报于1905年12月6日(19日)创刊，12月8日(21日)出版第3号时被政府查封。接替《北方呼声报》的是1905年12月18日(31日)出版的《我们的呼声报》。《我们的呼声报》只出了1号，第2号被警察在印刷厂拆了版，没有出成。——295。

162 《开端报》(«Начало»)是俄国孟什维克的合法报纸(日报)，1905年11月13日(26日)—12月2日(15日)在彼得堡出版，共出了16号。该报由达·马·赫尔岑施坦和С.Н.萨尔蒂科夫担任编辑兼出版者。参加该报工作的有尔·马尔托夫、亚·尼·波特列索夫、帕·波·阿克雪里罗得、费·伊·唐恩、列·格·捷依奇、尼·伊·约尔丹斯基等。——295。

163 关于这个问题，可参看恩格斯的《马克思和〈新莱茵报〉(1848—1849年)》、恩格斯的《德国的革命和反革命》的第7章《法兰克福国民议会》以及马克思和恩格斯1848年6月1日—11月7日发表在《新莱茵报》上的文章(《马克思恩格斯文集》第4卷和第2卷;《马克思恩格斯全集》第1版第5卷)。——304。

164 指19世纪60年代由自由派资产阶级的代表组成的普鲁士邦议会同普鲁士王国政府之间发生的预算冲突或所谓的宪法冲突。从1860年到1862年，邦议会多次拒绝批准政府提出的扩大军费开支以加强和改组军队的预算方案。这是由于资产阶级担心这一改革会加强王室和容克贵族的力量。1862年9月，普鲁士国王把奥·俾斯麦召来任首相。俾斯麦干脆不要议会同意国家预算，径自拨款实行军队的改组。自由派资产阶级认为这是违反宪法的。这样军队问题的争执便演变成为宪法的争执。1866年普鲁士战胜了奥地利以后，普鲁士邦议会以压倒多数批准了自宪法冲突以来俾斯麦政府的一切支出，普鲁士资产阶级终于同反动的贵族官僚政府完全和解，所谓的宪法冲突随之烟消云散。——304。

165 关于这个问题，可参看恩格斯的《普鲁士军事问题和德国工人政党》、马克思和恩格斯的《致〈社会民主党人报〉编辑部的声明》、恩格斯的《〈普鲁士军事问题和德国工人政党〉简介》，马克思的《弗·恩格斯的小册子〈普鲁士军事问题和德国工人政党〉简介》、马克思的《关于不再给〈社会民主党人报〉撰稿的声明》(《马克思恩格斯全集》第1版第16卷)。——304。

166 《同志报》(«Товарищ»)是俄国资产阶级报纸(日报)，1906年3月15日(28日)—1907年12月30日(1908年1月12日)在彼得堡出版。该报打着"无党派"的招牌，实际上是左派立宪民主党人的机关报。参加该报工作的有谢·尼·普罗柯波维奇和叶·德·库斯柯娃。孟什维克也为该报撰稿。从1908年1月起《我们时代报》代替了《同志报》。——314。

167 列宁在《地方自治机关的迫害者和自由主义的汉尼拔》一文中批判了后来集结在《解放》杂志周围的一批资产阶级自由派及其最著名的代表彼·伯·司徒卢威。列宁的这篇文章是针对司徒卢威作序和注释的《专制制度和地方自治机关。财政大臣谢·尤·维特的秘密记事(1899年)》一书而写的，载于1901年12月《曙光》杂志第2—3期合刊(见本版全集第5卷)。《解放》杂志最初几期受到载于《火星报》上的列宁下列文章的批评:《新罢工法草案》、《政治斗争和政治手腕》、《司徒卢威先生被自己的同事揭穿了》(见本版全集第6卷和第7卷)。——316。

168 吉伦特派是18世纪末法国资产阶级革命时期的一个政治派别,代表共和派的大工商业资产阶级和农业资产阶级的利益,主要是外省资产阶级的利益。该派许多领导人在立法议会和国民公会中代表吉伦特省,因此而得名。吉伦特派的领袖是雅·皮·布里索、皮·维·维尼奥、罗兰夫妇、让·安·孔多塞等。该派主张各省自治,成立联邦。吉伦特派动摇于革命和反革命之间,走同王党勾结的道路,最终变成了反革命力量。——319。

169 卡·考茨基的这本小册子是受德国社会民主党中央委员会的委托而写的,原书名是:《通过德国企业家中央联合会的科学家来消灭社会民主主义》,1903年在柏林出版。小册子是对1900年出版、以后又数次再版的H.毕尔格尔《社会现实和社会民主党的学说(为独立思考的人们特别是为独立思考的工人们而作)》一书的答复。毕尔格尔力图证明德国社会民主党爱尔福特纲领中表述的基本经济规律已被生活推翻。考茨基的小册子由M.拉宾和德·列先科译成俄文,书名是:《再没有社会民主运动!》——320。

170 这是有关俄国社会民主工党第四次(统一)代表大会的一组文献。

俄国社会民主工党第四次(统一)代表大会于1906年4月10—25日(4月23日—5月8日)在斯德哥尔摩举行。出席这次代表大会的有112名有表决权的代表和22名有发言权的代表。他们代表了俄国社会民主工党的62个组织。参加大会有发言权的还有波兰王国和立陶宛社会民主党、拉脱维亚社会民主工党和崩得的代表各3名,乌克兰社会民主工党、芬兰工人党的代表各1名。此外,还有保加利亚社会民主工党的代表1名。加上特邀代表和来宾,共有157人参加大会。

为了召开这次代表大会,1905年底布尔什维克和孟什维克两派领导机构组成了统一的中央委员会。在两个月的时间里,各地党组织讨论两派分别制定的纲领,并按300名党员产生1名代表的比例进行代表大会代表的选举。由于布尔什维克占优势的工业中心的许多党组织遭到摧残而严重削弱，因此代表大会的组成并未反映党内真正的力量对比。在112张表决票中，布尔什维克拥有46票，孟什维克则拥有62票，而且拥有少数几票的调和派在基本问题上也是附和孟什维克的。

代表大会的议程是：修改土地纲领；目前形势和无产阶级的阶级任务；关于对国家杜马选举结果和对杜马本身的策略问题；武装起义；游击行动；临时革命政府和革命自治；对工人代表苏维埃的态度；工会；对农民运动的态度；对各种非社会民主主义的党派和组织的态度；根据党纲中的民族问题确定对召开特别的波兰立宪会议的要求的态度；党的组织；与各民族的社会民主党组织（波兰王国和立陶宛社会民主党、拉脱维亚社会民主工党、崩得）的统一；工作报告；选举。大会只讨论了修改土地纲领、对目前形势的估计和无产阶级的阶级任务、对国家杜马的态度、武装起义、游击行动、与各民族的社会民主党的统一、党的章程等问题。列宁就土地问题、当前形势问题和对国家杜马的态度问题作了报告，就武装起义问题以及其他问题发了言，参加了党章起草委员会。

大会是在激烈斗争中进行的。在修改土地纲领问题上提出了三种纲领：列宁的土地国有化纲领，一部分布尔什维克的分配土地纲领和孟什维克的土地地方公有化纲领。代表大会以多数票批准了孟什维克的土地地方公有化纲领，但在布尔什维克的压力下对这一纲领作了一些修改。大会还批准了孟什维克的关于国家杜马的决议案和武装起义的决议案，大会未经讨论通过了关于工会的决议和关于对农民运动的态度的决议。代表大会通过了同波兰王国和立陶宛社会民主党以及同拉脱维亚社会民主工党统一的决定。这两个党作为地区性组织加入俄国社会民主工党，在该地区各民族无产阶级中进行工作。大会还确定了同崩得统一的条件。在代表大会批准的新党章中，关于党员资格的第1条采用了列宁的条文，但在党的中央委员会和中央机关报的相互关系问题上仍保留了两个中央机关并存的局面。

代表大会选出了由7名孟什维克（弗·尼·罗扎诺夫、列·伊·戈尔德曼、柳·尼·拉德琴柯、列·米·欣丘克、维·尼·克罗赫马尔、Б.А.巴赫梅季耶夫、帕·尼·科洛科尔尼科夫）和3名布尔什维克（瓦·阿·杰斯尼茨基、列·波·克拉辛、阿·伊·李可夫）组成的中央委员会和由5名孟什维克(尔·马尔托夫、亚·马尔丁诺夫、彼·巴·马斯洛夫、费·伊·唐恩、亚·尼·波特列索夫)组成的中央机关报编辑部。中央委员中的李可夫后来换成了亚·亚·波格丹诺夫。加入俄国社会民主工党的各民族社会民主党后来分别派代表参加了中央委员会。

列宁在《关于俄国社会民主工党统一代表大会的报告(给彼得堡工人的信)》这本小册子(见本版全集第13卷)中对这次代表大会的工作作了分析。——322。

171 俄国社会民主工党第四次(统一)代表大会第2次会议根据统一的中央委员会的草案讨论和通过了代表大会的议事规程。随后,部分代表向主席团提交了关于停开秘密的派别会议的问题的声明。在是否立即讨论这些声明的问题上发生了分歧。大会表决结果,40票赞成立即讨论,54票反对。10名布尔什维克代表要求就是否立即讨论这些声明问题进行记名投票表决。会议主持人费·伊·唐恩认为这种要求只能在表决以前提出。列宁则认为在表决以后也可提出这种要求。这就涉及到对议事规程的解释。布尔什维克彼·彼·鲁勉采夫(施米特)提出了列宁发言中所说的提案:"代表大会决定就代表大会自身应否就议事规程上关于记名投票表决的一般问题的修改和补充进行表决的问题进行记名投票表决。"孟什维克米·亚·卢里叶(尤·拉林)提出了列宁称之为嘲弄代表大会少数派权利的提案:"代表大会认为存在着对已经解决了的、被54票对40票的多数否决了的问题继续拖延辩论的企图,而又不能与之斗争,因而决定进行记名投票表决。"代表大会以多数票否决了卢里叶的提案,通过了鲁勉采夫的提案。——323。

172 俄国社会民主工党第四次(统一)代表大会第3次会议讨论了代表大会议程问题。孟什维克费·伊·唐恩反对把对目前形势的估计问题列入议程。——324。

173 列宁在俄国社会民主工党第四次(统一)代表大会上所作的土地问题报告没有收入代表大会的记录,并且至今没有找到。在这本主要由孟什维克编辑的代表大会记录中,也没有收入列宁关于目前形势问题的报告和关于对待国家杜马的态度问题的总结发言。——326。

174 指1848年12月15日《新莱茵报》第169号登载的马克思文章中的一段话："**全部法兰西的恐怖主义**，无非是用来对付**资产阶级的敌人**，即对付专制制度、封建制度以及市侩主义的一**种平民方式**而已。"（见《马克思恩格斯文集》第2卷第74页）。——328。

175 《党内消息报》（«Партийные Известия»）是俄国社会民主工党统一的中央委员会的秘密机关报，党的第四次（统一）代表大会召开前夕在彼得堡出版。该报编辑部是由布尔什维克机关报（《无产者报》）和孟什维克机关报（新《火星报》）的同等数量的编辑人员组成的。代表布尔什维克参加编辑部的是弗·亚·巴扎罗夫、瓦·瓦·沃罗夫斯基和阿·瓦·卢那察尔斯基，代表孟什维克参加的是费·伊·唐恩、尔·马尔托夫和亚·马尔丁诺夫。该报共出了两号。第1号于1906年2月7日出版，刊登了列宁的《俄国的目前形势和工人政党的策略》；第2号于1906年3月20日出版，刊登了列宁的《俄国革命和无产阶级的任务》。在这一号上还刊登了布尔什维克和孟什维克各自提交统一代表大会的策略纲领。俄国社会民主工党第四次（统一）代表大会后，布尔什维克和孟什维克都出版了自己的报纸，《党内消息报》遂停刊。——330。

176 斯塔夫罗波尔省第一届国家杜马代表扎·斯·米申带来的委托书刊载于1906年3月28日（4月10日）《俄罗斯国家报》第47号。

《俄罗斯国家报》（«Русское Государство»）是俄国政府机关报，1906年2月1日（14日）—5月15日（28日）在彼得堡出版。——334。

177 这里说的是布尔什维克提交俄国社会民主工党第四次（统一）代表大会的决议草案《无产阶级在民主革命目前时期的阶级任务》中的第2条："无产阶级在资产阶级革命中的阶级利益要求造成为反对有产阶级、争取社会主义进行最顺利斗争的条件。"（参看《苏联共产党代表大会、代表会议和中央全会决议汇编》1964年人民出版社版第1分册第127页）——337。

178 这里说的是1789年雅各宾俱乐部初建时的情况。当时，该俱乐部联合了所有反对封建专制制度的人，但立宪君主派即温和大资产阶级和自由派贵族的代表在俱乐部里占优势。——338。

179 正统派是法国1792年被推翻的、代表世袭大地主利益的波旁王朝长系的拥护者。

奥尔良派是法国金融贵族和大资产阶级的保皇党，是1830年七月革命到1848年革命这段时期执政的波旁王朝幼系即奥尔良公爵的拥护者。

在第二共和国时期（1848—1851年），正统派和奥尔良派联合起来，组成"秩序党"。——339。

180 国民公会是法兰西第一共和国的最高立法机关和执行机关，存在于1792年9月21日—1795年10月26日。国民公会的代表由年满21岁的全体男性公民普遍选举产生。在雅各宾派执政时期（1793年6月2日—1794年7月27日），国民公会是雅各宾专政的最高机关。这一专政完成了革命的最重要的任务，如组织全国力量战胜反革命，清除农村中的封建关系，通过1793年民主宪法等。——340。

181 布尔什维克和孟什维克原先都向俄国社会民主工党第四次（统一）代表大会提交过关于对国家杜马的态度的决议案。但是这两个决议案是在杜马选举之前草拟的，在代表大会上讨论这个问题时已经过时了。于是两派又分别提出新的决议案。这里收载的是列宁起草的布尔什维克的新的决议案。

为了制定出关于国家杜马的共同的决议案，在代表大会第7次会议上成立了一个委员会，其成员是格·瓦·普列汉诺夫、帕·波·阿克雪里罗得、列宁、费·伊·唐恩、伊·伊·斯克沃尔佐夫-斯捷潘诺夫（费多罗夫）、阿·瓦·卢那察尔斯基（沃伊诺夫）和奥·阿·叶尔曼斯基（鲁登科）等7人。该委员会没有取得一致意见，因此，提交给代表大会的是两个决议案：普列汉诺夫、阿克雪里罗得、唐恩提出的孟什维克的决议案和列宁、斯克沃尔佐夫-斯捷潘诺夫、卢那察尔斯基提出的布尔什维克的决议案。布尔什维克的新决议案在第16次会议上由主席唐恩宣读过。在第17次会议上，列宁作关于杜马问题的副报告时自己也宣读了这个草案。决议案在第四次（统一）代表大会后公布于1906

年5月9日《浪潮报》第12号，并附有列宁的跋（见本版全集第13卷《发表布尔什维克关于国家杜马的决议草案时加的按语》）。——341。

182 列宁的这个书面声明是由于孟什维克诺·尼·饶尔丹尼亚（科斯特罗夫）和H.Г.契契纳泽（卡尔特韦洛夫）对他在代表大会第17次会议上关于国家杜马问题的发言作了不正确的说明而提出的。孟什维克把列宁的原话“在梯弗利斯，在孟什维克的高加索的这个中心，左派立宪民主党人阿尔古京斯基也许会当选……”（见本卷第347页）转述成了：梯弗利斯社会民主党组织决定把左派立宪民主党人阿尔古京斯基选入杜马。——348。

183 在俄国社会民主工党第四次（统一）代表大会第21次会议上，米·弗·莫罗佐夫（穆拉托夫——撒马尔罕组织的代表）和A.Ф.拉平（特罗菲莫夫——莫斯科组织的代表）就社会民主党议会党团问题提出了如下修正案：“鉴于……社会民主党没有参加选举，代表大会认为，关于组织社会民主党议会党团的问题只有在弄清楚被选入杜马的社会民主党人的成分的情况下和他们得到进行选举的地区的所有工人组织的承认以后，才可能解决。”代表大会的孟什维克多数否决了这个修正案。——349。

184 指在俄国社会民主工党第四次（统一）代表大会第21次会议上讨论孟什维克关于成立社会民主党杜马党团的决议案的最后一段时发生的事情。在孟什维克以47票对23票否决了尼·尼·纳科里亚科夫（斯托多林）的修正案后，有10名布尔什维克代表，其中包括列宁，要求就这个修正案进行记名投票表决。哈尔科夫组织的孟什维克代表阿列克先科为此谴责布尔什维克收集“损害代表大会各项决议的威信的宣传鼓动材料，阻碍了代表大会工作的进行”。列宁和瓦·阿·杰斯尼茨基（索斯诺夫斯基）用书面声明回答了阿列克先科。这个书面声明是在同一次会议上宣读的（见本卷第352页）。——353。

185 在俄国社会民主工党第四次（统一）代表大会上布尔什维克和孟什维克都提出了关于武装起义的决议草案。布尔什维克把孟什维克的决议案评定为“反对武装起义”的决议案。列宁在《关于俄国社会民主工党统一代表大会的报告》(见本版全集第13卷)中强调了这一点。——353。

186 在俄国社会民主工党第四次(统一)代表大会第22次会议上,弗·彼·阿基莫夫(马赫诺韦茨)作了《关于武装起义》的报告,公开反对武装起义。他说,随着武装起义而来的必然是“粗暴的无情的反动”。因此,“不论政府向杜马投降与否都无须触动它,它自己会灭亡、会垮台的。普列汉诺夫告诉我们,政府只是坐在刺刀上,因此要摇动、撼动这些刺刀,即专制制度的唯一支柱。而我则说,对!政府是坐在刺刀上,那就让它坐吧!……要知道在刺刀上是坐不长久的……”——354。

187 格·瓦·普列汉诺夫是在起草武装起义决议的委员会会议上提出这个建议的。

代表大会第17次会议选出了起草武装起义决议的委员会,其成员是:普列汉诺夫、涅·切列万宁(费·安·利普金)、伊·伊·拉米什维里(别利耶夫)、列·波·克拉辛(文特尔)、阿·瓦·卢那察尔斯基(沃伊诺夫)、瓦·瓦·沃罗夫斯基(奥尔洛夫斯基)和弗·彼·阿基莫夫(马赫诺韦茨)。在委员会的会议上,普列汉诺夫建议把孟什维克关于武装起义的决议草案第1条中的“争取国家政权”改成“向政府争取自己的权利”,并提出了自己的草案第1条条文:“鉴于:(1)俄国政府的顽固不化,使人民必须向政府争取自己的权利……” 阿基莫夫对普列汉诺夫条文中的“必须”一词表示反对。为了同他达成协议,普列汉诺夫提出了这一条文的另一方案,而阿基莫夫仍不满意。普列汉诺夫于是完全放弃了自己的修正案。可是,在向代表大会第22次会议提出决议案时,委员会中的孟什维克代表连布尔什维克方面的报告人都未通知,就修改了决议案,换上了普列汉诺夫的第1条条文。这种做法激起了列宁和布尔什维克代表的强烈反对。为了表示抗议,委员会成员、布尔什维克的报告人克拉辛拒绝继续作报告。经过会议上的争论,在表决之前,普列汉诺夫撤回了自己的修正案。——355。

188 俄国社会民主工党第四次(统一)代表大会第24次会议解决了波兰王国和立陶宛社会民主党同俄国社会民主工党统一的问题。——356。

189 《前"布尔什维克"派出席统一代表大会的代表告全党书》是列宁在俄国社会民主工党第四次(统一)代表大会闭幕后立即写成的,在斯德哥尔摩民众文化馆举行的布尔什维克代表会议上讨论并通过。在《告全党书》上署名的有出席代表大会的26名布尔什维克,他们代表彼得堡、莫斯科、伊万诺沃-沃兹涅先斯克、下诺夫哥罗德-索尔莫沃、巴库、哈尔科夫、乌法等地的党组织。——358。

190 在俄国社会民主工党第四次(统一)代表大会讨论党的组织章程第7条时,布尔什维克和孟什维克在党的中央委员会和党的中央机关报的相互关系问题上发生了分歧。孟什维克坚持在代表大会上选举中央机关报的编辑,并且在中央委员会讨论政治问题时给予他们以表决权。布尔什维克则坚持由中央委员会任命中央机关报的编辑部,并且中央委员会有权加以撤换。代表大会上的孟什维克多数使自己的建议得到了通过。

1907年俄国社会民主工党第五次代表大会修改了党章中的这一条,采用了布尔什维克的条文(参看《苏联共产党代表大会、代表会议和中央全会决议汇编》1964年人民出版社版第1分册第216页)。——362。

191 《法兰克福报》(«Frankfurter Zeitung»)是德国交易所经纪人的报纸(日报),1856—1943年在美因河畔法兰克福出版。——365。

192 《日内瓦日报》(«Journal de Genève»)是瑞士自由派的报纸,1826年创刊,用法文出版。——365。

193 各专业工程师和技术员协会莫斯科分会全体会议于1905年10月12日(25日)通过了关于参加政治总罢工的决议。——367。

194 色当是法国东北部的一个城市。1870年9月1—2日,在这里进行了普法战争中决定性的一次会战。会战以法国帕·莫·麦克马洪元帅指挥的夏龙军团被击溃和投降、随军督战的法国皇帝拿破仑第三被俘而结束。这次交战决定了普法战争的结局和法兰西第二帝国的命运。

辽阳是中国东北的一个城市，是日俄战争中双方主力进行会战的地点之一。辽阳会战发生于1904年8月28日—9月4日，以俄军撤出辽阳、退守沈阳告终。——368。

195 指被任命为大臣会议主席的谢·尤·维特给尼古拉二世的报告。这个报告于1905年10月17日(30日)在彼得戈夫被沙皇批准，公布于1905年10月18日(31日)《政府通报》第222号。报告包含了10月17日(30日)宣言的要点。——368。

196 《比利时独立报》(«L'Indépendance Belge»)是比利时资产阶级自由派的机关报(日报)。1831年在布鲁塞尔创刊，1940年停刊。——369。

人 名 索 引

A

阿别列维奇,谢尔盖·德米特里耶维奇(阿—奇,谢·)(Абелевич,Сергей Дмитриевич(А—ч,С.))——俄国自由派资产阶级报纸《俄罗斯报》撰稿人。——255。

阿尔古京斯基-多尔戈鲁科夫,亚历山大·米哈伊洛维奇(Аргутинский-Долгоруков,Александр Михайлович 1860—1918)——俄国公爵,地方自治活动家,左派立宪民主党人,后为社会革命党人。1906年在梯弗利斯领导激进党地方组织,是该组织出席第一届和第二届国家杜马的代表候选人,但未当选。1917年二月革命后,在梯弗利斯市杜马选举时,由社会革命党提名当选为议员。后迁居彼得格勒,主管彼得格勒市政管理委员会粮食局工作。——347、348。

阿夫拉莫夫,П.Ф.(Аврамов,П.Ф.1875左右—1906)——俄国哥萨克军官。1905年沙皇军队镇压坦波夫省农民运动时,表现极为残酷;被社会革命党人击毙。——288、289—291、301。

阿基莫夫(**马赫诺韦茨**),弗拉基米尔·彼得罗维奇(Акимов(Махновец),Владимир Петрович 1872—1921)——俄国社会民主党人,经济派代表人物。19世纪90年代中期加入彼得堡民意社,1897年被捕,1898年流放叶尼塞斯克省,同年9月逃往国外,成为国外俄国社会民主党人联合会领导人之一;为经济主义思想辩护,反对劳动解放社,后又反对《火星报》。1903年代表联合会出席俄国社会民主工党第二次代表大会,是反火星派分子,会后成为孟什维克极右翼代表。1905—1907年革命期间支持主张建立“全俄工人阶级组织”(社会民主党仅是该组织中的一种思想派别)的取消主义思想。作为有发言权的代表参加了俄国社会民主工党第四次(统一)

代表大会的工作，维护孟什维克的机会主义策略，呼吁同立宪民主党人联合。斯托雷平反动时期脱党。——268、354。

阿基姆——见戈尔德曼，列夫·伊萨科维奇。

阿克雪里罗得，帕维尔·波里索维奇（Аксельрод，Павел Борисович 1850—1928）——俄国孟什维克领袖之一。19 世纪 70 年代是民粹派分子。1883 年参与创建劳动解放社。1900 年起是《火星报》和《曙光》杂志编辑部成员。这一时期在宣传马克思主义的同时，也在一系列著作中把资产阶级民主制和西欧社会民主党议会活动理想化。1903 年在俄国社会民主工党第二次代表大会上是《火星报》编辑部有发言权的代表，属火星派少数派，会后是孟什维主义的思想家。1905 年提出召开广泛的工人代表大会的取消主义观点。1906 年在党的第四次（统一）代表大会上代表孟什维克作了关于国家杜马问题的报告，宣扬无产阶级同资产阶级实行政治合作的机会主义思想。斯托雷平反动时期和新的革命高涨年代是取消派的思想领袖，参加孟什维克取消派《社会民主党人呼声报》编辑部。1912 年加入"八月联盟"。第一次世界大战期间表面上是中派，实际持社会沙文主义立场；曾参加齐美尔瓦尔德代表会议和昆塔尔代表会议，属于右翼。1917 年二月革命后任彼得格勒苏维埃执行委员会委员，支持资产阶级临时政府。十月革命后侨居国外，反对苏维埃政权，鼓吹武装干涉苏维埃俄国。——78、344、345。

阿—奇，谢·——见阿别列维奇，谢尔盖·德米特里耶维奇。

B

鲍曼，尼古拉·埃内斯托维奇（萨拉夫斯基；索罗金）（Бауман，Николай Эрнестович（Сарафский，Сорокин）1873—1905）——19 世纪 90 年代前半期在俄国喀山开始革命活动，1896 年积极参加彼得堡工人阶级解放斗争协会的工作。1897 年被捕，后流放维亚特卡省。1899 年 10 月流亡瑞士，加入国外俄国社会民主党人联合会，积极参加反对经济主义的斗争。1900 年在创办《火星报》的工作中成为列宁的亲密助手。1901—1902 年作为《火星报》代办员在莫斯科工作，成为俄国社会民主工党莫斯科委员会委员。1902 年 2 月被捕，同年 8 月越狱逃往国外。在俄国社会民主工党第二次代表大会上是莫斯科委员会的代表,属火星派多数派。1903 年 12 月回到莫斯科,领导莫斯科党的布尔什维克组织,同时主持党中央委员会北方局,在自己的住宅创办了秘密印刷所。1904 年 6 月再次被捕,1905 年 10 月获释。1905 年 10 月 18 日参加莫斯科委员会组织的示威游行时被黑帮分子杀害。鲍曼的葬礼成了一次大规模的政治示威。——34—35、72。

倍倍尔,奥古斯特(Bebel,August 1840—1913)——德国工人运动和国际工人运动活动家,德国社会民主党和第二国际的创建人和领袖之一,马克思和恩格斯的朋友和战友;旋工出身。19 世纪 60 年代前半期开始参加政治活动,1867 年当选为德国工人协会联合会主席,1868 年该联合会加入第一国际。1869 年与威·李卜克内西共同创建了德国社会民主工党(爱森纳赫派),该党于 1875 年与拉萨尔派合并为德国社会主义工人党,后又改名为德国社会民主党。多次当选国会议员,利用国会讲坛揭露帝国政府反动的内外政策。1870—1871 年普法战争期间持国际主义立场,在国会中投票反对军事拨款,支持巴黎公社,为此曾被捕和被控叛国,断断续续在狱中度过近六年时间。在反社会党人非常法施行时期,领导了党的地下活动和议会活动。90 年代和 20 世纪初同党内的改良主义和修正主义进行斗争,反对伯恩施坦及其拥护者对马克思主义理论的歪曲和庸俗化。是出色的政论家和演说家,对德国和欧洲工人运动的发展有很大影响。马克思和恩格斯高度评价了他的活动。——11。

彼特龙凯维奇,伊万·伊里奇(Петрункевич,Иван Ильич 1843—1928)——俄国地主,地方自治运动活动家。19 世纪 70 年代末开始参加地方自治运动。解放社的组织者和主席(1904—1905),立宪民主党创建人之一,该党中央委员会主席(1909—1915)和中央机关报《言语报》出版人。曾参加 1904—1905 年地方自治人士代表大会。第一届国家杜马代表。十月革命后为白俄流亡分子。——334。

毕尔格尔,H.(Bürger,H.)——德国人。反马克思主义的小册子《社会现实和社会民主党的学说》(1900)一书的作者。这本小册子受到德国企业家中央联合会的赞扬,并被用来同革命的社会民主党人进行斗争。——320。

毕洛,伯恩哈德(Bülow,Bernhard 1849—1929)——德意志帝国外交家和国务活动家。1897—1900 年任外交大臣,1900—1909 年任首相。提出了反映德帝国主义争夺世界霸权野心的庞大的殖民掠夺纲领。推行反动的对内政策，镇压罢工运动，压制反军国主义力量。1914—1915年任驻意大利特命大使。后脱离政治活动。——297。

别尔嘉耶夫，尼古拉·亚历山德罗维奇(Бердяев，Николай Александрович 1874—1948)——俄国宗教哲学家。学生时代参加社会民主主义运动。19世纪90年代末曾协助基辅的工人阶级解放斗争协会，因协会案于1900年被逐往沃洛格达省。早期倾向合法马克思主义，试图将马克思主义同新康德主义结合起来；后转向宗教哲学。1905年加入立宪民主党。斯托雷平反动时期是宗教哲学流派“寻神说”的代表人物之一。曾参与编撰《路标》文集。十月革命后创建“自由精神文化学院”。1921年因涉嫌“战术中心”案而被捕，后被驱逐出境。著有《自由哲学》、《创造的意义》、《俄罗斯的命运》、《新中世纪》、《论人的奴役与自由》、《俄罗斯思想》等。——272—273、289。

波别多诺斯采夫，康斯坦丁·彼得罗维奇(Победоносцев，Константин Петрович 1827—1907)——俄国国务活动家。1860—1865年任莫斯科大学法学教授。1868年起为参议员，1872年起为国务会议成员，1880—1905年任俄国正教会最高管理机构——正教院总监。给亚历山大三世和尼古拉二世讲授过法律知识。一贯敌视革命运动，反对资产阶级改革，维护极权专制制度，排斥西欧文化，是1881年4月29日巩固专制制度宣言的起草人。80年代末势力减弱，沙皇1905年10月17日宣言颁布后引退。——46。

波里索夫——见苏沃洛夫，谢尔盖·亚历山德罗维奇。

波特列索夫，亚历山大·尼古拉耶维奇(Потресов，Александр Николаевич 1869—1934)——俄国孟什维克领袖之一。19世纪90年代初参加马克思主义小组。1896年加入彼得堡工人阶级解放斗争协会，后被捕，1898年流放维亚特卡省。1900年出国，参与创办《火星报》和《曙光》杂志。在俄国社会民主工党第二次代表大会上是《火星报》编辑部有发言权的代表，属火星派少数派，会后是孟什维克刊物的主要撰稿人和领导人。斯托雷平反动时期和新的革命高涨年代是取消派思想家，在《复兴》杂志和《我们的曙光》杂志中起领导作用。第一次世界大战期间是社会沙文主义者。1917年在反布尔什维克的资产阶级《日报》中起领导作用。十月革命后侨居国外，为克伦斯基的《白日》周刊撰稿，攻击苏维埃政权。——313。

伯恩施坦，爱德华(Bernstein，Eduard 1850—1932)——德国社会民主党和第二国际右翼领袖之一，修正主义的代表人物。1872年加入社会民主党，曾是欧·杜林的信徒。1879年和卡·赫希柏格、卡·施拉姆在苏黎世发表《德国社会主义运动的回顾》一文，指责党的革命策略，主张放弃革命斗争，适应俾斯麦制度，受到马克思和恩格斯的严厉批评。1881—1890年任党的中央机关报《社会民主党人报》编辑。从90年代中期起完全同马克思主义决裂。1896—1898年以《社会主义问题》为题在《新时代》杂志上发表一组文章，1899年发表《社会主义的前提和社会民主党的任务》一书，从经济、政治和哲学方面对马克思主义的理论和策略作了全面的修正。1902年起为国会议员。第一次世界大战期间持中派立场。1917年参加德国独立社会民主党，1919年公开转到右派方面。1918年十一月革命失败后出任艾伯特—谢德曼政府的财政部长助理。——242、303、340。

布兰克，鲁维姆·马尔科维奇(Бланк，Рувим Маркович 生于1866年)——俄国政论家，化学家。1905年以前住在国外，为俄国自由派资产阶级刊物《解放》杂志撰稿。回到彼得堡后参加《我们的生活报》编辑部，后成为该报实际上的编辑；曾为左派立宪民主党人的《同志报》撰稿。1909—1912年参加立宪民主党人、人民社会党人和孟什维克取消派合办的《生活需要》杂志的出版工作，为该杂志编辑。——281—283、284、285、286、287、288、291、292、293、294、295、296、297—298、299、302、303、304、307、308、309—310、313、315、318。

布伦坦诺，路约(Brentano，Lujo 1844—1931)——德国经济学家，讲坛社会主义代表人物。1891年起任慕尼黑大学政治经济学教授。鼓吹放弃阶级斗争，主张通过组织改良主义的工会和工厂立法解决资本主义的社会矛盾，调和工人和资本家的利益。在土地问题上维护小农经济稳固论和土地肥力递减规律。晚年成了公开的帝国主义辩护士。——298、303。

C

查尔诺卢斯基，弗拉基米尔·伊万诺维奇(Чарнолуский，Владимир Иванович 1865—1941)——俄国国民教育家，人民社会党人。积极参加1905—1907

年的自由派资产阶级运动；是“协会联合会”中央常务局成员。曾与亨·阿·法尔博尔克一起拟定立宪会议选举草案，并在《国民议会》一书中对该草案作了详细阐述。1917 年任临时政府国民教育国家委员会主席。十月革命后，从 1921 年起在俄罗斯联邦教育人民委员部工作，从事科研教学活动。写有一些教育史和国民教育方面的著作。——112。

D

丹尼尔逊，尼古拉·弗兰策维奇(尼古拉·—逊)(Даниельсон，Николай Францевич(Николай—он)1844—1918)——俄国经济学家，政论家，自由主义民粹派理论家。他的政治活动反映了民粹派从对沙皇制度进行革命斗争转向与之妥协的演变。19 世纪 60—70 年代与革命的青年平民知识分子小组有联系。接替格·亚·洛帕廷译完了马克思的《资本论》第 1 卷(1872 年初版)，以后又译出第 2 卷(1885)和第 3 卷(1896)。在翻译该书期间同马克思和恩格斯有过书信往来。但不了解马克思主义的实质，认为马克思主义理论不适用于俄国，资本主义在俄国没有发展前途；主张保存村社土地所有制，维护小农经济和手工业经济。1893 年出版了《我国改革后的社会经济概况》一书，论证了自由主义民粹派的经济观点。列宁尖锐地批判了他的经济思想。——43。

杜巴索夫，费多尔·瓦西里耶维奇(Дубасов，Федор Васильевич 1845—1912)——沙俄海军上将(1906)，副官长，沙皇反动势力的魁首之一。1897—1899 年任太平洋分舰队司令。1905 年领导镇压切尔尼戈夫省、波尔塔瓦省和库尔斯克省的农民运动。1905 年 11 月—1906 年 7 月任莫斯科总督，是镇压莫斯科十二月武装起义的策划者。1906 年起为国务会议成员。1907 年起为国防会议成员。——137、151、258、290、293、295、296、300、315、317。

杜尔诺沃，彼得·尼古拉耶维奇(Дурново，Петр Николаевич 1845—1915)——俄国国务活动家，反动分子。1872 年起在司法部门任职，1881 年转到内务部。1884—1893 年任警察司司长，1900—1905 年任副内务大臣，1905 年 10 月—1906 年 4 月任内务大臣，残酷镇压俄国第一次革命。1906 年起为国务会议成员。——151、254、265、268、278、290、297、305、

307、315、317。

杜林，欧根·卡尔(Dühring,Eugen Karl 1833—1921)——德国哲学家和经济学家。毕业于柏林大学，当过见习法官，1863—1877年为柏林大学非公聘讲师。70年代起以"社会主义改革家"自居，反对马克思主义，企图创立新的理论体系。在哲学上把唯心主义、庸俗唯物主义和实证论混合在一起；在政治经济学方面反对马克思的劳动价值学说和剩余价值学说；在社会主义理论方面以资产阶级改良主义精神阐述自己的社会主义体系，反对科学社会主义。他的思想得到部分德国社会民主党人的支持。恩格斯在《反杜林论》一书中系统地批判了他的观点。主要著作有《国民经济学和社会主义批判史》(1871)、《国民经济学和社会经济学教程》(1873)、《哲学教程》(1875)等。——294、371。

多尔戈鲁科夫，彼得·德米特里耶维奇(Долгоруков,Петр Дмитриевич 1866—约1945)——俄国公爵，大地主，地方自治运动活动家，立宪民主党人。苏贾县地方自治局主席，1904—1905年地方自治人士代表大会的参加者。立宪民主党创建人之一，该党中央委员。第一届国家杜马代表和副主席。十月革命后为白俄流亡分子。——162。

E

恩格斯，弗里德里希(Engels,Friedrich 1820—1895)——科学共产主义创始人之一，世界无产阶级的领袖和导师，马克思的亲密战友。——108、134、190、194、304、354。

F

法尔博尔克，亨利希·阿道福维奇(Фальборк,Генрих Адольфович 1864—1942)——俄国国民教育家和地方自治运动活动家，彼得堡师范学院创建人之一。"协会联合会"中央常务局成员。曾与弗·伊·查尔诺卢斯基一起拟定立宪会议选举草案，并在《国民议会》一书中对该草案作了详细阐述。1912年参加起草和表决彼得堡市杜马关于巴尔干战争的决议，列宁称该决议为"资产阶级沙文主义的典型"。第一次世界大战期间是社会沙文主义者。十月革命后任阿布哈兹国家计划委员会主席，后回到列宁格勒。写有一些国民教育方面的著作。——112。

菲洛诺夫,Ф.В.(Филонов,Ф.В.死于1906年)——沙俄省参事官。1905—1906年是波尔塔瓦省沙皇政府讨伐队的头目之一。1905年12月对大索罗钦齐镇和乌斯季维齐村的农民进行了血腥镇压。被社会革命党人杀死。——301。

芬-叶诺塔耶夫斯基,亚历山大·尤利耶维奇(Финн-Енотаевский,Александр Юльевич 1872—1943)——俄国社会民主党人,经济学家。1903—1914年是布尔什维克。1906年参加俄国社会民主工党第四次(统一)代表大会土地纲领起草委员会的工作;反对国有化,要求没收地主土地并分配给农民作为他们的私产。第一次世界大战期间是社会沙文主义者。写有一些经济学著作,歪曲马克思主义的实质。十月革命后为半孟什维克的《新生活报》撰稿。1919年和1920年从事教学工作。1931年因孟什维克反革命组织案件被判刑。——220、221、222。

弗拉基米尔——见罗曼诺夫,弗拉基米尔·亚历山德罗维奇。

G

盖森,约瑟夫·弗拉基米罗维奇(Гессен,Иосиф Владимирович 1866—1943)——俄国资产阶级政论家,法学家,立宪民主党创建人和领袖之一,该党中央委员。先后参与编辑立宪民主党机关报《人民自由报》和《言语报》。第二届国家杜马代表,杜马司法委员会主席。十月革命后反对苏维埃政权,外国武装干涉和国内战争时期竭力支持反革命首领尤登尼奇,后为白俄流亡分子。1920年起在柏林出版白卫报纸《舵轮报》,1921年起出版《俄国革命文库》。写过不少攻击布尔什维克的政论文章。——10、265、370。

戈尔德曼,列夫·伊萨科维奇(阿基姆)(Гольдман,Лев Исаакович(Аким) 1877—1939)——1893年参加俄国革命运动,曾在维尔诺和明斯克工人小组中进行宣传工作,1897年9月参加崩得成立大会。1900年出国,在国外参加《火星报》组织。1901年初在慕尼黑会见列宁,讨论在俄国建立《火星报》印刷所的计划。1901年5月在基什尼奥夫创办秘密印刷所,印刷《火星报》和社会民主党的其他出版物。1902年3月被捕,后流放西伯利亚。

1905 年从流放地逃往日内瓦，加入孟什维克，担任孟什维克《火星报》编辑部秘书。1905 年代表孟什维克参加俄国社会民主工党彼得堡委员会，在党的第四次（统一）代表大会上当选为中央委员。1907 年在乌拉尔工作，后被捕，1911 年流放西伯利亚。1917 年二月革命后任伊尔库茨克苏维埃主席和孟什维克中央委员会委员。1921 年起脱离政治活动，从事经济工作和编辑出版工作。——166、169。

格林格穆特，弗拉基米尔·安德列耶维奇（Грингмут，Владимир Андреевич 1851—1907）——俄国政论家。1897—1907 年任《莫斯科新闻》编辑。反对解放运动和革命运动，维护沙皇专制制度和正教教会的特权地位，持大俄罗斯沙文主义立场。1905—1907 年革命期间是黑帮组织“俄罗斯人民同盟”的组织者和领袖之一。——225。

格罗曼，弗拉基米尔·古斯塔沃维奇（Громан，Владимир Густавович 1874—1940）——俄国社会民主党人，孟什维克。是提交俄国社会民主工党第四次（统一）代表大会的土地纲领草案起草人之一；曾参加孟什维克的《我们的事业》杂志的编辑工作。斯托雷平反动时期是取消派分子。1917 年二月革命起在彼得格勒工兵代表苏维埃工作，任粮食委员会主席。1918 年任北方粮食管理局主席，1919 年任国防委员会全俄疏散委员会委员，1920 年任帝国主义战争和国内战争对俄国国民经济造成的损失考察委员会主席；后从事经济计划方面的工作，曾任国家计划委员会主席团委员和中央统计局局务委员。1931 年因进行反革命活动被判刑。——222。

古尔维奇，费·伊·——见唐恩，费多尔·伊里奇。

古契柯夫，亚历山大·伊万诺维奇（Гучков，Александр Иванович 1862—1936）——俄国大资本家，十月党的组织者和领袖。1905—1907 年革命期间支持政府镇压工农。1907 年 5 月作为工商界代表被选入国务会议，同年 11 月被选入第三届国家杜马；1910 年 3 月—1911 年 3 月任杜马主席。第一次世界大战期间是中央军事工业委员会主席和国防特别会议成员。1917 年 3—5 月任临时政府陆海军部长。同年 8 月参与策划科尔尼洛夫叛乱。十月革命后反对苏维埃政权，1918 年起为白俄流亡分子。——93、263、275、345。

H

黑格尔，乔治·威廉·弗里德里希（Hegel，Georg Wilhelm Friedrich 1770—1831）——德国哲学家，客观唯心主义者，德国古典哲学的主要代表。1801—1807年任耶拿大学哲学讲师和教授。1808—1816年任纽伦堡中学校长。1816—1817年任海德堡大学哲学教授。1818年起任柏林大学哲学教授。黑格尔哲学是18世纪末至19世纪初德国唯心主义哲学的最高发展。他根据唯心主义的思维与存在同一的基本原则，建立了客观唯心主义的哲学体系，并创立了唯心主义辩证法的理论。认为在自然界和人类出现以前存在着绝对精神，客观世界是绝对精神、绝对观念的产物；绝对精神在其发展中经历了逻辑阶段、自然阶段和精神阶段，最终回复到了它自身；整个自然的、历史的和精神的世界都处于不断的运动、变化和发展中，矛盾是运动、变化的核心。黑格尔哲学的特点是辩证方法同形而上学体系之间的深刻矛盾。他的唯心主义辩证法是马克思主义哲学的理论来源之一。在社会政治观点上是保守的，是立宪君主制的维护者。主要著作有《精神现象学》（1807）、《逻辑学》（1812—1816）、《哲学全书》（1817）、《法哲学原理》（1821）、《哲学史讲演录》（1833—1836）、《历史哲学讲演录》（1837）、《美学讲演录》（1836—1838）等。——338。

霍茨基，列昂尼德·弗拉基米罗维奇（Ходский，Леонид Владимирович 1854—1919）——俄国经济学家和统计学家，资产阶级自由派政论家。1895年起任彼得堡大学财政法教授，并在彼得堡林学院讲授政治经济学和统计学多年。《国民经济》杂志和《我们的生活报》编辑兼出版人。写有一些经济学和统计学问题的著作，其中包括《土地和农民》（1891）一书。十月革命后移居国外。——146。

霍亨索伦——见威廉二世。

J

基泽韦捷尔，亚历山大·亚历山德罗维奇（Кизеветтер，Александр Александрович 1866—1933）——俄国历史学家和政论家，立宪民主党活动家。1904年参加解放社，1906年当选为立宪民主党中央委员。1909—1911年任莫斯科大学教授。曾参加立宪民主党人为进入第一届和第二届国家杜马而进行的竞选斗争,是第二届国家杜马代表。曾为《俄罗斯新闻》撰稿,参加《俄国思想》杂志编委会,为该杂志编辑之一。在历史和政论著作中否定1905—1907年革命。十月革命后反对苏维埃政权,1922年被驱逐出境,后任布拉格大学俄国史教授。在国外参加白俄流亡分子的报刊工作。——258、272、278、286、287、288、290。

加里宁,维·——见卡尔宾斯基,维亚切斯拉夫·阿列克谢耶维奇。

K

卡尔宾斯基,维亚切斯拉夫·阿列克谢耶维奇(加里宁,维·)(Карпинский, Вячеслав Алексеевич(Калинин,В.)1880—1965)——苏联共产党的老活动家,政论家,经济学博士。1898年加入俄国社会民主工党,哈尔科夫工人阶级解放斗争协会的组织者和领导人之一。屡遭沙皇政府迫害。1904年侨居国外,在日内瓦结识了列宁。此后一直在党的国外组织中工作,参加布尔什维克《前进报》和《无产者报》的工作,主管设在日内瓦的俄国社会民主工党中央委员会的图书馆和档案库。1914—1917年为党的中央机关报《社会民主党人报》撰稿,并从事出版和推销布尔什维克书刊的工作。1917年12月回国,担任苏维埃和党的负责工作;是全俄中央执行委员会委员。1918年主管全俄中央执行委员会鼓动指导部。1918年起任《红星报》、《贫苦农民报》编辑,《真理报》及其他一些报刊的编委。1936—1937年在联共(布)中央机关工作。1937年起从事学术研究和宣传工作。写有一些论述列宁、列宁主义、苏共党史和苏联历史等方面的著作。——75—76。

卡尔特韦洛夫——见契契纳泽,Н.Г.。

卡特柯夫,米哈伊尔·尼基福罗维奇(Катков,Михаил Никифорович 1818—1887)——俄国地主,政论家。开始政治活动时是温和的贵族自由派的拥护者。1851—1855年编辑《莫斯科新闻》,1856—1887年出版《俄罗斯通报》杂志。60年代初转入反动营垒,1863—1887年编辑和出版《莫斯科新闻》,该报从1863年起成了君主派反动势力的喉舌。自称是“专制制度的忠实警犬”,他的名字已成为最无耻的反动势力的通称。——271。

考茨基,卡尔(Kautsky,Karl 1854—1938)——德国社会民主党和第二国际的领袖和主要理论家之一。1875年加入奥地利社会民主党,1877年加入德国社会民主党。1881年与马克思和恩格斯相识后,在他们的影响下逐渐转向马克思主义。从19世纪80年代到20世纪初写过一些宣传和解释马克思主义的著作:《卡尔·马克思的经济学说》(1887)、《土地问题》(1899)等。但在这个时期已表现出向机会主义方面摇摆,在批判伯恩施坦时作了很多让步。1883—1917年任德国社会民主党理论刊物《新时代》杂志主编。曾参与起草1891年德国社会民主党纲领(爱尔福特纲领)。1910年以后逐渐转到机会主义立场,成为中派领袖。第一次世界大战前夕提出超帝国主义论,大战期间打着中派旗号支持帝国主义战争。1917年参与建立德国独立社会民主党,1922年拥护该党右翼与德国社会民主党合并。1918年后发表《无产阶级专政》等书,攻击俄国十月革命,反对无产阶级专政。——192—193、194—195、220、222、224、230—231、233、309—310、320—321、328、354。

考夫曼,亚历山大·阿尔卡季耶维奇(Кауфман,Александр Аркадьевич 1864—1919)——俄国经济学家和统计学家,立宪民主党的组织者和领袖之一。1887—1906年在农业和国家产业部供职。曾参与制定立宪民主党的土地改革法案,积极为《俄罗斯新闻》撰稿。列宁在使用考夫曼的某些统计著作的同时,对他宣扬农民和地主之间的阶级和平给予了尖锐批评。十月革命后在中央统计机关工作。著有《西伯利亚的农民村社》(1897)、《移民与垦殖》(1905)等书。——259、274、314。

柯诺瓦洛夫,伊万·安德列耶维奇(尼古拉)(Коновалов,Иван Андреевич (Николай)1883—1911)——1900年参加俄国革命运动,后来成了奸细。死后六年,1917年二月革命后,才被揭露出来。——168。

科尼,阿纳托利·费多罗维奇(Кони,Анатолий Федорович 1844—1927)——俄国法学家和社会活动家,彼得堡科学院名誉院士(1900)。毕业于莫斯科大学法律系,1866年起从事司法工作。在国家体制和社会制度方面持温和的自由主义观点。1878年因对维·伊·查苏利奇刺杀彼得堡市长费·费·特列波夫未遂案作出宣告无罪的判决而获得广泛声誉。1885年至90年代末任刑事上诉局检察长。1907年起为国务会议成员。十月革命后任彼得格勒大学教授。其遗著编为五卷本随笔和回忆录《在生活的道路上》

(1912—1929)。——29。

科西奇,安德列·伊万诺维奇(Косич,Андрей Иванович 生于 1833 年)——俄国萨拉托夫省省长(1887—1891)。——29。

克拉辛,列昂尼德·波里索维奇(文特尔)(Красин,Леонид Борисович(Винтер)1870—1926)——1890 年参加俄国社会民主主义运动,是布鲁斯涅夫小组成员。1895 年被捕,流放伊尔库茨克三年。流放期满后进入哈尔科夫工艺学院学习,1900 年毕业。1900—1904 年在巴库当工程师,与弗·扎·克茨霍韦利一起建立《火星报》秘密印刷所。俄国社会民主工党第二次代表大会后加入布尔什维克党,被增补进中央委员会;在中央委员会里一度对孟什维克采取调和主义态度,帮助把三名孟什维克代表增补进中央委员会,但不久即同孟什维克决裂。俄国社会民主工党第三次代表大会的参加者,在会上当选为中央委员。1905 年是布尔什维克第一份合法报纸《新生活报》的创办人之一。1905—1907 年革命期间参加彼得堡工人代表苏维埃,领导党中央战斗技术组。在党的第四次(统一)代表大会上代表布尔什维克作了关于武装起义问题的报告,并再次当选为中央委员,在第五次(伦敦)代表大会上当选为候补中央委员。1908 年侨居国外。一度参加反布尔什维克的"前进"集团,后脱离政治活动,在国内外当工程师。十月革命后是红军供给工作的组织者之一,任红军供给非常委员会主席、最高国民经济委员会主席团委员、工商业人民委员、交通人民委员。1919 年起从事外交工作。1920 年起任对外贸易人民委员,1920—1923 年兼任驻英国全权代表和商务代表,参加了热那亚国际会议和海牙国际会议。1924 年任驻法国全权代表,1925 年起任驻英国全权代表。在党的第十三次和第十四次代表大会上当选为中央委员。——353。

克努尼扬茨,波格丹·米尔扎江诺维奇(拉金,波·)(Кнунянц,Богдан Мирзаджанович(Радин,Б.)1878—1911)——俄国社会民主党人,布尔什维克。1897 年参加彼得堡工人阶级解放斗争协会。1901 年被逐往巴库,不久成为俄国社会民主工党巴库委员会和高加索联合会委员会委员。1902 年参与创建亚美尼亚社会民主党人联合会及其秘密机关报《无产阶级报》。在俄国社会民主工党第二次代表大会上是巴库委员会的代表,属火星派多数派,会后作为中央代办员在高加索和莫斯科工作。在彼得堡参加1905—1907年革命。1905年9月被增补进党的彼得堡委员会并代表布尔什维克参加彼得堡第一届工人代表苏维埃执行委员会。1905年12月被捕,被判处终身流放西伯利亚。1907年从流放地逃往国外,参加了第二国际斯图加特代表大会和在赫尔辛福斯举行的俄国社会民主工党第四次代表会议(第三次全俄代表会议)的工作。1907年底起在巴库工作。1910年9月被捕,死于巴库监狱。——55。

库罗帕特金,阿列克谢·尼古拉耶维奇(Куропаткин,Алексей Николаевич 1848—1925)——沙俄将军,1898—1904年任陆军大臣。1904—1905年日俄战争期间,先后任满洲陆军总司令和俄国远东武装力量总司令,1905年3月被免职。1906年起为国务会议成员。第一次世界大战期间,1916年任北方面军司令,1916—1917年任土耳其斯坦总督兼部队司令,曾指挥镇压中亚起义。十月革命后住在普斯科夫省自己的庄园里,并在当地中学和他创办的农业学校任教。——194。

库斯柯娃,叶卡捷琳娜·德米特里耶夫娜(Кускова,Екатерина Дмитриевна 1869—1958)——俄国社会活动家和政论家,经济派代表人物。19世纪90年代中期在国外接触马克思主义,与劳动解放社关系密切,但在伯恩施坦主义影响下,很快走上修正马克思主义的道路。1899年所写的经济派的纲领性文件《信条》,受到以列宁为首的一批俄国马克思主义者的严厉批判。1905—1907年革命前夕加入自由派的解放社。1906年参与出版半立宪民主党、半孟什维克的《无题》周刊,为左派立宪民主党人的《同志报》撰稿。呼吁工人放弃革命斗争,力图使工人运动服从自由派资产阶级的政治领导。十月革命后反对苏维埃政权。1921年进入全俄赈济饥民委员会,同委员会中其他反苏维埃成员利用该组织进行反革命活动。1922年被驱逐出境。——292。

库特列尔,尼古拉·尼古拉耶维奇(Кутлер,Николай Николаевич 1859—1924)——俄国立宪民主党领袖之一。曾任财政部定额税务司司长,1905—1906年任土地规划和农业管理总署署长。第二届和第三届国家杜马代表,立宪民主党土地纲领草案的起草人之一。1917年二月革命后与银行界和工业界保持密切联系,代表俄国南部企业主的利益参加了工商业部下属的各个委员会。十月革命后在财政人民委员部和国家银行管理委员会工作。——226。

库兹明-卡拉瓦耶夫，弗拉基米尔·德米特里耶维奇(Кузьмин-Караваев, Владимир Дмитриевич 1859—1927)——俄国军法官，将军，立宪民主党右翼领袖之一。第一届和第二届国家杜马代表。在镇压1905—1907年革命中起了重要作用。第一次世界大战期间是地方自治运动活动家和军事工业委员会委员。十月革命后极力反对苏维埃政权。外国武装干涉和国内战争时期是白卫分子，尤登尼奇的政治会议成员。1920年起为白俄流亡分子。——29。

L

拉金，波·——见克努尼扬茨，波格丹·米尔扎江诺维奇。

拉林，尤·(**卢里叶，米哈伊尔·亚历山德罗维奇**)(Ларин, Ю. (Лурье, Михаил Александрович) 1882—1932)——1900年参加俄国社会民主主义运动，在敖德萨和辛菲罗波尔工作。1904年起为孟什维克。1905年是俄国社会民主工党彼得堡孟什维克委员会委员。1906年进入党的统一的彼得堡委员会；是党的第四次(统一)代表大会有表决权的代表。维护孟什维克的土地地方公有化纲领，支持召开"工人代表大会"的取消主义思想。党的第五次(伦敦)代表大会波尔塔瓦组织的代表。斯托雷平反动时期和新的革命高涨年代是取消派领袖之一，参加了"八月联盟"。第一次世界大战期间是中派分子。1917年二月革命后领导出版《国际》杂志的孟什维克国际主义派。1917年8月加入布尔什维克党。在彼得格勒参加十月武装起义。十月革命后主张成立有孟什维克和社会革命党人参加的联合政府。在苏维埃和经济部门工作，曾任最高国民经济委员会主席团委员、国家计划委员会主席团委员等职。1920—1921年工会问题争论期间先后支持布哈林和托洛茨基的纲领。——323。

里曼，Н.К.(Риман, Н.К. 1864—1917)——沙俄上校。在镇压1905年十二月莫斯科武装起义时，指挥莫斯科—喀山铁路讨伐队。奉行"格杀勿论、无情镇压"的指令，在索尔季罗沃奇纳亚、佩罗沃、柳别尔齐等车站对参加革命的人和当地居民实行了血腥镇压。——301、302、306。

列昂诺夫——见列维茨基，弗拉基米尔·奥西波维奇。

列宁，弗拉基米尔·伊里奇(**乌里扬诺夫，弗拉基米尔·伊里奇**；列宁，尼·)(Ленин，Владимир Ильич(Ульянов，Владимир Ильич，Ленин，Н.)1870—1924)——13、55、56、57、58、59、60、63、78、82、83、85—86、125、166、167、169、170、171、176、177、178、179、217、227、228、239、248、249、274、276、321、324、326、328、329、330、331、332、333、334、335、346、347、348、349、353、356、357。

列宁，尼·——见列宁，弗拉基米尔·伊里奇。

列维茨基(**策杰尔包姆**)，弗拉基米尔·奥西波维奇(列昂诺夫)(Левицкий(Цедербаум)，Владимир Осипович(Леонов)生于1883年)——俄国社会民主党人，孟什维克。19世纪90年代末参加革命运动，在德文斯克崩得组织中工作。1906年初是俄国社会民主工党统一的彼得堡委员会委员；彼得堡组织出席党的第四次(统一)代表大会的代表。在第二届国家杜马选举期间主张同立宪民主党结盟。斯托雷平反动时期和新的革命高涨年代是取消派领袖之一；加入孟什维克中央，在关于取消党的"公开信"上签了名；编辑《我们的曙光》杂志并为《社会民主党人呼声报》、《复兴》杂志以及孟什维克取消派的其他定期报刊撰稿。炮制了"不是领导权，而是阶级的政党"的"著名"公式。第一次世界大战期间是社会沙文主义者，支持护国派极右翼集团。敌视十月革命，反对苏维埃政权。1920年因"战术中心"案受审。后从事写作。——338—339。

卢那察尔斯基，阿纳托利·瓦西里耶维奇(Луначарский，Анатолий Васильевич 1875—1933)——19世纪90年代初参加俄国社会民主主义运动。俄国社会民主工党第二次代表大会后是布尔什维克。曾先后参加布尔什维克的《前进报》、《无产者报》和《新生活报》编辑部。代表《前进报》编辑部出席了党的第三次代表大会，受列宁委托，在会上作了关于武装起义问题的报告。党的第四次(统一)代表大会和第五次(伦敦)代表大会的参加者，布尔什维克出席第二国际斯图加特代表大会(1907)和哥本哈根代表大会(1910)的代表。斯托雷平反动时期脱离布尔什维克，参加"前进"集团；在哲学上宣扬造神说和马赫主义。第一次世界大战期间持国际主义立场。1917年二月革命后参加区联派，在俄国社会民主工党(布)第六次代表大会上随区联派集体加入布尔什维克党。十月革命后到1929年任教育人民委员，以后任苏联中央执行委员会学术委员会主席。1930 年起为苏联科学院院士。在艺术和文学方面著述很多。——177。

卢热诺夫斯基，加甫里尔·尼古拉耶维奇(Луженовский, Гавриил Николаевич 1870—1906)——沙俄省参事官，坦波夫省黑帮君主派组织"俄罗斯人联合会"的骨干分子。1905—1906 年是黑帮分子残酷镇压坦波夫省农民运动的首领之一。被社会革命党人玛·亚·斯皮里多诺娃杀死。——301、302、306。

卢森堡，罗莎(Luxemburg, Rosa 1871—1919)——德国、波兰和国际工人运动活动家，德国社会民主党和第二国际左翼领袖和理论家之一，德国共产党创建人之一。生于波兰。19 世纪 80 年代后半期开始革命活动，1893 年参与创建和领导波兰王国社会民主党，为党的领袖之一。1898 年移居德国，积极参加德国社会民主党的活动，反对伯恩施坦主义和米勒兰主义。曾参加俄国第一次革命(在华沙)。1907 年在伦敦参加俄国社会民主工党第五次(伦敦)代表大会，在会上支持布尔什维克。斯托雷平反动时期和新的革命高涨年代对取消派采取调和态度。1912 年波兰王国和立陶宛社会民主党分裂后，曾谴责最接近布尔什维克的所谓分裂派。第一次世界大战期间持国际主义立场，是建立国际派(后改称斯巴达克派和斯巴达克联盟)的发起人之一。参加领导了德国 1918 年十一月革命，同年底参与领导德国共产党成立大会，作了党纲报告。1919 年 1 月柏林工人斗争被镇压后，于 15 日被捕，当天惨遭杀害。主要著作有《社会改良还是革命》(1899)、《俄国社会民主党的组织问题》(1904)、《资本积累》(1913)等。——230。

鲁登科——见叶尔曼斯基，奥西普·阿尔卡季耶维奇。

鲁勉采夫，彼得·彼得罗维奇(施米特)(Румянцев, Петр Петрович(Шмидт) 1870—1925)——1891 年参加俄国社会民主主义运动，在彼得堡和其他城市做党的工作。俄国社会民主工党第二次代表大会后是布尔什维克，为多数派委员会常务局成员。沃罗涅日委员会出席党的第三次代表大会的代表。1905 年 6 月被增补进党中央委员会。1905 年是布尔什维克第一份合法报纸《新生活报》撰稿人和编辑，1906—1907 年是《生活通报》杂志撰稿人和编辑。党的第四次(统一)代表大会有发言权的代表。在土地问题上维护列宁的土地国有化纲领。斯托雷平反动时期脱党，从事统计工作。死于国外。——323。

罗季切夫，费多尔·伊兹迈洛维奇（Родичев，Федор Измаилович 1853—1932）——俄国地主，地方自治运动活动家，立宪民主党领袖之一，该党中央委员。1904—1905年地方自治人士代表大会的参加者。第一届至第四届国家杜马代表。1917年二月革命后任临时政府芬兰事务委员。十月革命后为白俄流亡分子。——128、334。

罗曼诺夫——见尼古拉二世（**罗曼诺夫**）。

罗曼诺夫，弗拉基米尔·亚历山德罗维奇（弗拉基米尔）（Романов，Владимир Александрович（Владимир）1847—1909）——俄国最后一个皇帝沙皇尼古拉二世的叔父，大公。1884—1905年任近卫军总司令和彼得堡军区总司令；奉沙皇之命担任了1905年1月9日枪杀彼得堡工人的总指挥。——46。

罗日柯夫，尼古拉·亚历山德罗维奇（Рожков，Николай Александрович 1868—1927）——俄国历史学家和政治活动家。19世纪90年代接近合法马克思主义者。1905年加入俄国社会民主工党，布尔什维克。1907年当选为中央委员，进入中央委员会俄国局。1905—1907年革命失败后成为取消派的思想领袖之一，为《我们的曙光》杂志撰稿，编辑孟什维克取消派的《新西伯利亚报》。1917年二月革命后在临时政府担任了几个月的邮电部副部长。同年8月加入孟什维克党，当选为该党中央委员。敌视十月革命，在外国武装干涉和国内战争时期反对苏维埃政权。20年代初因与孟什维克的反苏维埃活动有关而两次被捕。1922年同孟什维克决裂。后来在一些高等院校和科研机关工作。写有俄国史方面的著作。——220、221、222、223。

洛姆塔季泽，维肯季·比莫维奇（沃罗比约夫）（Ломтатидзе，Викентий Бимович（Воробьев）1879—1915）——俄国社会民主党人，孟什维克，斯托雷平反动时期是取消派分子。代表古里亚党组织参加了俄国社会民主工党第四次（统一）代表大会。1907年是第二届国家杜马代表。因第二届杜马社会民主党党团案被判处服苦役，后改为七年监禁。——353、357。

M

马尔托夫，尔·（**策杰尔包姆，尤利·奥西波维奇**）（Мартов，Л.（Цедербаум，

Юлий Осипович)1873—1923)——俄国孟什维克领袖之一。1895年参与组织彼得堡工人阶级解放斗争协会。1896年被捕并流放图鲁汉斯克三年。1900年参与创办《火星报》,为该报编辑部成员。在俄国社会民主工党第二次代表大会上是《火星报》组织的代表,领导机会主义少数派,反对列宁的建党原则;从那时起成为孟什维克中央机关的领导成员和孟什维克报刊的编辑。曾参加党的第五次(伦敦)代表大会的工作。斯托雷平反动时期和新的革命高涨年代是取消派分子,编辑《社会民主党人呼声报》,参与组织"八月联盟"。第一次世界大战期间是中派分子,参加齐美尔瓦尔德代表会议和昆塔尔代表会议。曾参加孟什维克组织委员会国外书记处,为书记处编辑机关刊物。1917年二月革命后领导孟什维克国际主义派。十月革命后反对镇压反革命和解散立宪会议。1919年当选为全俄中央执行委员会委员,1919—1920年为莫斯科苏维埃代表。1920年9月侨居德国。参与组织第二半国际,在柏林创办和编辑孟什维克杂志《社会主义通报》。——48、166、167、168、169、173、246。

马克思,卡尔(Marx,Karl 1818—1883)——科学共产主义的创始人,世界无产阶级的领袖和导师。——38、42、43、48、108、159、189—191、194、198、299、303、304、307、319、328、333、339。

马雷,罗兰·德(Marès,Roland de)——《赤色的俄国》一文(载于1905年10月30日《比利时独立报》)的作者。——369。

马斯洛夫,彼得·巴甫洛维奇(伊克斯;约翰)(Маслов,Петр Павлович(Икс,Джон)1867—1946)——俄国经济学家,社会民主党人。写有一些土地问题著作,修正马克思主义政治经济学原理。曾为《生活》、《开端》和《科学评论》等杂志撰稿。俄国社会民主工党第二次代表大会后是孟什维克;曾提出孟什维克的土地地方公有化纲领。在俄国社会民主工党第四次(统一)代表大会上代表孟什维克作了关于土地问题的报告,被选入中央机关报编辑部。斯托雷平反动时期和新的革命高涨年代是取消派分子。第一次世界大战期间是社会沙文主义者。十月革命后脱离政治活动,从事教学和科研工作,研究社会主义政治经济学问题。1929年起为苏联科学院院士。——218、220—222、225、227、228—229、230—234、236、238、239、326、332。

梅德维捷娃，卡皮托利娜·波利卡尔波夫娜（Медведева，Капитолина Поликарповна 约生于 1868 年）——尼·埃·鲍曼的妻子。1905 年以前积极参加革命运动。后脱离革命活动，先后在高加索和乌拉尔居住。——34。

米恩，格奥尔吉·亚历山德罗维奇（Мин，Георгий Александрович 1855—1906）——沙俄上校，谢苗诺夫近卫团团长。镇压莫斯科 1905 年十二月武装起义的首领之一。曾向莫斯科—喀山铁路讨伐队下达“格杀勿论、无情镇压”的命令。根据他的命令，1905 年 12 月 17 日（30 日）起义工人主力部队的集中地普罗霍罗夫纺织厂遭到炮击。为了嘉奖他血腥屠杀起义者，尼古拉二世晋升他为少将。后被社会革命党人杀死。——290。

米尔柏格，阿尔图尔（Mülberger，Arthur 1847—1907）——德国小资产阶级政论家，蒲鲁东主义者；职业是医生。1872 年在德国社会民主工党中央机关报《人民国家报》上发表了几篇论述住宅问题的文章，受到恩格斯的严厉批评。曾为赫希柏格出版的《未来》杂志撰稿，写过一些关于法国和德国社会思想史方面的著作。——294、371。

米留可夫，帕维尔·尼古拉耶维奇（Милюков，Павел Николаевич 1859—1943）——俄国立宪民主党领袖，俄国自由派资产阶级思想家，历史学家和政论家。1886 年起任莫斯科大学讲师。90 年代前半期开始政治活动，1902 年起为资产阶级自由派的《解放》杂志撰稿。1905 年 10 月参与创建立宪民主党，后任该党中央委员会主席和中央机关报《言语报》编辑。第三届和第四届国家杜马代表。第一次世界大战期间为沙皇政府的掠夺政策辩护。1917 年二月革命后任第一届临时政府外交部长，推行把战争进行到“最后胜利”的帝国主义政策；同年 8 月积极参与策划科尔尼洛夫叛乱。十月革命后同白卫分子和武装干涉者合作。1920 年起为白俄流亡分子，在巴黎出版《最新消息报》。著有《俄国文化史概要》、《第二次俄国革命史》及《回忆录》等。——47、265、278、305。

米申，扎哈尔·斯捷潘诺维奇（Мишин，Захар Степанович 生于 1866 年）——俄国斯塔夫罗波尔省农民，乡长。第一届国家杜马代表，追随进步党人。曾代表要求把全部土地交公的农民复选人写了致国家杜马的“委托书”。——334。

莫罗佐夫，米哈伊尔·弗拉基米罗维奇（穆拉托夫）（Морозов，Михаил Владимирович（Муратов）1868—1938）——19 世纪 80 年代末参加俄国革命运动，1901 年加入俄国社会民主工党，布尔什维克。1903—1904 年在巴库做地下工作，后为土耳其斯坦革命运动的领导人之一。俄国社会民主工党第四次（统一）代表大会撒马尔罕组织的有发言权的代表，在代表大会上就孟什维克关于国家杜马的决议中有关社会民主党议会党团问题的条文提出了修正案，得到列宁的支持。1908 年秘密住在彼得堡；多次被捕。1910 年起侨居巴黎，加入列宁领导的布尔什维克支部。1917 年回到彼得格勒，积极参加十月革命。十月革命后在燃料总委员会和泥炭总委员会做经济工作。1930—1932 年任艺术科学院副院长。1936 年起任全俄造型艺术工作者合作总社出版社社长。——349。

穆拉托夫——见莫罗佐夫，米哈伊尔·弗拉基米罗维奇。

穆拉维约夫，尼古拉·瓦列里安诺维奇（Муравьев，Николай Валерианович 1850—1908）——俄国法学家。曾以彼得堡高等法院检察官的身份就 1881 年 3 月 1 日民意党人刺杀亚历山大二世案提出公诉。1894—1905 年任司法大臣。1905 年被任命为驻罗马大使。——314。

N

拿破仑第三（**波拿巴，路易**）（Napoléon III（Bonaparte，Louis）1808—1873）——法国皇帝（1852—1870），拿破仑第一的侄子。法国 1848 年革命失败后被选为法兰西共和国总统。1851 年 12 月 2 日发动政变，1852 年 12 月称帝。在位期间，对外屡次发动侵略战争，包括同英国一起发动侵略中国的第二次鸦片战争。对内实行警察恐怖统治，强化官僚制度，同时以虚假的承诺、小恩小惠和微小的改革愚弄工人。1870 年 9 月 2 日在普法战争色当战役中被俘，9 月 4 日巴黎革命时被废黜。——53。

纳波柯夫，弗拉基米尔·德米特里耶维奇（Набоков，Владимир Дмитриевич 1869—1922）——俄国立宪民主党创建人和领袖之一，法学家和政论家。1901 年起编辑自由派资产阶级的法学刊物《法学》和《法律学报》杂志。曾参加 1904—1905 年地方自治人士代表大会，并加入解放社。立宪民主党的《人民自由党通报》杂志和《言语报》编辑兼出版人。第一届国家杜马代表。1917年二月革命后任临时政府办公厅主任。十月革命后反对苏维埃政权，参加了白卫分子成立的所谓克里木边疆区政府，任司法部长。1920年起流亡柏林，参与出版右派立宪民主党人的《舵轮报》。——253。

纳科里亚科夫，尼古拉·尼坎德罗维奇（斯托多林）（Накоряков，Николай Никандрович（Стодолин）1881—1970）——1899年参加俄国革命运动，1901年加入俄国社会民主工党，党的第二次代表大会后是布尔什维克。曾在喀山、萨马拉和乌拉尔等地做党的工作，为秘密的和合法的报刊撰稿；多次被捕和流放。俄国社会民主工党第四次（统一）代表大会和第五次（伦敦）代表大会的代表；在第四次代表大会上提出了关于议会党团组成问题的修正案。1908年被捕，流放西伯利亚。1911年侨居美国，编辑俄国侨民出版的《新世界报》。1916年转到护国派立场。1917年二月革命后回国，在临时政府的军队中任副政委。1919—1920年在邓尼金白卫军中服役。后转向苏维埃政权，在哈尔科夫、西伯利亚和莫斯科的出版社工作，1922年起领导国家美术书籍出版社。1925年加入联共（布）。——350、351。

尼古拉——见柯诺瓦洛夫，伊万·安德列耶维奇。

尼古拉·—逊——见丹尼尔逊，尼古拉·弗兰策维奇。

尼古拉二世（**罗曼诺夫**；血腥的尼古拉）（Николай II（Романов，Николай Кровавый）1868—1918）——俄国最后一个皇帝，亚历山大三世的儿子。1894年即位，1917年二月革命时被推翻。1918年7月17日根据乌拉尔州工兵代表苏维埃的决定在叶卡捷琳堡被枪决。——10、26、27、29、30、31、32、36、51、53、61、69、70、72、73、225。

P

帕尔乌斯（**格尔方德，亚历山大·李沃维奇**）（Парвус（Гельфанд，Александр Львович）1869—1924）——生于俄国，19世纪80年代移居国外。90年代末起在德国社会民主党内工作，属该党左翼；曾任《萨克森工人报》编辑。写有一些世界经济问题的著作。20世纪初参加俄国社会民主工党的工作，为《火星报》撰稿。俄国社会民主工党第二次代表大会后支持孟什维克的组织路线。1905年回到俄国，曾担任彼得堡工人代表苏维埃执行委员会委员，为孟什维克的《开端报》撰稿；同托洛茨基一起提出“不断革命论”，主张参加布里根杜马，坚持同立宪民主党人搞交易。斯托雷平反动时期脱离俄国社会民主工党，后移居德国。第一次世界大战期间是社会沙文主义者和德国帝国主义的代理人。1915 年起在柏林出版《钟声》杂志。1918 年脱离政治活动。——48、176。

普季岑——见索洛韦奇克，Б.И.。

普列汉诺夫，格奥尔吉·瓦连廷诺维奇（Плеханов，Георгий Валентинович 1856—1918）——俄国早期的马克思主义理论家，后来成为孟什维克和第二国际机会主义领袖之一。19 世纪 70 年代参加民粹主义运动，是土地和自由社成员及土地平分社领导人之一。1880 年侨居瑞士，逐步同民粹主义决裂。1883 年在日内瓦创建俄国第一个马克思主义团体——劳动解放社。翻译和介绍了马克思和恩格斯的许多著作，对马克思主义在俄国的传播起了重要作用；写过不少优秀的马克思主义著作，批判民粹主义、合法马克思主义、经济主义、伯恩施坦主义、马赫主义。20 世纪初是《火星报》和《曙光》杂志编辑部成员。曾参与制定俄国社会民主工党纲领草案和参加党的第二次代表大会的筹备工作。在代表大会上是劳动解放社的代表，属火星派多数派，参加了大会常务委员会，会后逐渐转向孟什维克。1905—1907 年革命时期反对列宁的民主革命的策略，后来在孟什维克和布尔什维克之间摇摆。在俄国社会民主工党第四次（统一）代表大会上作了关于土地问题的报告，维护马斯洛夫的孟什维克方案；在国家杜马问题上坚持极右立场，呼吁支持立宪民主党人的杜马。斯托雷平反动时期和新的革命高涨年代反对取消主义，领导孟什维克护党派。第一次世界大战期间持社会沙文主义立场。1917 年二月革命后支持资产阶级临时政府。对十月革命持否定态度，但拒绝支持反革命。最重要的理论著作有《社会主义与政治斗争》（1883）、《我们的意见分歧》（1885）、《论一元论历史观之发展》（1895）、《唯物主义史论丛》（1896）、《论个人在历史上的作用》（1898）、《没有地址的信》（1899—1900），等等。——40、159—160、161、162、176—177、193、216、220、221、225、226、242、243—245、246、247、248、249、250、251、273、276、291、307、308、309、313、326、328—329、330、331、332、338、339、340、353、354、355。

普罗柯波维奇，谢尔盖·尼古拉耶维奇（Прокопович，Сергей Николаевич

1871—1955)——俄国经济学家和政论家。曾参加国外俄国社会民主党人联合会,是经济派的著名代表人物,伯恩施坦主义在俄国最早的传播者之一。1904 年加入资产阶级自由派的解放社,为该社骨干分子。1905 年为立宪民主党中央委员。1906 年参与出版半立宪民主党、半孟什维克的《无题》周刊,为左派立宪民主党人的《同志报》积极撰稿。1917 年 8 月任临时政府工商业部长,9—10 月任粮食部长。1921 年在全俄赈济饥民委员会工作,同反革命地下活动有联系。1922 年被驱逐出境。——291。

Q

契契纳泽,Н.Г.(卡尔特韦洛夫)(Чичинадзе,Н.Г.(Картвелов) 1875—1921)——俄国社会民主党人,孟什维克,政论家。1905 年在库塔伊西工作,是俄国社会民主工党第四次(统一)代表大会库塔伊西组织有表决权的代表。以后在梯弗利斯工作,是格鲁吉亚社会民主主义报刊撰稿人。1918 年任格鲁吉亚孟什维克政府内务部副部长。苏维埃政权在格鲁吉亚取得胜利前一直任陆军部长。——332。

切列万宁,涅·(**利普金,费多尔·安德列耶维奇**)(Череванин,Н.(Липкин,Федор Андреевич)1868—1938)——俄国政论家,"马克思的批评家",后为孟什维克领袖之一,取消派分子。俄国社会民主工党第四次(统一)代表大会和第五次(伦敦)代表大会的参加者,取消派报刊撰稿人,16 个孟什维克关于取消党的"公开信"的起草人之一。1912 年反布尔什维克的八月代表会议后是孟什维克领导中心——组委会成员。第一次世界大战期间是社会沙文主义者。1917 年是孟什维克中央机关报《工人报》编辑之一和孟什维克中央委员会委员。敌视十月革命。——48、354。

R

日丹诺夫(Жданов 约 1874—1906)——沙俄警察局长,1905 年残酷镇压坦波夫省农民运动的参加者,被社会革命党战斗组织成员杀死。——301。

S

萨拉夫斯基——见鲍曼,尼古拉·埃内斯托维奇。

桑巴特,韦尔纳(Sombart,Werner 1863—1941)——德国经济学家和社会学家。1890 年起任布雷斯劳大学教授,1906 年起任柏林大学教授。早期著作受到马克思主义的影响,后来反对历史唯物主义和马克思的经济学说,否认社会发展的一般规律,强调精神的决定性作用,把资本主义描绘成一种协调的经济体系。晚年吹捧希特勒法西斯独裁制度,拥护反动的民族社会主义。主要著作有《19 世纪的社会主义和社会运动》(1896)、《现代资本主义》(1902)、《德国社会主义》(1934)。——303。

施德洛夫斯基,尼古拉·弗拉基米罗维奇(Шидловский,Николай Владимирович 1843—1907)——俄国地主,参议员,国务会议成员。1905 年 1 月 29 日(2 月 11 日)被任命为负责"迅即查清圣彼得堡市及其郊区工人不满的原因并提出杜绝此种情况的措施"的政府特别委员会主席。1905 年 2 月 20 日(3 月 5 日),委员会还没有开始工作即被沙皇政府解散。——247。

施米特——见鲁勉采夫,彼得·彼得罗维奇。

施米特,彼得·彼得罗维奇(Шмидт,Петр Петрович 1867—1906)——俄国黑海舰队中尉,革命民主主义者,1905 年塞瓦斯托波尔起义的领导人之一。1905 年 10 月在群众集会上和示威游行中发表反对沙皇专制制度的演说,受到水兵和工人的拥护,被工人选为塞瓦斯托波尔工人代表苏维埃终身代表。10 月 20 日被捕,在群众要求下,11 月 3 日获释,但被开除出舰队。1905 年 11 月塞瓦斯托波尔起义时,是起义的军事领导人,指挥"奥恰科夫"号巡洋舰,升起红旗,宣布自己为舰队司令。起义失败后被枪决。——102。

司徒卢威,彼得·伯恩哈多维奇(Струве,Петр Бернгардович 1870—1944)——俄国经济学家,哲学家,政论家,合法马克思主义主要代表人物,立宪民主党领袖之一。19 世纪 90 年代编辑合法马克思主义者的《新言论》杂志和《开端》杂志。1896 年参加第二国际第四次代表大会。1898 年参加起草《俄国社会民主工党宣言》。在 1894 年发表的第一部著作《俄国经济发展问题的评述》中,在批判民粹主义的同时,对马克思的经济学说和哲学学说提出"补充"和"批评"。20 世纪初同马克思主义和社会民主主义彻底决裂,转到自由派营垒。1902 年起编辑自由派资产阶级刊物《解放》杂志,1903 年起是解放社的领袖之一。1905 年起是立宪民主党中央委员,领导该党右翼。1907 年当选为第二届国家杜马代表。第一次世界大战爆发后鼓吹俄国的帝国主义侵略扩张政策。十月革命后敌视苏维埃政权，是邓尼金和弗兰格尔反革命政府成员，后逃往国外。——47、69、243、244、257、258、261、278、283—284、296、300、307、308、309。

斯基塔列茨(**彼得罗夫，斯捷潘·加甫里洛维奇**)(Скиталец(Петров，Степан Гаврилович)1869—1941)——俄国作家。出身于农民家庭。19 世纪 90 年代末为《萨马拉报》撰稿。屡遭政治迫害。1898—1906 年同高尔基交往密切，受高尔基的影响成长为一个革命作家。他的早期作品充满了对专制制度的抗议和对劳动人民的热爱，如《四周静悄悄》(收入 1906 年知识出版公司出版的第 9 卷文集)等诗作及其他中短篇小说。斯托雷平反动时期脱离高尔基的思想影响。1922—1934 年住在国外。著有自传体三部曲《切尔诺夫的家》(1935)、《镣铐》(1940)、《几个阶段》(1908 年，1937 年新版)。1936 年国家政治书籍出版社出版了他的文集和《诗歌选》。——261。

斯捷潘诺夫——见斯克沃尔佐夫-斯捷潘诺夫，伊万·伊万诺维奇。

斯克沃尔佐夫-斯捷潘诺夫，伊万·伊万诺维奇(斯捷潘诺夫)(Скворцов-Степанов，Иван Иванович(Степанов)1870—1928)——1891 年参加俄国社会民主主义运动，1904 年成为布尔什维克。1905—1907 年革命期间在党的莫斯科委员会写作演讲组工作。1906 年是俄国社会民主工党第四次(统一)代表大会的代表。1907 年和 1911 年代表布尔什维克被提名为国家杜马代表候选人。斯托雷平反动时期在土地问题上持错误观点，对"前进"集团采取调和主义态度，但在列宁影响下纠正了自己的错误。因进行革命活动多次被捕和流放。1914—1917 年在莫斯科做党的工作。1917 年任俄国社会民主工党(布)莫斯科委员会委员、《莫斯科苏维埃消息报》主编和《社会民主党人报》编委。十月革命期间任莫斯科军事革命委员会委员。十月革命后参加第一届人民委员会，任财政人民委员。1919—1925 年历任全俄工人合作社理事会副主席、中央消费合作总社理事会理事、国家出版社编辑委员会副主任。1925 年起历任《消息报》编辑、《真理报》副编辑、中央列宁研究院院长等职。多次当选全俄中央执行委员会和苏联中央执行委员会委员。1921 年起为党中央检查委员会委员，1925 年起为党中央委员。马克思《资本论》(第 1—3 卷，1920 年俄文版)以及马克思和恩格斯的其他一些著作的译者和编者。写有许多有关革命运动史、政治经济学、无神论等方面的著作。——242。

斯皮里多诺娃,玛丽亚·亚历山德罗夫娜(Спиридонова,Мария Александровна 1884—1941)——俄国社会革命党领袖之一。1906 年因刺杀策划黑帮暴行、镇压坦波夫省农民起义的首领加·尼·卢热诺夫斯基而被判处终身苦役。1917 年二月革命后是左派社会革命党的组织者之一,12 月起为该党中央委员。十月革命后为全俄中央执行委员会委员。反对签订布列斯特和约,参加 1918 年 7 月左派社会革命党人的叛乱。被捕后由全俄中央执行委员会赦免。后脱离政治活动。——288—289、290、291。

斯托多林——见纳科里亚科夫,尼古拉·尼坎德罗维奇。

苏沃洛夫,谢尔盖·亚历山德罗维奇(波里索夫)(Суворов,Сергей Александрович(Борисов)1869—1918)——俄国社会民主党人,著作家和统计学家。19 世纪 90 年代开始革命活动时是民意党人,1900 年起为社会民主党人。1905—1907 年在俄国一些城市的布尔什维克组织中工作,是俄国社会民主工党第四次(统一)代表大会代表。在代表大会上是土地问题的报告人之一,支持分配地主土地并将土地转归农民私有的要求。1905—1907 年革命失败后,参加党内马赫主义者知识分子集团,攻击马克思主义哲学。在该集团编纂的《关于马克思主义哲学的论丛》(1908)中发表了他的《社会哲学的基础》一文。对其反马克思主义的哲学观点,列宁在《唯物主义和经验批判主义》一书中予以批判。1910 年以后脱党,从事统计工作。1917 年加入孟什维克国际主义派。十月革命后在莫斯科和雅罗斯拉夫尔工作。1918 年 7 月雅罗斯拉夫尔发生反革命暴动时死去。——333。

索罗金——见鲍曼,尼古拉·埃内斯托维奇。

索洛韦奇克,Б.И.(普季岑)(Соловейчик,Б.И.(Птицын)生于 1884 年)——1903 年参加俄国社会民主主义运动,孟什维克。先后在南方一些城市和莫斯科工作,是俄国社会民主工党第四次(统一)代表大会莫斯科郊区组织的代表。1909 年起脱离政治活动。30 年代在轻工业人民委员部工作。——338。

T

唐恩(**古尔维奇**),费多尔·伊里奇(Дан(Гурвич),Федор Ильич 1871—

1947)——俄国孟什维克领袖之一;职业是医生。1894年参加社会民主主义运动,加入彼得堡工人阶级解放斗争协会。1896年8月被捕,监禁两年左右,1898年流放维亚特卡省,为期三年。1901年夏逃往国外,加入《火星报》柏林协助小组。1902年作为《火星报》代办员参加了俄国社会民主工党第二次代表大会的筹备会议,会后再次被捕,流放东西伯利亚。1903年9月逃往国外,成为孟什维克。俄国社会民主工党第四次(统一)代表大会和第五次(伦敦)代表大会及一系列代表会议的参加者。斯托雷平反动时期和新的革命高涨年代在国外领导取消派,编辑取消派的《社会民主党人呼声报》。第一次世界大战期间是社会沙文主义者。1917年二月革命后任彼得格勒苏维埃执行委员会委员和第一届中央执行委员会主席团委员,支持资产阶级临时政府。十月革命后反对苏维埃政权,1922年被驱逐出境,在柏林领导孟什维克进行反革命活动。1923年参与组织社会主义工人国际。同年被取消苏联国籍。——166、172、174、176、177、179、246、251、324、339。

特列波夫,德米特里·费多罗维奇(Трепов,Дмитрий Федорович 1855—1906)——沙俄少将(1900)。毕业于贵族子弟军官学校,曾在禁卫军供职。1896—1905年任莫斯科警察总监,支持祖巴托夫的"警察社会主义"思想。1905年1月11日起任彼得堡总督,4月起任副内务大臣兼独立宪兵团司令,10月起先后任彼得戈夫宫和冬宫警卫长。1905年10月全国政治大罢工期间发布了臭名昭著的"不放空枪,不惜子弹"的命令,是武装镇压1905—1907年革命的策划者。——27、36、46、65、66、69、70、71、72、73、74、334、369。

托尔斯泰,列夫·尼古拉耶维奇(Толстой,Лев Николаевич 1828—1910)——俄国作家。出身贵族。他的作品深刻地反映了俄国社会整整一个时代(1861—1905)的矛盾,列宁称托尔斯泰为"俄国革命的镜子"。作为天才的艺术家,托尔斯泰创作了无与伦比的俄国生活的图画,创作了世界文学中第一流的作品,对俄国文学和世界文学产生了巨大影响;同时他的作品又突出地表现了以宗法制社会为基础的农民世界观的矛盾:一方面无情地揭露沙皇专制制度和新兴资本主义的种种罪恶,另一方面又鼓吹"不用暴力抵抗邪恶",鼓吹不问政治和道德上的自我修养。列宁在一系列著作中评述了托尔斯泰的世界观,并对他的全部活动作了评价。——289。

W

瓦·沃·——见沃龙佐夫,瓦西里·巴甫洛维奇。

瓦尔斯基,阿道夫(**瓦尔沙夫斯基,阿道夫·绍洛维奇**)(Warski, Adolf (Варшавский, Адольф Саулович) 1868—1937)——波兰革命运动活动家。1889年是波兰工人联合会组织者之一。先后参加波兰王国社会民主党以及波兰王国和立陶宛社会民主党的建党工作。1893年侨居国外,与罗·卢森堡等人一起出版波兰社会民主党人最早的报纸《工人事业报》,后又出版《社会民主党评论》杂志。是波兰王国和立陶宛社会民主党出席俄国社会民主工党第四次(统一)代表大会的有发言权的代表,会后进入俄国社会民主工党中央委员会。在党的第五次(伦敦)代表大会上当选为中央委员。1909—1910年是俄国社会民主工党中央机关报《社会民主党人报》编辑之一。第一次世界大战期间是国际主义者,参加了齐美尔瓦尔德代表会议和昆塔尔代表会议。1916年回到波兰,因进行反战宣传被德国人逮捕。1917年获释后成为波兰王国和立陶宛社会民主党领导成员。1918年参与创建波兰共产党,是波共中央委员(1919—1929)和政治局委员(1923—1929)。曾被选为波兰议会议员,是议会共产党党团主席。1929年移居苏联,在马克思恩格斯列宁研究院从事波兰工人运动史的研究工作。——340。

王安石(1021—1086)——中国北宋政治家,文学家,思想家。仁宗时(1058)曾上万言书,力主改革。神宗时(1069)任参知政事,次年任宰相,积极变法,推行青苗、农田水利、保甲、募役、方田均税、均输、市易等新政,以期促进生产,富国强兵,缓和阶级矛盾,是中国11世纪时的改革家。后被罢相。——226。

威廉二世(**霍亨索伦**)(Wilhelm II(Hohenzollern) 1859—1941)——普鲁士国王和德国皇帝(1888—1918)。——32、121。

维纳维尔,马克西姆·莫伊谢耶维奇(Винавер, Максим Моисеевич 1862或1863—1926)——俄国立宪民主党创建人之一,该党中央委员;职业是律师。1906年1月在立宪民主党第二次代表大会上作关于党的策略问题的报告，该报告被大会作为党的宣言通过。曾参与编辑自由派资产阶级的《法律学报》杂志，积极参加成立律师协会的活动。1906年当选为第一届国家杜马代表。十月革命后反对苏维埃政权，参加白卫分子成立的所谓克里木边疆区政府，任对外联络部长。1919年流亡巴黎，领导立宪民主党巴黎委员会，为白俄流亡分子主办的《欧洲论坛》杂志和《最新消息报》撰稿。——259。

维特，谢尔盖·尤利耶维奇(Витте，Сергей Юльевич 1849—1915)——俄国国务活动家。1892年2—8月任交通大臣，1892—1903年任财政大臣，1903年8月起任大臣委员会主席，1905年10月—1906年4月任大臣会议主席。在财政、关税政策、铁路建设、工厂立法和鼓励外国投资等方面采取了一系列措施，促进了俄国资本主义的发展。同时力图通过对自由派资产阶级稍作让步和对人民群众进行镇压的手段来维护沙皇专制制度。1905—1907年革命期间派军队对西伯利亚、波罗的海沿岸地区、波兰以及莫斯科的武装起义进行了镇压。——1—2、10、22、29、46、47—48、49、51、54、69、70、73、111、114、115、116、117、118、226、268、297、314、345、367、368—369、370。

文特尔——见克拉辛，列昂尼德·波里索维奇。

沃多沃佐夫，瓦西里·瓦西里耶维奇(Водовозов，Василий Васильевич 1864—1933)——俄国经济学家和自由主义民粹派政论家。1904年起任《我们的生活报》编委，1906年为左派立宪民主党人的《同志报》撰稿。第二届国家杜马选举期间参加劳动派。1912年在立宪民主党人、人民社会党人和孟什维克取消派撰稿的《生活需要》杂志上发表文章。1917年参加《往事》杂志编辑部，并为自由派资产阶级的《日报》撰稿。敌视十月革命。1926年移居国外，参加白卫报刊的工作。——346。

沃龙佐夫，瓦西里·巴甫洛维奇(瓦·沃·)(Воронцов，Василий Павлович (В.В.)1847—1918)——俄国经济学家，社会学家，政论家，自由主义民粹派思想家。曾为《俄国财富》、《欧洲通报》等杂志撰稿。认为俄国没有发展资本主义的条件，俄国工业的形成是政府保护政策的结果；把农民村社理想化，力图找到一种维护小资产者不受资本主义发展之害的手段。19世纪90年代发表文章反对俄国马克思主义者，鼓吹同沙皇政府和解。主要著作有《俄国资本主义的命运》(1882)、《俄国手工工业概述》(1886)、《农民经济中的进步潮流》(1892)、《我们的方针》(1893)、《理论经济学概论》(1895)。——43。

沃罗比约夫——见洛姆塔季泽,维肯季·比莫维奇。

乌里扬诺夫,弗·伊·——见列宁,弗拉基米尔·伊里奇。

X

希波夫,德米特里·尼古拉耶维奇(Шипов,Дмитрий Николаевич 1851—1920)——俄国大地主,地方自治运动活动家,温和自由派分子。1893—1904 年任莫斯科省地方自治局主席。1904 年 11 月是地方自治人士非正式会议主席。1905 年 11 月是十月党的组织者之一,该党中央委员会主席。1906 年退出十月党,成为和平革新党领袖之一;同年被选为国务会议成员。1911 年脱离政治活动。敌视十月革命。1918 年是白卫组织"民族中心"的领导人。——263、268、269、270、271、274、275、277、279、305、306。

血腥的尼古拉——见尼古拉二世(罗曼诺夫)。

Y

亚历山大三世(**罗曼诺夫**)(Александр III(Романов)1845—1894)——俄国皇帝(1881—1894)。——233、299。

叶尔曼斯基(**科甘**),奥西普·阿尔卡季耶维奇(鲁登科)(Ерманский(Коган),Осип Аркадьевич(Руденко)1866—1941)——俄国社会民主党人,孟什维克。19 世纪 80 年代末参加革命运动。1899—1902 年在俄国南方工作。俄国社会民主工党第二次代表大会后是孟什维克。1905 年在俄国社会民主工党敖德萨委员会工作;是俄国社会民主工党第四次(统一)代表大会敖德萨组织的代表。斯托雷平反动时期和新的革命高涨年代是取消派分子,积极为孟什维克报刊撰稿。曾参加第三届国家杜马社会民主党党团的工作。第一次世界大战期间是中派分子。1917 年是孟什维克国际主义者。1918 年是孟什维克中央委员,孟什维克中央机关刊物《工人国际》杂志编辑之一。1921 年退出孟什维克,在莫斯科从事学术工作。——248。

伊克斯——见马斯洛夫,彼得·巴甫洛维奇。

伊兹哥耶夫(**兰德**),亚历山大·索洛蒙诺维奇(Изгоев(Ланде),Александр Соломонович 1872—1935)——俄国政论家,立宪民主党思想家。早年是合法马克思主义者,一度成为社会民主党人,1905年转向立宪民主党。曾为立宪民主党的《言语报》、《南方札记》和《俄国思想》杂志撰稿,参加过《路标》文集的工作。十月革命后为颓废派知识分子的《文学通报》杂志撰稿。因进行反革命政论活动,于1922年被驱逐出境。——258、278、303、304、305、308。

约翰——见马斯洛夫,彼得·巴甫洛维奇。

文献索引

阿克雪里罗得,帕·波·《给工人同志们的信》(Аксельрод, П. Б. Письмо к товарищам-рабочим. (Вместо предисловия). —В кн.: Рабочий. Рабочие и интеллигенты в наших организациях. С предисл. П. Аксельрода. Изд. РСДРП. Женева, тип. партии, 1904, стр. 3—16)——78。

阿—奇,谢·《"联盟"的失败》(А—ч, С. Поражение «блока». —«Молва», Спб., 1906, №18, 22 марта(4 апреля), стр. 3)——255。

毕尔格尔,H.《社会现实和社会民主党的学说》(Bürger, H. Soziale Tatsachen und sozialdemokratische Lehren. Ein Büchlein für denkende Menschen, besonders für denkende Arbeiter. Charlottenburg, Münch, 1902. 32 S.)——320。

别尔嘉耶夫,尼·《革命与文化》(Бердяев, Н. Революция и культура.—«Полярная Звезда», Спб., 1905, №2, 22 декабря, стр. 146—155)——289。

别利斯基,谢·《该怎么办?》(Бельский, С. Так что же делать? —«Слово», Спб., 1906, №364, 25 января (7февраля), стр. 6, в отд.: Из жизни)——161。

[波尔土加洛夫,维·]《不在"多数派"和"少数派"之列》([Португалов, В.] Вне «большинства» и «меньшинства». —«Наша Жизнь», Спб., 1906, №405, 28 марта(10 апреля), стр. 2. Подпись: В. П.)——313。

—《工人初选人和工人政党》(Уполномоченные от рабочих и рабочая партия. —«Наша Жизнь», Спб., 1906, №399, 21 марта(3 апреля), стр. 1. Подпись: В. П.)——313。

波里索夫——见苏沃洛夫,谢·亚·。

布兰克,鲁·《论俄国社会民主党的当前问题》(Бланк, Р. К злобам дня русской социал-демократии. —«Наша Жизнь», Спб., 1906, №401, 23 марта(5 апреля),стр.1)——281—289、291、292、293、294、295、296、297、298、299、300、301、302、303、304、306、307、308、309—310、313、315、318。

[丹尼尔逊,尼·弗·]尼古拉·—逊《我国改革后的社会经济概况》([Даниельсон,Н. Ф.] Николай—он. Очерки нашего пореформенного общественного хозяйства. Спб., тип. Бенке, 1893. XVI, 353 стр.; XVI л. табл.)——43。

杜勃罗留波夫,尼·亚·《在普鲁士的列车里》(Добролюбов,Н.А.В прусском вагоне)——15。

多尔戈鲁科夫,帕·《土地浪潮》(Долгоруков, П. Аграрная волна. (Из уездных наблюдений).—«Право», Спб., 1906, №2, 15 января, стлб.90—99)——162。

恩格斯,弗·《公社的布朗基派流亡者的纲领》(Engels, F. Programm der blanquistischen Kommune—Flüchtlinge. (Volksstaat, 1874, N 73).—In: Engels, F. Internationales aus dem Volksstaat(1871—75). Berlin, Expedition des «Vorwärts» Berliner Volksblatt, 1894, S.40—46)——134。

—《关于"共产主义者同盟"的历史》(Энгельс, Ф. К истории«Союза коммунистов».—В кн.: Маркс, К. Кёльнский процесс коммунистов. С введен. Ф. Энгельса и документами. Пер. с нем. Спб., «Молот», 1906, стр. 3—24)——190。

—《[卡·马克思〈1848年至1850年的法兰西阶级斗争〉一书]导言》(Einleitung[zur Arbeit von K. Marx«Die Klassenkämpfe in Frankreich 1848 bis 1850»].—In: Marx, K. Die Klassenkämpfe in Frankreich 1848 bis 1850. Abdr. aus der «Neuen Rheinischen Zeitung». Mit Einl. von F. Engels. Berlin, «Vorwärts», 1895, S.3—19)——194—195。

—《路德维希·费尔巴哈和德国古典哲学的终结》(Ludwig Feuerbach und der Ausgang der klassischen deutschen Philosophie. Revidierter sonder. Abdr. aus der«Neuen Zeit». Mit Anhang: Karl Marx über Feuerbach vom Jahre 1845. Stuttgart, Dietz, 1888. VII, 72 S.)——333。

—《马克思和〈新莱茵报〉(1848—1849年)》(Marx und die«Neue Rheinische Zeitung»1848—49.—«Der Sozialdemokrat», Zürich, 1884, N 11, 13.

März,S.1—3)——304。

—《普鲁士军事问题和德国工人政党》(Die preußische Militärfrage und die deutsche Arbeiterpartei.Hamburg,Meißner,1865.56 S.)——304。

—《〈普鲁士军事问题和德国工人政党〉简介》(Notiz über das Erscheinen der preußischen Militärfrage und die deutsche Arbeiterpartei.—«Berliner Reform»,1865,N 53,3.März,S.2)——304—305。

—《〈人民国家报〉国际问题论文集(1871—1875)》(Internationales aus dem Volksstaat(1871—75).Berlin,Expedition des«Vorwärts»Berliner Volksblatt,1894.72 S.)——134。

芬-叶诺塔耶夫斯基,亚·尤·《关于土地"社会化"和地方公有》(Финн-Енотаевский, А. Ю. По поводу «социализации» и муниципализации земли.—«Мир Божий»,Спб.,1906,№1,январь,стр.63—81,в отд.:2)——220、221、222。

[盖森,弗·]圣彼得堡,12月20日。([Гессен,В.]С.-Петербург,20-го декабря.—«Народная Свобода»,Спб.,1905,№5(9144),20 декабря(2 января 1906),стр.1)——154—156、265。

冈察洛夫,伊·亚·《奥勃洛摩夫》(Гончаров,И.А.Обломов)——49、94。

格林格穆特,弗·安·《土地问题》([Грингмут,В.А.]«Аграрный вопрос».—«Московские Ведомости»,1906,№42,15(28)февраля,стр.1.Под общ. загл.:Москва,14 февраля)——225。

格林卡,С.《罪犯已找到》(Глинка,С.Виновные найдены.—«Слово»,Спб.,1906,№382,12(25)февраля,стр.1—2)——225—226。

格罗曼,弗·古·《关于俄国社会民主党的土地纲领》(Громан,В.Г.К аграрной программе российской социал-демократии.—«Правда»,М.,1905,декабрь,стр.243—260)——222。

果戈理,尼·瓦·《死魂灵》(Гоголь,Н.В.Мертвые души)——113、289。

海尔维格,格·《祈祷! 工作!》(Гервег,Г.Жилья и работы)——2、365。

霍茨基,列·《如何对待国家杜马的选举》(Ходский,Л.Как относиться к выборам в Государственную думу.—«Народное Хозяйство»,Спб.,1905,№10,25 декабря(7 января 1906),стр.3)——146。

[卡尔宾斯基,维·阿·]加里宁,维·《农民代表大会》([Карпинский,В.А.] Калинин,В. Крестьянский съезд.—«Пролетарий»,Женева,1905,№25,16(3)ноября,стр.2—3)——75—76。

[卡特柯夫,米·尼·]莫斯科,3月5日。([Катков,М.Н.].Москва,5 марта.—«Московские Ведомости»,1881,№65,6 марта,стр.2—3)——271。

凯连斯基《关于土地改革》(Кайленский.К аграрной реформе.—«Слово»,Спб.,1906,№383,14(27)февраля,стр.1—2)——225—226。

考茨基,卡·《波兰完了吗?》(Kautsky,K.Finis Poloniae? —«Die Neue Zeit»,Stuttgart,1895—1896,Jg.XIV,Bd.II,N 42,S.484—491; N 43,S.513—525)——230—231。

—《俄国革命的前途》(Die Aussichten der russischen Revolution.—«Vorwärts»,Berlin,1906,N 23,28. Januar,S. 1. Unterschrift: K. K.)——192—195。

—《俄国解放运动的前景》(Каутский,К.Перспективы русского освободительного движения.(Пер.с нем.Ципорина).[Спб.],«Трибуна»,[1906].7 стр.)——192、354。

—《俄国土地问题》(俄文版)(Аграрный вопрос в России)——192。

—《俄国土地问题》(载于《新时代》杂志第24年卷第1册第13期)(Die Agrarfrage in Rußland.—«Die Neue Zeit»,Stuttgart,1905—1906,Jg.24,Bd.1,N 13,S.412—423)——192、220、222。

—《土地问题》(Die Agrarfrage. Eine Übersicht über die Tendenzen der modernen Landwirtschaft und die Agrarpolitik der Sozialdemokratie. Stuttgart,Dietz,1899.VIII,451 S.)——233。

—《再没有社会民主运动!》(Нет больше социал-демократии! Ответ центральному союзу немецких фабрикантов.Изд.в Германии по постановлению центр.ком.немецкой с.-д.партии.Пер.с нем.М.Лапина и Д.Лещенко под ред.Д.Лещенко.С предисл.Н.Ленина.Спб.,«Утро»,[1906].96 стр.)——320、321。

考夫曼,亚·《从哪夺取土地?》(Кауфман,А.Где взять земли? —«Полярная Звезда»,Спб.,1906,№10,18 февраля,стр.687—705)——259。

克雷洛夫,伊·安·《好奇的人》(Крылов,И.А.Любопытный)——217。

—《天鹅、狗鱼和虾》(Лебедь,Щука и Рак)——262。

库斯柯娃,叶·《彼·伯·司徒卢威和工人》(Кускова,Е.П.Б.Струве и рабочие.—«Без Заглавия»,Спб.,1906,№10,26 марта,стр.405—413,в отд.: Печать)——313。

拉金,波·《论组织》(Радин,Б.Об организации.II.Совет рабочих депутатов или партия? —«Новая Жизнь», Спб., 1905, №5, 1 ноября, стр. 1)——55。

拉萨尔,斐·《怎么办?(关于宪法问题的演说)》(Lassalle,F.Was nun? Zweiter Vortrag über Verfassungswesen.Zürich,Mcher u.Zeller,1863.41 S.)——275、276。

[列宁,弗·伊·][《彼得堡工人代表苏维埃执行委员会关于与同盟歇业作斗争的办法的决定(1905 年 11 月 14 日(27 日))》]([Ленин,В.И.][Постановление Исполнительного комитета Петербургского Совета рабочих депутатов 14(27) ноября 1905 г.о мерах борьбы с локаутом].—«Новая Жизнь», Спб., 1905, №13, 15 ноября, стр. 2. Под общ. загл.: Заседание Исполнительного комитета Совета рабочих депутатов.14 ноября 1905 г.)——100、101。

—《答对我们纲领草案的批评》(Ответ на критику нашего проекта программы.—В кн.:[Маслов,П.П.]Икс.Об аграрной программе.[Ленин,В.И.] Ленин,Н.Ответ на критику нашего проекта программы.Изд.Лиги русск. рев.с.-д.Женева, тип. Лиги, 1903, стр. 26 — 42. (РСДРП). Подпись: Н. Ленин)——218、225、227、228、239。

—《吃得饱饱的资产阶级和馋涎欲滴的资产阶级》(Буржуазия сытая и буржуазия алчущая.—«Пролетарий»,Женева 1905,№20,10 октября(27 сентября),стр.2—3)——11。

—《抵制布里根杜马和起义》(Бойкот булыгинской Думы и восстание.—«Пролетарий»,Женева,1905,№12,16(3)августа,стр.1)——7。

—《地方自治机关的迫害者和自由主义的汉尼拔》(Гонители земства и Аннибалы либерализма.—«Заря», Stuttgart, 1901, №2 — 3, декабрь, стр.

60—100.Подпись:Т.П.)——316。

—《对政治派别划分的初步总结》(Первые итоги политической группировки.—«Пролетарий»,Женева,1905,№23,31(18)октября,стр.1—2)——16。

—《对资产阶级政党的态度》(Отношение к буржуазным партиям.[Проект резолюции к IV(Объединительному)съезду РСДРП].—«Партийные Известия»,[Спб.],1906,№2,20 марта,стр.7—8.Под общ.загд.:Проект резолюций.К Объединительному съезду Российской социал-демократической рабочей партии)——347。

—《多数派关于国家杜马的决议》(Резолюция большинства о Государственной думе.—«Волна»,Спб.,1906,№12,9 мая,стр.3,в отд.:Из жизни политических партий)——343。

—《俄国社会民主党的土地纲领》(Аграрная программа русской социал-демократии.—«Заря», Штутгарт, 1902, №4, август, стр. 152 — 183. Подпись:Н.Ленин)——219、230。

—《俄国社会民主党人的任务》(Задачи русских социал-демократов. С предисл. П. Аксельрода. Изд. РСДРП. Женева, тип. «Союза русских социал-демократов»,1898. 32 стр. Перед загл. кн. авт. не указан)——217。

—《俄国社会民主工党彼得堡组织关于抵制策略的决议》(Резолюция Петербургской организации РСДРП о тактике бойкота.[Листовка].Изд. Объед.Петерб.Ком.РСДРП.[Спб.],тип.Объедин.Центр.Комитета,[март 1906].2 стр.(РСДРП))——171、174、176、178、180。

—《告贫苦农民(向农民讲解社会民主党人要求什么)》(К Деревенской бедноте.Объяснение для крестьян,чего хотят социал-демократы.С прил. проекта программы РСДРП. Изд. Загран. лиги русск. рев. соц.-дем. Женева,тип.Лиги,1903.92 стр.(РСДРП).Перед загл.авт.:Н.Ленин)——218。

—《革命第一个回合的胜利》(Первая победа революции.—«Пролетарий», Женева,1905,№24,7 ноября(25 октября),стр.1)——54、65。

—《工人政党和农民》(Рабочая партия и крестьянство.—«Искра»,[Мюнхен],

1901，№3，апрель，стр.1—2)——217。

—《工人政党及其在目前形势下的任务》(Рабочая партия и ее задачи при современном положении.—«Молодая Россия»，[Спб.]，1906，№1，4 января，стр.3—4.Подпись:Н.Ленин)——158—159。

—[《关于对国家杜马的态度问题的副报告(在俄国社会民主工党第四次(统一)代表大会上)》]([Содоклад по вопросу об отношении к Государственной думе на IV(Объединительном) съезде РСДРП].—В кн.: Протоколы Объединительного съезда РСДРП, состоявшегося в Стокгольме в 1906 г.М.，тип.Иванова，1907，стр.237—240)——348。

—《关于土地问题的报告(在俄国社会民主工党第四次(统一)代表大会上)》(Доклад по аграрному вопросу на IV(Объединительном) съезде РСДРП)——330。

—《关于武装起义的决议[俄国社会民主工党第三次代表大会通过]》(Резолюция о вооруженном восстании，[принятая на III съезде РСДРП].—В кн.:Третий очередной съезд Росс. соц.-дем. рабочей партии.Полный текст протоколов. Изд. ЦК. Женева，тип. партии，1905，стр. XVII—XVIII. (РСДРП))——284。

—《国家杜马和社会民主党的策略》(Государственная дума и социал-демократическая тактика.—В кн.: Государственная дума и социал-демократия.[Спб.，«Пролетарское Дело»]，1906，стр.1—8.Подпись:Н. Ленин)——248。

—《〈火星报〉策略的最新发明:滑稽的选举是推动起义的新因素》(Последнее слово искровской тактики или потешные выборы，как новые побудительные мотивы для восстания.—«Пролетарий»，Женева，1905，№21，17(4)октября，стр.2—5)——8。

—[《就社会民主党组织中工人和知识分子的关系问题所作的发言(1905年4月20日(5月3日)在俄国社会民主工党第三次代表大会上)》]([Речь по вопросу об отношениях рабочих и интеллигентов в с.-д. организациях 20 апреля(3 мая)1905 г.на III съезде РСДРП].—В кн.: Третий очередной съезд Росс. соц.-дем. рабочей партии. Полный текст протоколов. Изд. ЦК. Женева, тип. партии, 1905, стр. 234 — 235. (РСДРП))——84。

—《全俄政治罢工》(Всероссийская политическая стачка.—«Пролетарий», Женева,1905,№23,31(18)октября,стр.1—2)——5、28、65。

—《社会民主党在民主革命中的两种策略》(Две тактики социал-демократии в демократической революции.Изд.ЦК РСДРП.Женева,тип.партии,1905. VIII,108 стр.(РСДРП).Перед загл.авт.:Н.Ленин)——13。

—《社会主义政党和非党的革命性》(Социалистическая партия и беспартийная революционность.—«Новая Жизнь»,Спб.,1905,№22,26 ноября,стр.1; №27,2 декабря,стр.1—2.Подпись:Н.Ленин)——295、303。

—《司徒卢威先生被自己的同事揭穿了》(Г.Струве,изобличенный своим сотрудником.—«Искра»,[Лондон],1903,№37,1 апреля,стр. 2 — 3)——316。

—[《塔墨尔福斯"多数派"代表会议关于土地问题的决议》](载于1905年12月31日(1906年1月13日)《评论报》第23号)([Резолюция по аграрному вопросу конференции «большинства» в Таммерфорсе].—«Молва»,Спб.,1905,№23,31 декабря(13 января 1906),стр.4,—в ст.: Аграрный вопрос и социал-демократия,в отд.:Собрания)——220。

—[《塔墨尔福斯"多数派"代表会议关于土地问题的决议》](载于1906年1月3日(16日)《我们的生活报》第16号)([Резолюция по аграрному вопросу конференции «большинства» в Таммерфорсе].—«Наша Жизнь» («Народное Хозяйство»),Спб.,1906,№16,3(16)января,стр.3—4,в ст.: Из жизни Росс. соц.-дем. рабочей партии, в отд.: Хроника рабочего и профессионального движения)——220。

—[《塔墨尔福斯"多数派"代表会议关于土地问题的决议》](载于1906年1月《真理》杂志)([Резолюция по аграрному вопросу конференции «большинства»в Таммерфорсе].—«Правда»,М.,1906,кн.II,январь,стр. 74— 75,в ст.:[Вольский,Н. В.] Валентинов,Н. Аграрный вопрос и рабочая партия)——220。

—[《提交俄国社会民主工党统一代表大会的策略纲领(提交俄国社会民主

工党统一代表大会的决议草案)》](［Тактическая платформа к Объединительному съезду РСДРП. Проект резолюций к Объединительному съезду РСДРП］. «Партийные Известия», ［Спб.］, 1906, №2, 20 марта, стр.5—9)——200、281、330、347、353、354。

—《无产阶级和农民》(Пролетариат и крестьянство.—«Вперед», Женева, 1905, №11, 23(10) марта, стр.1)——219。

—《武装起义》(Вооруженное восстание.［Проект резолюции к IV (Объединительному) съезду РСДРП］.—«Партийные Известия», ［Спб.］, 1906, №2, 20 марта, стр. 6 — 7. Под общ. загл.: Проект резолюций. К Объединительному съезду Российской социал-демократической рабочей партии)——353、354。

—《向统一代表大会提出的关于国家杜马的决议草案》——见列宁,弗·伊·《多数派关于国家杜马的决议》。

—《小丑大臣的计划》(Планы министра-клоуна.—«Пролетарий», Женева, 1905, №23, 31(18) октября, стр.3, в отд.: Из общественной жизни)——47。

—《新罢工法草案》(Проект нового закона о стачках.—«Искра», ［Лондон］, 1902, №24, 1 сентября, стр.1)——316。

—《修改工人政党的土地纲领》(Пересмотр аграрной программы рабочей партии. №1. Спб., «Наша Мысль», 1906. 31 стр.)——200—201、328、329、330—331、333、334。

—《要不要抵制国家杜马?》(Бойкотировать ли Государственную думу? ［Дан, Ф.］ Почему мы против бойкота выборов? ［Листовка］. Изд. Объединенного Центрального Комитета. Б. м., тип. Объедин. Центр. Комитета, ［январь 1906］. 1 стр.)——246。

—《在代表大会第 21 次会议上的书面声明》(［Ленин, В. И.］ Письменное заявление на 21-м заседании съезда. ［Объединительный съезд РСДРП 10 (23) апреля— 25 апреля (8 мая) 1906］.—В кн.: Протоколы Объединительного съезда РСДРП, состоявшегося в Стокгольме в 1906 г. М., тип. Иванова, 1907, стр.305)——353。

—[《在俄国社会民主工党第四次(统一)代表大会上关于武装起义问题的

发言》](〔Речь по вопросу о вооруженном восстании на IV(Объединительном)съезде РСДРП〕.—В кн.:Протоколы Объединительного съезда РСДРП,состоявшегося в Стокгольме в 1906 г.М.,тип.Иванова,1907,стр.325—326)——357。

—《在讨论决议草案第 7 条和第 8 条时的发言[关于抵制的策略]》(Выступления при обсуждении пунктов 7 и 8 проекта резолюции〔о тактике бойкота.Петербургская общегородская конференция РСДРП(II).Конец февраля—начало марта 1906 г.〕.Рукопись)——177、179。

—《怎么办?(我们运动中的迫切问题)》(Что делать? Наболевшие вопросы нашего движения.Stuttgart.Dietz,1902.VII,144 стр.На обл.и тит.л.авт.:Н.Ленин)——56。

—《政治斗争和政治手腕》(Политическая борьба и политиканство.—«Искра»,〔Лондон〕,1902,№26,15 октября,стр.1)——316。

卢森堡,罗·《德国和奥地利的波兰社会主义运动的新潮流》(Luxemburg,R.Neue Strömungen in der polnischen sozialistischen Bewegung in Deutschland und Österreich.—«Die Neue Zeit»,Stuttgart,1895—1896,Jg.XIV,Bd.II,N 32,S.176—181;N 33,S.206—216)——230。

—《社会爱国主义在波兰》(Der Sozialpatriotismus in Polen.—«Die Neue Zeit»,Stuttgart,1895—1896,Jg.XIV,Bd.II,N 41,S.484—491)——230。

鲁·布·《阶级斗争和阶级组织》(Р.Б.Классовая борьба и классовая организация.—«Наша Жизнь»,Спб.,1905,№336,17(30)ноября,стр.2)——108。

罗日柯夫,尼·亚·《社会民主党土地纲领草案》(Рожков,Н.А.Проект социал-демократической аграрной программы.—В кн.:〔Текущий момент〕.Сборник.М.,тип.Поплавского,1906,стр.1—6)——220、221、223。

[马尔托夫,尔·][《关于国家杜马选举的决议(在俄国社会民主工党彼得堡市(第二次)代表会议上提出)》](〔Мартов,Л.〕〔Резолюция о выборах в Государственную думу,внесенная на Петербургской общегородской конференции РСДРП (II). Конец февраля—начало марта 1906 г.])——173。

马克思,卡·《国际工人协会总委员会关于普法战争的第二篇宣言》(Marx, K. Second Address of the General Council of the International Working-Men's Association on the War. To the members of the International Working-Men's Association in Europe and the United States. London, September 9th, 1870.4 p.)——159。

—《〈黑格尔法哲学批判〉导言》(Zur Kritik der Hegel'schen Rechts-Philosophie. Einleitung.—«Deutsch-Französische Jahrbücher», Paris, 1844, Lfrg.1—2, S.71—85)——131。

—《揭露科隆共产党人案件》(Маркс, К. Кёльнский процесс коммунистов. С введен. Ф. Энгельса и документами. Пер. с нем. Спб., «Молот», 1906. 125 стр.)——189—190、198。

—《[〈揭露科隆共产党人案件〉一书的]结束语》(Послесловие[к книге «Кёльнский процесс коммунистов»].—В кн.: Маркс, К. Кёльнский процесс коммунистов. С введен. Ф. Энгельса и документами. Пер. с нем. Спб., «Молот», 1906, стр. 102—105)——190。

—科隆,12月11日。(Köln, 11. Dezbr.—«Neue Rheinische Zeitung», Köln, 1848, N 169, 15. Dezember, S.1—2. In der Abt.: Deutschland)——328。

—《马克思论费尔巴哈》(1845年春写于布鲁塞尔)(Marx über Feuerbach (niedergeschrieben in Brüssel im Frühjahr 1845).—In: Engels, F. Ludwig Feuerbach und der Ausgang der klassischen deutschen Philosophie. Revidierter sonder. Abdr. aus der «Neuen Zeit». Mit Anhang: Karl Marx über Feuerbach vom Jahre 1845. Stuttgart, Dietz, 1888, S.69—72)——333。

—《评弗·恩格斯的小册子〈普鲁士军事问题和德国工人政党〉》(Die Rezension des Buches: Die preußische Militärfrage und die deutsche Arbeiterpartei. Von Friedrich Engels (Hamburg, Otto Meißner).—«Hermann», London, 1865, 18. März, in Abt.: Kunst und Literatur)——304—305。

—《声明》(Erklärung. London, 15. März 1865.—«Berliner Reform», 1865, N

67,19.März.Beilage,S.2)——304。

—《1848年至1850年的法兰西阶级斗争》(Die Klassenkämpfe in Frankreich 1848 bis 1850. Abdr. aus der«Neuen Rheinischen Zeitung». Mit Einl. von F. Engels. Berlin,«Vorwärts»,1895.112 S.)——195、319、339。

—《中央委员会告同盟书(1850年3月)》(Обращение Центрального Комитета к Союзу, март 1850 г. Центральный Комитет—Союзу.—В кн.: Маркс, К. Кёльнский процесс коммунистов. С введен. Ф. Энгельса и документами. Пер. с нем. Спб., «Молот», 1906, стр. 105—117, в отд.: IX. Приложение)——189—191。

—《资本论》(德文版第1—3卷)(Das Kapital. Kritik der politischen Ökonomie. Bd. I—III. Hamburg, Meißner, 1867—1894)——299。

—《资本论》(德文版第3卷)(Das Kapital. Kritik der politischen Ökonomie. Bd. III. T. 2. Buch III: Der Gesamtprozeß der kapitalistischen Produktion. Kapitel XXIX bis LII. Hrsg. von F. Engels. Hamburg, Meißner, 1894. IV, 422 S.)——43。

—《资产阶级和反革命》——见马克思,卡·科隆,12月11日。

马克思,卡·和恩格斯,弗·《共产党宣言》(Marx, K. u. Engels, F. Manifest der Kommunistischen Partei. London, «Bildungs-Gesellschaft für Arbeiter», 1848.30 S.)——108。

—《关于不再给〈社会民主党人报〉撰稿的声明》(Erklärung über Kundigung der Mitarbeit am Sozial-Demokrat.—«Sozial-Demokrat», Berlin, 1865, N 29, 3. März, S. 4)——304。

—《马克思恩格斯文集》(1841—1850年)(Gesammelte Schriften von Karl Marx und Friedrich Engels. 1841 bis 1850. Bd. 3. Von Mai 1848 bis Oktober 1850. Stuttgart, Dietz, 1902. VI, 491 S. (In: Aus dem literarischen Nachlaß von Karl Marx, Friedrich Engels und Ferdinand Lassalle. Hrsg. von F. Mehring. Bd. 3))——304。

—《时评》(Revue. Mai bis Oktober.—«Neue Rheinische Zeitung», London—Hamburg—New York, 1850, Hft. 5—6, Mai—Oktober, S. 129—180)——190—191、196。

——《1848年德国的革命和反革命》(Revolution and counter-revolution or Germany in 1848. By K. Marx. Ed. by E. Marx Aveling. London, Sonnenschein, 1896. XI, 148 p.)——194。

——《中央委员会告同盟书》(1850年6月)(Маркс, К. и Энгельс. Ф. Обращение того же Центрального Комитета к Союзу. Июнь 1850 г. Центральный Комитет Союзу.—В кн.: Маркс, К. Кёльнский процесс коммунистов. С введен. Ф. Энгельса и документами. Пер. с нем. Спб., «Молот», 1906, стр. 117—120, в отд.: IX. Приложение)——189、198。

马雷,罗·《赤色的俄国》(Marès, R. de. La Russie rouge.—«L'Indépendance Belge», Bruxelles, 1905, 30 octobre)——369。

马斯洛夫,彼·巴·《对土地纲领的批评和纲领草案》(Маслов, П. П. Критика аграрных программ и проект программы. М., «Колокол», 1905. 43 стр. (Первая б-ка №31))——220—221、222、227—230、231—235、236、238—239。

——《论土地纲领》(载于[彼·巴·马斯洛夫]伊克斯《〈论土地纲领〉[弗·伊·列宁]尼·列宁〈答对我们纲领草案的批评〉》一书)(Об аграрной программе.—В кн.: [Маслов, П. П.] Икс. Об аграрной программе. [Ленин, В. И.] Ленин, Н. Ответ на критику нашего проекта программы. Изд. Лиги русск. рев. с.-д. Женева, тип. Лиги, 1903, стр. 1—25. (РСДРП). Подпись: Икс)——218、220、222、227、238。

——《〈论土地纲领〉。[弗·伊·列宁]尼·列宁〈答对我们纲领草案的批评〉》(1903年42页本)(Об аграрной программе. [Ленин, В. И.] Ленин, Н. Ответ на критику нашего проекта программы. Изд. Лиги русск. рев. с.-д. Женева, тип. Лиги, 1903. 42 стр. (РСДРП))——217—219、221、222—223、224—225、227、228、238—240。

——[《土地纲领草案》]([Проект аграрной программы].—«Партийные Известия», [Спб.], 1906, №2, 20 марта, стр. 12. Под общ. загл.: Проекты аграрной программы к предстоящему съезду)——326—327、331、332。

[米留可夫,帕·]《冲突的因素》([Милюков, П.] Элементы конфликта.—«Речь», Спб., 1906, №30, 24 марта (6 апреля), стр. 1—2)——267、

270、305。

—圣彼得堡,3 月 29 日。(С.-Петербург,29 марта.—«Речь»,Спб.,1906,№34,29 марта(11 апреля),стр.1)——346。

莫罗佐夫,米·弗·《穆拉托夫和[拉平,А.Ф.]特罗菲莫夫[关于社会民主党议会党团的修正案(在俄国社会民主工党第四次(统一)代表大会第 21 次会议上提出)]》([Морозов,М.В.]Муратов и[Лапин,А.Ф.]Трофимов.[Поправка о парламентской социал-демократической фракции,внесенная на 21-м заседании IV(Объединительного)съезда РСДРП].—В кн.:Протоколы Объединительного съезда РСДРП, состоявшегося в Стокгольме в 1906 г.М.,тип.Ивавова,1907,стр.299)——349。

穆拉托夫——见莫罗佐夫,米·弗·。

纳波柯夫,弗·《彼得堡的胜利》(Набоков,В. Петербургская победа.—«Вестник Партии Народной Свободы»,Спб.,1906,№5,28 марта,стлб. 273—276)——253。

[纳科里亚科夫,尼·尼·]斯托多林[《关于俄国社会民主工党议会党团组成的修正案(在俄国社会民主工党第四次(统一)代表大会第 21 次会议上提出)》]([Накоряков,Н.Н.]Стодолин.[Поправка о составе парламентской фракции РСДРП, внесенная на 21-м заседании IV(Объединительного)съезда РСДРП].—В кн.:Протоколы Объединительного съезда РСДРП,состоявшегося в Стокгольме в 1906 г.М.,тип.Иванова,1907,стр.301)——350、351、361。

尼古拉·—逊——见丹尼尔逊,尼·弗·。

涅克拉索夫,尼·阿·《抒情喜剧〈熊猎〉中的几场》(Некрасов,Н.А.Сцены из лирической комедии«Мдвежья охота»)——271。

帕尔乌斯《托洛茨基〈1 月 9 日以前〉小册子的序言》(Парвус.[Предисловие к книге:Троцкий,Н. До девятого января].—В кн.:[Троцкий,Л.Д.]До девятого января. С предисл. Парвуса. Женева,тип. партии,1905,стр. I—XIV.(РСДРП).Перед загл.авт.:Н.Троцкий)——198、304、318。

普列汉诺夫,格·瓦·《俄国社会党人同饥荒作斗争的任务》(Плеханов,Г.В. О задачах социалистов в борьбе с голодом в России.(Письма к молодым товарищам). Женева, тип. «Социал-Демократа», 1892. 89 стр. (Б-ка современного социализма. Вып. 10))——216。

—《俄国社会民主工党纲领草案》(Проект программы Российской социал-демократической рабочей партии.—«Заря», Stuttgart, 1902, №4, август, стр. 11—39, в отд.: А.)——221—222、225、226。

—《关于杜马选举(答С.同志)》(О выборах в Думу. (Ответ товарищу С.).—«Дневник Социал-Демократа», Женева, 1906, №5, март, стр. 32—39)——243、244、245、246、247—248、273、276、339。

—《关于俄国的土地问题》(К аграрному вопросу в России.—«Дневник Социал-Демократа», Женева, 1906, №5, март, стр. 1—20)——220、221—222、226。

—《全俄经济破产》(《社会民主党人》杂志第4期抽印本)(Всероссийское разорение. (Отдельный оттиск из №4 «Социал-Демократа»). Женева, тип. «Социал-Демократа», 1892. 37 стр.)——216。

—《全俄经济破产》(载于1892年《社会民主党人》杂志第4期第65—101页)(Всероссийское разорение.—«Социал-Демократ», Женева, 1892, кн. 4, стр. 65—101)——216。

—《社会民主主义的劳动解放社纲领》(Программа социал-демократической группы «Освобождение труда». Женева, тип. группы «Освобождение труда», 1884. 10 стр.)——88、215—216。

—《我们的处境》(Наше положение.—«Дневник Социал-Демократа», Женева, 1905, №3, ноябрь, стр. 1—23)——159。

—《我们的意见分歧》(Наши разногласия. Женева, тип. группы «Освобождение труда», 1884. XXIV, 322 стр. (Б-ка современного социализма, Вып. III))——40。

—《再论我们的处境》(Еще о нашем положении. (Письмо к товарищу Х.).—«Дневник Социал-Демократа», Женева, 1905, №4, декабрь стр. 1—12)——159—160、161、162、192、193、194、245、309、354。

普希金,亚·谢·《关于沙皇萨尔坦、他的儿子光荣而威武的勇士格维顿·萨尔坦诺维奇公爵及美丽的天鹅公主的故事》(Пушкин, А. С. Сказка о царе Салтане, о сыне его славном и могучем богатыре князе Гвидоне Салтановиче и о прекрасной царевне Лебеди)——69、302。

萨尔蒂科夫-谢德林,米·叶·《波舍霍尼耶遗风》(Салтыков-Щедрин, М.Е. Пошехонская старина)——235。

—《戈洛夫廖夫老爷们》(Господа Головлевы)——257。

—《蒙列波避难所》(Убежище Монрепо)——47。

—《善意的言论》(Благонамеренные речи)——280。

—《时代特征》(Признаки времени)——49、280。

—《玩偶小人》(Игрушечного дела людишки)——260。

—《五光十色的信》(Пестрые письма)——94、245。

—《一年四季》(Круглый год)——8、92。

—《在国外》(За рубежом)——233。

—《葬礼》(Похороны)——8、92。

—《致婶母书信集》(Письма к тетеньке)——235、297。

司徒卢威,彼·伯·《俄国经济发展问题的评述》(Струве, П. Б. Критические заметки к вопросу об экономическом развитии России. Вып. I. Спб., тип. Скороходова, 1894. X, 293 стр.)——308。

—《革命》(Революция.—«Полярная Звезда», Спб., 1905, №1, 15 декабря, стр.5—17)——300。

—《两个罢工委员会》(Два забастовочных комитета.—«Полярная Звезда», Спб., 1905, №3, 30 декабря, стр.223—228)——257—258、300、315。

—《两个俄罗斯》(Две России.—«Полярная Звезда», Спб., 1906, №6, 19 января, стр.379—382)——300、315。

—《在最后的时刻》(В последнюю минуту.—«Полярная Звезда», Спб., 1905, №1, 15 декабря, стр.86—89)——300、315。

—《政论家札记》(Заметки публициста. Съезд союза 17-го октября и созыв Государственной думы.—«Полярная Звезда», Спб., 1906, №10, 18 февраля, стр.733—737)——261。

斯基塔列茨,斯·《四周静悄悄》(Скиталец, С. «Тихо стало кругом»)——261、263。

斯捷潘诺夫——见斯克沃尔佐夫-斯捷潘诺夫,伊·伊·。

斯克沃尔佐夫-斯捷潘诺夫,伊·伊·《远方来信》(Скворцов-Степанов,И.И. Издалека.—В кн.:[Текущий момент].Сборник.М.,тип.Поплавского,1906,стр.1—23.Подпись:И.Степанов)——242。

斯托多林——见纳科里亚科夫,尼·尼·。

[斯托雷平,亚·阿·]斯—平,亚·《札记》([Столыпин,А.А.]Ст—н,А. Заметки.—«Новое Время»,Спб.,1906,№10784,23 марта(5 апреля),стр. 3)——253—254。

[苏沃洛夫,谢·亚·]波里索夫[《土地纲领草案》]([Суворов,С.А.]Борисов. [Проект аграрной программы].—В кн.:Протоколы Объединительного съезда РСДРП,состоявшегося в Стокгольме в 1906 г.М.,тип.Иванова,1907,стр.55—56)——333。

唐恩,费·《国家杜马和无产阶级》(Дан,Ф.Государственная дума и пролетариат.—В кн.:Государственная дума и социал-демократия.[Спб.,«Пролетарское Дело»],1906,стр.9—32)——246、251。

[托洛茨基,列·达·]圣彼得堡,10月20日。([Троцкий,Л.Д.]Петербург,20 окт.—«Известия Совета Рабочих Депутатов»,[Спб.],1905,№3,20 октября,стр.1)——66、69。

—《1月9日以前》(До девятого января.С предисл.Парвуса.Женева,тип. партии,1905.XIV,64 стр.(РСДРП).Перед загл.авт.:Н.Троцкий)——198、304、318。

瓦·沃·——见沃龙佐夫,瓦·巴·。

[维特,谢·尤·]《御前大臣维特伯爵的奏折》([Витте,С.Ю.]Всеподданнейший доклад статс-секретаря графа Витте.—«Правительственный Вестник»,Спб.,1905,№222,18(31)октября,стр.1)——368。

沃多沃佐夫,瓦·《政府的失败》(Водовозов,В.Поражение правительства.—«Наша Жизнь»,Спб.,1906,№406,29 марта(11 апреля),стр.1—2)——346。

[沃龙佐夫,瓦·巴·]瓦·沃·《俄国资本主义的命运》([Воронцов,В.П.]В. В.Судьбы капитализма в России.Спб.,тип.Стасюлевича,1882.312 стр.)

——43。

辛比尔斯基,H.《杜马和社会民主党人》(Симбирский,Н. Дума и социал-демократы.—«Слово»,Спб.,1906,№429,1(14)апреля,стр.6)——243。

一工人《我们组织内的工人和知识分子》(Рабочий. Рабочие и интеллигенты в наших организациях. С предисл. П. Аксельрода. Изд. РСДРП. Женева, тип.партии,1904.56 стр.(РСДРП))——78。

伊克斯——见马斯洛夫,彼·巴·。

伊兹哥耶夫,亚·索·《无产阶级专政》(Изгоев,А.С.«Диктатура пролетариата».—«Полярная Звезда»,Спб.,1906,№10,18 февраля,стр.715—724)——257—258。

约翰——见马斯洛夫,彼·巴·。

*　　*　　*

《奥赫塔区关于国家杜马选举的决议(在俄国社会民主工党彼得堡全市代表会议(第二次)上提出)》([Резолюция Охтинского района о выборах в Государственную думу, внесенная на Петербургской общегородской конференции РСДРП(II). Конец февраля—начало марта 1906 г.] Рукопись)——172—173。

《报刊纵览》(Среди газет и журналов.—«Новое Время»,Спб.,1905,№10608,13(26)сентября,стр.3)——11。

《北方呼声报》(圣彼得堡)(«Северный Голос»,Спб.)——295。

《北极星》杂志(圣彼得堡)(«Полярная Звезда»,Спб.)——289、296、308。

—1905,№1,15 декабря,стр.15—17,86—89.——300、315。

—1905,№2,22 декабря,стр.146—155.——289。

—1905,№3,30 декабря,стр.223—228.——257、300、315。

—1906,№6,19 января,стр.379—382.——300、315。

—1906,№10,18 февраля,стр.687—705,715—724,733—737.——257、259、261。

《被驱逐的宪兵在铁路上行刺》(Eisenbahnattentät der verjagten Gendarmen.—«Neue Freie Presse»,Morgenblatt,Wien,1905,N 14801,5. November,S.5)——71。

[《崩得同俄国社会民主工党统一的条件草案(俄国社会民主工党第四次(统一)代表大会通过)》]([Проект условия объединения Бунда с РСДРП, принятый на IV(Объединительном)съезде РСДРП].—В кн.:Протоколы Объединительного съезда РСДРП,состоявшегося в Стокгольме в 1906 г. М.,тип.Иванова,1907,стр.362—363)——357、358。

《比利时独立报》(布鲁塞尔)(«L'Indépendance Belge»,Bruxelles,1905,30 octobre)——369。

《彼得堡的激进思潮》(Radikale Strömungen in Petersburg.—«Neue Freie Presse», Morgenblatt, Wien, 1905, N 14801, 5. November, S. 4)——72、73。

《彼得堡的消息》(Петербургские вести.[Речь Николая II к депутации дворян Владимирской губернии].—«Московские Ведомости», 1906, №41, 14(27)февраля,стр.4)——225。

[《彼得堡市各部队士兵的要求》]([Требования солдат воинских частей г. Петербурга].—«Новая Жизнь»,Спб.,1905,№13,15 ноября,стр. 3. Под общ. загл.:Среди солдат)——103—104。

[《波兰王国和立陶宛社会民主党同俄国社会民主工党合并的条件(俄国社会民主工党第四次(统一)代表大会通过)》]([Условия слияния СДПиЛ с РСДРП,принятые на IV(Объединительном)съезде РСДРП].—В кн.: Протоколы Объединительного съезда РСДРП, состоявшегося в Стокгольме в 1906 г.М.,тип.Иванова,1907,стр.345—348)——358。

《波罗的海沿岸地区各大学的情况》(Die Zustände auf den baltischen Hochschulen.—«Vossische Zeitung», Berlin, 1905, N 493, 20. Oktober, S. 2. Unter dem Gesamttitel:Die Wirren in Rußland)——20。

《柏林改革报》(«Berliner Reform»,1865,N 53,3.März,S.2)——304。

—N 67,19.März.Beilage,S.2.——304。

《不列颠工人运动和工联代表大会》(Британское рабочее движение и конгресс тред-юнионов.(Перевод с немецкого).Лондон,10-го сентября.—«Пролетарий»,Женева,1905,№23,31(18) октября,стр.7,в отд.:Иностранное обозрение)——25。

《大批海军士兵的被捕》(Massenverhaftungen von Matrosen.(Telegramm der «Neuen Freien Presse»).—«Neue Freie Presse», Morgenblatt, Wien, 1905, N 14801, 5, November, S.5)——72。

《大宪法》(A constitution grandet.Count Witte prime-minister.(From a correspondent).—«The Times», London, 1905, N 37,852, October 31, p.5. Under the general title: Colonial and foreign intelligence. The crisis in Russia)——26、29、368。

《党内消息报》[圣彼得堡](«Партийные Известия»,[Спб.])——347。

—1906,№2,20 марта,стр.5—9,9—11,12.——199、281、313、318、326—327、330、331、332、337、338、347、353—354、355。

《党章[俄国社会民主工党第三次代表大会通过]》(Устав партии,[принятый на III съезде РСДРП].—В кн.: Третий очередной съезд Росс. соц.-дем. рабочей партии. Полный текст протоколов. Изд. ЦК. Женева, тип. партии, 1905, стр. XXVIII—XXIX.(РСДРП))——77、78。

《德法年鉴》杂志(巴黎)(«Deutsch-Französisch Jahrbücher», Paris, 1844, Lfrg.1—2, S.71—85)——131—132。

《对国家杜马代表扎·斯·米申的评述》(Для характеристики чл. Гос[ударственной] думы З. С. Мишина.—«Русское Государство», Спб., 1906, №47, 28 марта(10 апреля), стр.1, в отд.: К выборам)——334—335。

《多数派代表会议的决议》[传单](Резолюция конференции большинства. [Листовка]. Б. м., тип. ЦК РСДРП, [декабрь 1905]. 2 стр.)——145、149—150、154。

《俄国的改革》(Reform in Russia.(From a correspondent).St.Petersburg, Oct. 23.—«The Times», London, 1905, N 37,846, October 24, p.5)——21。

《俄国社会民主党组织代表会议》(Конференция социал-демократических организаций в России. Резолюция о Государственной думе.—«Пролетарий», Женева, 1905, №22, 24(11) октября, стр.1)——7—8、16、17。

《俄国社会民主工党彼得堡市代表会议记录》(Протоколы Петербургской общегородской конференции РСДРП. 11(24) февраля 1906 г. Рукопись)

——165、166—167、168、169、170。

《俄国社会民主工党彼得堡市代表会议(第二次)记录》(Протоколы Петербургской общегородской конференции РСДРП(II).Конец февраля—начало марта 1906 г.Рукопись)——172—173、174—175、176、177、179。

[《俄国社会民主工党彼得堡委员会的报告(1906年2月11日(24日)在彼得堡市代表会议上)》]([Доклад Петербургского комитета РСДРП на Петербургской общегородской конференции РСДРП 11(24)февраля 1906 г.].Рукопись)——169。

《俄国社会民主工党第二次代表大会通过的主要决议》(Главнейшие резолюции,принятые на Втором съезде Российской соц.-дем.рабочей партии.—В кн.:Второй очередной съезд Росс.соц.-дем.рабочей партии.Полный текст протоколов. Изд. ЦК. Женева, тип. партии, [1904], стр. 12 — 18.(РСДРП))——79。

《[俄国社会民主工党第三次代表大会通过的]主要决议》(Главнейшие резолюции,[принятые на Третьем съезде Российской соц.-дем.рабочей партии.]—В кн.:Третий очередной съезд Росс.соц.-дем.рабочей партий.Полный текст протоколов.Изд.ЦК.Женева,тип.партии,1905,стр.XVI—XXVII.(РСДРП))——79、284。

《俄国社会民主工党第二次(例行)代表大会》(Второй очередной съезд Росс.соц.-дем.рабочей партии.Полный текст протоколов.Изд.ЦК.Женева,тип.партии,[1904].397,II стр.(РСДРП))——57、79、87、110—111、133、134、136、196—197、215、217—218、219—220、221、222、223、224、228、272、335。

《俄国社会民主工党第三次(例行)代表大会》(Третий очередной съезд Росс.соц.-дем.рабочей партии.Полный текст протоколов.Изд.ЦК.Женева,тип.партии,1905.XXIX,400 стр.(РСДРП))——77、78、79、80、84、85、89、160、162、219—220、284。

《[俄国社会民主工党第四次(统一)代表大会]议程》(Порядок дня[IV(Объединительного)съезда РСДРП].—В кн.:Протоколы Объединительного съезда РСДРП,состоявшегося в Стокгольме в 1906 г.М.,тип.

Иванова,1907,стр.3)——325。

《[俄国社会民主工党][第四次(统一)]代表大会的决定和决议》(Постановления и резолюции[IV(Объединительного)]съезда[РСДРП].—В кн.:Протоколы Объединительного съезда РСДРП,состоявшегося в Стокгольме в 1906 г.М.,тип.Иванова,1907,стр.413—420,в отд.:Приложение II)——360、362、363。

《俄国社会民主工党纲领(党的第二次代表大会通过)》(Программа Российской соц.-дем.рабочей партии,принятая на Втором съезде партии.—В кн.:Второй очередной съезд Росс.соц.-дем.рабочей партии.Полный текст протоколов.Изд.ЦК.Женева,тип.партии,[1904],стр.1—6.(РСДРП))——57、79、86—87、110、134、136、197、215、217—218、221、222、223—224、228、273、335。

《俄国社会民主工党纲领(党的第二次代表大会通过)》(Программа Российской социал-демократич.рабочей партии,принятая на Втором съезде партии.—«Новая Жизнь»,Спб.,1905,№1,27 октября.Приложение к №1«Новой Жизни»,стр.1)——51。

《俄国社会民主工党纲领草案》(Проект программы Российской социал-демократической рабочей партии.(Выработанный редакцией«Искры»и «Зари»).—«Искра»,[Лондон],1902,№21,1 июня,стр.1—2)——217。

《俄国社会民主工党统一代表大会的决定和决议》(Постановления и резолюции Объединительн.съезда Российской социал-демократической рабочей партии.[Листовка].[Спб.],тип.Центрального Комитета,[1906].4 стр.(РСДРП))——360。

《俄罗斯报》(《评论报》)(圣彼得堡)(«Русь»(«Молва»),Спб.)——116、253、266、267、268、301。

—1905,№21,16(29)ноября,стр.1.——102。

—1905,№26,21 ноября(4 декабря),стр.1—2.——114、116、117、118。

—1905,№27,22 ноября(5 декабря),стр.2,3.——114—115。

《俄罗斯国家报》(圣彼得堡)(«Русское Государство»,Спб.)——346。

—1906,№47,10 апреля(28 марта),стр.1.——334—335。

《俄罗斯新闻》(莫斯科)(«Русские Ведомости»,М.)——49。

—1906,№1,1 января,стр.3—5.——293。

—1906,№40,10 февраля,стр.3.——257—258、259、272—273、286、287、288、289。

—1906,№76,19 марта,стр.4—5.——252。

《法兰克福报》(美茵河畔法兰克福)(«Frankfurter Zeitung»,Frankfurt am Main,1905,26.Oktober)——365。

《法学》(圣彼得堡)(«Право»,Спб.,1906,№2,15 января,стлб.90—99)——162。

《芬兰的人民起义》(Die Volkserhebung in Finnland. Russische Kriegsschiffe und Truppen für Finnland.—«Neue Freie Presse»,Morgenblatt,Wien,1905,N 14801,5.November,S.5)——71—72。

《芬兰革命》(Революция в Финляндии.—«Новое Время»,Спб.,1905,№10639,23 октября(5 ноября),стр.5—6)——71—72。

《芬兰省议会的召集》(Einberufung des finländischen Landtages.—«Neue Freie Presse»,Morgenblatt,Wien,1905,N 14801,5.November,S.5)——72。

《福斯报》(柏林)(«Vossische Zeitung»,Berlin,1905,N 493,20.Oktober,S.2)——20。

—1905,N 494,20.Oktober,S.1.——23—24。

《纲领草案("斗争"社制定)》(Проект программы,выработанный группой «Борьба».—В кн.:Материалы для выработки партийной программы.Вып.III. Наша программа.Проект программы группы «Борьба» и комментарий к ней.Изд.группы «Борьба».Женева,1903,стр.3—9.(РСДРП))——217。

《告俄国人民书!》[传单](К русскому народу! [Листовка].ЦК РСДРП.[Спб.],18(31)октября 1905.1 стр.(РСДРП))——30。

《告全党书》[传单][1906 年 1 月](К партии.[Листовка].[Спб.],тип. Объединенного Центрального Комитета,[январь 1906].1 стр.(РСДРП). Подпись.Объединенный Центральный Комитет РСДРП)——176。

《告全党书》[传单][1906 年 2 月](К партии.[Листовка].[Спб.],тип.

Объединенного Центрального Комитета，[февраль 1906]. 4 стр.（РСДРП）. Подпись：Объединенный Центральный Комитет РСДРП）——200。

《革命俄国报》[日内瓦]（«Революционная Россия»，[Женева]，1905，№75，15 сентября，стр.1—3）——39、42—43、372。

《给执政参议院的命令[关于保障自由和正确选举国务会议和国家杜马的暂行规定]》（Указ правительствующему Сенату[о временных правилах об ограждении свободы и правильности выборов в Государственный совет и Государственную думу].—«Правительственный Вестник»，Спб.，1906，№57，11（24）марта，стр.1，в отд.：Действия правительства）——247。

《给执政参议院的命令[关于重审国家杜马机构]》（Указ правительствующему Сенату[о пересмотре учреждения Государственной думы].—«Правительственный Вестник»，Спб.，1906，№41，21 февраля（6 марта），стр. 2）——185。

《给执政参议院的命令[关于改组国务会议]》（Указ правительствующему Сенату[о переустройстве Государственного совета].—«Правительственный Вестник»，Спб.，1906，№41，21 февраля（6 марта），стр，1—2）——185。

《给执政参议院的命令[关于修改与补充国家杜马的选举条例]》（Указ правительствующему Сенату[об изменениях и дополнениях в положении о выборах в Государственную думу].—«Правительственный Вестник»，Спб.，1905，№268，13（26）декабря，стр.1，в отд.：Действия правительства）——149—150、151、152、184、341。

[《工人代表苏维埃社会革命党代表的信》1905 年 10 月 27 日]（[Письмо делегатов Совета рабочих депутатов，членов партии соц.-революционеров. 27 октября 1905 г.].—«Новая Жизнь»，Спб.，1905，№4，30 октября，стр. 3，в отд.：Письма в редакцию）——58。

《工人代表苏维埃消息报》（圣彼得堡）（«Известия Совета Рабочих Депутатов»，Спб.）——66、92。

—1905，№3，20 октября，стр.1.——66、69。

《[工人代表苏维埃执行委员会的]决议》（Резолюция[Исполнительного Комитета

Совета рабочих депутатов].—«Новая Жизнь», Спб., 1905, №21, 25 ноября, стр.2, в отд.: Хроника)——119、120、121。

《工人论党内分裂》(Рабочие о партийном расколе. Изд. ЦК РСДРП. Женева, тип. партии, 1905. VIII, 9, IV стр. (РСДРП))——78、85—86。

《工人思想报》[圣彼得堡—柏林—华沙—日内瓦](«Рабочая Мысль»[Спб.—Берлин—Варшава—Женева])——14。

《关于从党分裂出去的人员的决议》(Резолюция об отколовшейся части партии. [Главнейшие резолюции, принятые на Третьем съезде РСДРП].—В кн.: Третий очередной съезд Росс. соц.-дем. рабочей партии. Полный текст протоколов. Изд. ЦК. Женева, тип. партии, 1905, стр. XXI—XXII. (РСДРП))——85。

《关于党内两派之间的关系》(Об отношениях между двумя частями партии. [Резолюция первой общерусской конференции партийных работников].—В кн.: Первая общерусская конференция партийных работников. Отдельное приложение к №100«Искры». Женева, тип. партии, 1905, стр. 27. (РСДРП))——85。

《关于对国家杜马的态度》[孟什维克在俄国社会民主工党第四次(统一)代表大会上提出的决议草案初稿](Об отношении к Государственной думе. [Первоначальный проект резолюции, внесенный меньшевиками на IV (Объединительном) съезде РСДРП])——345—346。

《关于对国家杜马的态度》[孟什维克在俄国社会民主工党第四次(统一)代表大会上提出的决议草案](Об отношении к Государственной думе. [Проект резолюции, внесенный меньшевиками на IV(Объединительном) съезде РСДРП].—В кн.: Протоколы Объединительного съезда РСДРП, состоявшегося в Стокгольме в 1906 г. М., тип. Иванова, 1907, стр. 204—205)——343、345—346、347。

《关于对国家杜马的态度》[俄国社会民主工党第四次(统一)代表大会通过的决议](Об отношении к Государственной думе. [Резолюция, принятая на IV(Объединительном) съезде РСДРП].—там же стр. 414—416, в отд.: Приложение II. Постановления и резолюции съезда)——361。

《关于对农民运动的态度的决议》(Резолюция об отношении к крестьянскому движению.［Главнейшие резолюции, принятые на Третьем съезде РСДРП］.—В кн.:Третий очередной съезд росс.соц.-дем.рабочей партии. Полный текст протоколов.Изд.ЦК.Женева,тип.партии,1905,стр.XX—XXI.(РСДРП))——88—89、160、162、219—220。

《关于夺取政权和参加临时政府》(О завоевании власти и участии во временном правительстве.［Резолюция первой общерусской конференции партийных работников］.—В кн.: Первая общерусская конференция партийных работников. Отдельное приложение к №100 «Искры». Женева, тип. партии,1905,стр.23—24.(РСДРП))——13—14。

《关于俄国社会民主工党第四次代表大会的召开》(К созыву 4-го съезда РСДРП.Ко всем партийным организациям и ко всем рабочим социал-демократам.—«Новая Жизнь»,Спб.,1905,№9,10 ноября,стр.2)——78、81—82。

《关于革命的时局和无产阶级的任务》(О современном моменте революции и задачах пролетариата.［Проект резолюции меньшевиков к IV(Объединительному) съезду РСДРП］.—«Партийные Известия»,［Спб.］, 1906,№2,20 марта,стр.9.Под общ.загл.:Проект резолюций к предстоящему съезду,выработанный группой«меньшевиков»с участием редакторов«Искры»)——281、313。

《［关于国家杜马和国务会议机构变动的］诏书》(Манифест［об изменении учреждения Государственной думы и Государственного совета］.20 февраля(5 марта)1906 г.—«Правительственный Вестник»,Спб.,1906,№41, 21 февраля(6 марта),стр.1)——185。

《关于基辅戒严的情况》(К объявлению военного положения в Киеве.(Из частного письма из Киева).—«Русь»,Спб.,1905,№27,22 ноября(5 декабря),стр.2)——114。

《［关于建立国家杜马的］诏书》(Манифест［об учреждении Государственной думы］.6(19)августа 1905 г.—«Правительственный Вестник»,Спб., 1905,№169,6(19)августа,стр.1)——8、150、151、184。

《关于农民协会的策略》(О тактике крестьянского союза.—В кн.:Постановления съездов крестьянского союза(Учредительного 31 июля— 1 августа и 6—10 ноября 1905 г.).Изд.Северного Обл.Бюро содействия крестьянскому союзу(в С.-Петербурге).Спб.,тип.Клобукова,1905,стр.4—5.(Всероссийский крестьянский союз))——76。

《关于武装起义》[俄国社会民主工党第四次(统一)代表大会通过的决议](О вооруженном восстании.[Резолюция,принятая на IV(Объединительном) съезде РСДРП].—В кн.:Протоколы Объединительного съезда РСДРП, состоявшегося в Стокгольме в 1906 г.М.,тип.Иванова,1907,стр.416—417,в отд.:Приложение II.Постановления и резолюции съезда)——362。

《关于武装起义》[孟什维克向俄国社会民主工党第四次(统一)代表大会提出的决议草案](О вооруженном восстании.[Проект резолюции меньшевиков к IV(Объединительному)съезду РСДРП].—«Партийные Известия»,[Спб.],1906,№2,20 марта,стр.10.Под общ.загл.:Проект резолюций к предстоящему съезду,выработанный группой«меньшевиков»с участием редакторов«Искры»)——330。

《关于武装起义》[孟什维克在俄国社会民主工党第四次(统一)代表大会上提出的决议草案](О вооруженном восстании.[Проект резолюции меньшевиков,фигурировавший на IV(Объединительном)съезде РСДРП])——353—355。

《关于武装起义的决议》[俄国社会民主工党第三次代表大会通过的主要决议]——见列宁,弗·伊·《关于武装起义的决议》。

《关于游击行动》(О партизанских выступлениях.О партизанских действиях.[Резолюция,принятая на IV(Объединительном)съезде РСДРП].—В кн.:Протоколы Объединительного съезда РСДРП,состявшегося в Стокгольме в 1906 г.М.,тип.Иванова,1907,стр.417—418,в отд.:Приложение II,Постановления и резолюции съезда)——361—362。

《关于在农民中的工作》(О работе среди крестьян.[Резолюция первой общерусской конференции партийных работников].—В кн.:Первая общерусская конференция партийных работников.Отдельное приложение к №100

«Искры». Женева, тип. партии, 1905, стр. 21—23. (РСДРП))——89、160、162、219—220。

《关于召开立宪会议的草案》(К проекту о созыве Учредительного собрания. (В Союзе союзов). —«Наша Жизнь», Спб., 1905, №338, 19 ноября (2 декабря), стр. 1)——112—113。

《国家杜马》(Государственная дума. [Ход выборов по городам]. —«Наша Жизнь», Спб., 1906, №405, 28 марта (10 апреля), стр. 3)——249。

《国家杜马的选举》(К выборам в Государственную думу. —«Русские Ведомости», М., 1906, №40, 23(10) февраля, стр. 3)——257、259、272、285—286、287、288、289。

《国家杜马和社会民主党》(Государственная дума и социал-демократия. [Спб., «Пролетарское Дело»], 1906. 32 стр.)——245、248、251。

《国民经济》(圣彼得堡)(«Народное Хозяйство», Спб., 1905, №10, 25 декабря (7 января 1906), стр. 3)——146。

《赫尔曼》(伦敦)(«Hermann», London, 1865, 18. März)——304—305。

《火星报》(旧的、列宁的)[莱比锡—慕尼黑—伦敦—日内瓦](«Искра» (старая, ленинская), [Лейпциг—Мюнхен—Лондон—Женева])——34、217、316。

《火星报》(新的、孟什维克的)[日内瓦](«Искра» (новая, меньшевистская), [Женева])——7、13、14、16—17、18、243。

《火星报》[慕尼黑](«Искра», [Мюнхен], 1901, №3, апрель, стр. 1—2)——217。

—[Лондон], 1902, №21, 1 июня, стр. 1—2.——217、218—219。

—1902, №24, 1 сентября, стр. 1.——316。

—1902, №26, 15 октября, стр. 1.——316。

—1903, №37, 1 апреля, стр. 2—3.——316。

—[Женева], 1905, №105, 15 июля, стр. 2—3.——78、85。

—1905, №111, 24 сентября, стр. 6.——7。

—1905, №112, 8 октября, стр. 4.——16、17。

《解放》杂志(斯图加特—巴黎)(«Освобождение», Штутгарт—Париж)——

13、17、18、49、128、283、308、309、316。

—Париж,1905,№74,26(13)июля,стр.398—402.——309。

《局势的尖锐化》(Zuspitzung der Lage.—«Vossische Zeitung»,Berlin,1905,N 494,20. Oktober, S. 1. Unter dem Gesamttitel: Die Wirren in Rußland)——23—24。

[喀山](《新自由报》电)彼得堡([In Kasan].(Telegramm der«Neuen Freien Presse»).Petersburg.—«Neue Freie Presse»,Abendblatt,Wien,1905,N 14800 ,4.November,S.2)——71。

《开端报》(圣彼得堡)(«Начало»,Спб.)——295、301。

[《拉脱维亚社会民主工党同俄国社会民主工党统一的条件草案(俄国社会民主工党第四次(统一)代表大会通过)》]([Проект условий объединения Лат. СДРП с РСДРП, принятый на IV (Объединительном) съезде РСДРП].—В кн.: Протоколы Объединительного съезда РСДРП, состоявшегося в Стокгольме в 1906 г.М.,тип.Иванова,1907,стр.353—354)——358。

《浪潮报》(圣彼得堡)(«Волна»,Спб.,1906,№12,9 мая,стр.3)——343。

《[立宪民主党]第二次代表大会决定(1906 年 1 月 5—11 日)》(Постановления II съезда [конституционно-демократической партии] 5—11 января 1906 г.и программа.Спб.,1906.32 стр.)——258—259。

《立宪民主党纲领(1905 年 10 月 12—18 日建党大会制定)》(Программа конституционно-демократической партии, выработанная учредительным съездом партии 12—18 октября 1905 г.Б.м.,[1905].1 стр.)——256—257、258。

《每日电讯》(伦敦—曼彻斯特)(«The Daily Telegraph»,London—Manchester)——5。

《"孟什维克"派及〈火星报〉编辑向本次代表大会提出的决议草案》(Проект резолюций к предстоящему съезду,выработанный группой«меньшевиков» с участием редакторов«Искры».—«Партийные Известия»,[Спб.],1906,№2,20 марта,стр.9—11)——281、313—314、317、318、330、338—339、354—355。

《民兵的组建》(Bildung von Nationalgarden.—«Neue Freie Presse»,Morgenblatt,Wien,1905,N 14801,5.November,S.5)——72。

《莫斯科的立宪民主党候选人》(Кандидаты партии к.-д.в Москве.—«Наша Жизнь»,Спб.,1906,№401,23 марта(5 апреля),стр.4,в отд.:Выборы и партии)——243。

《莫斯科新闻》(«Московские Ведомости»)——11、225、276、293。

—1881,№65,6 марта,стр.2—3.——270—272。

—1906,№18,21 января(3 февраля),стр.2.——225。

—1906,№19,22 января(4 февраля),стр.2.——225。

—1906,№41,14(27)февраля,стр.4.——225。

—1906,№42,15(28)февраля,стр.1.——225。

[《目前形势》]([Текущий момент].Сборник.М.,тип.Поплавского,1906,[291] стр.)——221、222、223、242。

《南俄组织成立代表会议关于国家杜马的决议》(Резолюция Учредительной конференции южных организаций по поводу Государственной думы.—«Искра»,[Женева],1905,№111,24 сентября,стр.6)——7—8。

《尼古拉二世的宣言》(Le Manifeste Nicolas II.—«Le Temps»,Paris,1905,N 16205,1 novembre.Sous le titre général:Bulletin de I'Étranger)——30。

《农民协会代表大会的决定(1905 年 7 月 31 日—8 月 1 日成立大会和 11 月 6—10 日代表大会)》(Постановления съездов крестьянского союза (Учредительного 31 июля—1 августа и 6—10 ноября 1905 г.).Изд. Северного Обл.Бюро содействия крестьянскому союзу(в С.-Петербурге). Спб.,тип,Клобукова,1905.16 стр.(Всероссийский крестьянский союз)) ——76、90—91、226。

《评论报》(圣彼得堡)(«Молва»,Спб.)——274。

—1905,№2,6(19)декабря,стр.3.——153。

—1905,№23,31 декабря(13 января),стр.4.——219、220—221。

—1906,№18,22 марта(4 апреля),стр.1—2,3.——254、255。

—1906,№19,23 марта(5 апреля),стр.2.——254。

《前进报》(柏林)(«Vorwärts»,Berlin,1906,N 23,28.Januar,S.1)——192、

193—195。

《前进报》(日内瓦)(«Вперед»,Женева)——219。

—1905,№11,23(10)марта,стр.1.——219。

《青年俄罗斯报》(圣彼得堡)(«Молодая Россия»,Спб.,1906,№1,4 января,стр.3—4)——158—159。

《全俄党的工作者第一次代表会议》(Первая общерусская конференция партийных работников. Отдельное приложение к №100«Искры». Женева,тип. партии,1905.31 стр.(РСДРП))——13—14、18、85、89、160、162、220。

《[全俄党的工作者第一次]代表会议通过的决议》(Резолюции,принятые[первой общерусской] конференцией [партийных работников].—В кн.:Первая общерусская конференция партийных работников. Отдельное приложение к №100«Искры». Женева,тип. партии,1905,стр. 15—28.(РСДРП))——18。

《全俄农民协会成立大会记录》(Протокол Учредительного съезда Всероссийского крестьянского союза. Спб.,тип. Фридберга,1905.48 стр.)——226。

《全国代表会》(Общий совет депутатов.—«Русь»,Спб.,1905,№26,21 ноября (4 декабря),стр.1—2)——114、115、116、117、118。

《人民自由报》(圣彼得堡)(«Народная Свобода»,Спб.)——265—266。

—1905,№5(9144),20 декабря(2 января 1906),стр. 1.——154—155、265—266。

《人民自由党通报》杂志(圣彼得堡)(«Вестник Партии Народной Свободы»,Спб.,1906,№5,28 марта,стлб.273—276)——253—254。

《日内瓦日报》(«Journal de Genève»,1905,26 octobre)——365、366。

塞瓦斯托波尔,11 月 5 日。(Севастополь,15—XI.—«Русь»,Спб.,1905,№21,16 (29) ноября,стр. 1,в отд.:Телеграммы. Подобщ. загл.:Положение в Севастополе)——102。

《沙皇和改革》(The Tsar and the reformers.(From a correspondent).—«The Times»,London,1905,N 37,842,October 19,p. 9. Under the general title:Colonial and foreign intelligence)——10—11。

《社会革命党纲领和组织章程(党的第一次代表大会批准)》(Программа и

организационный устав партии социалистов-революционеров，утвержденные на первом партийном съезде. Изд. Центрального комитета п.с.-р. Б. м.，тип. партии соц.-рев.，1906，32 стр.）——109。

《社会民主党人》（日内瓦）（«Социал-Демократ»，Женева，1892，кн.4，стр.65—101）——216。

《社会民主党人报》（柏林）（«Social-Demokrat»，Berlin，1865，N 29，3. März，S. 4）——304—305。

《社会民主党人报》（苏黎世）（«Der Sozialdemokrat»，Zürich，1884，N 11，13. März，S.1—3）——304—305。

《社会民主党人日志》（日内瓦）（«Дневник Социал-Демократа»，Женева，1905，№3，ноябрь，стр.1—23）——159。

—1905，№4，декабрь，стр.1—12.——159—160、161、162、192、193、194、245、309、354。

—1906，№5，март，стр.1—20，32—39.——220、221、222、226、243、244、245、246、247—248、273、339。

—1906，№6，август.——246。

《谁使立宪民主党人获得成功》（Кто дал успех кадетам.—«Молва»，Спб.，1906，№19，23 марта（5 апреля），стр.2）——254。

圣彼得堡，3月31日。（С.-Петербург，31 марта.—«Наша Жизнь»，Спб.，1906，№408，31 марта（13 апреля），стр.1）——266。

《时报》（巴黎）（«Le Temps»，Paris）——30、47。

—1905，26 octobre.——366。

—1905，N 16205，1 novembre.——30。

《世间》杂志（圣彼得堡）（«Мир Божий»，Спб.，1906，№1，январь，стр.63—81）——220、221、222。

《首都选举的意义》（Значение столичных выборов.—«Новое Время»，Спб.，1906，№10783，22 марта（4 апреля），стр.3）——253—254。

《曙光》杂志（斯图加特）（«Заря»，Stuttgart）——217、316。

—1901，№2—3，декабрь，стр.60—100.——316。

—1902，№4，август，стр.11—39，152—183.——219、222、224、225、230。

《私有制的不可侵犯性》(Неприкосновенность собственности.—«Московские Ведомости»,1906,№19,22 января(4 февраля),стр. 2. Под общ. загл.: Москва,21 января)——225。

《泰晤士报》(伦敦)(«The Times»,London)——5。

—1905,N 37,842,October 19,p.9.——10。

—1905,N 37,846,October 24,p.5.——21。

—1905,N 37,852,October 31,p.5.——26、29、368。

[特维尔](《新自由报》电)彼得堡([In Twer].(Telegramm der «Neuen Freien Presse»).Petersburg.—«Neue Freie Presse»,Abendblatt,Wien,1905,N 14800 ,4.November,S.2)——71。

《同人民站在一起还是反对人民》(С народом или против него? —«Молва»,Спб.,1906,№18,22 марта(4 апреля),стр. 2)—— 254、267 — 268、270、305。

《同志报》(圣彼得堡)(«Товарищ»,Спб.)——314。

—1906,№1,15(28)марта,стр.2.——314。

《土地纲领[俄国社会民主工党第四次(统一)代表大会通过]》(Аграрная программа,[принятая на IV(Объединительном)съезде РСДРП].——В листовке:Постановления и резолюции Объединительн.съезда Российской социал-демократической рабочей партии. [Спб.], тип. Центрального Комитета,[1906],стр.1.(РСДРП))——360。

《为被驱逐者辩护》(В защиту гонимого.—«Без Заглавия»,Спб.,1906,№10,26 марта,стр.386—394.Подпись:Б—сов)——293。

《我们的生活报》(圣彼得堡)(«Наша Жизнь»,Спб.)——128、254、266、281、296。

—1905,№336,17(30)ноября,стр.2.——108。

—1905,№338,19 ноября(2 декабря),стр.1.——112。

—1906,№16,3(16)января,стр.3—4.——220、221。

—1906,№399,21 марта(3 апреля),стр.1—2.——268。

—1906,№401,23 марта(5 апреля),стр.1,3,4.——243、254、281—289、291、292、293—294、295、296—301、302、303、305、306、307、308—310、

313、315、318。

—1906,№405,28 марта(10 апреля),стр.2—3.——249、313。

—1906,№406,29 марта(11 апреля),стр.1—2.——346。

—1906,№408,31 марта(13 апреля),стр.1.——266。

《我们对武装起义问题的态度》(Наша позиция в вопросе о вооруженном восстании. Письмо к редактору «Освобождения».—«Освобождение», Париж,1905,№74,26(13)июля,стр.398—402.Подпись:Освобожденец)——309。

《无产阶级在民主革命目前时期的阶级任务》(Классовые задачи пролетариата в современный момент демократической революции.[Проект резолюции большевиков к IV(Объединительному) съезду РСДРП].—«Партийные Известия»,[Спб.], 1906, №2, 20 марта, стр. 6. Под общ. загл.: Проект резолюций. К Объединительному съезду Российской социал-демократической рабочей партии)——337。

《无产者报》(日内瓦)(«Пролетарий»,Женева)——13、17、26、93、199、200。

—1905,№12,16(3)августа—№23,31(18)октября.——7。

—1905,№12,16(3)августа,стр.1.——7。

—1905,№20,10 октября(27 сентября),стр.2—3.——11。

—1905,№21,17(4)октября,стр.2—5.——8。

—1905,№22,24(11)октября,стр.1.——7、17。

—1905,№23,31(18)октября,стр.1—2,3,7.——5、17、25。

—1905,№24,7 ноября(25 октября),стр.1.——54、65。

—1905,№25,16(3)ноября,стр.2—3.——75—76。

《无题》周刊(圣彼得堡)(«Без Заглавия»,Спб.)——291。

—1906,№10,26 марта,стр.386—394,405—413.——293、313。

《小组习气的产物》(Плоды кружковщины.—«Искра»,[Женева], 1905, №112,8 октября,стр.4)——16、17。

《新莱茵报》(科隆)(«Neue Rheinische Zeitung», Köln, 1848, N 165, 15. Dezember,S.1—2)——328。

《新莱茵报》(伦敦—汉堡—纽约)(«Neue Rheinische Zeitung», London—

Hamburg—New York, 1850, Hft. 5 — 6, Mai—Oktober, S. 129 — 180）——190—191、196。

《新生活报》（圣彼得堡）（«Новая Жизнь»,Спб.）——51、79、295、301、303。

—1905,№1,27 октября—№5,1 ноября.——55。

—1905,№1,27октября.Приложение к №1«Новой Жизни»,стр.1.——51。

—1905,№4,30 октября,стр.3.——58。

—1905,№5,1 ноября,стр.1.——55。

—1905,№9,10 ноября,стр.2.——79、81—82。

—1905,№13,15 ноября,стр.2,3.——100、101、102—103。

—1905,№21,25 ноября,стр.2.——119、120。

—1905,№22,26 ноября,стр.1.——295、303。

—1905,№27,2 декабря,стр.1—2.——153。

《新时报》（圣彼得堡）（«Новое Время»,Спб.）——11、46、54、138、300。

—1905,№10608,13(26)сентября,стр.3.——11。

—1905,№10639,23 октября(5 ноября),стр.5—6.——72。

—1906,№10783,22 марта(4 апреля),стр.3.——253。

—1906,№10784,23 марта(5 апреля),стр.3.——253。

《新时代》杂志（斯图加特）（«Die Neue Zeit»,Stuttgart,1895—1896,Jg.XIV, Bd.II,N 32,S.176—181;N 33,S.206—216;N 41,S.459—470）——230—231。

—1895—1896,Jg.XIV,Bd.II,N 42,S.484—491;N.43,S.513—525.——230—231。

—1905—1906,Jg.24,Bd.1,N 13,S.412—423.——192、220、222。

《新自由报》（晚上版）（维也纳）（«Neue Freie Presse»,Abendblatt,Wien,1905, N 14800 ,4.November,S.2）——71。

—Morgenblatt,Wien,1905,N 14801,5.November,S.4,5.——72、73。

《"许多工人中的一工人"的信》——见《致全体觉悟工人同志!》。

《宣言》（Манифест.—«Новая Жизнь», Спб., 1905, №27, 2 декабря, стр. 1）——153。

《宣言》(1905 年 10 月 17 日(30 日))（Манифест.17(30)октября 1905 г.—

«Правительственный Вестник», Спб., 1905, №222, 18(31) октября, стр. 1)——26、28、29、30、35、36、50、51、65、66、69、70、73、102、116、117、137、155、182、327。

《选举》(Выборы.—«Русские Ведомости», М., 1906, №76, 19 марта, стр. 4—5)——252。

《选举运动》(Выборная кампания. (От наших корреспондентов). Москва.—«Речь», Спб., 1906, №30, 24 марта(6 апреля), стр. 5)——249。

《言论报》(圣彼得堡)(«Слово», Спб.)——115、161、226。

—1906, №364, 25 января (7 февраля), стр. 6.——161。

—1906, №382, 12(25) февраля, стр. 1—2。——226。

—1906, №383, 14(27) февраля. стр. 1—2.——226。

—1906, №429, 1(14) апреля, стр. 6.——243。

《言语报》(圣彼得堡)(«Речь», Спб., 1906, №30, 24 марта(6 апреля), стр. 1—2, 5)——249、266、270、305。

—1906, №34, 29 марта(11 апреля), стр. 1.——346。

《1905 年》(1905 год. Внутреннее управление. Право и суд. Народное хозяйство и финансы.—«Русские Ведомости», М., 1906, №1, 1 января, стр. 3—5)——293、294。

[《1906 年 3 月 26 日(4 月 8 日)国家杜马代表选举的总结》]([Итоги выборов в члены Государственной думы 26 марта(8 апреля) 1906 г.].—«Наша Жизнь», Спб., 1906, №405, 28 марта(10 апреля), стр. 2—3, в отд.: Из Москвы)——249。

《1906 年在斯德哥尔摩举行的俄国社会民主工党统一代表大会记录》(Протоколы Объединительного съезда РСДРП, состоявшегося в Стокгольме в 1906 г. М., тип. Иванова, 1907. VI, 420 стр.)——323、324、326、327、328、329、330、332、333、336、338—339、340、343、344、345—346、347、348、349、350、351、352、353、354—355、356、357、358、360、361、362、363。

《在报刊和社会上》(В печати и обществе.—«Русь», Спб., 1905, №27, 22 ноября(5 декабря), стр. 3)——115。

《在官场中》(В бюрократических сферах.—«Наша Жизнь»,Спб.,1906,№399,21 марта(3 апреля),стр.2.Подпись:Л.Л.)——269。

《在协会联合会中》(В Союзе союзов.[Решение Союза союзов об отношении к финансовому манифесту].—«Молва»,Спб.,1905,№2,6(19)декабря,стр.3,в отд.:В союзах)——152—153。

《在最初的印象之中》(Под первым впечатлением.—«Наша Жизнь»,Спб.,1906,№401,23 марта(5 апреля),стр.3.Подпись:Я.Л.)——254—255。

《诏书[和关于帝国(包括芬兰大公国)各项法律的拟定、审查和颁布的基本原则]》(Манифест[и основные положения о составлении, рассмотрении и обнародовании законов, издаваемых для империи со включением Вел.кн. Финляндского].3(15)февраля 1899 г.—«Правительственный Вестник»,Спб.,1899,№28,5(17)февраля,стр.1)——72。

《真理》杂志(莫斯科)(«Правда», М., 1905, декабрь, стр. 243 — 260)——222—223。

—1906,кн.II,январь,стр.74—75.——220、221。

《正统的马克思主义者与农民问题》(Ортодоксальные марксисты и крестьянский вопрос.—«Революционная Россия», [Женева], 1905, №75, 15 сентября,стр.1—3)——39—40、42—43、371、372。

《政党》(Политические партии.—«Товарищ»,Спб.,1906,№1,15(28)марта,стр.2.Подпись:А.Р.)——314。

《政府公告》(Правительственное сообщение.[Речь Николая II к депутации крестьян Щигровского у. Курской губ.].—«Московские Ведомости», 1906, №18, 21 января(3 февраля), стр. 2, в отд.: Постановления и распоряжения правительства)——225。

《政府通报》(圣彼得堡)(«Правительственный Вестник»,Спб.,1899,№28,5(17)февраля,стр.1)——72。

—1905,№169,6(19)августа,стр.1.——8—9、150、151、184。

—1905,№222,18(31)октября,стр.1.——26、28、29、30、35、36、50—51、65、66、69、70、73、102、116、117、137、154—155、182、327、368。

—1905,№268,13(26)декабря,стр.1.——149—150、151、152、184、341。

—1906,№41,21 февраля(6 марта),стр.1—2.——185。

—1906,№57,11(24)марта,стр.1.——247。

《制定党纲的材料》第 2 辑(Материалы для выработки партийной программы. Вып.II.Н.Рязанов.Проект программы«Искры»и задачи русских социал-демократов.Изд. гр. «Борьба». Женева, 1903. 302 стр.(РСДРП))——217—218。

《制定党纲的材料》第 3 辑(Материалы для выработки партийной программы. Вып.III.Наша программа.Проект программы группы«Борьба»и комментарий к ней.Изд.группы«Борьба».Женева,1903.52 стр.(РСДРП))——217—218。

《致地方自治和城市自治人士代表大会的参加者》(Участникам земско-городского съезда.—«Русь»,Спб.,1905,№27,22 ноября(5 декабря),стр.2)——114—115。

《致全体觉悟工人同志!》(Ко всем сознательным товарищам рабочим!(Письмо в редакцию).—«Искра»,[Женева],1905,№105,15 июля,стр.2—3. Подпись:«Рабочий»,один из многих)——78、85。

《自由和文化》杂志(圣彼得堡)(«Свобода и Культура»,Спб.)——289。

《总结》(Итоги.—«Молва»,Спб.,1906,№18,22 марта(4 апреля),стр.1—2)——268、269—270、274。

年　　表

（1905 年 10 月—1906 年 4 月）

1905 年

10 月 13 日（26 日）

写《全俄政治罢工》一文：先从外文报纸上作摘录，拟提纲，作笔记，然后写正文。

复函在彼得堡的玛·莫·埃森，表示不同意她关于中央委员会工作的意见，说自己想很快从国外回到俄国去，希望在俄国出版中央机关报和宣传刊物，强调刊物宣传在革命时期的作用，建议加强武装起义的准备工作。

不晚于 10 月 14 日（27 日）

收到俄国社会民主工党中央委员会 1905 年 10 月 3 日（16 日）从彼得堡的来信，信中说中央委员会同意社会党国际局的建议，由社会党国际局作为中间人安排与孟什维克的组织委员会的谈判，讨论同孟什维克统一的问题。信中还说指派列宁、弗·威·林格尼克和彼·彼·鲁勉采夫作为谈判代表。

10 月 14 日（27 日）

致函在布鲁塞尔的社会党国际局，告知俄国社会民主工党中央委员会同意接受奥·倍倍尔 1905 年 6 月 15 日（28 日）因布尔什维克和孟什维克之间发生分歧而提出召开代表会议的建议，并派列宁、弗·威·林格尼克和彼·彼·鲁勉采夫作为俄国社会民主工党中央委员会的代表出席代表会议；请求尽快确定并告知会议召开的日期。

致函俄国社会民主工党中央委员会，请求授权给他邀请格·瓦·普列汉诺夫参加《新生活报》编辑委员会。

不早于10月14日(27日)

就发表在1905年10月27—29日(公历)英国《泰晤士报》、法国《时报》和德国《福斯报》上的有关俄国革命事变的社论和特约稿的内容作简记。

10月17日(30日)

草拟《势均力敌》提纲。该提纲是为撰写《无产者报》第24号社论而拟的。

10月17日和19日(10月30日和11月1日)之间

由于得到沙皇颁布10月17日宣言的消息,列宁随后更换了《无产者报》第24号的内容。

不早于10月17日(30日)

摘录报纸上关于1905年10月17日(30日)在莫斯科、里加等地的革命事变的报道。

10月17日和25日(10月30日和11月7日)之间

对《无产者报》编辑部工作人员写的关于10月17日沙皇宣言颁布前后的俄国革命事变进程的综合报道进行编辑加工。这一材料发表在1905年10月25日《无产者报》第24号上。

10月18日(31日)以前

对由图拉寄来的关于该市中学生罢课的通讯稿进行编辑加工。这一材料发表在1905年10月18日(31日)《无产者报》第23号上。

为瓦·瓦·沃罗夫斯基的《历史的又一页》一文改写新的标题《资产阶级妥协派和无产阶级革命派》,对文章进行修改。这篇文章发表在《无产者报》第23号上。

对《不列颠工人运动和工联代表大会》一文(作者不详)进行编辑加工并加注释,这篇文章发表在《无产者报》第23号上。

10月18日(31日)

列宁的文章《全俄政治罢工》(社论)、《对政治派别划分的初步总结》、《失败者的歇斯底里》、《革命的里加的最后通牒》、《小丑大臣的计划》和《俄国局势的尖锐化》发表在《无产者报》第23号上。

10月18日(31日)以后

致函俄国社会民主工党敖德萨组织(多数派)成员伊·伊·别洛波尔斯

基和罗·萨·哈尔贝施塔特，告知已收到他们的《给同志们的信》，指出他们在信中所阐述的关于党的统一问题的观点的错误和消除党的分裂的途径。

10月19日(11月1日)

写《革命第一个回合的胜利》一文。

不早于10月19日(11月1日)

从1905年11月1日(公历)维也纳出版的《工人报》上摘录对俄国政治罢工胜利的反应和关于号召为争取奥地利普选权而斗争的材料。

从1905年10月31日和11月1日(公历)柏林出版的《前进报》和伦敦出版的《泰晤士报》上摘录对10月17日沙皇宣言的反应和有关彼得堡工人代表苏维埃发表的号召书以及彼得堡游行示威的材料。

10月20日(11月2日)

在日内瓦俄国社会民主党人集会上作关于俄国最近政治事件的专题报告。

10月21日(11月3日)

收到尼·埃·鲍曼被杀害的电报后，撰写讣告《尼古拉·埃内斯托维奇·鲍曼》。讣告载于10月25日(11月7日)《无产者报》第24号。

不早于10月21日(11月3日)

拜访叶·德·斯塔索娃，告诉她已经知道鲍曼被害的消息，并询问她同鲍曼一起在莫斯科进行革命工作以及有关鲍曼的其他情况。

10月22日(11月4日)

写短评《最新消息》(这篇短评没有发表)。

致函在布鲁塞尔的社会党国际局书记卡·胡斯曼，告知自己被委派为俄国社会民主工党驻社会党国际局的代表。

不早于10月22日(11月4日)

阅读《新自由报》和《新时报》上有关俄国革命运动进一步高涨、沙皇政府企图阻止革命的报道。列宁在以后写的《总解决的时刻临近了》一文中利用了这些材料。

不早于10月24日(11月6日)

摘录《柏林每日小报和商业日报》上的有关全俄政治罢工的材料。

10月25日(11月7日)以前

为撰写《小资产阶级社会主义和无产阶级社会主义》一文,摘录《革命俄国报》第75号社论《正统马克思主义者和农民问题》,并拟定文章提纲。

对关于哈尔科夫大学学生决议的通讯稿进行编辑加工,该决议要求在普遍、直接和不记名投票选举的基础上召开立宪会议。这一稿件发表在《无产者报》第24号上。

10月25日(11月7日)

列宁的文章《革命第一个回合的胜利》(社论)、《小资产阶级社会主义和无产阶级社会主义》、《尼古拉·埃内斯托维奇·鲍曼》发表在《无产者报》第24号上。

在日内瓦作报告。

10月26日或27日(11月8日或9日)

写《总解决的时刻临近了》一文。

10月28日和11月2日(11月10日和15日)之间

摘录《时报》上有关10月17日沙皇宣言颁布以后维特内阁在策略方面的材料。

不早于10月29日(11月11日)

写短评《可贵的招供》(没有写完)。

10月底

致函格·瓦·普列汉诺夫,认为社会民主党统一的问题已经成熟,邀请他参加《新生活报》编委会,并希望同他会见。

致函加·达·莱特伊仁,建议他为《无产者报》和《新生活报》写一篇文章,介绍他同茹·盖得、拉法格、白拉克关于临时革命政府和俄国社会民主党人参加临时政府问题的谈话情况。

11月初

摘录11月13日《时报》上有关德国皇帝威廉二世援助俄国沙皇尼古拉二世镇压革命的材料。

11月1日(14日)

致函在布鲁塞尔的卡·胡斯曼,告知由于自己没有可能真正地承担起在社会党国际局的职务,所以暂时将这一职务交给瓦·瓦·沃罗夫斯基。

11月2日(15日)

写《两次会战之间》一文,文中利用了自己从《时报》上摘录的有关10月17日宣言颁布以后维特内阁的策略的材料。

11月2日—4日(15日—17日)

写《我们的任务和工人代表苏维埃(给编辑部的信)》。

11月2日和5日(15日和18日)之间

自日内瓦启程,经斯德哥尔摩回国。

在斯德哥尔摩等候领取证件,以便秘密返回俄国;同《无产者报》编辑部保持通信联系。

11月3日(16日)

列宁的《总解决的时刻临近了》(社论)一文在《无产者报》第25号上发表。

对维·加里宁(维·阿·卡尔宾斯基)的《农民代表大会》一文作的两处增补发表在《无产者报》第25号上。

11月5日(18日)

自斯德哥尔摩抵达赫尔辛福斯。

夜晚,会见布尔什维克中央委员会战斗技术组成员H.E.布勒宁和弗·米·斯米尔诺夫。

11月5日和7日(18日和20日)之间

致函在日内瓦的娜·康·克鲁普斯卡娅,让她回国时走他走的路线,并告知秘密接头地点。

11月6日(19日)

拜访弗·米·斯米尔诺夫,并同他一起会见尤·西罗拉以及其他芬兰工人运动领导人。

11月8日(21日)

回到彼得堡。在车站受到H.E.布勒宁的迎接。布勒宁临时将列宁安排到自己的姐姐B.E.伊万诺娃家里。

在H.E.布勒宁的姐姐家会见了中央委员列·波·克拉辛及其他党的工作人员。

列宁在当天又搬到俄国社会民主工党中央委员彼·彼·鲁勉采夫

家，后来就是在他家里同娜·康·克鲁普斯卡娅见的面，她是在列宁到达十天以后从日内瓦来到这里的。

拜谒彼得堡普列奥布拉任斯基墓地的"流血星期日"殉难者墓。

在俄国社会民主工党彼得堡委员会扩大会议上，就党对工人代表苏维埃的态度问题发言。

11月8日(21日)以后

致电在佛罗伦萨的阿·瓦·卢那察尔斯基，请他速来彼得堡参加《新生活报》编辑部的工作。

11月9日(22日)

主持《新生活报》编辑部布尔什维克编辑人员和党的积极分子会议，会议确定了编辑部的成员，并制定了该报最近的计划。

出席俄国社会民主工党中央委员会会议，会议一致通过关于召开俄国社会民主工党第四次代表大会的《告各级党组织和全体工人社会民主党人书》。

11月9日和12月3日(11月22日和12月16日)之间

主持《新生活报》编辑部工作(《新生活报》实际上已成为党中央的机关报)。在编辑部主持俄国社会民主工党中央委员会和彼得堡委员会会议，会见党的工作者。

不晚于11月10日(23日)

写《无产阶级和农民》一文。

11月10日(23日)

列宁的《论党的改组》一文的第1节发表在《新生活报》第9号上。

11月12日(25日)

出席在自由经济学会会址召开的彼得堡工人代表苏维埃会议，记录代表的发言。

列宁的《无产阶级和农民》一文作为社论发表在《新生活报》第11号上。

列宁的《两次会战之间》一文作为社论发表在《无产者报》第26号上。

11月12日(25日)以后

两次同党的莫斯科委员会书记维·列·尚采尔及莫斯科委员会委员

马·尼·利亚多夫谈话，解释自己的《无产阶级和农民》一文中关于土地问题的口号，详细询问莫斯科党组织的工作情况，并委托利亚多夫出国商谈关于卡·考茨基、罗·卢森堡、卡·李卜克内西等人参加《新生活报》工作的问题。

11月13日(26日)

列宁的《党的组织和党的出版物》一文在《新生活报》第12号上发表。

在彼得堡工人代表苏维埃会议上，就与资本家同盟歇业作斗争的办法问题发言，并提出关于这个问题的决议案。

11月14日(27日)

彼得堡工人代表苏维埃执行委员会批准列宁起草的关于与同盟歇业作斗争的办法的决定。

11月15日(28日)

列宁的《没有得逞的挑衅》一文和《论党的改组》的第2节发表在《新生活报》第13号上。

写《军队和革命》一文。

11月15日(28日)以后

列宁起草的彼得堡工人代表苏维埃执行委员会关于与同盟歇业作斗争的办法的决定由俄国社会民主工党敖德萨联合委员会印成传单发行。

11月中

在同孟什维克辩论土地问题的辩论会上发言。

在工人集会上作关于目前形势的讲演。

11月16日(29日)

列宁的《论党的改组》一文的第3节和《军队和革命》一文发表在《新生活报》第14号上。

在自由经济学会会址召开的彼得堡党的工作者会议上作题为《社会革命党土地纲领批判》的报告。会议由于警察的干涉而中断。

11月18日(12月1日)

列宁的文章《天平在摆动》和《向敌人学习》发表在《新生活报》第16号上。

11月20日(12月3日)

列宁专门论述立宪会议问题的文章《革命的官样文章和革命事业》发表

在《新生活报》第18号上。

11月23日(12月6日)

列宁的《垂死的专制政府和新的人民政权机关》一文作为社论发表在《新生活报》第19号上。

在维特梅尔中学召开的彼得堡党的工作者会议上，继续作题为《社会革命党土地纲领批判》的报告。

11月24日(12月7日)

写《社会主义和无政府主义》一文。该文发表在《新生活报》第21号上。

11月26日(12月9日)

列宁的《社会主义政党和非党的革命性》一文的前半部分发表在《新生活报》第22号上。

晚上，出席彼得堡工人代表苏维埃执行委员会会议。会议讨论同镇压苏维埃和其他工人组织的沙皇政府进行斗争的策略问题。

11月27日(12月10日)

在《新生活报》编辑部会见阿·马·高尔基。

出席俄国社会民主工党中央委员会会议。会议讨论准备武装起义、进一步加强《新生活报》编辑部组织以及在莫斯科出版布尔什维克报纸《斗争报》等问题。

11月下半月

同彼得堡工人代表苏维埃执行委员会委员和工会理事会委员谈话，研讨工人代表苏维埃将来的工作问题。

在店员工会召集的会议上作关于与同盟歇业作斗争问题的报告。

11月底

列宁领导由他组建的马克思主义者土地问题专家小组的研究活动。

同马·尼·利亚多夫谈话，利亚多夫汇报自己出国的结果，列宁就莫斯科的党的工作问题向利亚多夫作指示。

出席俄国社会民主工党中央委员会会议。会议研究在彼得堡筹建合法的布尔什维克印刷所的问题。

11月

在党的会议上作关于武装起义问题的报告。

在党的一个秘密接头地点同柳·尼·斯塔尔就俄国革命事件、党的工作、工人情绪等问题进行交谈。

11月或12月初

在工人布尔什维克全市会议上作关于目前形势和俄国社会民主工党的任务的报告。

11月—12月3日(16日)

领导参加彼得堡工人代表苏维埃的布尔什维克小组的工作。

11月—12月

出席俄国社会民主工党中央委员会和彼得堡委员会的几次会议。

多次会见《新生活报》国际部主任瓦·瓦·沃罗夫斯基,处理编辑部事务和党内事务。

12月初

在彼得堡工程师协会理事会发表讲话,谈民主派知识分子在革命中的作用问题。

视察地下炸弹制造厂。

12月2日(15日)

列宁的《社会主义政党和非党的革命性》一文的后半部分发表在《新生活报》第27号上。

12月3日(16日)

列宁的《社会主义和宗教》一文发表在《新生活报》第28号上。

出席俄国社会民主工党中央委员会、党的彼得堡委员会和彼得堡工人代表苏维埃执行委员会的联席会议。会议讨论针对查封《新生活报》所采取的对策问题。会议还讨论了武装起义问题。

12月4日(17日)

列宁和娜·康·克鲁普斯卡娅发现警察局的监视之后,转入秘密状态。

12月10日(23日)

出席俄国社会民主工党中央委员会委员、战斗组织的领导人和统一军事组织的领导人的联席会议。会议讨论支援莫斯科武装起义的措施问题。

同娜·康·克鲁普斯卡娅一起启程前往塔墨尔福斯(芬兰)出席俄国社会民主工党第一次代表会议。

12月12日—17日(25日—30日)

领导俄国社会民主工党第一次代表会议的工作;在代表会议上作关于目前形势的报告和关于土地问题的报告。会议通过了列宁提出的关于土地问题的决议。

参加对待国家杜马态度的决议起草委员会的工作;代表会议通过了由委员会起草的关于积极抵制第一届杜马的决议。

出席芬兰社会民主党人在代表会议闭幕这一天组织的晚会。

12月17日(30日)以后

出席俄国社会民主工党中央委员会会议。会议听取了莫斯科布尔什维克委员会委员马·尼·利亚多夫所作的关于莫斯科武装起义过程的报告。

12月22日(1906年1月4日)

在彼得堡出席俄国社会民主工党中央委员会委员和布尔什维克塔墨尔福斯代表会议代表的联席会议,作关于布尔什维克对待国家杜马的策略纲领的报告。

12月下半月

出席俄国社会民主工党中央委员会会议。会议讨论由阿·马·高尔基领导的知识出版社出版社会民主主义丛书问题。

12月底

写《工人政党及其在目前形势下的任务》一文。

1905年12月—1906年1月

多次出席俄国社会民主工党中央委员会和彼得堡委员会的会议,以及党的各种会议。

1905年底或1906年初

拟定《革命的阶段、方向和前途》提纲。

1906年

1906年初—3月中

参加土地委员会的工作,这一委员会是俄国社会民主工党统一的中央委员会为起草提交党的第四次(统一)代表大会的土地纲领而建立的。

1月4日(17日)

列宁的《工人政党及其在目前形势下的任务》一文发表在《青年俄罗斯报》第1号上。

1月上半月

从彼得堡秘密到达莫斯科,在莫斯科了解十二月武装起义后的形势,参观进行街垒战的地方,会见参加武装斗争的莫斯科工人,参加俄国社会民主工党莫斯科委员会写作讲演组会议。

同莫斯科的布尔什维克讨论积极抵制第一届国家杜马的策略。

1月中

由莫斯科返回彼得堡。

1月

写《要不要抵制国家杜马?(“多数派”的行动纲领)》一文。该文于1月由俄国社会民主工党中央委员会多次印成传单发行。

写《国家杜马和社会民主党的策略》一文。

1月或2月

在彼得堡宣传员会议上作关于土地问题的报告。

1月—2月

在第一届国家杜马竞选期间,列宁领导俄国社会民主工党彼得堡党组织的活动,以鼓动员的身份发表演说。

1月以后

读《论土地问题》文集。在彼·马斯洛夫的《代序》和《答纳扎罗夫同志》以及尼·瓦连廷诺夫的《再论土地纲领》等文章上作批注和划着重号。

2月4日(17日)以前

在彼得堡莫斯科关卡区社会民主党组织会议上作《关于国家杜马选举》的报告。

2月7日和3月20日(2月20日和4月2日)之间

参加《党内消息报》第1号和第2号的工作。

2月7日(20日)

列宁的《俄国的目前形势和工人政党的策略》一文在《党内消息报》第1号上发表。

2月11日(24日)以前

在彼得堡布尔什维克党的工作人员会议上作关于积极抵制第一届国家杜马的策略的报告。

2月11日(24日)

领导俄国社会民主工党彼得堡市第一次代表会议的工作。会议讨论对第一届国家杜马的态度问题。列宁在讨论关于郊区组织和维堡区组织出席代表会议的代表资格合法性问题时发言,还就程序问题、彼得堡委员会的报告等问题发言,并提出自己起草的关于抵制杜马的策略的决议案。代表会议多数赞成抵制杜马。

不晚于2月11日(24日)

写短信给美国社会党人莫·希尔奎特,委托阿·马·高尔基转交此信。高尔基是受布尔什维克委派,去美国募集支援俄国革命运动的捐款的。

2月11日(24日)以后

写《告彼得堡市区和郊区全体男女工人书》,号召积极抵制国家杜马。告工人书由俄国社会民主工党统一的彼得堡委员会印成单页出版。

2月底

领导俄国社会民主工党彼得堡市第二次代表会议的工作。会议继续讨论对国家杜马的态度问题。列宁发言为自己提出的抵制策略的决议案进行辩护。列宁还就费·伊·唐恩等人对决议草案第2、3、6、7、8条的修正案多次发言,并向代表会议主席团提交书面声明。代表会议通过了列宁起草的俄国社会民主工党彼得堡组织关于抵制策略的决议。

在党的工作者会议上作关于农村工作的报告。

2月底—3月初

在芬兰库奥卡拉"瓦萨"别墅起草布尔什维克的策略纲领——提交俄国社会民主工党第四次(统一)代表大会的决议草案。

2月底—4月初

不止一次地从库奥卡拉去彼得堡直接参加俄国社会民主工党中央委员会和彼得堡委员会的工作,并出席会议。

2月

同从巴库来的阿·萨·叶努基泽谈话。

出席关于组织彼得堡布尔什维克合法印刷所的会议。

列宁的《土地问题和“马克思的批评家”》一书的第5—9章在《教育》杂志第2期上发表。

2月—3月

多次在彼得堡工人大会上作关于积极抵制杜马的策略的报告。

3月初

从库奥卡拉到彼得堡出席孟什维克组织的土地问题讨论会，在讨论过程中发言驳斥费·伊·唐恩，批判社会革命党人的观点。

3月上半月

列宁赴莫斯科组织讨论他起草的策略纲领——提交俄国社会民主工党第四次(统一)代表大会的决议草案。

两次或三次拜访俄国社会民主工党莫斯科委员会写作讲演组成员伊·伊·斯克沃尔佐夫-斯捷潘诺夫，同他谈党的第四次(统一)代表大会的准备工作、莫斯科十二月武装起义以及莫斯科无产阶级的情绪。

多次拜访莫斯科布尔什维克组织成员谢·伊·米茨凯维奇，同他谈莫斯科十二月武装起义失败以后布尔什维克的策略问题，以及整顿党的工作的问题。

出席俄国社会民主工党莫斯科河南岸区委员会会议；在讨论关于对工人代表苏维埃的态度的决议时发言指出：革命的社会民主党人应该加入非党的群众组织，并在其中开展全面的工作，宣传布尔什维克的革命口号；苏维埃是新政权——无产阶级和农民革命民主专政的萌芽，这一政权应该在武装起义过程中建立起来。

出席俄国社会民主工党莫斯科郊区委员会会议。会议讨论莫斯科组织参加国家杜马选举运动的问题。列宁向郊区委员会指出，他们在这个问题上的立场是错误的。

出席俄国社会民主工党莫斯科委员会委员、莫斯科郊区组织代表、鼓动宣传员组代表、写作组代表、中央委员会莫斯科局代表联席会议。会议讨论布尔什维克提交俄国社会民主工党第四次(统一)代表大会的策略纲领。列宁作报告，阐述党代表大会应该解决的一系列问题，并论述布尔什维克的策略纲领。

自莫斯科抵达彼得堡。

3月中

领导彼得堡布尔什维克小组的一些会议。这些会议是为讨论布尔什维克提交俄国社会民主工党第四次(统一)代表大会的策略纲领而召开的。列宁被选入审定纲领的专门委员会。

3月20日(4月2日)

列宁的《俄国革命和无产阶级的任务》一文和他起草的提交俄国社会民主工党第四次(统一)代表大会的策略纲领发表在《党内消息报》第2号上。

在彼得堡作政治问题讲话,题为《武装起义和无产阶级》。

3月24日—28日(4月6日—10日)

撰写小册子《立宪民主党人的胜利和工人政党的任务》。

3月26日(4月8日)

当选为彼得堡组织出席俄国社会民主工党第四次(统一)代表大会的有表决权的代表。

3月28日(4月10日)以后

从自己的《立宪民主党人的胜利和工人政党的任务》小册子中,就有关苏维埃问题作摘录。

3月30日(4月12日)以后

参加布尔什维克合法的学术、文艺、政治杂志《生活通报》的工作,为该杂志写了两篇文章。列宁在杂志编辑部会见了参加该杂志工作的米·斯·奥里明斯基、瓦·瓦·沃罗夫斯基、阿·瓦·卢那察尔斯基以及其他党的工作者。

3月底

领导在前进出版社召开的俄国社会民主工党第四次(统一)代表大会部分布尔什维克代表的会议,听取地方的报告,作简短发言,同代表谈话。

3月下半月

写《修改工人政党的土地纲领》小册子。

3月

为卡·考茨基的《再没有社会民主运动!》小册子俄文版写序言。

列宁起草的提交俄国社会民主工党第四次(统一)代表大会的策略纲领由俄国社会民主工党统一的中央委员会和统一的彼得堡委员会印成单页发行。

3 月—4 月初

列宁在赫尔辛福斯准备出席俄国社会民主工党第四次(统一)代表大会。

4 月初

列宁的《修改工人政党的土地纲领》小册子在彼得堡出版。

4 月 10 日(23 日)以前

在赫尔辛福斯同前往国外购买武器的格鲁吉亚党的工作者,就外高加索的革命运动、党内状况、即将召开的俄国社会民主工党第四次(统一)代表大会问题进行交谈。

抵达斯德哥尔摩,参加俄国社会民主工党第四次(统一)代表大会的工作。列宁在布尔什维克单独召开的会议上发言,谈代表大会的力量配置问题。

会见前来斯德哥尔摩出席代表大会的部分代表。

4 月 10 日—25 日(4 月 23 日—5 月 8 日)

参加俄国社会民主工党第四次(统一)代表大会的工作,被选入代表大会主席团,主持一系列会议,起草各种决议,作报告,同代表们谈话。

在代表大会第 1 次会议上提出关于代表资格审查委员会向代表大会报告工作的决议案。决议案被代表大会通过。

列宁和费·伊·唐恩签署以俄国社会民主工党第四次(统一)代表大会主席团的名义给瑞典社会民主党领导人卡·亚·布兰亭的信,向瑞典社会民主党表示敬意,并邀请布兰亭作为有发言权的代表参加代表大会。

在代表大会第 2 次会议上,参加讨论关于停止派别会议的声明;支持十名布尔什维克提出的就立即讨论声明问题进行记名表决的要求;同意布尔什维克施米特(彼·彼·鲁勉采夫)就修改程序问题进行记名表决的建议;反对尤·拉林关于指责布尔什维克有步骤地拖延代表大会的决议案。

主持代表大会第 3 次会议;宣布代表大会议程,坚决主张必须把估计当前形势问题和俄国社会民主工党各民族组织问题列入代表大会议程(列宁的建议被代表大会通过)。

主持代表大会第 4 次会议;宣读乌克兰社会民主工党关于请求准许该党代表作为有发言权的代表参加代表大会的信件;建议代表大会就这一问题作出决定;欢迎第一次到会的格·瓦·普列汉诺夫和帕·波·阿克雪里罗得;提议委托土地委员会准备关于土地问题的报告,并指定报告人(提议被代表大会通过)。

在代表大会第 5 次会议上作关于土地问题的报告,报告中发展了《修改工人政党的土地纲领》小册子里阐述的观点。

主持代表大会第 7 次会议;被选入国家杜马问题共同决议起草委员会。

主持代表大会第 8 次会议。会议继续讨论土地问题。

主持代表大会第 9 次会议;作关于土地问题的总结发言。

主持代表大会第 10 次会议;建议所有的记录必须经代表大会正式批准;在讨论资格审查委员会的工作时两次发言。

主持代表大会第 11 次会议;建议表决是否需要一个土地纲领的问题。在讨论彼·彼·鲁勉采夫提出的关于重新表决没有取得多数票的马斯洛夫的孟什维克草案的建议时,参加代表大会主席团会议。投票赞成鲁勉采夫的土地纲领草案,反对马斯洛夫的土地纲领草案。

主持代表大会第 12 次会议。

参加代表大会主席团会议。会议讨论关于巴库委托书等问题。

在代表大会第 13 次会议上参加记名投票,反对代表大会通过的俄国社会民主工党的土地纲领和策略决议;作《关于目前形势和无产阶级的阶级任务》的报告(报告没有找到)。

在代表大会第 14 次会议宣读第 6 次会议记录时,提出修正意见;坚持对每一修正意见进行表决。

主持代表大会第 15 次会议;就布尔什维克提交大会的《无产阶级在民主革命目前时期的阶级任务》的决议草案提出书面声明。

在代表大会第 16 次会议上作关于目前形势和无产阶级的阶级任务问题的总结发言。

在代表大会第17次会议上作关于对待国家杜马态度问题的副报告,并宣读布尔什维克关于这一问题的决议草案;就孟什维克歪曲他的关于杜马问题的讲话,向代表大会主席团提交书面声明。

主持代表大会第18次会议;主张让各民族社会民主党组织的代表在讨论对待国家杜马的态度问题时发言。

在代表大会第19次会议上作关于对待国家杜马态度问题的总结发言。会议表决列宁、阿·瓦·卢那察尔斯基和伊·伊·斯克沃尔佐夫-斯捷潘诺夫共同提出的、由列宁起草的关于国家杜马问题的决议案。

主持代表大会第21次会议;提出关于对待国家杜马态度的孟什维克决议案的修正案的讨论办法;驳斥费·伊·唐恩,唐恩指责列宁利用大会主席的职权对修正案作批判;参加关于穆拉托夫(莫罗佐夫)修正案问题的讨论,发言维护穆拉托夫提出的关于成立社会民主党议会党团的条文的修正案;同乌汉诺夫和索斯诺夫斯基(瓦·阿·杰斯尼茨基)等布尔什维克就斯特卢米林和科斯特罗夫的修正案问题签署说明事实的声明;同索斯诺夫斯基提出书面声明。

在代表大会第22次会议讨论关于武装起义的决议和宣读孟什维克制定的决议草案第一条时,发言反对格·瓦·普列汉诺夫提出的机会主义修正案(把“争取政权”改成“用强力争取权利”);支持列·波·克拉辛对各项修正案所作的反驳;作关于武装起义的发言。

主持代表大会第24次会议;参加关于同各民族组织合并问题的讨论;将专门委员会关于同波兰和立陶宛社会民主党合并问题的报告和决议的批准问题提付表决;以代表大会的名义对加入俄国社会民主工党的波兰和立陶宛社会民主党表示欢迎。

在代表大会第25次会议上参加关于同崩得实行合并的协议草案的记名表决。

主持代表大会第26次会议;就俄国社会民主工党议会党团的组成问题提出个人意见;不同意孟什维克沃罗比约夫(维·比·洛姆塔季泽)关于布尔什维克和孟什维克不能在一个党内工作的观点。

出席布尔什维克派会议。会议讨论参加党的中央机关问题;会议决定不参加中央机关报。

代表大会第27次会议通过列宁提出的党章第一条条文。列宁在会上发言反对孟什维克K.Г.戈古阿(达维多夫)对党章第四条提出的修正案,认为这一修正案为批准新组织造成不必要的障碍。

在代表大会工作期间,同米·瓦·伏龙芝和米·伊·加里宁等布尔什维克代表就党的地方组织状况、罢工斗争和武装起义等问题进行交谈。

在代表大会结束后出席布尔什维克派总结会议。会议总结了代表大会的工作。列宁在发言中强调,必须继续同孟什维克进行思想斗争和政治斗争,必须组织群众准备参加武装起义。

4月25日—26日(5月8日—9日)

写《前"布尔什维克"派出席统一代表大会的代表告全党书》。26个党组织的布尔什维克代表在告全党书上签字。告全党书印成单页出版。

4月26日和5月4日(5月9日和17日)之间

在俄国社会民主工党第四次(统一)代表大会工作结束之后,从瑞典的斯德哥尔摩启程,取道芬兰返回彼得堡。

《列宁全集》第二版第 12 卷编译人员

译文校订：王治平　陈　玮　齐淑文　孙　岷

资料编写：杨祝华　张瑞亭　郭值京　林海京　刘方清　王锦文
刘彦章

编　　辑：丁世俊　江显藩　许易森　项国兰　钱文干　李桂兰
李京洲　刘京京

译文审订：胡尧之　屈　洪

《列宁全集》第二版增订版编辑人员

翟民刚　李京洲　高晓惠　张海滨　赵国顺　任建华　刘燕明
孙凌齐　李桂兰　门三姗　韩　英　侯静娜　彭晓宇　李宏梅
武锡申　戢炳惠　曲延明

审　　定：韦建桦　顾锦屏　王学东

本卷增订工作负责人：翟民刚　张海滨

项目统筹：崔继新
责任编辑：崔继新
装帧设计：石笑梦
版式设计：周方亚
责任校对：周　昕

图书在版编目(CIP)数据

列宁全集.第12卷/(苏)列宁著;中共中央马克思恩格斯列宁斯大林著作编译局编译.
—2版(增订版)-北京:人民出版社,2017.3(2024.7重印)
ISBN 978-7-01-017095-4
Ⅰ.①列… Ⅱ.①列… ②中… Ⅲ.①列宁著作-全集 Ⅳ.①A2
中国版本图书馆CIP数据核字(2016)第320338号

书　　名　列宁全集
LIENING QUANJI
第十二卷
编 译 者　中共中央马克思恩格斯列宁斯大林著作编译局
出版发行　人民出版社
（北京市东城区隆福寺街99号　邮编 100706）
邮购电话　(010)65250042　65289539
经　　销　新华书店
印　　刷　北京新华印刷有限公司
版　　次　2017年3月第2版增订版　2024年7月北京第2次印刷
开　　本　880毫米×1230毫米 1/32
印　　张　17.25
插　　页　5
字　　数　454千字
印　　数　3,001—6,000册
书　　号　ISBN 978-7-01-017095-4
定　　价　43.00元